五禮通考

〔清〕秦蕙田 撰
方向東 王鍔 點校

十七

賓禮

中華書局

目録

五禮通考卷二百二十二　賓禮三

五禮通考卷二百二十三　賓禮四

五禮通考卷二百二十四　賓禮五

五禮通考卷二百二十五　賓禮六

五禮通考卷二百二十六　賓禮七

五禮通考卷二百二十七　賓禮八

五禮通考卷二百二十

賓禮一

天子受諸侯朝

蕙田案：易比之象曰：「先王以建萬國，親諸侯。」周禮大宗伯：「以賓禮親邦國。」賓禮之大者，莫先于朝。朝之別名，曰朝，曰覲，曰宗，曰遇。舜典云：「乃日覲四岳群牧。」又云：「肆覲東后。」又云：「群后四朝。」禹貢云：「江、漢朝宗于海。」惟遇禮不見於古。然以上三者推之，則朝、覲、宗、遇之名，虞、夏以前，固已有之。先儒謂「夏宗依春，冬遇依秋」，故經傳多言朝、覲，而罕及宗、遇。又對文言之，則朝、覲、宗、遇，其時其儀有別，散文則皆云「朝」。故覲禮「諸侯前朝，皆受舍於朝」，則「覲」亦云「朝」。春秋僖二十八年「夏五月，公朝於王所」，「冬，公朝於王所」，則宗與遇亦云朝也。儀禮惟有覲禮一篇，今博引諸經傳之文以補之，統名曰「朝」，不復區分云。

朝覲宗遇名義

周禮春官大宗伯：以賓禮親邦國。注：「親」，謂使之相親附。賓禮之别有八。

鄭氏鍔曰：天子之於諸侯，以分言之則君臣，以情言之則賓主。故先王不待以純臣之義，而以賓禮親之，彼安得不吾親哉？

春見曰朝，夏見曰宗，秋見曰覲，冬見曰遇。注：此以諸侯見王爲文。六服之内，四方以時分來。或朝春，或宗夏，或覲秋，或遇冬，名殊禮異，更遞而徧。朝，猶朝也，欲其來之早。宗，尊也，欲其尊王。覲之言勤也，欲其勤王之事。遇，偶也，欲其若不期而俱至。

鄭氏鍔曰：朝、宗則在朝，時則用春夏，其位則諸公東面、諸侯西面。説者以爲萬物交際之時，以象生氣之文。人君則於堂下而見之，所以通上下之情。覲、遇則在廟，時則用秋冬，其位則一於北面。説者以爲萬物分辨之時，以象殺氣之質也。

人君則於堂上而見之，所以正君臣之分。記曰：「覲禮，不下堂而見諸侯。下堂而見諸侯，天子之失禮也。由夷王以下。」蓋朝禮出迎賓則下堂，覲禮不迎賓則不下堂也。朝則天子當宁而立。宁者，門屏之間，以象陽之出，布散於外。覲則天子當扆而立。扆者，户牖之間，以象陰之入，收藏於内。此又朝、覲之别也。

秋官：大行人掌大賓之禮及大客之儀以親諸侯。注：大賓，要服以内諸侯。大客，謂孤卿。春朝諸侯而圖天下之事，秋覲以比邦國之功，夏宗以陳天下之謨，冬遇以協諸侯之慮。注：此以王見諸侯爲文。圖、比、陳、協，皆考績之言。王者春見諸侯，則圖其事之可否；秋見諸侯，則比其功之高下；夏見諸侯，則陳其謀之是非；冬見諸侯，則合其慮之異同。六服以其朝歲，四時分來，更迭如此而徧。司馬法曰：「春以禮朝諸侯，圖同事；夏以禮宗諸侯，陳同謀；秋以禮覲諸侯，比同功；冬以禮遇諸侯，圖同慮；時以禮會諸侯，施同政；殷以禮宗諸侯，發同禁。」

易氏祓曰：此即大宗伯所謂賓禮也。大宗伯詳其賓禮之名，大行人又以詳其命諸侯之實。然宗、遇、會、同亦或總以朝覲名者，曲禮曰：「天子當依而立，諸公東面，諸侯西面，曰朝。」鄭氏謂「夏宗依春」，此圖事、陳謨皆所以責其始；冬遇依秋，此比功、協慮皆所以考其終。故曲禮言朝覲，而經亦多以朝覲爲主。至於會同之發禁、施政，又因朝覲之時而行其禮，故經亦謂之大朝覲。此朝、覲、宗、遇之名雖異，而先王行禮之意一也。

禮記曲禮：天子當依而立，諸侯北面而見天子，曰覲。天子當宁而立，諸公東面，諸侯西面，曰朝。注：諸侯春見曰朝，受摯於朝，受享於廟，生氣文也。秋見曰覲，一受之於廟，殺氣質也。朝者，位於内朝而序進。覲者，位於廟門外而序入。王南面，立於依、宁而受焉。夏宗依春，冬遇依秋。春秋時，齊侯唁魯昭公，以遇禮相見，取易略也。覲禮今存，朝、宗、遇禮今亡。疏：案宗伯：「春曰朝，夏曰宗，秋曰覲，冬曰遇。」若通而言之，悉曰朝。覲禮云：「諸侯前朝，皆受舍於朝。」又云：「乘墨車，載龍旂、弧韣，乃朝。」又春秋僖二十八年夏五月經曰：「公朝於王所。」知朝，通名也，但朝、覲、宗、遇，禮異耳。天子當依而立，是秋于廟，受覲禮也。諸侯來朝，至于近郊，王使大行人皮弁，用璧以迎勞之，諸侯亦皮弁，從使者以入，天子賜舍，諸侯受舍，聽天子之命。其朝日未出之前，諸侯上介受舍于廟門外。同姓西面，北上。異姓東面，北上。至朝日質明，諸侯裨冕，先釋幣於其齊車之行主，天子衮冕，在廟當依前，南面而立，不迎賓。諸侯自廟門外位，天子使上擯進諸侯。諸侯入廟門右，坐奠圭玉而再拜。所以奠圭玉者，卑見於尊，奠贄不授也。擯者命升西階，親授諸侯，於是坐取圭玉，升堂，王受玉，是當依而立之時也。王既受玉，而諸侯降階，東北面再拜稽首，擯者延之，使升成拜，是北面曰覲時。所以同北面者，覲遇秋冬，陰氣質斂，故不布散。天子當宁而立者，此謂春夏受朝時也。謂天子受朝於路門外之朝，於門外而宁立，以待諸侯之至。王既立宁，諸侯次第而進，諸公在西、諸侯在東而朝王，陽氣文也。故因文而分布也。崔云：「諸侯春夏來朝，各乘其命車至皋門外陳介也。天子車時在大門内，傳辭既訖，則乘車出大門下車。若升朝之時，王但迎公，自諸侯以下則隨之而入，更不别迎也。入至文王廟門，天子還服朝服，立于路門之外。諸侯更易服朝服，執贄而入，應門而行禮。故王當宁以待，諸侯次第而進，故云序進。謂入應門，諸公東面，諸侯西面。」若熊氏之義，則朝無迎法，惟享有迎諸侯之禮。

蕙田案：熊氏之説爲長。

王制：天子無事與諸侯相見曰朝。考禮、正刑、一德，以尊於天子。注：事謂征伐。

樂記：朝覲，然後諸侯知所以臣。

祭義：朝覲，所以教諸侯之臣也。

經解：朝覲之禮，所以明君臣之義也。聘問之禮，所以使諸侯相尊敬也。聘、覲之禮廢，則君臣之位失，諸侯之行惡，而倍畔侵陵之敗起矣。

中庸：朝聘以時，厚往而薄來，所以懷諸侯也。疏：厚往，謂諸侯還國，王者以其財賄厚重往報之。薄來，謂諸侯貢獻，使輕薄而來。

朱子章句：王制：「比年一小聘，三年一大聘，五年一朝。」厚往薄來，謂燕賜厚而納貢薄。

孟子：諸侯朝於天子曰述職。述職者，述所職也。

朱子章句：述，陳也。述所職，陳其所受之職也。

諸侯朝於天子曰述職。一不朝則貶其爵，再不朝則削其地，三不朝則六師移之。

五經異義：公羊說：「諸侯四時見天子及相聘皆曰朝，以朝時行禮。卒而相逢於路曰遇。」古周禮說：「春曰朝，夏曰宗，秋曰覲，冬曰遇。」許慎案：禮有覲經。詩曰「韓侯入覲」，書曰「江、漢朝宗于海」，知其朝、覲、宗、遇之禮從周禮說。鄭駮之云：此皆有似，不爲古昔。案覲禮曰：「諸侯前朝，皆受舍于朝。」朝，通名。

右朝覲宗遇名義

朝覲之期

書舜典：五載一巡守，群后四朝。傳：各會朝于方岳之下，凡四處，故曰四朝。堯、舜同道，舜攝則然，堯又可知。

鄭氏康成曰：巡守之年，諸侯朝於方岳之下，其間四年，四方諸侯分來朝於京師，歲徧。

朱子曰：五載之内，天子巡守者一，諸侯來朝者四。蓋巡守之明年，則東方諸侯來朝於天子之國；又明年，則南方之諸侯來朝；又明年，則西方之諸侯來朝；又明年，則北方之諸侯來朝；又明年，則天子復巡守。是則天子、諸侯雖有尊卑，而一往一來，禮無不答，是以上下交通，而遠近洽和也。

蕙田案：此唐、虞朝、覲之期。群后四朝，鄭氏以爲歲一朝，朱子、蔡氏以爲四歲一朝。以理推之，朱、蔡爲長。蓋唐、虞以前，諸侯萬國，其地遠近不同，必每歲分四時而迭來，是率天下而路也。又鄭志答孫皓問曰：「唐、虞之禮，五載一巡守；夏、殷之禮，天子蓋六年一巡守。諸侯閒而朝天子。」孔穎達以爲夏、殷諸侯分爲五部，每年一部來朝天子。然則舜時四朝，其制亦當略同。但舜時分諸侯爲四部，四歲而徧，合巡守之年爲五年一朝。夏、殷分諸侯爲五部，五歲而徧，合巡守之年則爲六年一朝也。孔傳以四朝爲巡守，會朝方岳之下，不指來朝而言。案：上文東巡守云「肆覲東后」，已見方岳之朝，此處不應重見。孔説疑未然也。

觀承案：朱子此條極明。下大行人之「歲一見，二歲一見，三歲一見」云云，亦即是此例耳。蓋言歲一見者，乃巡守明年之第一歲也；二歲一見、三歲一見者，亦是第二歲、第三歲，非謂每一歲、每二歲、每三歲也。

周官：六年，五服一朝。傳：五服，侯、甸、男、采、衛。六年一朝會京師。又六年，王乃時巡，考制度於四岳。傳：周制，十二年一巡守。春東，夏南，秋西，冬北，故曰時巡。考正制度禮法於四岳之下，如虞帝巡守然。諸侯各朝於方岳，大明黜陟。傳：覲四方諸侯，各朝於方岳之下，大明考績黜陟之法。疏：此篇説六卿職掌皆與周禮符同。則「六年，五服一朝」，亦應是周禮之法。而周禮大行人諸侯各以服數來朝，無六年一朝之事。昭十三年左傳叔向曰：「明王之制，使諸侯歲聘以志業，間朝以講禮，再朝而會以示威，再會而盟以顯昭明。」説左傳者以爲三年一朝，六年一會，十二年而盟，事與周禮不同。謂之前代明王之法，先儒未嘗措意，不知異之所由。計彼六年一會，與此「六年，五服一朝」事相當也。再會而盟，與此「十二年，王乃時巡，諸侯各朝於方岳」亦相當也。叔向盛陳此法以懼齊人使盟，若周無此禮，叔向妄説，齊人當以辭拒之，何所畏懼而敬以從命乎？且云「自古以來未之或失」，則當時猶尚行之，不得爲前代之法脅當時之人，明矣。明周有此法，禮文不具爾。大行人所云「見」者，皆言貢物，或可因貢而見，何必見者皆是君自朝乎？遣使貢物亦應可矣。大宗伯云：「時見曰會，殷見曰同。」「時見」、「殷見」不云年限，「時見曰會」，何必不是再朝而會乎？「殷見曰同」，何必不是再會而盟乎？周公制禮，若無此法，豈成王謬言、叔向妄説也？計六年大集，應六服俱來。而此文惟言「五服」，孔以五服爲侯、甸、男、采、衛，蓋以要服路遠，外逼四夷，不必常能及期，故寬言之而不數也。

蘇氏軾曰：一朝，畢朝也。朝以遠近爲疏數，六年而徧，五服畢朝也。

周禮秋官大行人：邦畿方千里。其外方五百里謂之侯服，歲一見。又其外方五百里謂之甸服，二歲一見。又其外方五百里謂之男服，三歲一見。又其外方五百里謂之采服，四歲一見。又其外方五百里謂之衛服，五歲一見。又其外方五百里謂之要服，六歲一見。注：要服，蠻服也。此六服去王城三千五百里，相距七千里，公、侯、伯、子、男封焉。其朝貢之歲，四方各四分趨四時而來，或朝春，或宗夏，或覲秋，或遇冬。九州之外，謂之蕃國，世一見。注：九州之外，夷服、鎮服、蕃服也。曲禮曰：「其在東夷、北狄、西戎、南蠻，雖大曰子。」春秋傳曰：「杞，伯也。以夷禮，故曰子。」然則九州之外，其君皆子、男也，無朝貢之歲。父死子立，及嗣王即位，乃一來耳。

蕙田案：此成周朝覲之期。周公制禮，分天下以爲六服，而酌道里之遠近，定朝會之疏數。侯服歲朝，甸服二歲而朝，男服三歲而朝，采服四歲而朝，衛服五歲而朝，要服六歲而朝。計六年之内，侯服六朝，甸服三朝，男服再朝，采服、衛服、要服皆一朝，而六服之應朝者徧，故曰「六年，五服一朝」。尚書舉其綱，周禮分其目，其實無二法也。至十二年，王巡守，諸侯畢朝於方岳之下，則侯服十二朝，甸服六朝，男服四朝，采服三朝，衛服三朝，要服再朝，而六服之朝期一周。

尚書云「又六年，王乃時巡」，周禮十二歲，王巡守殷國，亦一法也。周禮言六服，書何以止言五服？不數要服也。先王之制，重内而略外，故武成云「邦、甸、侯、衛」，而酒誥及康王之誥亦云「侯、甸、男、采、衛」，不及要服也。孔疏不明其旨，乃以五服一朝爲諸侯親朝，周禮所云「見」者，爲遣使入貢。案大宗伯春見、夏見、秋見、冬見、時見、殷見，凡云見者，皆諸侯親見天子，不得以遣使當之，孔疏誤矣。蘇氏解「六年，五服一朝」，最明快。

觀承案：成周朝覲之期，與唐、虞、夏、殷異者，唐、虞分四年，夏、殷分五年，成周分六年。故唐、虞曰群后四朝，夏、殷曰五服一朝，成周曰六服一朝。若六年之内，侯服六朝，甸服三朝，男服再朝，則非六服一朝矣。且疏數不均之甚，而侯、甸、男三服不免有國君道長之勤，恐未可爲定論也，宜並存以俟來者。

禮記王制：諸侯之於天子也，比年一小聘，三年一大聘，五年一朝。注：比年，每歲也。小聘使大夫，大聘使卿，朝則君自行。然此大聘與朝，晉文霸時所制也。虞、夏之制，諸侯歲朝。周之制，侯、甸、男、采、衛、要服，六者各以其服數來朝。疏：昭三年左傳鄭子太叔曰：「文、襄之霸也，其務不煩諸侯，令諸侯三歲而聘，五歲而朝。」故云「晉文霸時所制」。而晉文霸時，亦應有比年大夫之聘，但子太叔略而不言。此亦據傳文直云大聘與朝，不云比年小聘。案左傳三年聘，五年朝，諸侯相朝之法。今此經文云「諸侯之於天子」，則文、襄之制，諸侯朝天子與自相朝同也。又鄭駁異義：公羊說：「比年一小聘，三年一大聘，五年一朝，以爲文、襄之制。録王制者，記文、襄之制，非虞、夏及殷法也。」熊氏或以此爲虞、夏法，或以爲殷法，文義雜亂，不復相當，曲爲解説，其義非也。云「虞、夏之制，諸侯歲朝」者，案尚書堯典云：「五載一巡守，群后四朝。」鄭注云「巡守之年，諸侯朝於方岳之下，其間四年，四方諸侯分來朝於京師，歲徧」是也。案孝經注：「諸侯五年一朝天子，天子亦五年一巡守。」熊氏以爲虞、夏制法，諸侯歲朝，分爲四部，四年又徧。總是五年一朝，天子乃巡守，故云「諸侯五年一朝天子，天子亦五年一巡守」。案鄭注尚書「四方諸侯分來朝於京師，歲徧」，則非五年乃徧。又孝經之注，多與鄭義乖違，儒者疑非鄭注，今所不取，熊氏之説非也。虞、夏之制，但有歲朝之文，其諸侯自相朝聘及天子之事則無文，不可知也。春秋文十五年左傳云：「諸侯五年再相朝，以修王命，古之制也。」案鄭志孫皓問云：「諸侯五年再相朝，不知所合典禮。」鄭答云：「古者據時而道前代之言。唐、虞之禮，五載一巡守。夏、殷之時，天子蓋六年一巡守，諸侯間而朝天子。其不朝者朝罷朝，五年再朝，似如此制，典禮不可得而詳。」如鄭志之言，則夏、殷天子六年一巡守，其間諸侯分爲五部，每年一部來朝天子，朝罷還國，其不朝者朝罷朝諸侯。至後年，不朝者往朝天子而還，前年朝者，今既不朝，又朝罷朝諸侯，是再相朝也。如鄭之意，此爲夏、殷之禮。而鄭又云：「虞、夏之制，諸侯歲朝。」以夏與虞同，與鄭志乖者，以「群后四朝」文在堯典，堯典是虞、夏之書，故連言夏，其實虞也。故鄭志云「唐、虞之禮，五載一巡守」。今知諸侯歲朝，惟指唐、虞也。其夏、殷朝天子及自相朝，其禮則然。其聘天子及自相聘，則無文也。云周之制以下，周禮大行人文。

吴氏澄曰：書言「五載一巡守，群后四朝」，謂不當巡守之年，每年一方諸侯來朝，周而復始，則是各方諸侯每五年而一朝京師也。

蕙田案：此晉文霸時之制。五年一朝，蓋取唐、虞之法。比年小聘，三年大聘，則周禮邦交之正法也。孔氏穎達曰：「周室既衰，政在霸主，不敢自同天子，以明王舊制大煩，諸侯不敢依用，故設此制以簡之。」

春秋昭公十三年左氏傳〔一〕：明王之制，使諸侯歲聘以志業，間朝以講禮，再朝而會以示威，再會而盟以顯昭明。注：歲聘以修其職業。三年而一朝，正班爵之義，率長幼之序。六年而一會，以訓上下之則，制財用之節。十二年而一盟，所以昭信義也。凡八聘、四朝、再會，王一巡守，盟於方岳之下。疏：尚書周官曰：「六年，五服一朝。又六年，王乃時巡，考制度於四岳。諸侯各朝於方岳，大明黜陟。」如彼文，六年五服諸侯一時朝王，即此「再朝而會」是也。此傳之文與尚書正合。杜言「巡守，盟於方岳」，闇與彼義符同，明是周典之舊法也。而周禮之文，不載此法。大行人云：「侯服，歲一見，其貢祀物。甸服，二歲一見，其貢嬪物。男服，三歲一見，其貢器物。采服，四歲一見，其貢服物。

〔一〕「十三年」，原作「十二年」，據光緒本、春秋左傳正義卷四六改。

衛服，五歲一見，其貢材物。要服，六歲一見，其貢貨物。」先儒説周禮者，皆以彼爲六服，諸侯各以服數來朝，與此傳文無由得合。先達通儒，未有解者，古書亡滅，不可備知。然則尚書周官是成王號令之辭，尚書之言定是正法，左氏又與彼合，言必不虚；周禮又是明文，未得不信。蓋成王、周公之時，即自有此二法也。又周禮每歲一見，惟言貢物，何必見者即是親朝？各計道路長短，或當遣使貢耳。先儒謂彼爲朝，未有明據。大行人又云：「十有二歲，王巡守殷國。」巡守之歲，周禮同於尚書，六年一朝，尚書何必違禮？又大宗伯云：「時見曰會，殷見曰同。」鄭玄以爲「時見，無常期也。諸侯有不順服者，王將有征討之事，合諸侯而命事焉。十二歲，王如不巡守，則六服盡朝」，謂之殷見。鄭以時見無常期者，出自鄭之意耳，非有明文可據也。殷見是此「再會而盟」，時見當此「再朝而會」，未必既如鄭説「時見爲無常期也」。蓋此傳及尚書是正禮也。大行人歲一見者，是遣使貢物，非親朝也。今此上聘朝會，雖以爲諸侯於天子之禮，其諸侯相朝，亦當然也。其昭明於神，雖天子於諸侯之禮，然王官之伯及霸主亦得與諸侯爲盟〔一〕，故晉爲盟主，以此告齊，令齊受盟也。必知此朝聘文兼諸侯者，以釋例引「明王之制」八聘四朝云「文、襄之制，因而簡之，三歲而聘、五歲而朝」，以諸侯爲文，明歲聘、間朝兼諸侯相朝也。知盟年朝會俱行者，以傳云「再朝而會」，故知盟年朝會不廢也。又云「歲聘以志業」，不言再聘以行朝，故知朝年不行聘禮。

王制孔疏：昭十三年左傳云：「歲聘以志業，間朝以講禮，再朝而會以示威，再會而盟以顯昭

〔一〕「與」，原作「於」，據光緒本、春秋左傳正義卷四六改。

明。」賈逵、服虔皆以爲朝天子之法，崔氏以爲朝霸主之法，鄭康成以爲不知何代之禮，故異義云：「公羊説：諸侯比年一小聘，三年一大聘，五年一朝天子。左氏説：十二年之間，八聘、四朝、再會一盟。許慎謹案：公羊説，虞、夏制。左氏説，周禮。傳曰『三代不同物』，明古今異説。」鄭駁之云：「三年聘，五年朝，文、襄之霸制。周禮大行人諸侯各以服數來朝，其諸侯歲聘、間朝之屬，説無所出。晉文公，强盛諸侯耳，非所謂三代異物也。」是鄭以歲聘、間朝文無所出，不用其義也。言晉文公但强盛諸侯耳，何能制禮而云三代異物乎？是難許慎之辭也。

盛氏世佐曰：此諸侯之邦交也。故晉爲霸主，而叔向舉以告齊。歲聘，即比年小聘也。間朝，謂朝無定期，惟以王事閒暇之時行之。成十三年傳云「世之治也，諸侯閒於天子之事則相朝」，亦此意也。朝既無定期，則會盟之取節於朝者皆無定期矣。朝、會之屬，皆不爲立期限者，所以寬諸侯，使得視其遠近親疏以爲之節也。周典所謂「明王之制」，蓋如此。如注所言，則十二年之間，政繁期促乃爾，豈得爲周典之舊法哉？且與尚書、周禮皆不合，而疏家曲爲附會，過矣。書云「六年，五服一朝」，謂六年之間而諸侯來朝者偏也，其義正與大行人所言六服諸侯各以服數來朝者合。書止言五服者，不數要服也。汪氏克寬曰：「衛服之外，聖人雖制之服，令蕃國世一見，而不必其來，非若五服一歲至五歲各以所貢來見也。考之武成，止曰邦甸、侯、衛，酒誥、康王之誥亦止曰侯、甸、男、采、衛，而蠻夷鎮蕃不與焉。於此不必辨其服之異，而自得其説之同矣。」

蕙田案：此周初朝方伯之法，崔氏以爲朝霸主者得之。自賈、服、杜諸儒以爲朝天子，又爲十二年八聘、四朝、再會一盟之説，而孔穎達遂以尚書之文附會之，以再朝而會當「六年，五服一朝」，以「再會而盟」當「十二年巡守」，至以「間朝」爲三年一朝，則古無此法，惟周禮男服三歲一見爲近之。然舍侯、甸、采、衛而獨舉男服，亦無是理也。盛世佐引「諸侯閒於天子之事則相朝」以證「閒朝」之義，可謂發前人所未發。

國語周語：先王之制，邦内甸服，注：邦内，謂天子畿内千里之地。商頌曰：「邦畿千里，惟民所止。」王制曰：「千里之内曰甸。」京邑在其中央，故夏書曰「五百里甸服」，則古今同矣。自商以前，并畿内爲五服。武王克殷，周公致太平，因禹所弼，除畿内，更制天下爲九服。千里之内謂之王畿，王畿之外曰侯服，侯服之外曰甸服。今謀父諫穆王稱「先王之制」，猶以王畿爲甸服者。甸，古名，世俗所習也。故周襄王謂晉文公曰「昔我先王之有天下也，規方千里以爲甸服」是也。周禮亦以蠻服爲要服，足以相況矣。邦外侯服，注：邦外，邦畿之外。方五百里之地謂之侯服。侯服，侯圻也。言諸侯之近者，歲一來見。**侯、衛賓服**，注：此總言之也。侯，侯圻也。衛，衛圻也。言自侯圻至衛圻，其間凡五圻，圻五百里，五五二千五百里，中國之界也。謂之賓服，常以服貢賓見於王。五圻者，侯圻之外曰甸圻，甸圻之外曰男圻，男圻之外曰采圻，采圻之外曰衛圻，周書康誥「侯、甸、男、采、衛」是也。凡此服數，諸家之説，皆紛錯不同，惟賈君近之。**蠻、夷要服**，注：蠻，蠻圻也。夷，夷圻也。周禮衛圻之外曰蠻圻，去王城三千五百里，九州之界也。夷圻去王城四千里，周禮行人職衛圻之外謂之要服，此言「蠻、夷要服」，則夷圻朝貢或與蠻圻同也。要者，要結好信而服從之。**戎、翟荒服**。注：戎、翟去王城四千五百里至五千里也。四千五百里爲鎮圻，五千里爲蕃圻，在九州之外荒裔之地，與戎、翟同俗，故謂之荒，荒忽無常之言也。**甸服者祭**，注：供日祭也。此采地之君，其見無數。**侯服者祀**，注：供月祀也。堯、舜及周，侯服皆歲見。**賓服者享**，注：供時享也。享，獻也。周禮甸圻二歲而見，男圻三歲而見，采圻四歲而見，衛圻五歲而見。其見也，皆以所貢助祭於廟，孝經所謂「四海之内，各以其職來祭」。**要服者貢**，注：供歲貢也。要服六歲一見。**荒服者王**。注：王，王事天子也。周禮：「九州之外，謂之蕃國。世一見，各以其所貴琛爲贄。」詩曰：「自彼氐羌，莫敢不來王。」**日祭**，注：日祭祭於祖考，謂上食也。近漢亦然。**月祀**，注：月祀於曾、高。**時享**，注：時享於二祧。**歲貢**，注：歲貢於壇墠。**終王**，注：終謂垂終也。朝嗣王及即位而來見。**先王之訓也。**

魯語：夫禮，所以正民也，是故先王制諸侯，使五年四王一相朝也。注：賈侍中云：「王，謂王事天子也。歲聘以志業，間朝以講禮，五年之間，四聘於王而一相朝者，將朝天子，先相朝也。」唐尚書云：「先王，謂堯也。五載一巡守，諸侯四朝。」昭謂：以堯典相參，義亦近之。然此欲以禮正君，宜用周制。周禮：中國凡五服，遠者五歲而朝。禮記曰：「諸侯之於天子也，比年一小聘，三年一大聘，五年一朝。」謂此也。晉文公霸時，亦取於此禮。

蕙田案：國語論朝期者二條，周語祭公謀父所言是周制，魯語曹劌所言是唐、虞之制。

陳氏禮書：周官之制，因地以辨服，因服以制朝，因朝以入貢，則遠者不疏，邇者不數。不疏者不至於懈，不數者不至於罷矣。侯服歲一見，甸服二歲一見，男服三歲一見，采服四歲一見，衛服五歲一見，要服六歲一見。則侯服每歲朝，甸服二歲朝，男服三歲朝，采服四歲朝，衛服五歲朝，要服六歲朝。而要服朝之歲，五服盡朝於京師。則侯服更六見，甸服更四見，男、采、衛各二見矣。書曰「六年，五服一朝」，而不及要服者，以其當朝之年而不數之也。又「六年，王乃時巡」，則從王巡守各會於方岳矣。晉叔向曰：「明王之制，歲聘以志業，間聘以講禮，再聘而會以示威，再會而盟以顯昭明。」先儒以爲間朝在三年，再朝在六年，再會在十二年。而再朝再會之年，適與書合。則叔向以爲「明王之制」乃周制也。然周三年一朝，男服之禮耳。叔向之言特爲男服而發，何耶？考之周禮，諸侯春入貢，秋獻功，此之爲歲聘。服之見有歲，方之見有時，此之謂問朝。朝有常歲，而會盟無常期，故有事而會，不協而盟，則同疏於朝，而盟又疏於會，此所以言再朝而會，再會而盟，非謂會必六年、盟必十二年也。然則六年盡朝於京師，與有事而會者異矣。大宗伯「殷頫曰視」，鄭氏謂：「殷頫者，一服朝之歲，以朝者少，諸侯使卿以大禮衆聘焉。一服朝在元年、七年、十一年。」賈公彦謂：「甸服二年、四年、六年、八年、十年朝，男服三年、六年、九年朝，采服四年、八年朝，衛服五年、十年朝，而元年、七年、十一年，甸服、采、衛皆不朝矣，故知一服朝在元年、七年、十一年也。」然觀康王即位，太保率西方諸侯入應門左，畢公率東方諸侯入應門右，各執壤奠，咸進陳戒，則天下諸侯莫不盡朝矣。自此侯服歲一見，甸服二歲一見，以至三歲、四歲、五歲、六歲一見者，皆以元年爲始，未聞元年獨一服朝也。又行人云「殷頫以除邦國之慝」，蓋邦國有慝，諸侯乃使其臣行衆頫之禮，則衆頫亦無常期，此鄭、賈立説之誤也。

蕙田案：書之「五服一朝」，與周禮「侯服歲一見」以下本無二法，而孔疏强分之。左傳歲聘、間朝、再朝而會、再會而盟，與書之六年一朝非一法也，而孔疏强合之。陳用之調停其説，謂要服朝之歲，五服盡朝於京師。然六服盡朝，惟十二年王不巡守乃有之。經云「六年，五服一朝」者，謂六服遠近，六年而遍，非謂五服盡朝也。且男之於采，采之於衛，相距各五百里，其遠近不等，故有三歲、四歲、五歲之限。今如用之之説，則六年之内，既有當朝之期，又有盡朝之期。采服雖云四歲見，衛服雖云五歲見，實與男服之三歲見者等耳，豈所謂「因地以辨服，因服以制朝」者乎？陳氏又駁鄭康成元年一服朝之説，引書康王之誥以證之，其説甚辨。愚竊以爲不然。何者？六年一朝，十二年一巡守，論六服之朝期，當以巡守之明年爲始。鄭氏所謂元年一服朝者，正謂巡守之明年，甸服來朝，乃十二年中之第一年，非以是爲即位之元年也。六服分歲而朝者，禮之常，故可以年計；因即位而五服盡朝者，非禮之常，不可以年計。陳氏乃比而同之，其不然矣。

觀承案：書之「五服一朝」，與周禮「侯服歲一見」以下，本無二法，此論最精，可知孔疏之非矣。然則魯語四方諸侯五年中「四王一相朝」者，正所謂「五服一朝」也。而周禮則曰「六年，五服一朝」者，蓋荒、鎮、蕃統於要服，來朝於第六年，而五服諸侯則已於第五年而徧也。此六年，本夏、殷時巡之歲，然時異事變，有不可一例者，故又六年而王乃一巡焉。則是五服已再朝，而非止一朝，此則周禮之與夏、殷不同者耳。

附論四方朝春、宗夏、覲秋、遇冬之期：

周禮大宗伯賈疏：六服之内，謂要服以内，侯、甸、男、采、衛、要之等。四時分來：春，東方六服當朝之歲盡來朝；夏，南方六服當宗之歲盡來宗；秋，西方六服當覲之歲盡來覲；冬，北方六服當遇之歲盡來遇也。

大行人賈疏：案馬氏之義，六服當面各四分之。假令侯服四分之，東方朝春，南方宗夏，西方覲秋，北方遇冬。南方侯服亦然，西方、北方皆然。甸服以外皆然。是以韓侯北方諸侯而言入覲，以其在北方，當方分之在西畔，故云覲。鄭答志云：「朝覲四時通稱，故覲禮亦云朝。」若然，鄭不與馬同。觀此注似用馬氏之義者，鄭既不與馬同，今所解云「四方各四分」者，謂四方諸服，服各四分，趨四時而來。或朝春，據王城東方。或宗夏，據王城南方。或覲秋，據王城西方。或遇冬，據王城北方。

禮記王制孔疏：六服各以其服數來朝，皆當方分爲四部，分隨四時而來。鄭注大行人云「朝貢之歲，四方各四分，趨四時而來」，是分别各爲四方也。近東者朝春，近南者宗夏，近西者覲秋，近北者遇冬。故韓侯是北方諸侯而近於西，故稱「韓侯入覲」。鄭云「秋見天子曰覲」，又鄭注明堂位云：「魯在東方，朝必以春。魯於東方，近東故也。」以此言之，則侯服朝者，東方以秋，南方以冬，西方以春，北方以夏。以其近京師，舉此一隅，自外可知悉。

王氏與之曰：愚案古人封建諸侯，有人民，有社稷焉。若以春則東方諸侯皆來，夏則南方諸侯皆來，卒不幸有乘間而起，如昆夷、玁狁之難，孰從而折衝禦侮之？空其一方，同時畢集，斷無此理。苟縱其自便，不朝京師，萬一有專權難制之事，如唐之藩鎮，又何以爲制馭諸侯之權？要知王者欲親諸侯，必設爲可親之禮。或不能朝於春，則可以宗於夏，或不能覲於秋，則可以遇於冬，但六年之内，不可不一次來王，不然，巢本南方國，巢伯來朝，何以曰朝不曰宗？韓本北國，韓侯入覲，何以曰覲不曰遇？要知古人立爲朝、覲、宗、遇之禮於春、夏、秋、冬之間，以見四時皆來王之日，而禮非有所輕重於其間。

蕙田案：六服就王畿而言，則以王畿之東西南北爲四方。就每方而言，又各别爲四方。假如侯服在王畿東者，四分之，以近甸服者爲東方，近王畿者爲西方，近南者爲南方，近北者爲北方，其餘三方皆倣此。遇當朝之年，各隨其時而至，則每方諸侯朝天子者，春夏秋冬惟四之一耳。倘有外患，不難折衝禦侮之。鄭注大行人云「朝貢之歲，四方各四分，趨四時而來」，正與馬融説合，賈疏故爲分别，誤也。

右朝覲之期

圭璧

周禮考工記玉人：天子執冒四寸，以朝諸侯。注：名玉曰冒者，言德能覆冒天下也。四寸者，方以尊接卑〔一〕，以小爲貴。疏：案書傳云：「古者圭必有冒，言不敢專達之義。天子執冒以朝諸侯，見則覆之。」注云：「君恩覆之，臣敢進。」是其覆冒之事。案：孔注顧命云：「言冒所以冒諸侯，圭以齊瑞信，方四寸，邪刻之。」不言冒以覆蓋天下者，義得兩含，故注有異。此冒，據朝覲諸侯時執之。詩殷頌云：「受小球大球，爲下國綴旒。」注云：「小球，尺二寸。大球，長三尺。與下國結定其心，如旌旗之旒。」彼據天子與諸侯盟會，故云「結定其心」，故執鎮圭不執冒也。

尚書大傳：古者圭必有冒，言下之必有冒，不敢專達也。天子執冒以朝諸侯，見則覆之。故冒圭者，天子所與諸侯爲瑞也。瑞也者，屬也，無過行者得復其圭，以歸其國，有過行者留其圭，能改過者復其圭。三年圭不復，少黜以爵；六年圭不復，少黜以地；九年圭不復，而地畢。此所謂諸侯之於天子也，義則見屬，不義則不見屬。

陳氏禮書：上覆謂之冒，下冒上亦謂之冒。易曰「冒天下之道」，詩曰「下土是冒」，上覆下也。説文曰「冒地而生」，農書曰「土長冒橛」，下冒上也。瑁圭謂之瑁，則覆下而已。四寸，所以冒四方；邪刻之，所以驗群瑞。天子執之以朝諸侯，則子、

〔一〕「接」，諸本作「執」，據周禮注疏卷四一改。

男之璧亦在所驗，其詳不可考也。諸侯之朝天子，執瑞圭，搢象笏，及輯瑞圭而以瑁驗焉。蓋各執其所搢者，禮曰「見於天子，無説笏」是也。孔穎達曰：「冒、圭，王與諸侯朝覲所執者。小球尺二寸、大球長三尺，王與諸侯會盟所執者。」然詩言「受小球大球」，則小球者，蒲璧、穀璧之類；大球者，桓圭、躬圭之類，而天子授之，則非二尺與三尺之圭矣。穎達之言，豈非惑於詩傳之説歟？

又曰：書曰：「太保承介圭，上宗奉同瑁。」詩崧高曰：「錫爾介圭，以作爾寶。」韓奕曰：「以其介圭，入覲於王。」爾雅曰：「介，大也。」又曰：「圭大尺有二寸，謂之玠。」夫王之大圭長三尺，則尺有二寸，所以錫諸侯者也。諸侯之圭，長不過九寸，錫以尺有二寸，使寶之而已。書於介圭言太保承之，於瑁言上宗奉之，書之介圭，即大圭也。王朝日執鎮圭、搢大圭，見諸侯則執瑁圭，而大圭不搢，則太保承之耳，此承與奉所以不同也。孔安國以書之介圭爲王之守圭長尺二寸者，毛氏以崧高、韓奕之介圭爲公之守圭九寸者，鄭氏以崧高之介圭爲所錫之圭尺二寸者，以韓奕之介圭爲享王者。然王與公之守圭曰鎮圭、桓圭而已，不謂之介，其義當從鄭氏之説。

蕙田案：以上天子所執之圭。

春官大宗伯：公執桓圭，侯執信圭，伯執躬圭，子執穀璧，男執蒲璧。注：公，二王之後及王之上公。雙植謂之桓。桓，宮室之象，所以安其上也。桓圭蓋以桓爲瑑飾，圭長九寸。信當爲「身」，聲之誤也。身圭、躬圭蓋皆象以人形，爲瑑飾，文有麤縟耳。欲其慎行以保身。圭皆長七寸。穀，所以養人。蒲爲席，所以安人。二玉蓋或以穀爲飾，或以蒲爲瑑飾。璧皆徑五寸。不執圭者，未成國也。疏：此所執謂朝時，云「雙植謂之桓」者，桓謂若屋之桓楹，以其宮室在上，須得桓楹乃安，若天子在上，須諸侯衛守乃安，故云「安其上」也。云「桓圭蓋以桓爲瑑飾」者，以無正文，故云蓋也。鄭破「信」爲「身」者，古者舒申字皆爲信，故此人身字亦誤爲信也。身圭、躬圭皆以人形爲飾，若不麤縟爲異，則身、躬何殊而別之？故知「文有麤縟」爲別也。

陳氏禮書：桓，强立不撓，而以安上爲任，故公圭瑑之。身伸而躬屈，伸者尊，足以侯外而蔽內；屈者卑，足以長人而已，故侯、伯之圭瑑之。子不足以長人而可以養人，故璧瑑以穀。男不足于養人而可以安人，故璧瑑以蒲。圭者天之用，璧者天之體。盡其用者必盡其體，得其體未必盡其用，此圭、璧所以不同也。然王之三公八命，其服七章之鷩冕，其執七寸之信圭。及大射，則王鷩冕，故公降服毳冕，降服毳冕，則執躬圭而已，此禮所謂「曲而殺」也。易曰：「艮其身，止諸躬也。」爾雅曰：「身，我也。躬，身也。」蓋屈身爲躬，信躬爲身，言信圭則身可知。鄭氏改「信」爲「身」，不必然也。桓，説文作「巘」。

典瑞：公執桓圭，侯執信圭，伯執躬圭，繅皆三采三就。子執穀璧。男執蒲璧，繅皆二采再就。以朝、覲、宗、遇、會同於王。注：三采，朱、白、蒼。二采，朱、緑也。鄭司農云：「以圭璧見于王。覲禮曰：『侯氏入門右，坐奠圭，再拜稽首。』侯氏見于天子，春曰朝，夏曰宗，秋曰覲，冬曰遇，時見曰會，殷見曰同。」

秋官大行人：上公之禮，執桓圭九寸，繅藉九寸。諸侯之禮，執信圭七寸，繅藉七寸。諸伯執躬圭。諸子執穀璧五寸，繅藉五寸。諸男執蒲璧。注：繅藉，以五采韋衣板，若奠玉，則以藉之。

小行人：成六瑞，王用瑱圭，公用桓圭，侯用信圭，伯用躬圭，子用穀璧，男用蒲璧。注：成，平也；瑞，信也，皆朝見所執以爲信。

蕙田案：鎮之爲「瑱」，古字通用。

陳氏禮書：大宗伯「作六瑞」，自王以下皆言執；小行人「成六瑞」，自王以下皆言用。則執者，自人言之也；用者，自王言之也。執之所以行禮，用之所以合符。宗伯、典瑞、行人皆言執。特小行人言用，則行禮非小行人所專掌，特掌其合符之事而已。若夫不施於行禮合符，則寶而守之，此玉人所以又言「守之」也。覲禮：

「侯氏入門，坐奠圭，拜取圭，升，致命。王受之玉。侯氏降。擯者延之，升成拜，乃出。」蓋於是時安玉於崇坫之上，明堂位所謂「崇坫康圭」者是也。若夫壇壝宫之禮，則諸侯升，受王玉，王授之於宰矣。賈公彦曰：「壇上無坫，當約聘禮側授宰玉。」其説或然。

考工記玉人：命圭九寸，謂之桓圭，公守之。命圭七寸，謂之信圭，侯守之。命圭七寸，謂之躬圭，伯守之。注：命圭者，王所命之圭也，朝、覲執焉，居則守之。子守穀璧，男守蒲璧，不言之者，闕耳。故書或云「命圭五寸，謂之躬圭」，杜子春云當爲「七寸」。玄謂：五寸者，璧文之闕亂存焉。

禮記禮器：圭、璋特。注：圭、璋特，朝聘以爲瑞，無幣、帛也。

雜記贊大行曰：「圭，公九寸，侯、伯七寸，子、男五寸。博三寸，厚半寸，剡上左右各寸半，玉也。藻，三采六等。」注：贊大行者，書説大行人之禮者名也。藻，薦玉者也。三采六等，以朱、白、蒼畫之再行也。子、男執璧，作此贊者失之矣。疏：「博三寸」者，謂圭博三寸也。「厚半寸」者，謂圭與璧各厚半寸。「剡上左右各寸半」者，謂圭與璧，剡，殺也，殺上左右角各寸半也。「玉也」者，言五等諸侯圭璧長短雖異，而俱以玉爲之也。藻謂以韋衣板以藉玉者。三采，朱、白、蒼也。六等，六行也。謂畫上三色，每色爲二行，是三采六等。云「三采六等，以朱、白、蒼畫之再行也」者，案：聘禮記云「朝天子，圭與繅皆九寸」，「繅三寸六等，朱、白、蒼、朱、白、蒼」是也。既重云「朱、白、蒼」，是一采爲二等，相間而爲六等也。若五等諸侯，皆一采爲一就。典瑞云：公、侯、伯「皆三采三就」，謂一采爲一就，故「三采三就」，其實采別二就，三采則六等也。典瑞又云「子、男皆二采再就」，二采謂朱、緑也。二采故二就，其實采別二就，二采則四等也。典瑞又云「瑑、圭、璋、璧、琮，繅皆二采一就以頫聘」，此謂卿大夫每采唯一等，是二采共一就也。與諸侯不同。其天子，則典瑞云「繅五采五就」，亦一采爲一就，五采故五就，其實采別二就，五采則十等也。

陳氏禮書：玉之藉以繅，而繅之長眡玉。采以象德之文，就以象文之成。君子以貞剛之質存乎内，而以柔順藉之於外，又有文焉，然後可以行禮矣。王五采五就，色不過五也。公、侯、伯皆三采三就，降殺以兩也。子、男二采，而大夫聘玉亦二采者，禮窮則同也。繅或作「藻」，冕繅，織絲爲之，則圭繅亦然。鄭氏與杜預皆謂以韋爲之，亡據也。繅可垂可屈，則廣於玉矣。鄭氏謂各眡其玉之大小，亦亡據也。雜記贊行人曰：「圭，公九寸，侯、伯七寸，子、男五寸，博三寸，厚半寸，剡上左右各寸半，玉也。藻，三采六等。」然子、男執璧，則博剡者，公、侯、伯之圭而已。子、男之繅二采再就，則三采六等者，公、侯、伯之繅而已。鄭氏曰「作此贊者失之矣」，其説是也。然則圭繅皆有組以繫之，聘禮所謂「皆玄纁繫，長尺，絇組」是也。璧繅蓋亦然，春秋傳所謂「楚康王再拜，皆厭璧組」是也。

辨注疏以有藉無藉爲繅藉：

禮記曲禮孔疏：凡執玉之時，必有其藻以承於玉。若盡飾見美之時，必垂藻於兩端，令垂向於下，謂之有藉。當時所執之人，則去體上外服，以見在内裼衣，故云「有藉者則裼也」。其事質充美之時，承玉之藻，不使下垂，屈而在手，謂之無藉。當時所執之人，則掩其上服，襲蓋裼衣，謂之「無藉者則襲」。此謂執玉之人，朝聘行禮，或有裼時，或有襲時也。云「圭、璋特而襲」者，上公享王圭以馬，享后璋以皮，皮、馬既不上於堂，其上惟特有圭、璋。圭、璋既是寶物，不可露見，必以物覆襲之，故云「圭、璋特而襲」也。云「璧琮加束帛而裼」者，謂侯、伯、子、男享天子璧以帛，享后琮以錦，既有帛錦承玉，上惟用輕細之物蒙覆以裼之，故云「璧琮加束帛而錫」也。此明非但人有裼襲，其玉亦有裼襲之義。此皇氏之説。熊氏以爲，上明賓、介二人爲裼襲，「圭、璋特」以下又明賓主各自爲裼、襲，謂朝時用圭、璋特，賓主俱襲，行享時用璧、琮加束帛，賓主俱裼，亦是也。其藉玉之藻，鄭注覲禮云：「繅所以藉玉，以韋衣木，廣袤各如其玉之大小。」天子則以五采畫之，諸侯則三采，子、男二采，其卿、大夫亦二采。故典瑞云：「王五采五就，公、侯、伯三采三就，子、男二采二就。」又云：「瑑、圭、璋、璧、琮，繅皆二采一就。」是也。熊氏云：「五采五就者，采别二行爲一就，故五就也。三采三就者，亦采别二行爲一就，故三就也。

二采二就者，亦采別二行爲一就，故再就也。二采一就者，以卿、大夫卑，二采，采則別惟一行，共爲一就。」知然者，雜記及聘禮記三采六等，則知天子、諸侯采別爲二等也。此是周法。其殷以上，則禮説含文嘉云：「天子三公，諸侯皆以三帛以薦玉。」宋均注云：「其殷禮，三帛，謂朱、白、蒼，象三正。其五帝之禮，薦玉用一色之帛。」故鄭注虞書「三帛」：「高陽氏之後用赤繒，高辛氏之後用黑繒，其餘用白繒。」其餘謂堯、舜之諸侯，既以采色畫韋衣於板上，前後垂之，又有五采組繩以爲繫，其組上以玄爲天，下以黄爲地，長尺，無事則以繫玉，有事則垂爲飾。故聘禮記「皆玄纁繫，長尺，絇組」，注云「采成文曰絇」是也。其裼、襲之義者，藻藉有二種，一者以韋衣木畫之也，二者絢組垂之，若板之藻藉則常有，今言無者，據不垂之也。其垂藻之時則須裼，屈藻之時則須襲。案聘禮：「賓至主人廟門之外，賈人東面坐，啓櫝，取圭，垂繅，不起而授上介。」注云：「不言裼、襲者，賤不裼也。」以賈賤，故不言裼，明貴者垂藻當裼也。又云：「上介不襲，執圭屈繅授賓。」注：「上介不襲者，以盛禮不在於己。」明屈繅合襲也。又云：「賓襲，執圭。」又云：「公襲受玉。」於時圭皆屈藻，故賓與公執玉皆襲。是屈藻之時皆襲，則所謂「無藉者襲」是也。聘禮又云：「賓出，公授宰玉，裼降立。」是授玉之後乃裼也。又云：「賓裼，奉束帛加璧享。」是有藉者裼。凡朝之與聘，賓與主君行禮，皆屈而襲，至於行享之時皆裼也。知者，以聘禮行聘則襲，受享則裼。凡享時其玉皆無藉藻，故崔靈恩云：「初享圭、璋特，故有藻。其餘則束帛加璧，既有束帛，不須藻。」

陳氏祥道曰：玉有以繅爲之藉，有以束帛爲之藉。有藉則裼，無藉則襲，特施於束帛而已。聘賓襲執圭，公襲受玉，及享則賓裼。奉束帛加璧。蓋聘特用玉，而其禮嚴；享藉以帛，而其禮殺。此襲、裼所以不同。先儒以垂繅爲有藉，屈繅爲無藉，此説非也。

陸氏佃曰：無藉，若圭、璋特是也。經言繅，又別言藉，則藉非繅著矣。藉若璧以帛、琮以錦之類，所謂「公降襲，受玉於中堂」，此無藉者之玉也，即束帛加璧，裼矣。

朱子曰：案鄭説兩義，詞太簡略，指不分明。疏家所引皇氏、熊氏，始以垂、屈言之。但熊氏所云「今言無者，據垂之也」，乃與經文及皇氏并已説上下文皆相反，疑其「據」字之下當脱一「不」字，今已輒爲補之矣。至於圭、璋、璧、琮之義，則皇氏爲失，而熊氏得之。但周禮典瑞云「璧、琮、繅皆二采一就」，而熊氏亦自謂「以韋衣版之藉則皆有」，而又引崔靈恩云璧、琮「既有束帛，則不須藻」，似亦牴牾。疑璧、琮雖有藻而屈之，當爲無藉，特以加於束帛，故從有藉之例，而執之者裼耳。陳氏、陸氏則但取鄭注後説，而用熊氏之義，似亦有理。然今未敢斷其是非，故悉著其説，以俟知者。

劉氏彝曰：此謂朝聘時爾。藉者，薦也，非繅。圭、璋、璧、琮、琥、璜，皆玉也。執璧、琮、琥、璜，則與帛、錦、繡、黼同升，所謂有藉裼者，禮差輕，尚文也；執圭璋則特達，所謂無藉襲者，禮方敬，尚質也。裼、襲繫於有藉無藉，不繫於有繅無繅。

馬氏晞孟曰：玉有以繅爲之藉，有以束帛爲之藉。以繅爲藉，所以飾之。束帛爲藉，所以將之。有藉則裼、無藉則襲之説，特施於束帛之藉而已。考之聘禮，方聘之時，賓襲執圭，公襲受玉，其襲而不裼者，以未有束帛之藉故也。及享之時，「賓裼，奉束帛加璧」，其裼而不襲者，以有束帛之藉故也。後世學者以有藉爲垂繅，無藉爲屈繅，而其甚又有圭、璋特而襲之説。然則聘禮又有「賈人取圭垂繅，宰執圭屈繅，上介執璋屈繅」，凡此，謂垂繅、屈繅可也，謂之有藉、無藉非也。周官小行人「圭以馬，璋以皮」，皮、馬雖非上堂之物，其爲藉也，亦束帛之類而已。謂圭璋特而襲，亦非也。

楊氏復曰：繅有二種，賈疏已詳，然言繅又言藉者，承玉、繫玉二種皆承藉玉之義，故言藉也。但藉字又有一義，曲禮云「執玉，其有藉者則裼，無藉者則襲」，所謂無藉，謂圭、璋特達，不加束帛，當執圭、璋之時，其人則襲也。所謂有藉者，謂璧、琮加於束帛之上，當執璧、琮之時，其人則裼也。曲禮所云，專指圭璋特襲，璧琮加束帛而裼一條言之，先儒乃以執圭而垂繅爲有藉，執圭而屈繅爲無藉，此則不然，陳氏、陸氏之言，足以破先儒千百載之惑矣。然何以知先儒之説爲非而陳氏、陸氏之説爲是也？竊詳經文，裼、襲是一事，垂繅、屈繅又别是一事，不容混合爲一説。方其始受君命也，賈人啓櫝，取玉垂繅，以授宰。宰執圭，屈繅，自公左授使者。使者垂繅，受命訖，以授上介。上介受玉垂繅，以授賈人。是時授受，凡四易手，有垂屈之文，而無裼襲之禮也。及至主國行聘禮，賓在廟門之外，賈人啓櫝，取玉垂繅，而授上介；上介不襲，屈繅以授賓。經明言上介不襲，是有垂屈之文，而無裼襲之禮也。逮夫賓主三揖三讓，登堂，賓襲執圭，公側襲，受玉於中堂與東楹之間，及公側授宰玉，而後裼降立，是主賓授受則襲，既授宰玉則裼。當主賓授受之時，曾不見垂屈之文焉。既歸，反命，「公南向，卿進使者，使者執圭，垂繅，北面，上介執璋屈繅，立於其左」，又有垂屈之文，而無裼襲之禮。蓋圭，聘禮之重也，主賓授玉於中堂東楹之間，禮之正也。方其授於賈人，授於上介，皆擬行之禮及贊禮者之事，故辨垂屈以彰其文。賓主授玉於中堂與東楹之間，爲禮之正，故辨裼襲以致其敬。及歸反命，又於君前以垂屈爲文，而不以裼襲爲禮。豈非玉爲聘禮設，反命亦非禮之正也乎？兩義不同，各有其宜。自鄭氏之説始差，熊氏、皇氏從而附會之，而經意始汩然，經文燦然如日星之在天，又豈得而終汩之耶？

蔡氏德晉曰：聘禮記：「凡執玉，無藉者襲。」曲禮：「執玉，其有藉者則裼，無藉者則襲。」玉，若圭、璋、璧、琮、琥、璜皆是也。藉，承藉之義。小行人職：「圭以馬，璋以皮，璧以帛，琮以錦，琥以繡，璜以黼。」皮、馬不上於堂，故圭璋特達無所承藉，是謂無藉者。若璧、琮、琥、璜加於帛、錦、繡、黼之上而升於堂，帛、錦、繡、黼在璧、琮、琥、璜之下，如物有承襲然，是謂有藉者。考之聘禮，執圭行聘，賓主皆襲，所謂無藉者襲。既聘而享，束帛加璧，賓主皆裼，所謂有藉者裼。朝禮想亦當然。則有藉無藉以玉言，裼襲以人言，本文自明，而所謂藉乃指帛、錦、繡、黼之類，非繅、藉之藉也。自鄭康成注藉爲繅，孔仲達疏引皇氏、熊氏語，以聘禮垂繅爲有藉，屈繅爲無藉，不知繅可言垂屈，不可言有無也。且聘禮云：「上介不襲，屈繅授賓。」既屈繅矣，而云「上介不襲」，則以爲屈繅者襲可乎？又云「賓裼，奉束帛加璧享」，案周禮典瑞職，璧琮繅藉二采一就，是璧琮雖有繅，而當享時，未知其或屈或垂也，乃以爲垂繅者裼可乎？皇氏又謂非但人有裼襲，玉亦有裼襲。圭璋既是寶物，不可露見，必以物覆襲之。璧琮既有帛錦承玉，惟用輕細之物蒙覆以裼之。夫謂玉亦有裼襲，尤屬穿鑿。胡邦衡反承用之，而以裼襲指執玉之人爲非，謂玉有繅以藉者，以袒裼而露見其美，無繅以承者，則以物覆襲之不暴露也，豈謂人自裼襲，不亦是非顛倒矣乎？有藉無藉之藉，乃束帛之藉，非繅藉之藉，裼襲是一事，垂繅屈繅又別是一事，不容混合。呂與叔、劉執中、馬彦醇、陳用之、陸農師、楊信齋、敖君善等辨之詳矣。郝仲輿復合併爲一説，且以裼襲專屬之玉，而云藉以采繒包裹之，所謂繅也，單曰裼，重曰襲。玉有繅，則赤手併其繅執之，所謂裼也。玉無藉，則以衣重揜其手執之，所謂襲也。有藉而又襲，則握不固；無藉而裼，則手澤污之。鄭作裼裘、襲裘，非是。夫裼襲以裘言，乃定解也，郝氏何以故反之而爲此杜撰穿鑿之解乎？更可怪者，聘禮裼襲本指人説，郝仲輿悉舉而歸之於玉，而以「揜手曰襲，袒手曰裼」等釋之，至解有不可通處，則割裂句讀，以伸其説。如「裼降立」，則以「裼」字屬上「公側授宰玉裼」爲句；如「賓裼」句，「奉束帛加璧享」句，則以「賓裼」連下「奉束帛加璧享」爲句；至「賓裼，迎。大夫賄用束帛」，乃還玉，禮畢，故賓不復襲，因以束紡勞贈還玉之卿。郝氏乃以「賓裼迎」爲句，連上節「還璋，如初入」解，而云：「『如初入』，與受圭同。『賓裼迎』，與受圭異。圭必呈見，賓以朝服揜手承之；璋不呈，故不襲而徒手併繅受之。」則割裂穿鑿甚矣。然其説終不可通。蓋以裼襲指玉説，何得云「裼迎」、「襲迎」也？

蕙田案：以上諸侯所執之圭璧。

右圭璧

裼襲

禮記曲禮：執玉，其有藉者則裼，無藉者則襲。注：藉，藻也。裼、襲，文質相變耳。有藻爲文，裼見美亦文。無藻爲質，襲充美亦質。圭璋特而襲，璧琮加束帛而裼，亦是也。疏：裼所以異於襲者，凡衣近體，有袍襗之屬，其外有裘。夏月則衣葛，其上有裼衣，裼衣上有襲衣，襲衣之上有常著之服，則皮弁之屬也。揜而不開則謂之爲襲，若開此皮弁及中衣，左袒，出其裼衣，謂之爲裼。

聘禮賈疏：凡服，四時不同。假令冬有裘，襯身襌衫，又有襦袴，襦袴之上有裘，裘上有裼衣，裼衣之上又有上服皮弁、祭服之等。若夏以絺綌，絺綌之上則有中衣，中衣之上復有上服皮弁、祭服之等。若春秋二時則衣袷褶，袷褶之上加以中衣，中衣之上加以上服也。

左傳疏：禮，裘上有衣謂之裼。裼衣之上，乃有朝、祭正服。裘上有兩衣也。襲則二衣皆重之。裼則袒正服，露裼衣。

玉藻：襲裘不入公門。注：衣裘必當裼也。疏：裘上有裼衣，裼衣之上有襲衣，襲衣之上有正服，但據露裼衣、不露裼衣爲異耳。若襲裘，不得入公門也。

不文飾也不裼。注：裼主於有文飾之事。疏：案聘禮使臣行聘之時，主於敬不主於文，故襲裘。聘是不文飾之事，不裼裘也。至行享之時，主於文，故裼裘也。

服之裼也，見美也。服之襲也，充美也。注：充，猶覆也。所敬不主於君則襲。疏：凡敬有二體，一則父也，二則君也。父是天性至極，以質爲敬，故子於父母之所不敢袒裼。君非血屬，以文爲敬，故臣於君所則裼。聘禮「行聘致君命亦襲」者，彼是聘享相對，聘質而享文，欲文質相變，故裼襲不同也。

執玉、龜襲。注：重寶瑞也。疏：凡執玉得襲，故聘禮執圭璋致聘則襲也。若執璧琮行享，雖玉，裼。此執玉或容非聘享，尋常執玉則亦襲也。

無事則裼，弗敢充也。注：謂已致龜玉也。

表記：子曰：「裼、襲之不相因也，欲民之無相瀆也。」注：不相因者，以其或以裼爲敬，或以襲爲敬。禮盛者以襲爲敬，執玉龜之屬也。禮不盛者以裼爲敬，受享是也。

蕙田案：裼、襲之義，從來未明，爲注疏諸家汨之耳。今以經文證之。檀弓云：「練，練衣黄裏，縓緣，鹿裘衡長袪，袪，裼之可也。」是裼專以袪言，而非别有裼衣、襲衣也。玉藻：「君子狐青裘，豹褎，玄綃衣以裼之；羔裘，豹飾，緇衣以裼之。」綃衣、緇衣，禮服也。裘上加禮服而裼，則微卷其袪，以見裘之美也。又曰「大裘不裼」、「犬羊之裘不裼」、「弔則襲」、「尸襲」、「執玉龜襲」、「君在則裼」、「無事則裼」，是裘以裼爲常，而當致哀致敬之時則襲。蓋一衣而可裼可襲，非裼爲一衣，襲又一衣也。又曰：「裘之裼也，見美也。服之襲也，充美也。」服者裘上之服，裘即服中之裘，互文以見義。襲其袪則美充於内，裼其袪則美見於外，故行禮之時，當裼則裼，當襲則襲，頃刻變易而不相因也。詳蔡氏説。

蔡氏德晉祖裼襲説：古人衣服之制，親身則以布爲襯身單衫，於祭服謂之明衣，論語「齊，必有明衣，布」是也。但行禮皆當服明衣，不特祭爲然。故皇氏謂朝服亦先以明衣襯身，以士喪禮明衣裳用布推之可見也。于燕居謂之澤。秦風：「豈曰無衣，與子同澤。」鄭箋：「澤，褻衣，近污垢。」朱注「澤，裏衣，以其親膚近於垢澤，故謂之澤」是也。單衫外有襦衣。内則：「衣不帛襦袴。」張横渠謂「襦，今之襖子。袴，今之褲」是也。襦衣之外，賤者有袍。秦風：「豈曰無衣，與子同袍。」玉藻：「緼爲袍。」梅誕生以袍爲長襦是也。貴者則有裘。賈洺州謂「冬時襯身單衫，又有襦袴，襦袴之上有裘」是也。裘之外有正服。正服者，行禮時則服禮服，燕居則服深衣也。論語：「緇衣，羔裘。」緇衣者，朝君之正服，鄭風「緇衣之宜兮」是也。玉藻：「朝玄端，夕深衣。」是深衣爲燕居之正服也。但古人著衣之節，其變有三：曰袒，曰裼，曰襲。袒者，捲起衣袖而露其臂也。裼者，捲正服之袖而露其裘也。襲，復衣也。或既袒而襲之，或既裼而襲之也。在衣曰袒，在裘曰裼，故裼有袒義，吕與叔云「袒謂之裼，不袒謂之襲」是也。袒有左右，禮事則左袒，刑人則右袒，裼則左右皆裼，故大射儀、士喪禮皆言「左袒」，覲禮侯氏待罪言「右肉袒」，而聘裼、襲不言左右也。袒有惟捲正服之袖而露其裏衣者，鄉射禮記所謂「袒纁襦」、「袒朱襦」也。有并捲裏衣之袖而露其臂者，所謂肉袒也。裼則惟捲正服之袖以露其裘而已。玉藻云：「君衣狐白裘，錦衣以裼之。」言狐白裘上加錦衣爲禮服，而袖必捲起以露出裘也。又曰：「裘之裼也，見美也，服之襲也，充美也。」襲，揜也。禮服之袖捲起，則裘之美露見於外；不捲而揜蔽之，則裘之美充塞於内也。又云：「君子狐青裘，豹褎，玄綃衣以裼之。」孔疏取熊氏説云：「謂六冕及爵弁也。」綃，綺屬也。夫六冕及爵弁，皆禮服之正也。以是爲裼，則郝仲輿謂古裼衣即是冬月之禮服，豈不信乎？檀弓云：「曾子襲裘而弔，子游裼裘而弔。既小斂，子游趨而出，襲裘帶絰而入。」蓋裘之上爲禮服。捲其袖而露出裘謂之裼，袖不捲而揜蔽其裘謂之襲裘，當裼以行禮之時則裼而不得襲，當襲以行禮之時則襲而不得裼，表記所謂「裼襲不相因也」。凡既袒者必襲，袒不可常也。裼者不必襲而既襲者必裼，敖君善謂朝祭之衣以裼爲常，故當盛禮則襲以爲敬，而盛禮畢則裼而復其常也。合大射、士喪、聘禮、曲禮、檀弓、玉藻之文考之，而袒、裼、襲之義可覩矣。

又袒裼襲解辨：古人冬月衣裘，裘上加正服。其正服有裼有襲。裼者，兩袖微捲起，以露裘之美。襲則下其所捲之袖而已。乃先儒之論裼襲，紛紜舛錯，計其謬訛凡十有六，皆可援經、傳以正之。有謂裘外之衣有二重，裼衣一重、襲衣一重者，鄭康成、賈洺州、吴草廬、敖君善、郝仲輿、梅誕生、萬充宗之説也。有謂裘外之衣三重，裼衣一重、襲衣二重、正服三重者，孔仲達、方性夫、陳可大、林次崖、徐伯魯之説也。夫古人裘外，惟有正服。孔子「緇衣羔裘」，緇衣謂朝君正服。玉藻：「君子狐青裘，豹褎，玄綃衣以裼之。」孔疏引熊氏説，以爲六冕及爵弁之色，皆禮服之正也。以其裼而露裘，謂之裼衣，亦曰裼裘。以其襲而揜裘，謂之襲衣，亦曰襲裘。其實裘外止一正服也，安得或岐而爲二、或岐而爲三乎？其誤一也。

○古人不以裘爲正服，故於裘上加正服。玉藻：「君衣狐白裘，錦衣以裼之。」即秦風所謂「錦衣狐裘」。錦衣之上，未嘗更有衣也。鄭康成乃謂「錦衣復有上衣，狐白之上，衣皮弁服」，賈洛州謂「裘上有裼衣，裼衣上又有上服皮弁、祭服之等」，孔仲達則云「裘上有裼衣，裼衣上有襲衣，襲衣上有常著之服，則皮弁之屬」。夫鄭、賈以襲衣爲正服，則裼衣安所用之？孔氏以正服在裼衣、襲衣之外，則裼、襲二衣，又安所用之？況裘内有袍澤之屬，裘外有正服，而其間又有裼、襲二衣，則重累臃腫甚矣，何以能勝周旋百拜之禮？詩言「衣錦絅衣，裳錦絅裳」，乃婦人之服，亦非以裼裘也。鄭氏乃據之以證裼襲之制，不亦支離附會已乎？其誤二也。

○郝仲輿云：「古人裼衣，即是冬月禮服。」又云：「裘外裼衣，即是朝祭服，非裼衣之外又著朝祭服。」萬充宗云：「玉藻云：『君在則裼。』夫臣之見君必朝服，則裼衣即朝服。聘禮既聘而享，賓主必裼以將事，則裼衣即禮服。推此，凡裘外之裼衣，皆禮服矣。」此説自不易，然裼衣既爲禮服，必當著於外，豈可復加他服以揜之？孔子「緇衣羔裘」，不聞更有何服以揜緇衣。玉藻「玄綃衣以裼之」，不聞更有何服以揜玄綃衣也。郝氏乃云「裼衣上又著則爲襲」，又云「裼衣之外，又以衣揜襲，是有事示變者」；萬氏則云「經不詳裼衣之制，疑即深衣也。衣裳相連，全體深邃，服之以揜蓋裼衣」，又云「加深衣則曰襲，不加深衣則曰裼」。夫深衣乃燕服，玉藻所謂「朝玄端，夕深衣」。深衣，所謂「善衣之次」，鄭康成亦謂「深衣所以襯禮服」，安得反加於禮服之上乎？聘禮行聘之時，賓主皆襲，既聘而享，賓主皆裼。如萬氏説，聘禮盛大，賓主尊嚴之際反服深衣；享禮稍殺，反服禮服，是深衣反尊於禮服也，何以爲「善衣之次」乎？萬氏又解「大裘不裼」云：「郊時，王衣大裘，衮衣以裼之。衮衣外更襲以衣，是之謂充美。」夫郊祀大典，衮衣盛服，乃反加深衣以覆蓋之，不已褻乎？其誤三也。

○正服一也，而裼襲則隨時異宜。表記云「裼襲不相因」者，謂先裼而遇當襲之時則襲，先襲而遇當裼之時則裼，未嘗相因而不改也。孔仲達曲禮疏乃云：「去體上外服以見在内裼衣，故云裼。」萬充宗云：「去襲衣曰裼，加襲衣曰襲。」郝仲輿云：「單衣曰裼，重揜曰襲。」應子和云：「交錯而相易曰裼，層疊累沓而揜覆曰襲。」又云：「裼襲異宜，一時或有異事，必易服從事，不以襲衣而因爲裼，不以裼衣而因爲襲。」如諸儒説，則當裼時必脱去襲衣，當襲時必復加襲衣也，不思聘禮「公側襲，受玉於中堂與東楹之間，裼降立」，授受須臾，不下堂，不入次，易服於何所乎？射、喪諸禮言袒襲者，皆忽袒忽襲，豈得於行禮之所忽而脱衣、忽而著衣乎？其誤四矣。

○吕與叔云：「袒謂之裼，不袒謂之襲，蓋裼有袒義，故經傳恒以袒裼並言，詩『袒裼暴虎』、内則『不有敬事，不敢袒裼』是也。」但袒有二：禮事左袒，刑人右袒，而裼則左右皆裼，故大射、士喪言左袒，覲禮言右袒，而聘禮於裼不言左右也。鄭康成注大射云：「袒者左免衣。」又注聘禮云：「凡袒裼者左。」孔仲達曲禮疏：「左袒出其裼衣謂之裼，故鄭氏謂裼者左袒也。」敖君善聘禮注：「裼者，偏免上衣見裼衣。此裼亦左爲之。」如鄭、孔、敖氏之説，則裼亦如袒之有左右，而禮事惟左裼矣，何以左右袒見於經，見於史，而左右裼並不見於經、史乎？且裼以露裘，何以獨露左袖而不露右袖乎？其誤五矣。

○袒裼之别，在裘曰裼，在衣在體皆曰袒。在體之袒，袒衣而露臂，所謂肉袒也。在衣之袒，袒外衣，見裏衣，所謂「袒朱襦」、「袒纁襦」也。裼則惟袒外衣以露裘而已。孔仲達、陳可大乃云「或裘或葛，其上皆有裼襲二衣」。夫裼襲止施於裘，豈得兼葛言之耶？其誤六矣。

○玉藻云：「裘之裼也，見美也。服之襲也，充美也。」言裼則裘之美見於外，襲則裘之美充乎内。裼言裘，襲言服，互見耳。檀弓曾子、子游之弔，固嘗言裼裘、襲裘矣。萬充宗則謂：「於裼曰裘之裼，裼在裘外也。於襲曰服之襲，襲在服外也。」豈知言「裘之裼」，舉裘以見外之有服；言「服之襲」，舉服以見内之有裘乎？乃斷以爲「襲在服外」。其誤七矣。

○「見美」、「充美」，本指裘之美而言，鄭康成乃云「袒而有衣曰裼」，孔仲達謂「襲衣上有常著之服，如皮弁之屬，揜而不開謂之襲；開皮弁及中衣，左袒出其裼衣謂之裼」；又云「裘之裼者，裼衣上雖加他服，有開露裼衣而見裼衣之美；服之襲者，謂所加上服揜襲裼衣而覆蓋裼衣之美」，敖君善亦云「襲謂襲上衣，不見裼衣也」。夫羔裘、麑裘之類可言美，若緇衣、素衣之屬，何足言美？況以見美、充美爲裼衣之美，則是裼襲在衣不在裘，而何以言裼裘、襲裘也？其誤八矣。

○古人衣領之制，惟深衣篇：「曲袷如矩以應方。」鄭注：「袷，交領也。古者方領，如今小兒衣領。」吴草廬乃有「禮衣直領，深衣曲領」之説。又云：「裼裘者，裼衣外之上服直其領而露出裼衣也；襲裘者，裼衣外之上服曲其領而揜蔽裼衣也。」林次崖、徐伯魯宗其説，又謂「裘外之衣有裼、襲及正服三重，裼與襲全在第二重。襲衣有直領、曲領二者之異，惟所當而服之」。夫如吴氏説，襲衣即正服，而有直領、曲領二者，則行禮或裼或襲，必易服從事。如林氏、徐氏説，「襲衣有直領、曲領二者，而其外猶有正服」，則裼與襲必先脱去正服，更换襲衣，乃復著正服，不尤迂滯乎？且直領、曲領之别，經、史亦無明文可據也。其誤九矣。

○諸儒雖以裼、襲爲二衣，未有能言二衣之異制者。宣城梅誕生始云：「裼衣乃半袖單衣，加於裘之上；襲衣乃有袖全衣，加於裼之上。」如其説，則行禮時，忽裼忽襲，而襲衣亦必忽脱忽著矣。且行禮有裼時，有襲時，是裼與襲俱爲禮服，以禮服而止半袖，可乎？况半袖之説亦屬無稽。其誤十矣。

○裼以見裘之美，即以爲見裼衣之美，亦必襲衣上無正服，裼衣始露見耳。方性夫乃謂「襲衣之上有正服，所謂裼衣者，未嘗無襲，由露其裼衣，故謂之裼；所謂襲衣者，未嘗無裼，由揜以襲衣，故謂之襲」。夫襲無論矣。以裼言之，襲衣既揜裼衣於内，正服何以能露裼衣於外？若此，孔仲達「開皮弁及中衣，左袒出其裼衣」之説，而襲衣與正服俱開露以見裼衣，則欲見裼衣之美者，止一正服足矣，何必有襲衣？則欲見裘之美者，亦止一正服足矣，何必有裼、襲二衣？有裼、襲二衣，必三重俱袒，乃能見裘之美；無裼、襲二衣，惟袒正服，亦足見裘之美。然則此二衣不誠贅設乎？其誤十一矣。

○裼裘之法，不過捲起兩袖，檀弓：「鹿裘，袪裼之可也。」袪，袖口也。言鹿裘外之服微捲起，以露鹿裘袖口可也。萬充宗謂：「喪中之袒，捲起衣袂而露其臂，襲則揜之。」愚則謂凡袒與裼，皆捲起衣袂，不止喪中之袒而已。賈洛州乃謂「裼者，袒衿前上服，見裼衣」，萬充宗又謂「古人禮服皆直領無襟，裘上衣裼衣，胸前裘色，自然微露如袒者」，然皆臆説也。鄭、孔既以裼爲左袒矣，聘禮注又以爲「裼者，免上衣見裼衣」，曲禮疏又云「去體上外服，見在内裼衣」，則似裼爲脱去襲衣矣。又云「開皮弁及中衣謂之裼」，則裼又似開露前衿矣。皆騎墻之見也。陸稼書云：「『襲裘不入公門』，孔疏裼襲但『據露裼衣不露裼衣爲異耳』，然不言何樣露法。想或去而露之，或袒而露之，或直其領而露之，其制原不一也。」此又胸無定見，徘徊兩可，不知行大禮時，自有一定之制，非可二三其説也。其誤十二矣。

○士喪禮「左袒」，賈洛州以爲袒左袖。孟子「袒裼」，朱注以爲露臂。古人之袒，如是而已。至佛氏始有偏袒右肩之語。梅誕生云：「袒，偏脱衣。」則是佛氏之袒，非古人之袒也。又云：「凡獨言袒，但去襲而露裼。言袒裼，則并去裼而露肉。」此説近之而未盡，當云「言裼則去裼而露裘，言袒裼則并去裘而露肉，若獨言袒，則惟去衣而露肉也」，如是義理方足，而去之之言，尚不能無病。其誤十三也。

〇衣有袒襲，見射禮及喪、虞禮。裘有裼襲，見聘禮。正可參考，以明其義。士虞禮言「鉤袒」，敖君善謂「外卷其袂以出臂」，此正袒之法，亦即是裼之法。萬充宗乃謂裼襲不得與袒裼相混。喪、虞、射禮之袒襲與裼襲不同，又與袒裼不同，亦不可混。而以先儒注裼襲皆不免與袒裼混爲病，不亦好爲離截而無當乎？其誤十四也。

〇檀弓：「練，練衣黄裏，縓緣，鹿裘横長袪，袪裼之可也。」蓋喪至期而練，其時有功衰爲禮服，以象吉時玄端；有練衣以爲燕服，以象吉時深衣。練衣之制，黄爲裏，淺絳色爲緣，冬時以鹿皮爲裘，而横長其袖，衣於身爲縱，袖於衣爲横，未練之時袖皆短，至此則長之也。袪裼之者，鹿裘外加練衣，則卷起練衣之袖，以露鹿裘之袖也。如鹿裘上加功衰，衰袖短，亦露鹿裘之袖，陳用之所謂「裼受服以見鹿衣之美」也。故鹿裘上惟加一服：行禮時則加功衰，燕居則加練衣。孔仲達以練衣爲中衣，而謂是時外有衰，内有練中衣，中衣内有裼衣，裼衣内有鹿裘，仍是三重之説。其誤十五也。

〇古人之衣，内有襯身單衫及襦袴，皆褻衣也。褻衣上不可遽加朝祭之服，故必有中衣以間之。春秋則以深衣爲中衣，夏則以葛爲中衣，冬則即以裘爲中衣，蓋著在褻衣、禮衣之中間謂之中衣，非有定制也。孔仲達乃以襲衣爲中衣，則中衣在裘之外。玉藻疏又引皇氏語，謂夏則中衣之上加葛，葛上加朝服，冬則中衣之上加裘，裘上加朝服，則中衣又在裘之内，皆不知何衣也。其誤十六矣。

〇此十六誤解，各是其是，各非其非，非合而辨之，不惑於此，必惑於彼，而裼、襲之義，幾於隱矣。

蕙田案：禮文有經傳明據而淆於諸儒之岐説者，莫如袒、裼、襲之義。少時與同學諸子病之，雍正乙巳春，遂相與偏考經文，詳稽衆説，久乃豁然融貫，迎刃而解。搜集則吴氏鼎之力居多。此二説則蔡氏筆也。棼絲就理，翳障頓開，凡三閲月而後定。嗚呼！讀經豈易焉？

右裼襲

五禮通考卷二百二十一

賓禮二

天子受諸侯朝

朝覲服冕

周禮春官司服：公之服，自衮冕而下，如王之服。侯、伯之服，自鷩冕而下，如公之服。子、男之服，自毳冕而下，如侯、伯之服。孤之服，自希冕而下，如子、男之服。卿、大夫之服，自玄冕而下，如孤之服。注：自公之衮冕至卿、大夫之玄冕，皆朝聘天子及助祭之服。諸侯自相朝聘，皆皮弁服。

蕙田案：注見吉禮。

夏官弁師：掌王之五冕，皆玄冕、朱裏、延紐。五采繅，十有二就，皆五采玉十有二，玉笄朱紘。

諸侯之繅斿九就，瑉玉三采，其餘如王之事，繅斿皆就，玉瑱玉笄。諸侯及孤、卿、大夫之冕各以其等爲之，而掌其禁令。

蕙田案：注見吉禮。

楊氏復曰：上公衮冕，繅九斿，前後九旒，旒九玉，繅三采，朱、白、蒼。侯、伯鷩冕，繅七就，前後七旒，旒七玉，繅三采。子、男毳冕，繅五就，前後各五旒，旒五玉，繅三采。

秋官大行人：上公冕服九章，侯、伯冕服七章，子、男冕服五章。注：冕服者，著冕所服之衣也。九章者自山龍以下，七章者自華蟲以下，五章者自宗彝以下也。

禮記玉藻：諸侯裨冕以朝。注：朝天子也。裨冕，公衮，侯、伯鷩，子、男毳也。

陳氏禮書：古者諸侯將適於王，則裨冕而出眡朝；至湯沐之邑，則齋戒以入見。而王駕齋馬，乘齋車，以其等爲送逆之節。其致敬朝事如此，則侯氏裨冕，王衮冕，奚間於朝與廟哉？曲禮曰：「天子當依而立，諸侯北面而見，曰覲。天子當宁而立，諸公東面，諸侯西面，曰朝。」鄭氏謂：「春朝，受摯於朝，受享於廟，生氣文也。秋覲，一受之於廟，殺氣質也。夏宗依春，冬遇依夏。」又以覲禮王服衮冕，司服「王眂朝，皮弁服」，則謂受朝於廟則冕服，受朝於朝則皮弁。然皮弁服，王日眂朝之禮，非受諸侯朝覲之服也。行人之職，統言朝覲之禮，「上公冕服九章，侯、伯冕服七章，子、男冕服五章」，而繼之以廟中將幣，則未將幣之前，受朝於朝，未聞不以冕服也。又節服氏「掌祭祀朝覲衮冕，六人維王之太常」，維王之太常者，從王之服，而春朝秋覲皆然，孰謂王之在朝與廟其服異耶？或曰：冕服，祭服也，施之於廟則可，於朝廷則不可。是不然。大車詩言周大夫聽男女之訟則服毳衣。禮，諸侯親迎則玄冕，王養老則冕而總干，耕藉則冕而秉耒，是祭服有不施於廟也。又司服：「王饗、射則鷩冕。」射人：「三公北面，執璧；孤東面，執皮帛；卿西面，執羔；大夫西面，執雁；諸侯在朝亦北面。」鄭氏謂：「饗射，饗食賓客與諸侯射也。射人不言士者，此與諸侯之賓射，士不與也。」然則與諸侯之賓射固在朝矣。王鷩冕，三公執璧則毳冕，而諸侯亦冕服可知〔一〕。康

〔一〕「可知」下，光緒本有「射於朝以冕服則受朝於朝亦冕服可知」十六字。

王既尸天子，諸侯入應門，奉圭以進，既事，王乃釋冕。此在朝冕服之事也。漢制，百官賀正月，天子服通天冠。張衡東京賦曰：「通天冠〔一〕，佩玉璽。」韋彤曰：「通天冠，朝會之正服，猶古之皮弁也。自晉以來，天子郊祀天地、明堂、宗廟、元會、臨軒介幘，通天冠，平冕，冕皂表，朱緑裏，加於通天冠上，衣畫而裳繡，爲日月星辰十二章。自此元日受朝，始用祭服。梁及隋、唐因之。」蓋古者受朝，未嘗不以祭服。漢失其制，至晉以來，諸儒考正，乃復舊典。本朝之制亦然。近者元會用漢儀，服通天冠，絳紗袍，恐非古也。

蕙田案：覲禮：「天子衮冕，負斧依。」則天子受諸侯朝亦衮冕，其服則玄衣，纁裳，素帶，朱裏終辟，佩白玉，玄組綬，朱韍，赤舄。諸侯之冕服，玄衣，纁裳，素帶，終辟，佩山玄玉，朱組綬，朱韍，赤舄。在朝在廟皆然。疏家謂在朝服皮弁服者，非也，當從陳祥道説。

右朝覲服冕

〔一〕「通天冠」，光緒本作「冠通天」，疑是。

周禮春官巾車：金路，鉤，樊纓九就，同姓以封。注：金路，以金飾諸末。鉤，婁頷之鉤也。金路無鍚有鉤，亦以金爲之，其樊及纓以五采罽飾之而九成。同姓以封，謂王子母弟率以功德出封，雖爲侯伯，其畫服猶如上公，若魯、衛之屬。疏：言此者，見二王後上公，雖是異姓、庶姓，乘金路；今同姓王子母弟，以衣服與上公同，明乘金路亦同矣。象路，朱，樊纓七就，異姓以封。注：象路，以象飾諸末。象路無鉤，以朱飾勒而已，其樊及纓以五采罽飾之而七成。異姓，王甥舅。革路，龍勒，條纓五就，以封四衛。注：革路，輓之以革而漆之，無他飾。龍，駹也，以白黑飾韋雜色爲勒，條讀爲絛，其樊及纓，以絛絲飾之而五成，不言「樊」，字蓋脱耳。以此言絛，知玉路、金路、象路飾樊纓皆不用金、玉、象矣。四衛，四方諸侯守衛者，蠻服以內。木路，前樊鵠纓，以封蕃國。注：木路，不輓以革，漆之而已。前，讀如緇翦之翦。翦，淺黑也。木路，無龍勒，以淺黑飾韋爲樊，鵠色飾韋爲纓。不言就數，飾與革路同。蕃國，謂九州之外夷服、鎮服、蕃服。

司常：交龍爲旂，諸侯建旂。注：諸侯畫交龍，一象其升朝，一象其下復也。

秋官大行人：上公建常九斿，樊纓九就，貳車九乘。侯、伯建常七斿，樊纓七就，貳車七乘。子、男建常五斿，樊纓五就，貳車五乘。注：常，旌旗也〔一〕。斿，其屬幓垂者也。

〔一〕「旌旗」，味經窩本作「旍斿」。

樊纓，馬飾也，以罽飾之，每一處五采備爲一就。就，成也。貳，副也。疏：「建常九斿」者，對文，日月爲常，交龍爲旂，而云「常」者，常，總稱，故號旂爲常也。樊，馬腹帶。纓，馬鞅，以五采罽飾之而九成。「貳車九乘」者，案覲禮記云：「偏駕不入王門。」鄭云：「在旁與己同曰偏。同姓金路，異姓象路，四衛革路，蕃國木路。」此等不入王門，舍于館，乘墨車龍旂以朝，彼據覲禮。覲禮，天子不下堂而見諸侯，故諸侯不得申偏駕。今此春夏受贄在朝，無迎法，亦應偏駕不來。今行朝後，行三享在廟，天子親迎，並申上服，明乘金路之等。若不申上車，何得有樊纓九就之等？以此知皆乘所得之車也。

蕙田案：覲禮：「侯氏乘墨車，載龍旂、弧韣，乃朝。」墨車，大夫所乘，侯氏乘之，屈也。此云樊纓九就、七就、五就，則乘金路、象路、革路可知。與覲禮不同者，彼是秋冬，受覲禮於廟，禮主於嚴肅，故侯氏降乘墨車。此是春夏受享於廟，禮主於交接，故天子乘車出迎，而侯氏得乘金路、象路、革路之等。若春夏受摯於朝，亦當乘墨車。初見以臣禮接之，再見以賓禮待之也。其載龍旂九斿、七斿、五斿之等，則朝、宗、覲、遇並同。

右車旂

几筵

春官司几筵：凡大朝覲，王位設黼依，依前南鄉設莞筵紛純，加繅席畫純，加次席黼純，左右玉几。

肆師：大賓客，莅筵几，築鬻。注：築，香艸，煑以爲鬯。此王所以禮賓客。

書顧命：牖間南嚮，敷重篾席，黼純，華玉仍几。

蘇氏軾曰：篾席，桃竹枝席也。黼，黑白也。純，緣也。華玉，色玉也。此見群臣覲諸侯之坐也。

右几筵

玉幣

周禮秋官小行人：合六幣：圭以馬，璋以皮，璧以帛，琮以錦，琥以繡，璜以黼。此六物者，以和諸侯之好故。注：合，同也。六幣，所以享也。五等諸侯享天子用璧，享后用琮，其大各如其瑞，皆有庭實，以馬若皮。皮，虎豹皮也。用圭、璋者，二王之後也。二王後尊，故享用圭、璋而特之。禮器云：「圭、璋特。」義亦通于此。其于諸侯亦用璧、琮耳。子男于諸侯，則享用琥、璜，下其瑞也。凡二王後、諸侯相享之玉，大小各降其瑞一等，及使卿大夫頫聘，亦如之。

陳氏禮書：行人「合六幣，圭以馬，璋以皮，璧以帛，琮以錦，琥以繡，璜以黼」，何也？昔太王之於狄人，事之以皮幣，繼之以犬馬，終之以珠玉。是珠玉重於犬馬，犬馬重於皮幣，則合圭以馬，合璋以皮，宜矣。繡、黼，皆陰功也。繡則五色之全，黼則白黑而已。是繡備於黼也，則合琥以繡，合璜以黼，宜矣。婚禮納徵以束帛，饗贈送者以束錦；聘禮享君夫人以束帛，覿以束錦；上大夫與下大夫致賓介饔餼，皆以束帛，賓介儐之以束錦；食禮君侑幣以束帛，大夫相食以束錦：是帛質於錦也。則合璧以帛，合琮以錦，宜矣。圭，東方也。馬，動物也。璋，南方也。皮，文物也。璧，天象也。天事質，故以帛。琮，地象也。地事文，故以錦。琥，西方也，萬寶之成，莫備於此，故以繡。璜，北方也，陰陽之辨，莫斷於此，故以黼。此六幣所以合之之意也。皮、馬不上堂，故以圭、璋特，然則璧、琮、琥、璜，皆非特達者歟？

考工記玉人：璧、琮九寸，諸侯以享天子。注：享，獻也。聘禮：「享君以璧，享夫人以琮。」疏：案小行人，二王後享天子及后用圭、璋，則此璧、琮九寸，據上公。引聘禮者，欲見經云「享天子用璧，享后用琮」，此據上公九命。若侯伯當七寸，子男當五寸。

陳氏禮書：玉有朝覲之玉，有頫聘之玉，有獻享之玉。禮於朝覲之玉，言其所瑑、桓、躬、信、穀、蒲是也。頫聘之玉，言瑑而已，「瑑圭、璋、璧、琮以頫聘」是也。若夫享獻之玉，諸侯以享天子則不瑑，玉人謂「璧、琮九寸，諸侯以享天子」是也。諸侯以享夫人則瑑，玉人謂「瑑琮八寸，諸侯以享夫人」是也。覲禮：「侯氏覲天子，三享皆束帛加璧。」禮器曰：「束帛加璧，尊德也。」郊特牲曰：「束帛加璧，往德也。」夫諸侯相朝而享夫人以琮，聘卿亦享夫人以琮，則諸侯享后亦必以琮。諸侯享王以璧，聘卿享君亦以璧，則諸侯相享亦以璧。玉人言「璧、琮以享天子」，則后舉矣；言「瑑琮享夫人」，則璧舉矣。鄭氏曰：「五等諸侯享天子用璧，享后用琮，其大各如其瑞，皆有庭實，以馬若皮，用圭、璋者，二王之後也。二王後尊，故享用圭、璋而特之。其於諸侯亦用璧、琮耳。子、男於諸侯，則用琥、璜，下其瑞也。凡二王後、諸侯相享之玉，大小各降其瑞一等，及使卿大夫頫聘亦如之。」考之聘禮，享君以璧，而有庭實與馬，特行人合六幣，言「圭以馬，璋以皮」，而圭、璋在璧、琮之上，則圭、璋爲二王後之禮可知。公瑞桓圭九寸，諸侯享王亦璧、琮九寸，諸侯即公也，則璧、琮各如其瑞可知。公侯伯之瑞以圭，而享以璧琮，下其瑞也。子、男之瑞以璧，而享諸侯亦璧，非下其瑞也，則享用琥、璜可知。公享夫人，瑑琮八寸，使卿大夫頫聘，亦瑑圭、璋、璧、琮八寸，降其瑞一等，則「諸侯相享之玉，大小各降其瑞一等。及卿大夫頫聘，亦如之」可知。玉人言「諸侯以享」而不言公，言「瑑圭、璋、璧、琮」而不及公，鄭氏知其爲公，何也？弁師「諸侯之繅斿九就」，公之繅斿也；聘禮所以朝天子，「圭與繅皆九寸」，公之圭繅也。禮之所言，舉尊以明卑多矣，奚獨玉人然哉？聘禮曰：「凡四器者，惟其所寶以聘可也。」則圭、璋、璧、琮之類，惟其所寶者而已，此又先王權於禮者也。楚薳啓疆曰：「朝聘有圭，享頫有璋。」蓋朝聘之禮嚴於享，特聘之禮重於殷頫，故圭、璋所用如此。然諸侯之臣聘后、夫人以璋，二王之後享王以圭，則啓疆之言，亦有其大率者也。夫圭、璋象陰陽之用，璧、琮象天地之體，故天子、公、侯、伯之瑞以圭，子男璧；聘卿聘以圭，享以璧、琮。又圭、璋特達，璧琮有幣，則圭、璋貴於璧、琮矣。至於禮神，各以所象求之，此璧、琮又重於圭璋。

禮記郊特牲：旅幣無方，所以別土地之宜，而節遠邇之期也。龜爲前列，先知也，以鐘次之，以和居參之也。虎豹之皮，示服猛也。束帛加璧，往德也。注：旅，陳也。鐘，金也，獻金爲作器。鐘其大者，以金參居庭實之間，示和也。　疏〔一〕：此一節明朝聘貨賄庭實之物。

右玉幣

擯介

周禮秋官司儀：掌九儀之賓客擯相之禮，以詔儀容、辭令、揖讓之節。注：以詔者，以禮詔王。

春官大宗伯：朝、覲、會、同，則爲上相。注：相，詔王禮也。出接賓曰擯，入詔禮曰相。相者五人，卿爲上擯。

王命諸侯，則儐。注：儐，進之也。王將出命，假祖廟，立依前，南鄉。儐者進，當命者延之，命使登。内史由王右以策命之。降，再拜稽首；登，受策以出，此其略也。

肆師：大朝覲，佐儐。注：爲承儐。　疏：大朝覲，謂大會同朝覲時。若四時常朝，則小行人爲承擯。

〔一〕「疏」，原脱，據味經窩本、乾隆本、光緒本補。

秋官大行人：上公介九人，擯者五人；侯伯介七人，擯者四人；子男介五人，擯者三人。注：介，輔己行禮者也。　疏：王與諸侯行禮，與諸侯待諸侯同。案司儀云：「諸公相爲賓，及將幣，交擯，三辭，車逆，拜辱。」玄謂「既三辭，主君則乘車出大門而迎賓」是也。必知天子待諸侯敵禮者，案下文，「大國之孤，繼小國之君，不交擯，其他皆眂小國之君」，則天子與諸侯交擯，交擯是敵禮也。

儀禮聘禮鄭注：「天子諸侯朝覲，命介紹傳命。其儀，各鄉本受命，反面傳而下。及末，則卿受之，反面傳而上。又受命傳而下，亦如之。」　疏：此論天子諸侯交擯法。云「紹」者，亦謂使介相紹，繼以傳命，即擯介相傳賓主之命也。此交擯謂在大門外，初未迎賓時。覲禮「天子不下堂而見諸侯」，則秋冬受贄、受享皆無迎法，無迎法，則無此交擯之義。若春秋受贄于朝，無迎法，受享于廟則迎之。若然，覲禮無迎法，此云朝覲者，覲雖無迎法，饗食則有迎法，故齊僕云「朝覲宗遇饗食，皆乘金路，其法儀各以其等，爲車送迎之節」，故連覲也。云「其儀，各鄉本受命，反面傳而下」者，雖言各鄉本受命，非一時之事，先上擯入受命，出，傳與承擯，承擯傳與末擯，此是上擯鄉本受命，「反面傳而下」，末介向末擯邊受命傳與次介，次介傳與上介，上介傳與賓，是及其末，則卿受之，反面傳而上也。云「又受命傳而下，亦如之」者，此乃發賓傳向主君，一如前發主君傳而向下，故云「亦如之」。如此三迴，爲交擯三辭也。

小行人：凡諸侯入王，及郊勞、眂館、將幣，爲承而擯。注：使宗伯爲上擯，爲之丞而擯之。

禮記禮器：諸侯七介七牢，大夫五介五牢。注：諸侯七介七牢者，周之侯伯也。大夫五介五牢者，侯伯之卿使聘者也。周禮：上公九介九牢，侯伯七介七牢，子男五介五牢。聘義所云「上公七介，侯伯五介，子男三介」，乃謂其使者也。疏：介，副也。牢，太牢也。謂諸侯朝天子，天子以太牢禮賜之也。周禮：公九介九牢，侯伯七，子男五。今言七，舉中言之也。臣爲君使，各降其君二等。此五介五牢，謂侯伯之卿，亦舉中言之。

天子無介。注：無客禮也。

七介以相見也，不然則已慤。三辭三讓而至，不然則已蹙。注：已，猶甚也。慤、蹙，愿貌。大愿則辭不見，情無由至也。疏：陳七介以相見，申賓主之情也。言七介者，舉中言之。司儀賓至大門外，陳擯介，交擯，三辭畢，君迎賓，拜辱，至大門，三讓，三讓入大門。主君每門讓，賓一辭，是三辭三讓，而情意交至也。禮有擯詔，樂有相步，温之至也。注：皆爲温藉重禮。擯詔〔一〕，告道賓主者也。相步，扶工也。詔，或爲「紹」。

蕙田案：賓禮，陳擯介之儀有二：一爲交擯。擯介相傳辭，往復自上而下，

〔一〕「擯詔」上，諸本衍「有」字，據禮記正義卷二四删。

自下而上，更迭而徧，其儀繁。天子見諸侯，諸侯自相朝，則行之。一爲旅擯。但陳儐介而不傳辭，其儀略。卿大夫聘問則行之。天子受諸侯朝覲，大宗伯爲上擯，小行人爲承擯，嗇夫爲末擯。大宗伯，卿也；小行人，大夫也；嗇夫，士也。上公擯五人，一卿一大夫三士；侯伯四人，一卿一大夫二士；子男三人，一卿一大夫一士。此見於經與注疏者也。其諸侯所陳之介，亦當以卿、大夫、士充之，而經無明文。以聘禮侯伯相聘，上介一人、士介四人推之，然則上公九介，一卿一大夫七士；侯伯七介，一卿一大夫五士；子男五介，一卿一大夫三士與？

右擯介

天子諸侯稱謂

禮記曲禮：君天下，曰「天子」。朝諸侯、分職、授政、任功，曰「予一人」。注：皆擯者辭也。天下，謂外及四海也。今漢于蠻夷稱天子，於王侯稱皇帝。覲禮曰：「伯父實來，余一人嘉之。」余、予，古今字。

五官之長曰伯，是職方。注：謂爲三公者，周禮：「九命作伯。」職，主也。是伯分主東西者。

春秋傳曰：「自陝以東，周公主之；自陝以西，召公主之。一相處於内。」其擯於天子也，曰「天子之吏」。注：擯者，辭也。春秋傳曰：「王命委之三吏。」謂三公也。天子同姓謂之「伯父」，異姓謂之「伯舅」。自稱於諸侯曰「天子之老」，於外曰「公」，於其國曰「君」。注：稱之以父與舅，親之之辭也。外，自其私土之外，天子畿内。九州之長，入天子之國曰「牧」。注：每一州之中，天子選諸侯之賢者以爲之牧也。周禮曰：「乃施典于邦國而建其牧。」天子同姓謂之「叔父」，異姓謂之「叔舅」，於外曰「侯」，於其國曰「君」。注：牧尊於大國之君，而謂之「叔父」，辟二伯也〔一〕。亦以此爲尊。禮或損之而益，謂此類也。外，自其國之外，九州之中。曰侯者，本爵也。二王之後不爲牧。疏：案晉文公爲二伯。左傳僖二十八年云：「王曰叔父。」不稱伯者，以州牧之禮命之也。昭九年云：「伯父惠公歸自秦，而誘以來。」又云：「我在伯父，猶衣服之有冠冕。」晉稱「伯父」者，以晉爲州牧，又爲「二伯」。若以州牧爲禮稱之，則曰「叔父」。若以二伯之禮稱之，則曰「伯父」。故晉或稱「伯」，或稱「叔」也。周公分陝爲「二伯」，詩稱「王曰叔父」者，成王以本親命之。晉文侯仇爲伯，尚書直云「父義和」，不云「伯」者，親親之也。又二伯稱「天子之老」，自敵以下曰寡人。僖四年，齊桓公對屈完稱「不穀」者，謙也。凡常諸侯皆稱寡人。莊十一年，宋災，魯往弔之。宋閔公稱「孤」者，傳云：「列國有凶，稱

〔一〕「二」，原脱，據光緒本、禮記正義卷五補。

『孤』，禮也。」以有凶災，故降名稱「孤」。

其在東夷、北狄、西戎、南蠻，雖大曰「子」，注：謂九州之外長也。天子亦選其諸侯之賢者以爲之子。子猶牧也。入天子之國曰子，天子亦謂之子，雖有諸侯之地〔一〕，本爵亦無過子，是以同名曰子。**於内自稱曰「不穀」**，注：與民言之謙稱。穀，善也。**於外自稱曰「王老」**。注：威遠國也。外，亦其戎、狄之中。**庶方小侯，入天子之國曰「某人」，於外曰「子」，自稱曰「孤」**。注：謂戎、狄子男君也。男者，於外亦曰「男」，舉尊言之。疏：凡二伯自稱及介傳命曰「天子之力臣」，故玉藻云「伯曰天子之力臣」是也〔二〕。若擯者傳命於天子，則曰「天子之吏」，故此云「擯於天子則曰天子之吏」是也。於諸侯及朝廷，則曰「天子之老」，則此文及昭十三年劉獻公對叔向云「天子之老」是也。九州之長及介傳命，則曰「某土之守臣某」，知者，玉藻曰〔三〕：「若其擯者傳命於天子，則曰『天子之老臣某侯某』。」知者，約此文「天子之老」及下文云「某侯某」。其餘諸侯，介傳命云「某土之守臣某」，知者，亦約玉藻文也。擯者傳命云「某侯某」，知者，約下文也。凡九州之外，大國之子，介傳命「某屏之守臣某」，故玉藻又云「其在邊邑，曰『某屏之守臣某』」是也。擯者告天子，稱「某子某」，與中國諸侯同。庶方小侯，介傳命云

〔一〕「諸侯」，禮記正義卷五作「侯伯」。
〔二〕「曰」，諸本作「者」，據禮記正義卷五改。
〔三〕「曰」，諸本作「文」，據禮記正義卷五改。

「某士之孤某」，知者，玉藻云「小國之君曰『孤』」是也。擯者告天子亦應云「某孤某」，知者，約尋常諸侯稱「某侯某」，但稱「孤」爲異耳。其二伯以下，對天子皆稱名也。

諸侯見天子曰「臣某侯某」。注：謂嗇夫承命告天子辭也。其爲州牧，則曰「天子之老臣某侯某奉圭請覲」。

玉藻：凡自稱：天子曰「予一人」。注：謙，自別於人而已。伯曰「天子之力臣」。注：伯，上公九命分陜者。諸侯之於天子，曰「某土之守臣某」；其在邊邑，曰「某屏之守臣某」；其於敵以下，曰「寡人」。小國之君曰「孤」，擯者亦曰「孤」。注：邊邑，謂九州之外。大國之君，自稱曰「寡人」，擯者曰「寡君」。

蕙田案：覲禮以大國稱「伯父」、「伯舅」，小國稱「叔父」、「叔舅」，據尋常五等諸侯而言。曲禮則專舉二伯、九牧而言，故不盡同。

右天子諸侯稱謂

諸侯朝覲告祭

禮記曾子問：孔子曰：「諸侯適天子，必告於祖，奠於禰。注：皆奠幣以告之，互文也。

冕而出視朝。注：聽國事也。諸侯朝天子必裨冕，爲將廟受也。裨冕者，公衮，侯伯鷩，子男毳。命祝史告於社稷、宗廟、山川。注：臨行又徧告宗廟，孝敬之心也。乃命國家五官而後行。注：五官，五大夫典事者。命者，敕之以其職。道而出。注：祖，道也。聘禮曰「出祖釋軷，祭酒脯」也。告者五日而徧，過是，非禮也。注：既告，不敢久留也。凡告用牲幣，反亦如之。」注：牲，當爲「制」，字之誤也。制幣一丈八尺。疏：諸侯視朝，當用玄冠、緇衣、素裳。今服裨冕者，案覲禮，侯氏裨冕，天子受之於廟。今諸侯往朝天子，爲天子將欲於廟中受己之禮，故諸侯豫敬之，以冕服視朝也。上文云「告於祖，奠於禰」，此又命祝史告於宗廟、山川，知再告也。言「徧告宗廟」，則五廟皆告也。大宰云：「建其牧，立其監，設其參，傅其伍。」是諸侯有三卿、五大夫，既命大夫，則卿亦命之可知。皇氏、熊氏以爲諸侯禮不當用牲，故牲當爲制。其天子則當用牲。校人云「王所過山川，則飾黄駒」是也。知諸侯不用牲者，約下文云「幣帛皮圭以告」，故知不用牲也。或天子諸侯出入有告有祭，故告用制幣。其卿大夫惟入祭而已，故聘禮既聘而反，祭用牲也。

陳氏祥道曰：告有特用幣，有兼牲幣，非一端也。大祝：「大師宜於社，造於祖。大會同，造於廟，宜於社，過大山川，用事焉，反行，釋奠。」鄭氏引曾子問曰：「凡告必用牲幣。」及釋曾子問，則改牲幣爲制幣，是自惑也。禮凡告朔、告至，必用牲也。孰謂天子、諸侯之告不皆用牲耶？

右諸侯朝覲告祭

在途

曾子問：老聃曰：「諸侯朝天子，見日而行，逮日而舍。」

右在途

至郊

周禮地官司門：凡四方之賓客造焉，則以告。注：造，猶至也。告，告於王而止客，以俟逆。

司關：凡四方之賓客敂關，則爲之告。注：謂朝聘者也。敂關，猶謁關人也。鄭司農説以國語曰：「周之秩官有之曰：『敵國賓至，關尹以告，行理以節逆之。』」

秋官小行人：凡諸侯入王，則逆勞于畿。注：鄭司農云：「入王，朝於王也。」

蕙田案：此逆勞于畿，在郊勞之前。

訝士：邦有賓客，則與行人送逆之。入於國，則爲之前驅而辟。野亦如之。注：送、逆，謂始來及去也。入國入野，自以時事。

掌訝：掌邦國之等籍，以待賓客。注：等九儀之差數。若將有國賓客至，則戒官脩委積〔一〕，與士逆賓於疆，爲前驅而入。及宿，則令聚欜。及委，則致積。注：官謂牛人、羊人、舍人、委人之屬。士，訝士也。既戒，乃出，逆賓。令，令野廬氏。致積，以王命致於賓。

環人：掌送逆邦國之通賓客，以路節達諸四方。注：路節，旌節也。四方，圻上。舍則授館，令聚欜。有任器，則令環之。注：令，令野廬氏。鄭司農云：「四方之人有任器者，則環人主令殉環守之。」凡門關無幾，送逆及疆。注：鄭司農云：「門關不得苛留環人也。」玄謂：環人送逆之，則賓客出入不見幾。

野廬氏：掌達國道路，至於四畿。注：達，謂巡行通之，使不陷絶也。去王城五百里曰畿。若有賓客，則令守涂地之人聚欜之，有相翔者則誅之〔二〕。注：守涂地之人，道所出廬宿旁民也。相翔，猶昌翔觀伺者也。鄭司農云：「聚欜之，聚擊欜以宿衛之也。有姦人相翔於賓客之側，則誅之，不得令寇盜賓客。」

右至郊

〔一〕「官」上，諸本衍「百」字，據周禮注疏卷三八删。
〔二〕「則」，諸本脱，據周禮注疏卷三六補。

委積

地官大司徒：大賓客，令野修道、委積。注：令，令遺人使爲之也。少曰委，多曰積，皆所以給賓客。疏：云「大賓客」者，據諸侯來朝，大司徒令遺人於野路之上，修治道塗，及委積芻薪米禾之等，以待賓客。

遂人：凡賓客，令修野道而委積。注：委積於廬、宿、市。

遂師：賓客，則巡其道修，庀其委積。注：巡其道修，行治道路也。故書「庀」爲「比」。鄭司農云：「比讀爲庀〔一〕。庀，具也。」

遺人：郊里之委積，以待賓客。疏：里，居也。郊民所居，即六鄉之民所居郊者，其委積留之，以待賓客。

凡賓客，掌其道路之委積。凡國野之道，十里有廬，廬有飲食；三十里有宿，宿有路室，路室有委；五十里有市，市有候館，候館有積。注：廬，若今野候，徙有庌也。宿，可止宿，若今亭，有室矣。候館，樓可觀望者。一市之間，有三廬一宿。

委人：以稍聚待賓客。注：聚，凡畜聚之物，瓜瓠葵芋，禦冬之具也。

〔一〕「比」，諸本脱，據周禮注疏卷一五補。

牛人：共其牢禮積膳之牛。注：牢禮，飱饔也。積，所以給賓客之用，若司儀職曰「主國五積」者也。膳，所以間禮賓客，若掌客云「殷膳太牢」。

夏官羊人：共其瀼羊。注：瀼羊，飱饔積膳之羊。

秋官大行人：上公出入五積，侯伯出入四積，子男出入三積。注：鄭司農云：「出入五積，謂餼之芻米也。」玄謂：出入，謂從來訖去也。每積有牢禮米禾芻薪。疏：出入五積者，謂在路供賓，來去皆五積。

右委積

郊勞

大行人：上公之禮三問三勞，侯伯再問再勞，子男壹問壹勞。注：問，問不恙也。勞，謂苦倦之也。皆有禮，以幣致之。疏：「三問」者，案司儀：「諸公相爲賓，主國五積三問。」注：「間則問，行道則勞。其禮皆使卿大夫致之。」天子於諸侯之禮，亦當使卿大夫問之，亦有禮以致之。所行三處，亦當與三勞同處也。「三勞」者，案小行人「逆勞于畿」，覲禮「至于郊，王使人皮弁用璧勞」，注云：「郊謂近郊。」其遠郊勞無文。但近郊與畿，大小行人勞，則遠郊勞亦應使大行人也。

小行人：凡諸侯入王，及郊勞、眡館、將幣，爲承而擯。注：王使勞賓於郊，致館於賓，至將幣，使宗伯爲上擯，皆爲之丞而擯之。　疏：「使宗伯爲上擯」者，惟謂將幣時，于郊勞及眡館二者，不使大宗伯爲上擯，以其使者或大行人，官卑，何得使大宗伯爲擯也？當别遣餘官爲上擯，小行人爲承擯。

蕙田案：賈疏駁注説甚當。

又案：郊勞儀節，詳見儀禮覲禮篇。

右郊勞

后勞

考工記玉人：案十有二寸，棗、㮚十有二列，諸侯純九，大夫純五，夫人以勞諸侯。

注：純，猶皆也。鄭司農云：「案，玉案也。夫人，天子夫人。」玄謂：案，玉飾案也。夫人，王后也。記時諸侯僭稱王，而夫人之號不别，是以同王后於夫人也。玉案十二以爲列，王后勞朝諸侯皆九列，聘大夫皆五列，則十有二列者，勞二王之後也。棗、㮚實於器，乃加於案。聘禮曰：「夫人使下大夫勞以二竹簋方，玄被纁裏，有蓋，其實棗烝㮚擇，兼執之以進。」　疏：「案十有二寸」者，謂玉案十有二枚。云「棗、㮚十有二列」，案案皆有棗、㮚。「爲列十有二」者，還據案十二爲數，不謂一案之上十有二也。

蕙田案：今儀禮「竹簋」作「竹簠」，陸德明釋文云或作「簋」。

陳氏禮書：玉人所言皆玉器，非玉飾之器，則所謂案者，非玉飾者也。酒正、漿人有后夫人致飲於賓客之禮，則是賓客之禮，王夫人預焉，非必記時諸侯夫人與王后同號也。

戴氏震曰：案者，棜禁之屬。儀禮注曰：「棜之制，上有四周，下無足。」禮器注曰：「禁，如今方案，隋長，局足，高三寸。」此亦案承棗㮚，上官有四周。漢制，小方案局足，此亦宜有足。

右后勞

在館

秋官掌訝：賓客至於國，賓入館，次於舍門外，待事於客。注：次，如今官府門外更衣處。待事於客，通其所求索。凡賓客，諸侯有卿訝，卿有大夫訝，大夫有士訝，士皆有訝。注：此謂朝覲聘問之日，王所使迎賓客於館之訝。凡訝者，賓客至而往，詔相其事而掌其治令。

訝士：賓客居館，則帥其屬而爲之蹕，誅戮暴客者。客出入則道之，有治則贊之。注：出入，謂朝覲於王時也。春秋傳曰：「晉侯受策以出，出入三覲。」

右在館

送逆之節

秋官大行人：上公之禮，其朝位，賓主之間九十步，立當車軹。侯伯朝位，賓主之間七十步，立當前疾。子男朝位，賓主之間五十步，立當車衡。注：朝位，謂大門外賓下車及王車出迎所立之處也。王始立大門内，交擯三辭，乃乘車而迎之，齊僕爲之節。上公立當軹，侯伯立當疾，子男立當衡，王立當軫與？鄭司農云：「前疾，謂駟馬車轅前胡下垂拄地者。」疏：「朝位，賓主之間九十步」者，上公去門九十步，王未迎之時，在大門内與賓相去之數也。「立當車軹」者，軹，謂轂末。車轅北向，在西邊，亦去大門九十步。公於車東，東西相望，當轂末。

王氏昭禹曰：車衡，謂在輈下軛兩服者。

王氏應電曰：朝位步數，以至門爲度，迎送以遠爲敬也。立則以進前爲敬，故上公立當軹，侯伯當疾，子男當衡也。

蕙田案：詩蓼蕭疏引大行人文，以「前疾」爲「前侯」。論語邢昺疏亦作「前侯」。前侯，即車轅下曲處，鄭司農所云「車轅前胡下拄地者」是也。「侯」之與「胡」，古字相通，今本作「疾」者，字相近而訛耳。

陳氏禮書：齊僕：「朝、覲、宗、遇，皆乘金路，其法儀各以其等，爲車送迎之節。」蓋春朝、夏宗、秋覲、冬遇，其送迎之禮雖同，然朝宗于朝以春夏者，萬物交際之時，故諸公東面，諸侯西面，以象生氣之文，而王於堂下見之，所以通上下之志也。覲遇于廟以秋冬者，萬物分辨之時，故諸侯一于北面，以象殺氣之質，而王於堂上見之，所以正君臣之分也。夷王當覲而下堂，故記者譏之。賈公彦、孔穎達之徒於是謂秋覲無送迎之禮，其言與齊僕不合，非所信也。

欽定義疏：朝位賓客之間，先儒講説不一。崔氏謂「迎入應門，而朝於路門外之朝」，則朝禮乃君臣之正，不應以賓主之法迎之，故熊氏、賈氏皆不從。據齊僕職「皆乘金路」，則當迎之以至廟，而非入朝者矣。鄭、賈以朝禮無迎法，而三享則殺，故謂行朝禮於朝，正南面之尊，既訖，然後講賓主之禮，迎入廟而行享。如此，則無下堂見諸侯之嫌，而又與曲禮「當宁」之文對峙而不相悖。齊僕職云：「朝、覲、宗、遇饗、食，皆乘金路，其法儀各以其等，爲車送逆之節。」此謂朝、覲、宗、遇之「饗、食」也。陳氏刪脱二字，遂生謬解。

右送逆之節

將幣

秋官大行人：上公之禮，廟中將幣，三享。侯伯廟中將幣，三享。子男廟中將幣，三享。注：廟，受命祖之廟也。鄭司農云：「三享，三獻也。」玄謂：三享皆束帛加璧，庭實惟國所有。朝事義曰：「奉國地所出重物而獻之，明臣職也。」

掌訝：將幣，爲前驅。至於朝，詔其位，入復。及退，亦如之。注：道之以如朝。鄭司農云：「詔其位，告客以其位處也。入復，客入則掌訝出，復其故位也。客退，復入迎，爲之前驅至於館也。」玄謂：入復者，入告王以客至也。退亦如之，如其爲前驅。

春官小宗伯：大賓客，受其將幣之齎。注：謂所齎來貢獻之財物。

夏官服不氏：賓客之事則抗皮。注：鄭司農云：「謂賓客來朝聘，布皮帛者，服不氏主舉藏之。」玄謂：抗者，若聘禮曰「有司二人舉皮以東」。

校人：受其幣馬。注：賓客之幣馬來朝聘而享王者。

右將幣

貢物

天官太宰：以九貢致邦國之用：一曰祀貢，二曰嬪貢，三曰器貢，四曰幣貢，五曰材貢，六曰貨貢，七曰服貢，八曰斿貢，九曰物貢。注：嬪，故書作「賓」。鄭司農云：「祀貢，犧牲包茅之屬。賓貢，皮帛之屬。器貢，宗廟之器。幣貢，繡帛。材貢，木材也。貨貢，珠貝自然之物。服貢，祭服。斿貢，羽毛。物貢，九州之外各以所貴爲摯，肅慎氏貢楛矢之屬是也。」玄謂：嬪貢，絲枲。器貢，銀鐵石磬丹漆也。幣貢，玉馬皮帛也。材貢，櫄幹栝柏篠蕩也。貨貢，金玉龜貝也。服貢，絺紵也。斿，讀如囿游之游。斿貢，燕好珠璣琅玕也。物貢，雜物，魚鹽橘柚。疏：此貢，諸侯邦國歲之常貢，小行人云「春入貢」是也。大行人云：「侯服歲一見，其貢祀物。」彼謂因朝而貢，與此別。

夏官職方氏：凡邦國，制其貢，各以其所有。注：國之地物所有。

秋官大行人：侯服，其貢祀物。甸服，其貢嬪物。男服，其貢器物。采服，其貢服物。衛服，其貢材物。要服，其貢貨物。蕃國，各以其所貴寶爲摯。注：祀物者，犧牲之屬。鄭司農云：「嬪物，婦人所爲物也。爾雅曰：『嬪，婦也。』」玄謂：嬪物，絲枲也。器物，尊彝之屬。服物，玄纁絺纊也。材物，八材也。貨物，龜貝也。疏：此因朝而貢，與大宰九貢及下小行人「春入貢」者別，彼二者是歲之常貢也。

唐氏曰：楚於周非侯服，而包茅不入，齊得以責之，則祀貢不止於侯服。行人之文，蓋以互見耳。

小行人：掌邦國之禮籍，以待四方之使者。令諸侯春入貢，秋獻功，王親受之，各以其國之籍禮之。注：貢，六服所貢也。

蔡氏德晉曰：諸侯貢獻，皆遣使致之，是爲歲事，管仲云「若節春秋，來承王命」是也。貢與功，王皆親受者，重其事也。

書禹貢：兗州，厥貢漆絲，厥篚織文。青州，厥貢鹽絺，海物惟錯，岱畎絲、枲、鉛、松、怪石，厥篚檿絲。徐州，厥貢惟土五色，羽畎夏翟，嶧陽孤桐，泗濱浮磬，淮夷蠙珠暨魚，厥篚玄纖縞。揚州，厥貢惟金三品，瑤、琨、篠、簜、齒、革、羽、毛惟木，島夷卉服，厥篚織貝，厥包橘、柚，錫貢。荆州，厥貢羽、毛、齒、革，惟金三品，杶、榦、栝、柏，礪、砥、砮、丹，惟箘、簵、楛，三邦底貢厥名。包匭菁茅，厥篚玄纁、璣組，九江納錫大龜。豫州，厥貢漆、枲、絺、紵，厥篚纖纊，錫貢磬錯。梁州，厥貢璆、鐵、銀、鏤、砮、磬，熊、羆、狐、狸、織皮。雍州，厥貢惟球、琳、琅玕。

胡氏渭曰：冀州，天子所自治，無貢名。

陳氏禮書：采邑有賦而無貢，邦國有貢而無賦。周官太宰「以九賦斂財賄」，有家削、邦縣、邦都之賦；「以九貢致邦國之用」，有祀、嬪、器、幣、財、貨、服、斿、物之貢。其制地貢在大司徒，其施邦國之貢在大司馬，其物則職方氏，揚州之金錫、荆州之丹銀、青州蒲魚、雍州玉石之類是也。其用，則太府以「家削之賦待匪頒，邦縣之賦待幣帛，邦都之賦待祭祀，邦國之貢待弔用」是也。然邦國有歲之常貢，有因朝而貢。歲之常貢則「春入貢」是也，因朝而貢則「侯服歲一見，其貢祀物」之類是也。二者之禮雖殊，其玉帛、庭實之設，蓋亦相類。考之覲禮，「侯氏入門右，坐奠圭，再拜。儐者謁，侯氏坐取圭，升，致命。王受之玉。侯氏降，拜，升成拜，乃出。三享皆束帛加璧，庭實唯國所有。奉束帛，匹馬卓上，九馬隨之。中庭西上，奠幣，再拜。侯氏升，致命。王撫玉。侯氏降自西階，東面，授宰幣，西階前再拜，以馬出，授人，九馬隨之」。禮記言「龜爲前列，先知也；金次之，示和也」，然後繼之以丹漆絲纊。又聘禮夕幣之儀：「馬則北面，奠幣於其前。及見主君，賓奉束帛加璧享。庭實，皮則攝之，毛在内。賓致命，張皮。凡庭實，左先，皮馬相間，可知也。賓之幣，唯馬出，其餘皆東。」由此推之，侯氏奉玉帛以升，庭實旅百，先龜，次金，次丹漆絲纊，馬在其南，若皮則居馬之位，而王特撫玉而已。以示致方物者，臣之職；而不有其物者，王之道也。禹貢八州有貢，惟冀州無貢，以畿内王之所專，特斂其賦而已，非所謂貢也。王制曰：「千里之内曰甸，千里之外曰采曰流。」鄭氏謂「甸者，服治田，出穀税；采者，九州之地，采其美物，以當穀税」是也。周禮太宰序「九貢之物」，先祀貢、嬪貢，而繼之以器、幣、材、貨、服、斿、物之貢；行人序「九服之貢」，亦先祀物、嬪物，而繼之以器、服、材、貨之物者。侯服貢祀物，上先而下後也；甸服貢嬪物，內先而外後也；男服貢器物，采服貢服物，以器、服作治之功多而責近以詳也；衛服貢材物，要服貢貨物，以材、貨作治之功少而責遠以略也。材、貨，邦用所通，服則王身所獨，太宰退服在材、貨之後，此又著其先所養而後其所自養也。幣、斿、物，六服所共貢者也。以幣繼嬪、器之後，以斿、物繼貢物之後，事之序也。行人無幣、斿、物貢者，以其所共貢者，不可六服言之也。賈公彦曰：「太宰言歲之常貢，故有幣。行人因朝而貢，三享之中，已有幣矣，故不及幣。」此説非也。鄭康成於太宰以器貢爲銀、鐵、石磬、丹漆而與鄭注異；於行人以器貢爲尊彝之屬而與鄭注同；於太宰以材貢爲杶榦栝柏篠蕩，於行人以材貢爲八材，是自惑也。

蔡氏德晉曰：諸侯歲有朝貢，當朝之歲，則諸侯親自貢之，大行人所言是也。非當朝之歲，則遣大夫入貢之，小行人「令諸侯春入貢」是也。當朝而親貢之，則不復遣大夫入貢，一歲中不當有兩貢也。若九州外之蕃國，則無每歲常貢耳。

右貢物

錫予

易晉象：晉，康侯用錫馬蕃庶，晝日三接。

朱子本義：言多受大賜而顯，被親禮也。

禮記王制：三公一命卷，若有加則賜也，不過九命。次國之君，不過七命。小國之君，不過五命。注：卷，俗讀也，其通則曰衮。三公八命矣，復加一命，則服龍衮，與王者之後同。多於此，則賜，非命服也。虞夏之制，天子服有日月星辰。周禮：「諸公之服，自衮冕而下，如王之服。」

樂記：所謂大輅者，天子之車也。龍旂九旒，天子之旌也。青黑緣者，天子之寶龜也。從之以牛羊之群，則所以贈諸侯也。注：贈諸侯，謂來朝將去，報之以禮。疏：大輅，謂金輅也。據上公及同姓侯伯，「龍旂九旒」，亦上公也。寶龜之中，以青黑爲之緣。天子既與大輅、龍旂及寶龜占兆，又隨從以牛羊非一，故稱群將此以與諸侯。故云「所以贈諸侯也」。

周禮春官典命：上公九命爲伯，其國家、宮室、車旗、衣服、禮儀，皆以九爲節。侯伯七命，其國家、宮室、車旗、衣服、禮儀，皆以七爲節。子男五命，其國家、宮室、車旗、衣服、禮儀，皆以五爲節。注：上公，謂王之三公有德者，加命爲二伯。二王之後，亦爲上公。國家，國之所居，謂城方也。公之城，蓋方九里，宮方九百步；侯伯之城，蓋方七里，宮方七百步；

子男之城，蓋方五里，宫方五百步。大行人職則有諸侯圭藉、冕服、建常、樊纓、貳車、介、牢禮，朝位之數焉。

右錫予

小宗伯：掌衣服、車旗、宫室之賞賜。注：王以賞賜有功者。

致饔餼

秋官大行人：上公禮九牢，侯伯禮七牢，子男禮五牢。注：禮，大禮饔餼也。三牲備爲一牢。

疏[一]：謂饔餼大禮，朝享後乃陳於館。

蕙田案：覲禮不載致饔餼之文，今以掌客所載諸侯相朝之禮推之，則上公九牢者，飪一牢、腥四牢、牽四牢也。侯伯七牢者，飪一牢、腥三牢、牽三牢也。子男五牢者，飪一牢、腥二牢、牽二牢也。其鼎、簋、簠、豆、鉶、壺、醯醢、米禾、芻薪之數，亦當準此。聘禮諸侯於聘賓使卿歸饔餼，則天子於諸侯亦當使卿可知。

[一]「疏」，原脱，據味經窩本、乾隆本、光緒本補。

諸侯受饔餼之儀節，亦當與聘禮相類。

右致饔餼

饗食之等

大行人：上公之禮，王禮再祼而酢，饗禮九獻，食禮九舉。侯伯，王禮壹祼而酢，饗禮七獻，食禮七舉。子男，王禮壹祼不酢，饗禮五獻，食禮五舉。注：饗，設盛禮以飲賓也〔一〕。鄭司農云：「祼，讀爲灌。再灌，再飲公也。而酢，報飲王也。舉，舉樂也。」玄謂：王禮，王以鬱鬯禮賓也。鬱人職曰：「凡祭祀賓客之祼事，和鬱鬯以實彝而陳之。」禮者使宗伯攝酌圭瓚而祼，王既拜送爵，又攝酌璋瓚而祼，后又拜送爵，是謂再祼。再祼，賓乃酢王也。「禮侯伯一祼而酢」者，祼賓，賓酢王而已，后不祼也。「禮子男一祼不酢」者，祼賓而已，不酢王也。不酢之禮，聘禮禮賓是與〔二〕？九舉，舉牲體九飯也。

蕙田案：饗食當屬嘉禮，别爲一門。此特志其降殺之等。

右饗食之等

〔一〕「賓」，諸本作「食」，據周禮注疏卷三七改。
〔二〕「禮賓」，諸本作「之賓」，據周禮注疏卷三七改。

朝宿之邑湯沐邑附

禮記王制：方伯爲朝天子，皆有湯沐之邑於天子之縣内，視元士。注：給齊戒自潔清之用。浴用湯，沐用潘。疏：天子元士視附庸，以湯沐之邑視元士，亦五十里以下。異義：「公羊説諸侯朝天子，天子之郊，皆有朝宿之邑；從泰山之下，皆有湯沐之邑。左氏説諸侯有功德於王室，京師有朝宿之邑，泰山有湯沐之邑。魯，周公之後〔一〕。鄭，宣王母弟。此皆有湯沐邑，其餘則否。許慎謹案：京師之地，皆有朝宿邑，周千八百諸侯，盡京師地不能容之，不合事理之宜。」是許慎不從公羊之説。鄭無駮，當從許説。

春秋隱公八年：三月，鄭伯使宛來歸祊。左氏傳：鄭伯請釋泰山之祀而祀周公。以泰山之祊易許田。三月，鄭伯使宛來歸祊，不祀泰山也。注：成王營王城，有遷都之志，故賜周公許田，以爲魯國朝宿之邑。後世因而立周公别廟焉。鄭桓公，周宣王之母弟，封鄭有助祭泰山湯沐之邑在祊，鄭以天子不能復巡狩，故欲以祊易許田，各從本國所近之宜。恐魯以周公别廟爲疑，故云已廢泰山之祀，而欲爲魯祀周公，孫辭以有求也。

〔一〕「周公」，諸本脱「公」字，據周禮注疏卷一三補。

桓公元年〔一〕：鄭伯以璧假許田。左氏傳：鄭人請復祀周公，卒易祊田。「三月，鄭伯以璧假許田」，爲周公祊故也。公羊傳：許田者何？魯朝宿之邑也。諸侯時朝乎天子，天子郊，諸侯皆有朝宿之邑。此魯朝宿之邑也，則曷爲謂之許田？諱取周田也。曷爲謂之許？近許也。此邑也，其稱田何？田多邑少稱田，邑多田少稱邑。注：諸侯來朝，當有所住止，故賜邑于遠郊，其實天子地，諸侯不得專也。桓公專以與鄭，背叛當誅，故深諱之，若暫假借。穀梁傳：非假而曰假，諱易地也。許田者，魯朝宿之邑也。邴者，鄭伯之所受命而祭泰山之邑，用見魯之不朝於周，而鄭之不祭泰山也。注：泰山非鄭境内，從天王巡狩受命而祭也。

史記周本紀：鄭怨，桓王與魯易許田，天子之用事泰山田也。

春秋定四年左氏傳：祝鮀曰：「取於有閻之土，以共王職。注：有閻，衛所受朝宿邑，蓋近京畿。取於相土之東都，以會王之東蒐。」注：爲湯沐邑，王東巡狩，以助祭泰山。

陳氏禮書：古者諸侯於王畿有朝宿之邑，泰山有湯沐之邑。王制曰：「方伯爲

〔一〕「元年」，原作「二年」，據光緒本、春秋左傳正義卷五改。

朝天子，皆有湯沐之邑於縣內，視元士。」則凡非方伯，其邑不得視元士也。不然，諸侯湯沐之邑多矣，盡王畿，其足以容之乎？許田，魯侯湯沐之邑也。祊，鄭伯從祭泰山湯沐之邑也。邑非諸侯之所得專，魯、鄭專而易之，此春秋所以譏也。昔祝鮀盛稱魯、衛、晉國之封，而衛有湯沐之邑，則湯沐之邑，豈諸侯之所均也？漢諸侯皆有邸於京師，武帝令諸侯各治邸泰山下，蓋先王之遺制也。先王之時，湯沐邑皆有所賦。漢初，民無蓋藏，高祖於是省禁輕租，自天子以至封君，湯沐邑皆各爲私奉養，不領於天子之經費。

蕙田案：王畿有朝宿之邑，泰山下有湯沐之邑。此對文言也。其實，朝宿之邑，皆得稱湯沐，王制「方伯朝天子，皆有湯沐之邑於天子之縣內」是也。

右朝宿之邑湯沐邑附

朝變禮

禮記曾子問：曾子問曰：「諸侯旅見天子，入門，不得終禮，廢者幾？」孔子曰：「四。」「請問之。」曰：「大廟火，日食，后之喪，雨霑服失容，則廢。如諸侯皆在而日食，則從天子救日，各以其方色與其兵。大廟火，則從天子救火，不以方色與兵。」

右朝變禮

朝覲失禮

禮記郊特牲：覲禮，天子不下堂而見諸侯。注：正君臣也。下堂而見諸侯，天子之失禮也，由夷王以下。注：夷王，周康王之玄孫之子也。時微弱，不敢自尊於諸侯。

右朝覲失禮

類見

禮記曲禮：既葬，見天子曰類見。注：代父受國。類，猶象也。執皮帛，象諸侯之禮見也，其禮亡。疏：此諸侯世子，父死葬畢而見於天子禮也。春秋之義，三年除喪之後乃見。而今云「既葬」者，謂天子或巡狩至竟，故得見天子。未葬，未正君臣，故雖天子巡狩，亦不見也。

右類見

蕃國入賓

周禮秋官象胥：掌蠻、夷、閩、貉、戎、狄之國使，掌傳王之言而諭説焉，以和親之。注：謂蕃國之臣來頫聘者。疏：蕃國之君世壹見，無聘使法，有國事來，小行人受其幣，聽其辭，以中國頫聘況之耳，其實無頫聘也。若以時入賓，則協其禮，與其辭，言傳之。凡其出入送逆之禮節、幣帛、辭令而賓相之。注：以時入賓，謂其君以世一見來朝爲賓者。從來至去皆爲擯，而相佑其禮儀。疏：夷、狄無玉帛來向中國，而云「幣帛」者，謂王有賜與之者也〔一〕。郎氏兆玉曰：其拜跪坐起，不同於中國，則教之以中國之儀而協其禮。其言語聲音，不同於中國，則譯外國之音而傳其語。

右蕃國入賓

大戴禮朝事篇：古者聖王明義，以別貴賤，以序尊卑，以體上下，然後民知尊君敬上，而忠順之行備矣。是故古者天子之官，有典命官掌諸侯之儀，大行人掌諸侯之儀，以等其爵，故貴賤有別，尊卑有序，上下有差也。典命諸侯之五儀，諸臣之五

〔一〕「者」，諸本作「禮」，據周禮注疏卷三八改。

等，以定其爵，故貴賤有別，尊卑有序，上下有差也。命：上公九命爲伯〔一〕，其國家、宮室、車旗、衣服、禮儀，皆以九爲節；諸侯、諸伯七命，其國家、宮室、車旗、衣服、禮儀，皆以七爲節；子男五命，其國家、宮室、車旗、衣服、禮儀，皆以五爲節。王之三公八命，其卿六命，其大夫四命，及其封也，皆加一等，其國家、宮室、車旗、衣服、禮儀亦如之。凡諸侯之適子，省於天子，攝君，則下其君之禮一等；未省，則以皮帛繼子男。公之孤四命，以皮帛視小國之君，其卿三命〔二〕，其大夫再命，士一命，其宮室、車旗、衣服、禮儀，各視其命之數。侯伯之卿、大夫、士亦如之〔三〕。子男之卿再命，其大夫一命，其士不命，其宮室、車旗、衣服、禮儀，各如其命之數〔四〕。禮〔五〕，大行人以九儀別諸侯之命，等諸臣之爵，以同域國之禮，而待其賓

〔一〕「命」，原作「卿」，據光緒本、大戴禮記匯校集解卷一二改。
〔二〕「三命」，原作「二命」，據光緒本、大戴禮記匯校集解卷一二改。
〔三〕「士」，原脱，據光緒本、大戴禮記匯校集解卷一二補。
〔四〕「各」，諸本脱，據大戴禮記匯校集解卷一二補。
〔五〕「禮」，諸本脱，據大戴禮記匯校集解卷一二補。

客〔一〕。上公之禮，執桓圭九寸，繅藉九寸，冕服九章，建常九旒，樊纓九就，貳車九乘，介九人，禮九牢，其朝位賓主之間九十步，饗禮九獻，食禮九舉。諸侯之禮，執信圭七寸，繅藉七寸，冕服七章，建常七旒，樊纓七就，貳車七乘，介七人，禮七牢，其朝位賓主之間七十步，饗禮七獻，食禮七舉。諸伯執躬圭，其他皆如諸侯之禮。諸子執穀璧五寸，繅藉五寸，冕服五章，建常五旒，樊纓五就，貳車五乘，介五人，禮五牢，其朝位賓主之間五十步，饗禮五獻，食禮五舉。諸男執蒲璧，其他皆如諸子之禮。凡大國之孤，執帛皮以繼小國之君。諸侯之卿，禮各下其君二等，以下及大夫、士皆如之。天子之所以明章著此義者，以朝聘之禮。是故千里之內，歲一見；千里之外，千五百里之內，二歲一見；千五百里之外，二千里之內，三歲一見；二千里之外，二千五百里之內，四歲一見；二千五百里之外，三千里之內，五歲一見；三千里之外，三千五百里之內，六歲一見。各執其圭瑞，服其服，乘其輅，建其旌旂，施其樊纓，從其貳車，委積之以其牢禮之數。所以明別義也。然後天子冕而執鎮

〔一〕「待其賓客」，原作「行其賓主」，據光緒本、大戴禮記匯校集解卷一二改。

圭，尺有二寸，藻藉尺有二寸，搢大圭，乘大輅，建大常十有二旒，樊纓十有再就，貳車十有二乘，率諸侯而朝日東郊，所以教尊尊也。退而朝諸侯。爲壇三成，宫旁一門，天子南鄉見諸侯，土揖庶姓，時揖異姓，天揖同姓，所以别親疏外内也。公、侯、伯、子、男各以其旂就其位：諸公之國，中階之前，北面，東上；諸侯之國，東階之東，西面，北上；諸伯之國，西階之西，東面，北上；諸子之國，門東，北面，東上；諸男之國，門西，北面，東上。及其將幣也，公於上等，所以别貴賤、序尊卑也。奠圭，降拜，升成拜，明臣禮也。奉國地所出重物而獻之，明臣職也。肉袒入門而右，以聽事也。明臣禮，職臣事，所以教臣也。率而祀天於南郊，配以先祖，所以教民報德不忘本也。率而享祀於太廟，所以教孝也。與之大射，以考其習禮樂，而觀其德行；與之圖事，以觀其能。儐而禮之，三饗、三食、三宴，以與之習立禮樂。是故一朝而近者三年，遠者六年，有德焉，禮樂爲之益習，德行爲之益修，天子之命爲之益行。然後使諸侯世相朝，交歲相問，殷相聘，以習禮考義，正刑一德，以崇天子。故曰朝聘之禮者，所以正君臣之義也。

〇古者大行人掌大賓之禮及大客之義，以親諸侯。春朝諸侯而圖天下之事，秋覲以比邦國之功[一]，夏宗以陳天下之謀，冬遇以協諸侯之慮[二]，時會以發四方之禁，殷同以施天下之政，時聘以結諸侯之好，殷頫以成邦國之貳，間問以諭諸侯之志，歸脤以教諸侯之福，慶賀以贊諸侯之喜，致會以補諸侯之災。天子之所撫諸侯者，歲徧存；三歲徧眺；五歲徧省；七歲屬象胥，喻言語，叶辭令[三]；九歲屬瞽史，諭書名，聽音聲；十有一歲，建瑞節，同度量，成牢禮，同數器，脩法則；十有二歲，天子巡狩殷國。是故諸侯上不敢侵陵，下不敢暴小民。然後諸侯之國，札喪則令賻補之，凶荒則令賙委之，師役則令犒禬之，有福事則令慶賀之，有禍災則令哀弔之。凡此五物者，治其事故。及其利害爲一書，其禮俗、政事、教治、刑禁之逆順爲一書，其悖逆、暴亂、作慝、欲犯令者爲一書，其札喪、凶荒、厄貧爲一書，其康樂、和親、安平爲一書。凡此五物者，每國別異之，天子以周知天下之政。是故諸侯附於德，服於義，則天下太平。古者天子，爲諸侯不行禮義，不脩法度，不附於德，不服

[一]「以」，原脱，據光緒本、大戴禮記匯校集解卷一二補。
[二]「以」，原脱，據光緒本、大戴禮記匯校集解卷一二補。
[三]「叶」，原作「計」，據光緒本、大戴禮記匯校集解卷一二改。

於義，故使射人以射禮選其德行，職方氏、大行人以其治國，選其能功。諸侯之得失治亂定，然後明九命之賞以勸之，明九伐之法以震威之。尚猶有不附於德不服於義者，則使掌交説之〔一〕，故諸侯莫不附於德服於義者。此天子之所以養諸侯，兵不用而諸侯自爲政之法也。

薛氏禮圖：天子待五等諸侯禮數。初入境，上公則五積，侯伯則四積，子男則三積，皆用牢，出入同等。上公三問，侯伯再問，子男一問，皆用脯脩。至國則致飧者，客始至，致小禮也。飧有牢，上公五，侯伯四，子男三也。有庶羞，公四十，侯伯三十二〔二〕，子男二十四。有簠，公十，侯伯八，子男六，皆實稻粱也。有豆，公四十，侯伯三十二〔三〕，子男二十四，皆實菹醢也。有鉶羹，公三十八，侯伯二十八，子男十八也。有壺酒，公四十，侯伯三十二，子男二十四。有簋，黍稷器也，公侯伯子男各十二。朝訖，致饔飧。有牢，公九，侯伯七，子男五也。有米，公百二十筥，侯伯百

〔一〕「之」，原脱，據光緒本、大戴禮記匯校集解卷一二補。
〔二〕「伯」，諸本脱，據周禮集説卷九下補。
〔三〕「三十二」，諸本脱「二」字，據周禮集説卷九下補。

筥，子男八十筥也。有醯醢，公百二十甕，侯伯百甕，子男八十甕也。有車米，視生牢，牢十車，公則四十車，侯伯三十車，子男二十車也。有車禾，視死牢，牢十車，公五十車，侯伯四十車，子男三十車也。有芻薪，其數倍禾也。乘禽，公日九十雙，侯伯七十雙，子男五十雙也。殷膳，太牢中又致膳，謂之殷膳也，公則三饗三食三燕，侯伯則一饗一食一燕。若有故，不親饗、食、燕，則以幣致之。此王待諸侯之禮然也。天子待孤卿以下禮數。若大國之孤，天子待之，出入亦三積，不問，一勞，其牢禮，饗食及陳設之儀，一如子男之禮。自卿以下，天子待之，皆以其爵等爲牢禮之數。如爵卿也，則飧二牢，饔餼五牢；大夫則飧太牢，饔餼三牢；士也則飧少牢，饔餼太牢。至陳設之儀，皆如朝聘之禮。然則天子待卿以下積，則卿出入二積，大夫出入一積。所以知其如此者，諸侯之積視飧牽，故大夫之積亦視飧牽也。以上皆據從君爲介之禮，若不從君，而特來聘問之卿、大夫、士，天子待之，亦與從君爲介之禮同等也。詳見周禮大行人及司儀掌客諸職。諸侯朝天子之禮。始至天子之境，先謁關人。關人告王，王使小行人迎勞於畿，又使大夫致積。及郊，王使大行人服皮弁，用璧以勞之，諸侯亦服皮弁服受之。諸侯儐王使者，用束帛乘馬，及國，天子賜館，使司空致舍，小行人爲承儐。諸侯儐王使者，亦用束帛乘馬，乃致飱。春夏之時，將朝之旦，諸侯則服裨冕，釋幣於禰遷主，各乘其所受上路以朝，卿爲上介，大夫爲次介，士爲衆介，衣服、旌旗、朝位、遠近、陳介各如命數，而擯用命數之强半。天子迎公，則宗伯爲上擯，小行人爲承擯，嗇夫爲末擯。王時服衮冕，乘金路，建大旂，在於門内。至擯受命請事，傳承擯，自擯而傳至介，自介而傳至公，更報而下。傳命既訖，王乃乘車出門，下車而揖之，公則前至門外，相揖而入，三擯、三介爲之三相。初出皋門之時，三相俱入，及庫門而止一相。及廟門外之舍，諸侯入於舍，王則更迎侯伯。迎侯伯竟，更迎子男。凡王出迎時，公立當車軹，侯伯立當前疾，子男立當車衡。則王出門下車時，當車軫而立與？王既迎訖，則服皮弁服於路門外，正朝當宁而立。諸侯即服於舍，服皮弁，各執瑞玉，至於朝。諸公皆東面，諸侯皆西面，伯子男從侯而朝。序進，授玉，先盡同姓，次及異姓也。將授贄之時，皆進，當王前而北〔一〕，東面，奠玉，再拜稽首。王命親授，諸侯乃執玉而

〔一〕「而」，諸本作「西」，據周禮集説卷九上改。

進。王以冒玉合圭，然後受之。諸侯退，再拜稽首。授贄既訖，各還其舍。王更服袞冕，至於廟中，當扆而立。諸侯各服裨冕，一相而入，以行享禮，隨國所有，分爲三享。王者之後三享，皆以圭璋致之；五等諸侯三享，皆以璧琮致之。致享之禮，王但撫之。諸侯自授於宰，先行王禮，然後乃行后禮。若秋冬之時，將朝之旦，諸侯皆乘墨車而至於大門之外，王不迎，直陳擯介。上擯自與諸侯相接，傳命更至廟門之舍。蓋諸侯前期，皆受舍於廟門之外也。王服袞，當依而立，受朝享之禮。諸侯入門右，皆奠玉，再拜，王命時受之。諸侯更取玉，升堂，致命，王親受。諸侯降堂，又再拜稽首。王迎，升，然後行三享之禮，王皆撫之。諸侯降堂，自授王，率如朝宗之法。惟乘墨車，天子不下堂而迎，朝享并受於廟，爲異於朝宗也。諸侯行朝享，既訖，王使宗伯以圭瓚酌鬱鬯，祼賓，王拜送之；次后亦使宗伯以璋瓚亞祼賓，后拜送之。公於是酢王，不酢后，所謂「王禮再祼而酢」也。侯伯，則王使宗伯一祼，侯伯則酢王，后不祼也。子男則一祼不酢。禮畢，還館，諸公卿皆就館見之。若有功者，天子賜之車服，皆使公卿就館致之。諸侯儐使者，亦以束帛乘馬，致饔餼於館，諸侯亦以束帛乘馬儐使者。夕則后致饔餼之禮。後日，王速賓來就廟中行饗、食、燕之禮。饗、食、燕既訖，乃還。王致贈、郊送、加勞之禮，送之至境。凡諸侯當朝之歲，有故不得朝，則遣世子來朝。若已誓於天子者，則禮下其君一等，未誓者以皮帛繼子男也。若無世子，則使孤，孤之禮與子男同。所異者，立當車前，不交擯，廟中無相，以酒禮而已。無孤者則使卿，如聘禮也。

蕙田案：孔仲達曲禮疏，天子春夏受朝宗則無迎法，受享則有之。其説與薛氏異，未詳孰是。

五禮通考卷二百二十二

賓禮三

天子受諸侯覲

儀禮覲禮

儀禮覲禮：鄭目録云：覲，見也，諸侯秋見天子之禮。春見曰朝，夏見曰宗，秋見曰覲，冬見曰遇。朝、宗禮備，覲、遇禮省，是以享獻不見焉。三時禮亡，惟此存爾。覲禮於五禮屬賓。

蕙田案：敖氏謂此篇言同姓大國之君入覲於王之禮，初無四時之别，與周官「秋見曰覲」之意異。此説非也。四時之朝、宗、覲、遇，散文言之，皆得名朝。

王制：「天子無事，與諸侯相見曰朝。」春秋「五月，公朝於王所」是也。朝，又可名覲。詩韓侯初立，來朝，曰「韓侯入覲」，春秋傳晉侯朝王，稱「出入三覲」是也。其不云宗、遇者，鄭氏謂「夏宗依春，冬遇依秋」，故以朝、覲爲大名也。對文言之，則當依、當宁，在朝、在廟，其禮固區以别矣。傳、記舉其一偏，故朝、覲可以通言。儀禮記其節目，故朝、宗、覲、遇不可以不辨。盛世佐云：「此篇自郊勞以前，賜車服以後，文多不具，必其詳已見於朝禮，故略之也。禮經之逸者多矣。執此區區之僅存者，而謂其所不見者，皆無是禮也，豈通論哉？」此言得之。

覲禮：至於郊。注：郊謂近郊，去王城五十里。

張氏爾岐曰：此下言侯氏入覲初至之事。至郊則郊勞，至國則賜舍，凡二節。

欽定義疏：王畿千里，王城居中，畿面各五百里。界首置關，面各三關，凡十二關，司關掌之。侯氏之來也，君先與卿圖事，遂戒，宰書幣，夕陳幣，設監守太子曰監國，諸侯之兄弟曰處守。乃告於祖，奠於禰，告於社稷山川之神。君行，卿、大夫、士介從，師從，奉主車，祖祭而出，見日而行，逮日而舍奠。過他邦則假道，至於關，攽關人，而司關爲之告焉。由二百里内之遂及百里之遠郊，至五十里之近郊，中間如遂人、遺人、委人，各爲之委積，掌訝、環人、野廬氏各爲之聚欜。而凡王官，各贍其事。聘禮，賓在國受命，啓行，過邦入境具詳。此從「至于郊」始見者，文略也。抑諸侯適天子，尚有他篇，其禮文可以互見，而今逸之與？

王使人皮弁用璧勞，侯氏亦皮弁迎於帷門之外，再拜。注：小行人職曰：「凡諸侯入，王則逆勞於畿。」則郊勞者，大行人也。皮弁者，天子之朝服也。璧無束帛者，天子之玉尊也。不言諸侯言侯氏者，明國殊舍異，禮不凡之也。郊舍狹寡，爲帷宮以受勞。掌舍職曰：「爲帷宮，設旌門。」疏：案大行人「上公三勞，侯伯再勞，子男一勞」，則五等同有畿勞。其子男惟有此一勞而已，侯伯又加遠郊勞，上公又加近郊勞。此云「近郊」，據上公而言。案玉人職云：「案十有二寸，棗栗十有二列，諸侯純九，大夫純五，夫人以勞諸侯。」注云：「夫人，謂王后。」此文不見者，以聘禮於聘客，主國夫人尚有勞以二竹簋方，明后亦有。略言王勞，不言后，文不具也。聘禮亦受勞于館。不爲帷宮者，彼臣禮，卿行，旅從徒衆少，故在館。此諸侯禮，君行，師從徒衆多，故於帷宮。

敖氏繼公曰：勞而用璧以爲信，天子於諸侯之禮也。璧無束帛，別於享禮，且爲其當還之也。

使者不答拜，遂執玉，三揖。至于階，使者不讓，先升。侯氏升聽命，降，再拜稽首，遂升受玉。注：不答拜者，爲人使，不當其禮也。不讓先升，奉王命，尊也。升者，升壇。使者東面致命，侯氏東階上西面聽之。疏：以帷宮無堂可升，故知升者，升壇也。

敖氏繼公曰：使者不讓，則侯氏不先讓，可知侯氏不讓者，以使者尊，當先升而不敢讓之也。其降拜於階間，北面，升，就使者，北面，訝受之。

蕙田案：侯氏受玉之位，當在西面，與使者相並。下云「使者左還而立」，是使者于授玉之後方南面，明是時猶東面也。敖氏以爲北面訝受之，非是。

使者左還而立，侯氏還璧，使者受。侯氏降，再拜稽首，使者乃出。注：左還，還南面，示將去也。立者，見侯氏將有事於己，俟之也。還玉，重禮。疏：直云「使者左還」，不云「拜送玉」者，凡奉命使，皆不拜送。若身自致者，乃拜送。

蔡氏德晉曰：前降拜，受玉也；後降拜，送玉也。

侯氏乃止使者，使者乃入，侯氏與之讓升。侯氏先升，授几。侯氏拜送几，使者設几，答拜。注：侯氏先升，賓禮統焉。几者，安賓，所以崇優厚也。上介出止使者，則已布席也。疏：聘禮卿勞受儐不設几者，諸侯之卿卑，不與此同也。几不可設於地，明有席。聘禮受聘云「几筵既設」，是几筵相將。

敖氏繼公曰：有司既布席，侯氏乃出，止使者，止其去也。且迎而欲儐之，使者亦禮辭，許。侯氏揖先入，使者乃入也。既入，不言三揖者，如上禮可知。讓，升，侯氏與使者三讓而先升，使事既畢，則行賓主禮也。

楊氏復曰：今案几布席設几，皆在西北位，此帷宫，恐亦當然。

欽定義疏：聘禮郊勞，「勞者出授老幣。出迎勞者，勞者禮辭。賓揖，先入，勞者從之」。鄰國之卿體敵，猶出迎勞者，侯氏於王命，出迎可知。蓋是時，上介先出，止之。侯氏隨出，迎之。經故云「侯氏乃止使者」。疏謂「侯氏不出」，蓋誤。此几席，其莞筵紛純，彤几與？

侯氏用束帛、乘馬儐使者，使者再拜受。侯氏再拜送幣。注：儐使者，所以致尊敬也。拜者各于其階。使者降，以左驂出。侯氏送於門外，再拜。侯氏遂從之。注：騑馬曰驂。左驂，設在西者。其餘三馬，侯氏之士遂以出授使者之從者於外。從之者，遂隨使者以至朝。疏：陳四馬與人，以西爲上。聘禮禮賓時，賓執左馬以出，此亦以左驂出，故知左驂設在西也。

敖氏繼公曰：四馬，象在車前，故西者曰左驂，駕車之馬兩服居中，兩驂在傍。

郝氏敬曰：左驂，庭實四馬，最西一馬也。馬首北，以西爲左。

高氏愈曰：遂從之者，以天子勞使既至，故不敢即安，而急趨王所也。

蕙田案：以上郊勞。

天子賜舍。注：以其新至，道路勞苦，未受其禮，且使即安也。賜舍，猶致館也。所使者司空與？小行人爲承擯。今文「賜」作「錫」。疏：聘禮賓至於朝，君使卿致館。此不言致館言賜舍者，天子尊極也。聘禮致館，賓主人各擯介，故知此亦陳擯介。必知使小行人爲承擯者，案小行人云：「及郊勞，眡館，將幣，爲承而擯。」是其義也。

李氏如圭曰：聘禮，賓至，即欲受之者，主人之禮。覲禮且使即安者，君上之惠。

曰「伯父，女順命於王所，賜伯父舍」。注：此使者致館辭。疏：此及下經皆云「伯父」，謂同姓大國。舉同姓大國，則同姓小國及異姓之國禮不殊也。

欽定義疏：上文「侯氏遂從之」，蓋從使者至朝，告至也。與聘禮「勞者遂以賓入，至於朝」同。其時天子即降賜舍之命，於是小行人帥至於館，而司空乃宣是命辭焉。聘禮曰：「大夫帥至於館，卿致館。」其義例可推也。

侯氏再拜稽首。注：受館。

敖氏繼公曰：不著其所，是於舍門外也。使者東面致命，侯氏西面聽命，既則北面拜。

儐之束帛、乘馬。注：王使人以命致館，無禮，猶儐之者，尊王使也。侯氏受館於外，既則儐使者於内。

敖氏繼公曰：侯氏於使者，亦有迎送之拜，不言者，文略耳。下於大夫戒之禮亦然。

方氏苞曰：此下當有設飧之禮，及期，侯氏有展幣之禮，以皆前見，故文不具。

蕙田案：以上賜舍。

天子使大夫戒，曰：「某日，伯父帥乃初事。」注：大夫者，卿爲訝者也。掌訝職曰：「凡訝者，賓客至而往，詔相其事。」戒，猶告也。其爲告，使順循其事也。初，猶故也。侯氏再拜稽首。注：受覲日也。

張氏爾岐曰：此下言將覲之事。王使人告覲期，諸侯先期受次於廟，凡二事。「帥乃初事」者，遵循朝覲之舊典也。

蕙田案：以上戒日。

諸侯前朝，皆受舍於朝。同姓西面，北上；異姓東面，北上。注：言諸侯者，明來朝者衆矣。顧其入覲，不得並耳。受舍於朝，受次於文王廟門之外。聘禮記云：「宗人受次，次以帷，少退於君之次。」則是次也。言舍者，尊舍也。天子使掌次爲之。諸侯上介先朝受焉。此覲也，言朝者，覲、遇之禮雖簡，其來之心，猶若朝也。分别同姓異姓，受之將有先後也。春秋傳曰：「寡人若朝于薛，不敢與諸任齒。」則周禮先同姓。疏：春夏受贄於朝，無迎法。受享于廟，有迎禮。秋冬受贄、受享皆在廟，並無迎法。是以大門外無位。既受覲于廟，故在廟門外受次。天子春夏受享，諸侯相朝聘迎賓客者，皆有外次，即聘禮記「宗人受次」是也。有外次于大門外者，則無廟門外之内次。天子覲、遇在廟者，有廟門外之内次，無大門外之外次。此文是也。曲禮云：「天子當依而立，諸侯北面而見天子，曰覲。」彼諸侯皆北面，不辨同姓異姓，與此不同者，此謂廟門外爲位時，彼謂入見天子時〔一〕。

李氏心傳曰：受舍於朝，所謂外朝也。

欽定義疏：受舍於朝，其地當在皋門以内，庫門以外，屬外朝之東西，一以來覲者衆，餘地能容；一以賓車不入大門下行爲近也。若廟外，則覲日陳擯介。又諸侯亦當有從臣，執幣馬者在焉，占地多矣。且覲尚嚴，廟外宜肅，苟盡張次於此，儀衛紛囂，非所以爲敬也。受舍之舍，與賜舍之舍别。賜舍之舍，館舍也，有屋宇，蓋司空之屬掌之；受舍之舍，次舍也，以帷幕，天官之屬掌之。

蕙田案：經云「受舍於朝」，則以爲在外朝者得之。注、疏謂「在廟門外」，疑非。

又案：以上受舍於朝。

侯氏裨冕，釋幣於禰。注：將覲，質明時也。裨冕者，衣裨衣而冠冕也。裨之爲言埤也。天子六服，大裘爲上，其餘爲裨，以事尊卑服之，而諸侯亦服焉。上公衮無升龍，侯伯鷩，子男毳，孤絺，卿大夫

〔一〕「時」，原作「耳」，據光緒本、儀禮注疏卷二六下改。

玄，此差司服所掌也。禰，謂行主遷主矣，而云禰，親之也。釋幣者，告將覲也。其釋幣，如聘大夫將受命釋幣於禰之禮，既則祝藏其幣，歸乃埋之於祧西階之東。

陳氏祥道曰：聘賓釋幣於廟，故舉幣而埋之。侯氏釋幣於行主，故舉幣而藏之。

郝氏敬曰：古者大事，出奉其廟主行，有事則告。裨猶副也。天子衮冕爲正，諸侯以下冕服爲副。天子受覲於廟，所以昭先烈也。諸侯入覲告禰，所以率先職也。

張氏爾岐曰：此下至「升成拜，降，出」，備言入覲之事。質明，先以將覲告行主，乃入覲，以瑞玉爲贄，次行三享，次肉袒請罪，凡三節。王勞之，乃出。裨冕者，上公衮冕，侯伯鷩冕，子男毳冕也。

案：玉藻「諸侯玄冕以祭」，不得服衮冕以下。而此「裨冕，釋幣于禰」者，以將入天子之廟，故服之也。

盛氏世佐曰：上公衮冕九章，侯伯鷩冕七章，子男毳冕五章，皆其上服也。而謂之裨者，據王而言，猶記以金路，以下爲偏駕也。玉藻亦云「諸侯玄冕以祭，裨冕以朝」，是三禮所言合矣。侯氏裨冕，爲將朝也。釋幣，則因事而服之耳，故與正祭異也。諸侯于其國，雖祭，不得服其上服，惟於朝天子及助祭之時服之。而敖氏又謂「當服其次」，則上服更何所服之乎？其説蓋不可通矣。禰，注以爲遷廟主，據曾子問而言也。但彼所云乃天子巡守之禮，諸侯述職無明文，故敖氏直以爲考，據經而斷，近得其實，當從之。

蕙田案：以上釋幣於禰。

乘墨車，載龍旗、弧韣，乃朝，以瑞玉有繅。注：墨車，大夫制也。乘之者，入天子之國，車服不可盡同也。交龍爲旂，諸侯之所建。弧，所以張縿之弓也。弓衣曰韣。瑞玉，謂公桓圭，侯信圭，伯躬圭，子穀璧，男蒲璧。繅，所以藉玉，以韋衣木，廣袤各如其玉之大小，以朱、白、蒼爲六色。疏：爾雅說旌旂「正幅爲縿」，故以此弧弓張縿之兩幅也。月令云「帶以弓韣」，韣是弓衣可知。

敖氏繼公曰：乘墨車，屈也。載龍旂，不没其實也。晉韓宣子聘於周，自稱曰士。大國之卿，自比天子之士，則其君自比於大夫，宜也。

盛氏世佐曰：凡旌旂之屬，皆有弧以張縿，弧上又畫枉矢，考工記「弧旌枉矢以象弧」是也。龍旂、弧韣載之於車，以爲飾也。龍旂，象文德也。載弧，不忘武備也。于龍旂則張之，弧則韜之以韣，是矢其文德，雖有武備而不用也。一車飾也，而先王之寫意深矣。

欽定義疏：墨車，自士昏乘之爲攝盛，自入覲乘之則爲屈。交龍之旂，五等所同，斿數則異。弧以張縿，必備韣者，爲將斂也。聘禮旜有張斂，此亦然與？

天子設斧依於户牖之間，左右几。注：依，如今綈素屏風也。有繡斧文，所以示威也。斧，謂之黼。几，玉几也。左右者，優至尊也。其席莞席紛純，加繅席畫純，加次席黼純。疏：爾雅「牖户之間謂之扆」，以屏風爲斧文，置于依地。綈，赤也。素，白也。漢時屏風以綈素爲之，象古者白黑斧文，故鄭以漢法爲況。周禮司几筵云：「左右玉几。」注：「左右有几，優至尊也。」又太宰云：「贊玉几。」注云：「立而設几，優尊者。」但几惟須其一，又几坐時所以憑依，今左右及立兩設之，皆是優至尊也。兩注相兼乃具。

郝氏敬曰：神几尚右，人几尚左，左右兼設，以安至尊，爲神人共主也。

天子衮冕，負斧依。注：衮衣者，裨之上也。繢之、繡之爲九章。其龍，天子有升龍，有降龍。衣此衣而冠冕，南鄉而立，以俟諸侯見。疏：負，謂背之南面也。**嗇夫承命，告於天子。**注：嗇夫，蓋司空之屬也。爲末擯，承命于侯氏。下介傳而上，上擯以告天子。天子見公，擯者五人；見侯伯，擯者四人；見子男，擯者三人，皆宗伯爲上擯。疏：周禮司儀職兩諸侯相朝，皆爲交擯。此諸侯見天子，亦交擯可知。此所陳擯介，當在廟之外，門東陳擯，從北向南；門西陳介，從南向北；各自爲上下。「嗇夫承命，告於天子」，則命先從侯氏出。下文天子得命，呼之而入，命又從天子下至侯氏，即令入。此覲遇之禮略，惟有此一辭而已。司儀云「交擯三辭」者，據諸侯自相見於大門外法，其天子春夏受享於廟，見於大門外，亦可交擯三辭矣。大宗伯職云「朝覲會同，則爲上相」，注云：「出接賓曰擯，入詔禮曰相。」若四時常朝，則小行人爲承擯，故小行人職云：「將幣，爲承而擯。」此文嗇夫爲末擯。若子男三擯，此則足矣。若侯伯四擯，別增一士。上公五擯，更別增二士。若時會殷同，則肆師爲承擯。

欽定義疏：**廟在庫門内之左。將覲，質明時，侯氏至外朝，下車入次，俟王入廟升堂，負斧依而立。然後侯氏入庫門而左，至於廟門外，接西塾，東面，乃襲，執玉。**

擯介既設，於是嗇夫乃承侯氏請覲之命，於下介遞傳而上，上擯入告天子。經云「嗇夫承命，告於天子」，乃約其儀以爲文。嗇夫未必得入廟也。

蕙田案：周禮五官無嗇夫，故鄭疑爲司空之屬。考之漢書，上林虎圈有嗇夫，百官表縣置嗇夫。漢去古未遠，其職雖不盡同，而官名相因必有自矣。夏書「嗇夫馳」，見於古文胤征篇，則其爲天子之官無疑。敖氏以「嗇夫」爲「大夫」之誤，盛氏則以嗇夫爲諸侯之末介，二説似皆未然。

天子曰：「非他，伯父實來，予一人嘉之。伯父其入，予一人將受之。」注：言「非他」者，親之辭。「嘉之」者，美之辭也。上擯又傳此而下至嗇夫，侯氏之下介受之，傳而上，上介以告其君，君乃許入。今文「實」作「寔」，「嘉」作「賀」。

侯氏入門右，坐奠圭，再拜稽首。注：入門右，執臣道，不敢由賓客位也。卑者見尊，奠摯而不授。

欽定義疏：聘禮從賓道者，皆入門左，聘與享是也；從臣道者，皆入門右，賓介私覿是也。侯氏初入門，執臣道，故右也。

擯者謁。注：謁猶告也。上擯告以天子前辭，欲親受之，如賓客也，其辭所易者，曰「伯父其升」。

欽定義疏：經止稱「擯者」，注知爲上擯者，以聘禮擯者之爲上擯決之也。然則承擯以下，其亦在門内之東，負東塾而立與？

侯氏坐取圭，升，致命。王受之玉，侯氏降階，東北面再拜稽首。擯者延之曰：「升。」升成拜，乃出。注：擯者請之。侯氏坐取圭，則遂左，降拜稽首送玉也。從後詔禮曰延。延，進也。疏：侯氏得擯者之告，坐取圭，即言「升，致命」，無出門之文。明知遂向門左，從左堂塗升自西階致命也。從後詔禮曰延者，以其賓升堂，擯者不升。

敖氏繼公曰：拜于西階東，别于内臣也。侯氏既成拜，宰乃受玉以東。是時，王于侯氏之拜皆不答，所以見至尊之義也。

欽定義疏：坐取圭而遂左者，賓禮也，以擯者謁而天子辭之故也。王既受玉，以授宰，則裼。侯氏出，則亦裼而奉束帛加璧以享矣。

蕙田案：以上覲。

四享皆束帛加璧，庭實唯國所有。注：四，當爲「三」。古書作「三」「四」或皆積畫，此篇又多「四」字，字相似，由此誤也。大行人職曰諸侯「廟中將幣，皆三享」，其禮差又無取于四也。初享或用馬，或用虎豹之皮。其次享，三牲魚腊、籩豆之實，龜也，金也，丹漆、絲纊、竹箭也，其餘無常貨。此地物非一國所能有，惟所有分爲三享，皆以璧帛致之。疏：「三牲魚腊、籩豆之實」以下，皆禮器文。彼諸侯國爲王祫祭而致之，與此因覲致之同，云「璧帛致之」者，據享天子而言，若享后，即用琮錦。但三享在庭，分爲三段，一度致之，據三享而言，非謂三度致之爲皆也。

蕙田案：鄭氏破「四享」爲「三享」，據大行人職而言，先儒皆從之，獨郝仲輿以爲四享者，諸侯五等，子男同等，故四也。案五等諸侯，雖入覲同時，受之必有先後，且三享庭實甚多，若五等諸侯之享禮，一時並陳，恐廟庭亦不能容。郝説殊誤。

奉束帛，匹馬卓上，九馬隨之，中庭西上。奠幣，再拜稽首。注：卓猶的也。以素的一馬以爲上，書其國名，後當識其何産也。馬必十匹者，不敢斥王之乘，用成數，敬也。疏：中庭，南北之中。不參分庭一在南者，以其三享同陳，須入庭深設之故也。

敖氏繼公曰：匹馬卓上，謂以一馬卓然居前而先行，明其入不與九馬相屬也。此奠幣，蓋於入門左之位。

郝氏敬曰：特出曰卓。一馬中庭卓立，九馬羅列於後。先進者從西以次并列而東，故曰西上。

蕙田案：「卓」字之義，當以敖氏、郝氏爲長。周禮校人職云：「大祭祀、朝覲、會同，毛馬而頒之。」齊其色。此侯氏享禮之馬亦當然。注疏以卓爲素的，疑非也。但敖氏謂「一馬卓然居前」者，據初入門而言。及其陳於中庭，仍與九馬並列而居左，故下文「以馬出，授人」解爲「左馬」，非匹馬一行，九馬别爲一行也。

擯者曰：「予一人將受之。」注：亦言王欲將受之。

蕙田案：受覲聽事，所稱天子之命，皆擯者述之。彼云「天子」，此云「擯者」，彼此互見爲義。

侯氏升，致命，王撫玉。侯氏降自西階，東面，授宰幣，西階前再拜稽首，以馬出，授人，九馬隨之。注：王不受玉，撫之而已，輕財也。以馬出，隨侯氏出授王人於外也。王不使人受馬者，至於享，王之尊益君，侯氏之卑益臣。疏：幣即束帛加璧，并玉言幣，故小行人「合六幣」，皮馬與玉皆爲幣。宰即太宰，太宰主幣。周禮太宰職云：「大朝覲、會同，贊玉幣、玉獻、玉几、玉爵。」注云「助王受此四者」是也。春夏受贄於朝，雖無迎法，王猶在朝。至受享又迎之，而稱賓主。覲禮受享，皆無迎法，不下堂而見諸侯，已是王尊臣卑，王猶親受其玉。至於三享，使自執其馬，王不使人受之於庭，是王之尊益君，侯氏之卑益臣也。諸侯覲天子，享天子訖，亦當有幣問公卿大夫，隱七年左氏傳云「戎朝於周，發幣於公卿」是也。

敖氏繼公曰：西階前拜送幣者，非其正位，以欲執馬，由便也。擯者不延之以升，變於授圭時也。馬，左馬也。侯氏親以左馬出，敬之至也。王臣不於内受馬者，無以爲節，亦至尊之禮異也。

事畢。注：三享訖。

方氏苞曰：三享訖，宜更享后。王后之禮，事多，以大宗伯攝，文不具。

蕙田案：三享者，以庭實分爲三耳。經無三次受享之文。鄭氏於受享事畢，注云「三享訖」，知三享實止一享也。敖氏以爲「經所見者初享之儀，其次二享空其文」者，非。

又案：以上享。

乃右肉袒于廟門之東。乃入門右，北面立，告聽事。注：右肉袒者，刑宜施于右也。凡以禮事者左袒，入更從右者，臣益純也。告聽事者，告王以國所用爲罪之事也。疏：「告王以國所用爲罪之事」者，加「得」字解之，當云「告王以國所用者有得罪之事」。

郝氏敬曰：聽事，猶言待罪。告，告擯者。

擯者謁諸天子。天子辭於侯氏，曰：「伯父無事，歸寧乃邦。」注：謁，告。寧，安也。乃猶汝也。

朱子曰：周禮最是大行人等官屬之司寇難曉。蓋覲禮諸侯行禮既畢，則降而肉袒，請刑。王曰：「伯父無事，歸寧乃邦。」此所謂懷諸侯則天下畏之也。如此等處，皆是合著如此，初非聖人私意。

侯氏再拜稽首，出，自屏南適門西，遂入門左，北面立。王勞之，再拜稽首。擯者延之曰：「升。」升成拜，降出。注：王辭之，不即左者，當出隱於屏而襲之也。天子外屏，勞之，勞其道勞也。疏：以屏外不見天子爲隱。向者右袒，今王辭以無事，故宜襲也。

欽定義疏：執圭行禮時，王與侯氏，授玉、受玉皆襲，過此而享則裼矣，以裼乃其常也，此裼、襲相對者也。侯氏請事則袒，天子辭之而出則襲，此袒、襲相對者也。雖襲猶裼，自若也，亦以裼，乃其常也。

蕙田案：以上侯氏聽事，天子勞。

天子賜侯氏以車服。迎於外門外，再拜。注：賜車者，同姓以金路，異姓以象路。服則衮也，鷩也，毳也。古文曰「迎于門外」也。疏：案周禮巾車「掌五路」，玉路以祀，尊之，不賜諸侯。金路同姓以封，象路異姓以封，革路以封四衛，木路以封蕃國。鄭云：「同姓，謂王子母弟，率以功德出封，雖爲侯伯，其畫服猶如上公。」賜魯侯、鄭伯服則衮冕，得乘金路以下，與上公同。則太公與杞、宋雖異姓，服衮冕，乘金路矣。異姓，謂甥舅之國，與王有親者，得乘象路。異姓侯伯，同姓子男，皆乘象路以下。四衛，謂要服以内庶姓與王無親者，自侯伯子男，皆乘革路以下。蕃國，據外爲總名，皆乘木路而已。司服上陳王之吉服有九，下云「公之服，自衮冕而下，如王之服；侯伯自鷩冕而下，如公之服；子男自毳冕而下，如侯伯之服」也。

敖氏繼公曰：門外，舍門外也。案聘禮，舍惟一門。此今文雖有外門外之文，然以行禮之節求之，無二門之徵，且以古文爲正。

張氏爾岐曰：自此至「乃歸」，皆言王賜禮侯氏之事。

蕙田案：敖君善謂舍無二門，宜從古文，此説是也。今文蓋衍一「外」字。

路先設，西上，路下四，亞之。重賜無數，在車南。注：路，謂車也。君所乘車曰路。路下四，謂乘馬也。亞之，次車而東也。詩云：「君子來朝，何錫予之？雖無予之，路車乘馬。又何予之？玄衮及黼。」重猶善也，所加賜善物，多少由恩也。　疏：鄭注周禮云：「路，大也。」君之居以大爲名，是以云路寢、路門之等。

敖氏繼公曰：路車一而已，乃云西上者，以其與馬同設也。四馬設於車東，異於駕也。

諸公奉篋服，加命書於其上，升自西階，東面，大史是右。注：言諸公者，王同時分命之而使賜侯氏也。右讀如「周公右王」之右。是右者，始隨入，于升東面，乃居其右。古文「是」爲「氏」也。　疏：言諸，非一之義，以諸侯來覲者衆，各停一館，故命諸公分往賜之。「周公右王」，左傳晉祁奚語。引之者，證「太史是右」，是佐公而在公右之義也。太史卑，始時隨公後，升訖，公東面，太史於是乃居公右，而並東面以宣王命也。

敖氏繼公曰：置服於篋，故謂之篋服。命書，若文侯之命之類是也。此不言揖讓之禮，如勞可知。

侯氏升，西面立。太史述命。注：讀王命書也。侯氏降，兩階之間北面再拜稽首。注：受命。

敖氏繼公曰：是時侯氏升，降自阼階，故拜于兩階之間，不于階東者，拜至尊之命，宜異于常禮也。

升成拜。注：太史辭之降也。春秋傳曰「且有後命，以伯舅耋老，毋下拜」，此辭之類。疏：彼以齊侯年老，故未降已辭。此下拜禮也，故降拜乃辭之。彼齊侯不升成拜者，亦以年老故也。

盛氏世佐曰：升成拜，以公辭之故也。不言公辭，文省。既拜于下，乃辭，禮之正也。春秋傳：齊侯未下拜，宰孔辭之，待以殊禮也。既不復成拜于上者，謙，不敢貪天子之命也。故與此異。敖氏以爲「不辭而升成拜」者，非。

蕙田案：盛氏駁敖君善「不辭」之説，極當。但鄭注謂「太史辭之」，盛氏謂「公辭之」。案上文述王命者太史，則此辭侯氏者，亦必太史也。盛説似非。

太史加書於服上。侯氏受。注：受篋服。使者出。侯氏送，再拜，儐使者，諸公賜服者束帛四馬，儐大史亦如之。注：既云拜送，乃言儐使者，以勞有成禮，略而遂言。

張氏爾岐曰：使者，兼公與太史而言。儐使者在拜送前，乃于送後略言之者，以前郊勞時已詳載成禮，故略言已足也。

同姓大國則曰伯父，其異姓則曰伯舅。同姓小邦則曰叔父，其異姓小邦則曰叔舅。注：據此禮云「伯父」，同姓大邦而言。疏：周禮冢宰：「掌建邦之六典，以佐王治邦國。」注云：「大曰邦，小曰國。」彼對文則例，散文則通，故此大國言國、小國言邦也〔一〕。

蕙田案：以上賜車服。

蕙田案：此條賈疏稱「伯父、叔父，不要同姓爲定」，引下曲禮「東西二伯，不問同姓異姓，皆稱伯父」，與曲禮之文顯相違反，傳、記亦絶無稱異姓伯父之事，其謬甚矣。義疏引賈氏疏則云：「下曲禮東西二伯，同姓稱伯父，異姓稱伯舅；州牧，同姓稱叔父，異姓稱叔舅。」與此異。但偏檢南北雍本、閩本、汲古閣本及内府新刊本，皆不然，未識何所據也？

又案：以上諸侯稱謂。

饗、禮，乃歸。注：禮，謂食、燕也。王或不親，以其禮幣致之。略言饗、禮，互文也。掌客職曰：

〔一〕「此」，諸本作「以」，據儀禮注疏卷二七改。

上公三饗三食三燕，侯伯再饗再食再燕，子男一饗一食一燕。疏：掌客五等，饗、食、燕三者具有。今「饗」下有「禮」，故以禮爲食、燕也。變食燕而言禮，見王有故，不親食、燕，則以禮幣致之。直言饗，見王無故，親饗之。若有故，亦以侑幣之禮致之〔一〕。食、燕公之禮〔二〕，見王有故，以侑幣之禮致之，亦宜有王無故，親食、燕，故云互文也。

欽定義疏：聘禮：饗、食、燕之外，有羞有獻。周官庖人職「共賓客之禽獻」，則王於覲賓，亦有羞獻可知。聘禮有大夫享食，有還玉，有賄，有贈，此皆當有之，文不具耳。雝詩言「相予肆祀」，載見詩言「率見昭考」，則群后入覲者，當祭則無不與，而二王之後，宜爲長賓也。考工梓人職：「張五采之侯，則遠國屬。」地官牛人、春官鎛師、眡瞭、典庸器、夏官小臣諸職，於賓射胥有事焉，則天子有與諸侯賓射之禮，蓋又別於燕射，但或舉或不舉，非若饗、食、燕之有常耳。侯氏既覲而歸，則告於祖禰、社稷、山川，飲至舍爵策勳焉，禮也。

蕙田案：以上饗禮。

〔一〕「侑」，原作「酬」，據光緒本、儀禮注疏卷二七改。
〔二〕「公之」，諸本作「云」，據儀禮注疏卷二七改。

諸侯覲於天子，爲宮方三百步，四門。壇有十有二尋〔一〕，深四尺，加方明於其上。

注：四時朝覲，受之於廟。此謂時會殷同也。宮，謂壝土爲埒，以象墻壁也。爲宮者，于國外，春會同則于東方，夏會同則于南方，秋會同則于西方，冬會同則于北方。八尺曰尋。十有二尋，則方九十六尺也。深謂高也。從上曰深。司儀職曰：「爲壇三成。」成猶重也。三重者，自下差之爲三等，而上有堂焉。堂上方二丈四尺，上等、中等、下等，每面十二尺。方明者，上下四方神明之象也。上下四方之神者，所謂神明也。會同而盟，明神監之，則謂之天之司盟。有象者，猶宗廟之有主乎？王巡狩，至于方岳之下，諸侯會之，亦爲此宮以見之。司儀職曰「將會諸侯，則命爲壇，三成，宮旁一門，詔王儀，南鄉見諸侯」也。疏案：大宗伯云：「時見曰會，殷見曰同。」鄭注云：「時見者，言無常期。諸侯有不順服者，王將有征討之事，則既朝覲，王爲壇於國外，合諸侯而命事焉，春秋傳曰『有事而會，不協而盟』是也。殷猶衆也。十二歲王如不巡狩，則六服盡朝。朝禮既畢，王亦爲壇，合諸侯以命政焉。所命之政，如王巡狩。殷見四方〔二〕，四方四時分來，終歲則遍。」若如此注〔三〕，則時會殷同，亦有朝覲在廟。假令當方諸侯有不順服，則順服者皆來朝王，其中若當朝之歲者，自於廟朝覲；若不當朝之歲者，當在壇朝。十二年王不巡守，則殷

〔一〕「十有」，原脱「有」字，據光緒本、儀禮注疏卷二七補。
〔二〕「四方」，諸本脱，據儀禮注疏卷二七補。
〔三〕「此」，諸本脱，據儀禮注疏卷二七補。

朝。六服之内，若當歲者，即在廟，其餘在壇朝。故鄭言既朝覲，乃爲壇于國外也。朝事儀未在壇朝，而先言帥諸侯拜日，亦謂帥已朝者諸侯而言也。四方之壇，並宜在四郊之内，以其拜日之等于近郊，退來就壇，明壇在近郊之内。但去城不知遠近。或四方皆依成數，東方八里，南方七里，西方九里，北方六里。四方此其定分。「南鄉見諸侯」者，王在堂上，公於上等，侯伯於中等，子男於下等。奠玉，拜，皆升堂授玉，乃降也。

張氏爾岐曰：自此至篇末，皆言時會殷同及王巡守爲壇而見諸侯之事。

盛氏世佐曰：此下言諸侯入覲，而天子率之以祀群神也。既分覲之，又總會之，所以固其志也。爲宫，掌舍職也。司儀主令之四門，所謂「旁一門」也。壇有十二尋者，謂其下等也。壇凡三等，上有堂以祀方明，并王立之所。方二丈四尺，堂下每等加廣二丈四尺，上等方四丈八尺，中等方七丈二尺，下等則方九丈六尺矣。每等高一尺，堂亦高一尺，從堂視下，深四尺也。

蕙田案：諸侯會同，爲宫方三百步，六尺爲步，則方二百二十五尋也。壇方十二尋，居宫之中央。壇上設方明及天子所立斧依之位，諸侯升成拜亦於是焉。壇三成，成崇一尺，廣皆尋有四尺。上等長六尋，諸公拜位在焉。中等長九尋，侯伯拜位在焉。下等長十有二尋，子男拜位在焉。壇之下，距壝門一百六尋有四尺，則公、侯、伯、子、男立位在焉，「上介奉旂而置於宫者」是也。諸公位，中階最近前；侯東階，伯西階，稍次之；諸子門東，諸男門西，最遠。

方明者，木也。方四尺，設六色：東方青，南方赤，西方白，北方黑，上玄下黃。設六玉：上圭下璧，南方璋，西方琥，北方璜，東方圭。注：六色象其神，六玉以禮之。上宜以蒼璧，下宜以黃琮，而不以者，則上下之神非天地之至貴者也。設玉者，刻其木而著之。

敖氏繼公曰：設六色，以象天地四方之色也。設六玉，爲祀時以此禮之。

張氏爾岐曰：方明之制，合六木而爲之。上下四方各異色，刻木爲陷而飾以玉，蓋以一物而象上下四方之神，非六物也。

盛氏世佐曰：六色設之於木上，六圭則分方而置諸其側，以禮神也。上從南，下從北。注云「刻木而著之」，恐非是。

蕙田案：方明蓋一木，隨其方色而飾之。張氏以爲「合六木爲之」，非也。其設六玉，鄭氏注「刻其木而著之」，賈疏以爲「刻木安於中」。考周禮大宗伯：「以玉作六器，以禮天地四方。」鄭注謂：「始告神時，薦於神坐也。」此經四方禮神，用珪、璋、琥、璜，正與彼同，惟「上圭下璧」爲異。所以然者，天地至尊，避璧琮不用，禮從殺也。四方卑，無嫌，故從同也。祀方明，亦宜以玉薦於神坐明矣。先儒以上下之位不順，故爲刻木之說，但傳、記別無所據。盛氏謂「上從南，下從北」，則於禮神之方位仍屬無礙，較舊説爲長矣。又案：六色，先東南西北而後上下；六玉，先上下而後南西北東，變文，無義例也。

上介皆奉其君之旂，置於宮，尚左。公、侯、伯、子、男，皆就其旂而立。注：置於宮者，建之，豫爲其君見王之位也。諸公，中階之前，北面東上。諸侯，東階之東，西面北上。諸伯，西階之西，東面北上。諸子，門東，北面東上。諸男，門西，北面東上。尚左者〔一〕，建旂，公東上，侯先伯，伯先子，子先男，而位皆尚東方也。諸侯入壝門，或左或右，各就其旂而立。王降階，南鄉見之，三揖：土揖庶姓，時揖異姓，天揖同姓。見揖，位乃定。古文「尚」作「上」。疏：上介奉君旂，置於宮，前期一日可也。公侯就旂，據臨朝之時也。此旂與在軍徽幟同，皆以尺易刃，小而爲之。「中階之前」已下，皆朝事儀、明堂位文。朝事儀論會同之事，明堂位周公朝諸侯于明堂，不在宗廟，皆與此同也。二伯帥諸侯初入宮，或左或右，皆北面立定，乃始各就其旂而立。王乃降，南面見之而揖。覲禮天子不下堂而見諸侯，今王降者，以在壇會同相見，與覲異故也。

盛氏世佐曰：「尚」、「上」通。上左者，據王而言也。王南鄉，以東爲左，故諸公北面者東上，諸侯

〔一〕「者」，原作「皆」，據味經窩本、儀禮注疏卷二七改。

在諸伯之東，諸子在諸男之東，是皆以左爲上也。

蕙田案：禮，入門以東爲右，出以東爲左。覲禮「侯氏入門右」，謂門東也。此經云「尚左」，據王南鄉而言，與彼不同。盛氏之説，可以羽翼注、疏矣。敖氏謂五等之位，自西而東，皆北面爲一列，與大戴禮朝事義相違，不可從。

四傳儐。注：王既揖五者，升壇，設擯，升諸侯以會同之禮。其奠瑞玉及享幣，公拜于上等，侯伯于中等，子男于下等。擯者每延之，升堂致命，王受玉、撫玉，降拜於下等。及請事、勞，皆如覲禮，是以記之。云「四傳擯」者，每一位畢，擯者以告，乃更陳列而升。其次：公也，侯也，伯也。各一位，子男俠門而俱東上，亦一位也。至庭，乃設擯，則諸侯初入門，王官之伯帥之耳。疏：公侯伯面位同，故各自設擯。子男雖隔門，相去近，又同北面東上，故共一位設擯。上經「諸侯各就其旂而立」，乃云「四傳擯」，則在諸侯之北，故知至庭乃設擯。

張氏爾岐曰：據注、疏推其次第，上介先期置旂，質明，王帥諸侯拜日東郊，反祀方明，二伯帥諸侯入壝門，左右立，王降階，南鄉，三揖，諸侯各就其旂而立，乃傳擯，執瑞玉以覲，璧帛以享，請事、勞，皆如前經所陳也。

蕙田案：注云「請事」，即上經「告聽事」也。賈疏以爲「侯氏奠圭，擯者請侯氏，王欲親受之」，似非。

盛氏世佐曰：大行人云：「上公擯者五人，侯伯四人，子男三人。」謂交擯法也。此合諸侯于壇，用傳儐法，與交擯異，其人數未聞。傳擯者，擯者傳告五等諸侯，使之各以其幣升壇覲王也。

欽定義疏：於壇受覲，王位亦當設斧依，南鄉。此時，方明其在斧依之北與？王位當有帷幕帟綬，幕人共之，掌次張之。「天子執冒，四寸，以朝諸侯」，其此時與？

蕙田案：四傳擯，敖氏以爲一朝三享，皆傳擯辭，使之升拜，故曰四也。但覲禮三享，無升成拜之文。且三享者，分庭實爲三，非有三次，不得并朝爲四也。其升成拜之位，聶氏、敖氏謂「在奠玉之處」，考覲禮，升拜並不在奠圭之所，奠圭階下也，升拜堂上也。此壇上亦有堂，則其升堂可知，不得仍在奠玉之處也。其升堂致命而降拜，則當在奠玉之位。注云「降拜於下等」，即指司儀三等拜位而言。聶氏、敖氏謂「降拜於地」，亦非也。司儀賈疏又謂「公奠玉於上等，降拜於中等；侯伯奠玉於中等，降拜於下等；子男奠玉於下等，降拜於地」，蓋誤解鄭氏下等之説，其實不然也。

天子乘龍，載大旂，象日月、升龍、降龍，出，拜日於東門之外，反祀方明。注：此謂會同以春者也。馬八尺以上爲龍。大旂，太常也。王建太常，縿首畫日月，其下及旒，交畫升龍、降龍。朝事儀曰：「天子冕而執鎮圭，尺有二寸，繅藉尺有二寸，搢大圭，乘大路，建大常十有二旒，樊纓十有二就，貳車十有二乘，帥諸侯而朝日於東郊，所以教尊尊也。退而朝諸侯。」由此二者言之，已祀方明，乃以會同之禮見諸侯也。凡會同者，不協而盟。司盟職曰：「凡邦國有疑，會同，則掌其盟約之載書及其禮儀，北面詔明神，既盟則藏之。」言北面詔明神，則明神有象也。象者，其方明乎？及盟時又加于壇上，乃以載辭告焉。詛祝掌其祝號。　疏：自此盡「西門外」，論將見諸侯，先禮日月山川之事。朝事儀直有朝日，禮畢退見諸侯。此覲禮祀方明，禮畢乃朝諸侯，不同者，以其邦國有疑，則有盟事。朝日既畢，乃祀方明於壇。祀方明禮畢，退去方明於下，天子乃升壇，與諸侯相見。朝禮既畢，乃更加方明於壇，與諸侯行盟誓之禮。若邦國無疑，王帥諸侯朝日而已，無祀方明之事。司盟云「詔明神」，不言方明，此文直言方明，不言明神，鄭以義約爲一事，故言「乎」以疑之。

敖氏繼公曰：載大旂者，以拜日及祀方明也。巾車職曰：「玉路，樊纓十有再就。建大常，十有二斿，以祀。」此載大常，則乘玉路矣。東門，即此宮之東門也。

禮日於南門外，禮月與四瀆於北門外，禮山川丘陵於西門外。注：此謂會同以夏冬秋者也。變「拜」言「禮」者，容祀也。禮月于北郊者，月，太陰之精，以爲地神也。盟神必云日月山川焉者，尚著明也。詩曰：「謂予不信，有如皦日。」春秋傳曰：「縱子忘之，山川神祇其忘之乎？」此皆用明神爲信也。疏：變「拜」言「禮」者，言拜無祀，祀則兼拜。

蕙田案：此疏鄭注「容祀」之義，本或作「客祀」者，傳寫之誤耳。張爾岐乃謂「禮日月、四瀆、山川、丘陵不在其處，但於此致敬，故云客祀」，鑿矣。

觀承案：「疏變『拜』言『禮』者，言拜無祀，祀則兼拜」，此解「容」字義甚明。因諸本「容」字誤作「客」字，而張氏乃竟作主客之客解，豈未嘗見此疏耶？

敖氏繼公曰：不言祀者，以異於正祭，變其文耳。此三禮者，皆與上事相屬而舉之。天子巡守，有懷柔百神、望秩山川之禮。此諸侯以天子不巡守之故而來覲，故天子亦略修祀事，以放巡守之禮云。

方氏苞曰：春夏陽，故皆禮日。秋冬陰，故禮嶽瀆山川。

蕙田案：注、疏以春會同拜日於東門外，夏禮日於南門外，秋禮山川丘陵於西門外，冬禮月於北門外。以四方分配四時，其反祀方明，則一也。上言「拜」，此言「禮」，互文也。敖氏謂「此三禮者，皆與上事相屬」，則是於拜日、祀方明之後復舉之，後儒多從其說。然既拜日東門外，又禮日南門外，一事而再祭，毋乃數而瀆乎？當以注、疏爲是。

祭天，燔柴。祭山、丘陵，升。祭川，沈。祭地，瘞。注：升、沈，必就祭者也。就祭，則是謂王巡守及諸侯之盟祭也。其盟，揭其著明者。　燔柴、升、沈、瘞，祭禮終矣，備矣。　郊特牲曰：「郊之祭也，迎長日之至也。大報天而主日也。」宗伯職曰：「以實柴祀日月星辰。」則燔柴祭天，謂祭日也。柴爲祭日，則祭地瘞者，祭月也。日月而云天地，靈之也。王制曰：「王巡守至於岱宗，柴。」是王巡守之盟，其神主日也。春秋傳曰：「晉文公爲踐土之盟。」而傳云山川之神，是諸侯之盟，其神主山川也。月乃太陰之精，上爲天使，臣道莫貴焉。是王官之伯〔一〕，會諸侯而盟，其神主月與？疏：王制曰：「王巡守，至於岱宗，柴。」彼注以爲「告至」。舜典：「歲二月，東巡守，至于岱宗，柴。」注爲「考績燔燎柴」，此又爲「祭日柴」，不同者，但巡守至岱宗之下，有此三種之柴，告至訖，别有考績，皆正祭之神，别有祭日，以爲方明之主。尚書與王制并此文唯有柴之文，故注不同，互見爲義，明皆有。

陳氏祥道曰：經言「祭天」，而鄭言「祭日」，經言「祭地」，而鄭言「祭月」，且方明以象上下四方。而經傳凡言主盟者，多稱神明，曰「司慎、司盟，名山、名川，群神、群祀，先王、先公，七姓十二國之祖」，齊語桓公約誓於上下神祇，則諸侯之盟，非特指山川也。鄭氏謂「王之盟主日，諸侯主山川，王官之伯主月」，其説無據。

敖氏繼公曰：謂以此四事用其祭物也。祭物者，謂牲幣之屬。燔柴者，置之于積柴之上而燔之。升，謂縣之。瘞，埋也。此皆順其性而爲之。蓋因上文，遂并言正祭之法，以明所謂禮者異於此也。

〔一〕「王」，原作「五」，據光緒本、儀禮注疏卷二七改。

張氏爾岐曰：此言天子巡守四岳，各隨方向祭之，以爲盟主，於山言升，於川言沈，是就其處而舉此禮，故知是王者巡守之事。鄭前注云「王巡守於方岳之下，諸侯會之，亦爲此宮以見之」，爲此經設也。

蕙田案：此經自「諸侯覲於天子」以下論會同之禮。此條謂王巡守，覲諸侯之禮也。王巡守，諸侯來覲，爲壇壝宫，加方明，四傳擯，皆與時會、殷同之儀同。但會同則有拜日及禮日月、山川、丘陵、四瀆而已，巡守則祭天地，其禮尤大，故特記之。尚書曰：「歲二月，東巡守，柴，望秩於山川，肆覲東后。」王制曰：「歲二月，東巡守，柴，而望祀山川，覲諸侯。」郊特牲曰：「天子適四方，先柴。」此巡守祭天與山川之明文。經傳雖不言祭地，然有柴，又有望，則有瘞從可知。鄭氏據大宗伯「以實柴祀日月星辰」，因謂燔柴祭日、瘞祭月。但周禮禋祀、實柴、槱燎三者，自昊天上帝、日月星辰、司中司命、風師雨師，皆同之。謂日月皆燔柴則可，謂祭日燔柴祭月瘞則不可。以祭月爲瘞者，鄭之臆説也。祭法曰：「燔柴於泰壇，祭天也。瘞埋於泰折，祭地也。」燔柴與瘞，自是巡守告祭天地之禮，非祭日月以爲司盟之神，不得與方明牽合爲一。且日月，天神，非地示也。祭天可以主日，祭地必不可以主月。祭天則日月從祀。據祭義，大報天而主日，配以月。故言祭天，可以包日月，不得祭日月而冒天地之稱也。王制鄭注以柴爲祭天告至，其説最當。賈氏遂以爲巡守有三種之柴，則彌縫注家而失之者也。

蕙田案：以上大朝覲之禮。

記：几俟於東箱。注：王即席，乃設之也。東箱，東夾之前，相翔待事之處。

敖氏繼公曰：經云「設斧依于户牖之間，左右几」，乃云「天子衮冕，負斧依」，則是天子登席于既設几之後也。此云「几俟于東箱」，其指未設几之前而言與？

蕙田案：此記几。

偏駕不入王門。注：在旁與己同曰偏。同姓金路，異姓象路，四衛革路，蕃國木路。駕之與王同，謂之偏駕不入王門，乘墨車以朝是也。偏駕之車，舍之於館與？疏：周禮巾車：「掌王五輅。玉輅以祀，不賜諸侯。金輅以賓，同姓以封。象輅以朝，異姓以封。革輅以即戎，以封四衛。木輅以田，以封蕃國。」此五輅者〔一〕，天子所乘爲正；四輅者，諸侯乘之爲偏。

敖氏繼公曰：言此者，明唯王車乃入王門也。凡非王車，皆謂之偏駕。

〔一〕「五」，原作「玉」，據光緒本、儀禮注疏卷二七改。

蕙田案：此記車。

奠圭於繅上。注：謂釋于地也。　疏：侯氏入門右，奠圭時，當以繅藉承之，乃釋于地。

欽定義疏：此謂初執圭時，斂繅繫組以入。至入門右坐奠時，乃開繅而奠於其上，以相變爲文也。然則擯者謁，而侯氏取圭以升，亦當屈繅而斂之。及升堂致命，乃垂繅開之，以授王與？王授玉，亦斂之，乃以授宰。然則惟正行禮授受時，方從執之；其自外而入，自下而升，皆卧執之也。

蕙田案：此記奠圭。

右儀禮覲禮

五禮通考卷二百二十三

賓禮四

天子受諸侯蕃國朝覲

蕙田案：三代以前，五服之内諸侯，定爲朝聘之期，大行人云「侯服歲一見，甸服二歲一見，男服三歲一見，采服四歲一見，衛服五歲一見」是也。九州之外，謂之蕃國，則有世見之禮，無朝覲之期。自秦廢封建而朝禮遂亡，漢、魏、晉、唐、元、明，封建子弟，雖有分土，而朝覲未合於古。唐開元禮、宋史禮志、明集禮所載外蕃朝見之禮尤詳，今俱采録，以備賓禮云。

唐虞朝覲

書舜典：既月，乃日覲四岳群牧。五載一巡守，群后四朝。敷奏以言，明試以功，車服以庸。

竹書紀年：帝堯十六年，渠搜氏來朝。二十九年，僬僥氏來朝，貢没羽。

帝舜九年，西王母來朝。沈約曰：西王母之來朝，獻白環、玉玦。二十五年，息慎氏來朝，貢弓矢。四十二年，元都氏來朝，貢寶玉。

右唐虞朝覲

夏朝覲

春秋哀公七年左氏傳：禹合諸侯于塗山，執玉帛者萬國。注：諸侯執玉，附庸執帛。塗山，在壽春東北。

國語魯語：禹致群神于會稽之山，防風氏後至，禹殺而戮之。注：群神，謂主山川之君，爲群神之主，故謂之神。防風，汪芒氏之君名也。違命後至，故禹殺之。

春秋昭公四年左氏傳：夏啓有鈞臺之享。注：啓，禹子也。河南陽翟縣有鈞臺陂，蓋啓享諸侯於此。

竹書紀年：帝啓元年癸亥，帝即位于夏邑，大饗諸侯於鈞臺。諸侯從帝歸於冀都，大饗諸侯于璿臺。

帝相七年，于夷來賓。

帝少康元年，諸侯來朝，賓虞公。二年，方夷來賓。

帝發元年，諸夷賓于王門，再保墉會于上池。

帝癸六年，岐踵戎來賓。十一年，會諸侯于仍。二十二年，商侯履來朝，命囚履于夏臺。二十三年，釋商侯履，諸侯遂賓于商。

右夏朝覲

殷朝覲

詩商頌長發：受小球大球，爲下國綴旒，何天之休。不競不絿，不剛不柔，敷政優優，百禄是遒。箋：綴，結也。旒，旌旗之垂者也。休，美也。湯既爲天所命，則受小玉，謂尺二寸圭也；受大玉，謂珽也，長三尺。執圭搢珽，以與諸侯會同，結定其心，如旌旗之旒縿著焉。擔負天之美譽，爲衆所歸鄉。

朱子集傳：「小球、大球」之義未詳，或曰小國、大國所贄之玉也。

受小共大共，爲下國駿龐，何天之龍。敷奏其勇，不震不動，不戁不竦，百禄是總。箋：共，執也。小共、大共，猶所執搢小球、大球也。駿之言俊也。龍，當作「寵」，榮名之謂。

朱子集傳：「小共、大共」之義未詳。或曰小國、大國所共之貢也。

竹書紀年：帝癸二十八年，商會諸侯于景亳。

成湯十九年，氐、羌來貢。

書伊訓：惟元祀十有二月乙丑，伊尹祠于先王。奉嗣王祗見厥祖。侯、甸、群后咸在。

竹書紀年：太戊二十六年，西戎來賓，王使王孟聘西戎。六十一年，東九夷來賓。

河亶甲五年，侁人來賓。

盤庚七年，應侯來朝。

武丁三十四年，王師克鬼方，氐、羌來賓。

孟子：武丁朝諸侯，有天下，猶運之掌也。

詩商頌殷武：維女荆楚，居國南鄉。昔有成湯，自彼氐、羌，莫敢不來享，莫敢不來王。曰商是常。箋：氐、羌，夷狄國在西方者也。享，獻也。世見曰王。維女楚國，近在荆州之域，居中國之南方而背叛乎？成湯之時，乃氐、羌遠夷之國來獻來見，曰「商王是吾常君」也。此所用責楚之義，女乃遠夷之不如。

天命多辟，設都于禹之績。歲事來辟，勿予禍適，稼穡匪解。箋：多，衆也。來辟，猶來王也。天命乃令天下衆君諸侯，立都于禹所治之功，以歲時來朝覲于我殷王者，勿罪過與之禍，適徒敕以勸民稼穡，非可解倦。時楚不修諸侯之職，此所用告曉楚之義也。禹平水土，弼成五服，而諸侯之國定，是以云然。

朱子集傳：言天命諸侯各建都邑於禹所治之地，而皆以歲事來見於商，以祈王之不譴，曰「我之稼穡不敢解也」，庶可以免咎矣。言荆楚既平，而諸侯畏服也。

蕙田案：此章鄭箋以爲責楚之辭，朱傳以爲荆楚平而諸侯自相畏服之辭。

竹書紀年：祖甲十三年，西戎來賓。

武乙三十四年，周公、季歷來朝。

帝辛三十年春三月，西伯率諸侯入貢。

右殷朝覲

周

書序：巢伯來朝，芮伯作旅巢命。傳：巢，殷之諸侯，伯爵也，南方遠國。武王克商，慕義來朝。

竹書紀年：周武王十三年，巢伯來賓。　十五年，肅愼氏來朝。　十六年，箕子來朝。

禮記明堂位：武王崩，成王幼弱，周公踐天子之位，以治天下。六年，朝諸侯于明堂。

陳氏澔曰：「六年，五服一朝」，蓋始于此。

後漢書南蠻列傳：交阯之南有越裳國。周公居攝六年，制禮作樂，天下和平，越裳以三象重譯而獻白雉，曰：「道路悠遠，山川阻深，音使不通，故重譯而朝。」成王以歸周公。公曰：「德不加焉，則君子不享其質；政不施焉，則君子不臣其人。吾何以獲此賜也！」其使請曰：「吾受命吾國之黃耇曰：『久矣，天之無烈風雷雨，意者中國有聖人乎？有則盍往朝之。』」周公乃歸之於王，稱先王之神致，以薦於宗廟。

蕙田案：此事亦見尚書大傳。竹書紀年載在成王十年，與此不同。

竹書紀年：成王七年，王如東都，諸侯來朝。九年，肅慎氏來朝，王使榮伯錫肅慎氏命。

書序：成王既伐東夷，肅慎來賀。王俾榮伯作賄肅慎之命。傳：海東諸夷，駒麗、扶餘、馯貊之屬。武王克商，皆通道焉。成王即政而叛，王伐而服之，肅慎氏來賀。榮，國名。同姓諸侯，爲卿、大夫。王使之爲命書，以幣賄賜肅慎之來賀。

竹書紀年：成王十年，越裳氏來朝。二十四年，於越來賓。二十五年，王大會諸侯于東都，四夷來賓。三十年，離戎來賓。

詩小雅蓼蕭：蓼彼蕭斯，零露湑矣。既見君子，我心寫兮。箋：既見君子者，遠國之君朝見于天子也。燕笑語兮，是以有譽處兮。箋：天子與之燕而笑語，則遠國之君各得其所，是以稱揚德美，使聲譽常處天子。

蓼彼蕭斯，零露瀼瀼。既見君子，爲龍爲光。傳：龍，寵也。箋：爲寵爲光，言天子恩澤光耀，被及己也。其德不爽，壽考不忘。

蓼彼蕭斯，零露泥泥。既見君子，孔燕豈弟。宜兄宜弟，令德壽豈。

蓼彼蕭斯，零露濃濃。既見君子，鞗革沖沖。和鸞雝雝，萬福攸同。傳：鞗，轡也。革，轡首也。沖沖，垂飾貌。在軾曰和，在鑣曰鸞。箋：此説天子之車飾者。諸侯燕見天子，天子必乘車迎於門，是以云然。疏：燕見迎諸侯者，以王惟覲禮不下堂而見諸侯耳，其朝宗當迎之，故秋官大行人説車迎之法，賓主步數。彼六服諸侯〔一〕，尚有車迎，則四夷之君，車迎可知。燕主歡心，不可不接。既然迎接，不得無車。故燕禮云：「若四方之賓，公迎之于大門内。」是燕有迎法。

采菽：采菽采菽，筐之筥之。君子來朝，何錫予之。雖無予之，路車乘馬。又何予之，玄衮及黼。傳：興也。菽所以芼太牢而待君子也。羊則苦，豕則薇。君子，謂諸侯也。玄衮，卷龍也。白與黑謂之黼。箋：王饗賓客，有生俎乃用鉶羹，故使采之。賜諸侯以車馬，言「雖無予之」〔二〕，尚以爲薄。玄衮，玄衣而畫以卷龍也。黼，黼黻，謂絺衣也。諸公之服自衮冕而下，侯伯自鷩冕而下，子男自毳冕而下。王之賜，維用有文章者。

觱沸檻泉，言采其芹。君子來朝，言觀其旂。其旂淠淠，鸞聲嘒嘒。載驂載駟，君子所届。傳：觱沸，泉出貌。檻，泉正出也。淠淠，動也。嘒嘒，中節也。箋：芹可以爲菹，亦所用

〔一〕「彼」，原作「從」，據光緒本、毛詩正義卷一〇改。
〔二〕「雖」，原作「諸」，據光緒本、毛詩正義卷一五改。

待君子也。届，極也。諸侯來朝，王使人迎之，因觀其衣服、車乘之威儀，所以爲敬，且省禍福也。諸侯將朝於王，則驂乘乘四馬而往。此之服飾，君子法制之極也。

朱子集傳：見其旗，聞其鸞聲，又見其馬，則知君子之至於是也。

赤芾在股，邪幅在下。彼交匪紓，天子所予。樂只君子，天子命之。樂只君子，福禄申之。傳：諸侯赤芾。邪幅，幅，偪也，所以自偪束也。紓，緩也。箋：芾，太古蔽膝之象也。冕服謂之芾，其他服謂之韠，以韋爲之。其制上廣一尺，下廣二尺，長三尺，其頸五寸。肩革帶博二寸。脛本曰股。邪幅如今行縢也，偪束其脛，自足至膝，故曰在下。彼與人交接，自偪束如此。則非有解怠紓緩之心，天子以是，故賜與之。只之言是也。古者天子賜諸侯也，以禮樂樂之，乃後命予之也。天子賜之，神則以福禄申重之，所謂「人謀、鬼謀」也。

朱子集傳：言諸侯服此芾偪見於天子，恭敬齊遬，不敢紓緩，則爲天子所與而申之以福禄也。

維柞之枝，其葉蓬蓬。樂只君子，殿天子之邦。樂只君子，萬福攸同。平平左右，亦是率從。傳：殿，鎮也。平平，辨治也。

朱子集傳：左右，諸侯之臣也。又言其左右之臣，亦從之而至此也。

汎汎楊舟，紼纚維之。樂只君子，天子葵之。樂只君子，福禄膍之。優哉游哉，亦是戾矣。傳：葵，揆也。膍，厚也。戾，至也。

蕙田案：正小雅自由庚以下，鄭氏詩譜以爲皆成王、周公時詩。采菽之序云：「刺幽王也。侮慢諸侯，諸侯來朝，不能錫命以禮，數徵會之，而無信義，君子見微而思古焉。」朱子以爲此詩與楚茨諸篇意相類，疑正雅之篇錯脱在此。今讀其詩，有美而無刺，斷爲正小雅之詩，但未詳其世，姑附於成、周之末。

觀承案：采菽詩，是宣王美東諸侯來朝，而次於魚藻下，則魚藻正是東諸侯美宣王之詩耳。今玩魚藻詩三歌「王在在鎬」，恰對厲王在彘而言，則魚藻、采菽，皆宣王時東畿之雅可信。向來謂武王詩固謬，或以爲刺幽，或以爲刺厲，皆非也。

竹書紀年：康王元年甲戌春正月，王即位，命冢宰召康公總百官，諸侯朝於豐宫。

通鑑前編：元子釗麻冕黼裳，即位朝見諸侯于應門内，諸侯聽命出，王釋冕，反喪服。元年癸亥，徧告諸侯，朝于豐宫。

竹書紀年：穆王六年春，徐子誕來朝，錫命爲伯。　十五年春正月，留昆氏來賓。　十七年，西王母來朝，賓于昭宫。　十八年春正月，王居祇宫，諸侯來朝。

三十七年，荆人來貢。　三十九年，王會諸侯于塗山。

通鑑前編：夷王元年，天子始下堂見諸侯，覲禮廢。

史記周本紀：宣王修政，法文、武、成、康之遺風，諸侯復宗周。

詩小雅庭燎序：庭燎，美宣王也，因以箴之。箋：諸侯將朝宣王，以夜未央之時，問夜早晚。美者，美其能自勤以政事。因以箴者，王有雞人之官，凡國事，爲期則告之以時。王不正其官，而問夜早晚。

夜如何其？夜未央。庭燎之光。君子至止，鸞聲將將。傳：央，旦也。庭燎，大燭。君子，諸侯也。將將，鸞鑣聲。箋：此宣王以諸侯將朝，夜起曰：「夜如何其？」問早晚之辭。夜未央，猶言夜未渠央也。而于庭設大燭，使諸侯早來朝，聞鸞聲將將然。

夜如何其？夜未艾。庭燎晣晣。君子至止，鸞聲噦噦。傳：艾，久也。晣晣，明也。噦噦，徐行有節也。

夜如何其？夜鄉晨。庭燎有煇。君子至止，言觀其旂。傳：煇，光也。箋：晨，明也。上二章聞鸞聲爾。今夜鄉明，我見其旂，是朝之時也。朝禮，別色始入。

蕙田案：蘇子由以爲，王將起視朝，不安於寢，而問夜之早晚。朱子集傳因之。然國語稱「諸侯賓至，甸設庭燎」，周官閽人「大祭祀、喪紀之事，設門燎。賓客亦如之」，則庭燎惟諸侯來朝乃設之。若每日視朝，辨色始入，不用庭燎也。當從傳、箋爲是。

竹書紀年：宣王四年，王命蹶父如韓，韓侯來朝。

大雅韓奕序：韓奕，尹吉甫美宣王也。能錫命諸侯。箋：梁山，於韓國之山最高大，爲國之鎮，所望祀焉，故美大其貌奕奕然，謂之韓奕也。梁山，今左馮翊夏陽西北〔一〕。韓，姬姓之國也，後爲晉所滅。

朱子集傳：韓侯初立來朝，始受王命而歸，詩人作此以送之。

奕奕梁山，維禹甸之，有倬其道。韓侯受命，王親命之：「纘戎祖考，無廢朕命。夙夜匪解，虔共爾位。朕命不易，榦不庭方，以佐戎辟。」傳：奕奕，大也。甸，治也。禹治梁山，除水災。宣王平大亂，命諸侯。有倬其道，有倬然之道者也。受命，受命爲侯伯也。箋：梁山之野，堯時俱遭洪水，禹甸之者，決除其災，使成平田，定貢賦于天子。周有厲王之亂，天下失職。今有倬然著明復禹之功者，韓侯受王命爲諸侯。戎，猶女也。

朱子集傳：受命，蓋即位除喪，以士服入見天子而聽命也。纘，繼。戎，女也。言王錫命之，使繼

〔一〕「左馮翊」，諸本作「在馮翊」，據毛詩正義卷一八改。

世而爲諸侯也。榦，正也。不庭方，不來庭之國也。

四牡奕奕，孔脩且張。韓侯入覲，以其介圭，入覲于王。王錫韓侯，淑旂綏章，簟茀錯衡，玄衮赤舄，鉤膺鏤錫，鞹鞃淺幭，鞗革金厄。傳：淑，善也。交龍爲旂。綏，大綏也。錯衡，文衡也。鏤錫，有金鏤其錫也。鞹，革也。鞃，軾中也。淺，虎皮淺毛也。幭，覆式也。厄，烏蠋也。箋：諸侯秋見天子曰覲。韓侯乘長大之四牡，奕奕然以時覲于宣王。覲于宣王而奉享禮，貢國所出之寶，善其尊宣王以常職來也。書曰：「黑水西河，其貢璆、琳、琅玕。」王爲韓侯以常職來朝享之故，故多錫以厚之。善旂，旂之善色者也。綏，所引以登車，有采章也。簟茀，漆簟以爲車蔽，今之藩也。鉤膺，樊纓也。眉上曰錫，刻金飾之，今當盧也。鞗革，謂轡也，以金爲小環，往往纏搤之。疏：毛于崧高以介圭爲所執之瑞，則此介圭亦爲瑞也。以其介圭入覲于王，謂正行覲禮。箋以韓侯入覲爲行覲禮，入覲于王爲行享禮，行享而云「介圭」，則圭是爲享之物。「綏，大綏」者，即王制所謂「天子殺，下大綏」者是也。天官夏采注云：「徐州貢夏翟之羽。有虞氏以爲綏，後代或無，染鳥羽，象而用之。或以旄牛尾爲之，綴于幢上。」然則綏者，即交龍旂竿所建，與旂共一竿，爲貴賤之表章，故云「綏章」。鞹鞃者，蓋以去毛之皮，施于軾之中央，持車使牢固也。「幭」字，禮記作「幦」，周禮作「幎」，字異而義同。玉藻言「羔幦、鹿幦」，春官巾車言「犬幎、豻幎」，皆以有毛之皮爲幦。此云「淺幭」，則以淺毛之皮爲幭也。獸之淺毛者，惟虎耳。少儀說御車之法云：「負良綏，申之面，拖諸幦。」明在式上，故知覆軾也。「厄，烏蠋」，釋蟲文。郭璞曰：

「大蟲如指如蠶。」毛以厄爲厄蟲，則金厄者，以金接轡之端，如厄蟲也。箋以此經所陳，其事各别，若綏共旂一物，「淑旂」可以兼之，不應重出其文。故易傳以「綏爲所引登車」者，綏是升車之索，當以采絲爲之，故云「綏章」。鏤鍚，施鏤于鍚之上。釋器云：「金謂之鏤。」故知刻金爲飾。當盧者，當馬之額，盧在眉眼之上。案巾車：「玉路，鍚，樊纓。金路，鉤，樊纓。」注云：「金路無鍚有鉤。」計玉路非賜臣之物。此言「鉤膺」，必金路矣。而得有鏤鍚者，蓋特賜之，使得施於金路也。

曹氏粹中曰：既覲，則王班圭而復之，乃以車馬、旗服賜焉。

蕙田案：此章述韓侯入覲，儀節與覲禮互相發明。「四牡奕奕，孔修且張。韓侯入覲」，即覲禮之「乘墨車乃朝」也；「以其介圭，入覲于王」，即覲禮「侯氏入門右，坐奠圭，再拜稽首」也；「王錫韓侯」以下，即覲禮「天子賜侯氏以車服」也。介圭，即五等諸侯所受之瑞，毛義蓋得之。箋以爲享禮之圭璧，非也。

韓侯出祖，出宿于屠。顯父餞之，清酒百壺。其殽維何？炰鼈鮮魚。其蔌維何？維筍及蒲。其贈維何？乘馬路車。籩豆有且，侯氏燕胥。傳：屠，地名。顯父，有顯德者也。蔌，菜殽也。筍，竹也。蒲，蒲蒻也。箋：祖，將去而犯軷也〔一〕。既覲而反國，必祖者，尊其所

〔一〕「犯」，諸本作「祀」，據毛詩正義卷一八改。

往，去則如始行焉。祖于國外，畢乃出宿〔一〕，示行不留于是也。顯父，周之公卿也。餞送之，故有酒。贈，送也。王既使顯父餞之，又使送以車馬，所以贈厚意也。人君之車曰路車，所駕之馬曰乘馬。且，多貌。胥，皆也。諸侯在京師未去者，于顯父餞之時，皆來相與燕，其籩豆且然，榮其多也。疏：諸侯反國，爲王臣所送，送者惟卿士耳，故知「顯父，周之卿士也」。車馬，嫌是顯父所贈，卿大夫無乘馬、路車之名，則非顯父贈之，明是王贈之意〔二〕。言侯而不言韓侯，且韓侯一人，不足稱「皆」，故知「諸侯在京師未去者」，于是之時，皆來相與燕也。

蕙田案：覲禮於「饗、禮，乃歸」之下，無「侯氏出祖釋軷及卿士出餞」之文，此詩所陳，可補儀禮之未及。至乘馬、路車之贈，又在錫車服之外，出于一時特典，未必爲常制也。

韓侯取妻，汾王之甥〔三〕，蹶父之子。韓侯迎止，于蹶之里。百兩彭彭，八鸞鏘鏘，不顯其光。諸娣從之，祁祁如雲。韓侯顧之，爛其盈門。傳：蹶父，卿士也。諸侯一取九女，二國媵之。諸娣，衆妾也。

〔一〕「乃」，諸本作「及」，據毛詩正義卷一八改。
〔二〕「意」，諸本作「也」，據毛詩正義卷一八改。
〔三〕「甥」，諸本作「孫」，據毛詩正義卷一八改。

朱子集傳：此言韓侯既覲而還，遂以親迎也。

蹶父孔武，靡國不到。爲韓姞相攸，莫如韓樂。孔樂韓土，川澤訏訏。魴鱮甫甫，麀鹿噳噳。有熊有羆，有貓有虎。慶既令居，韓姞燕譽。傳：姞，蹶父姓也。

唐氏汝諤曰：雖叙韓姞歸韓之樂，亦以見韓封域之美也。

溥彼韓城，燕師所完。以先祖受命，因時百蠻。王錫韓侯，其追其貊，奄受北國，因以其伯。實墉實壑，實畝實籍。獻其貔皮，赤豹黄羆。傳：師，衆也。韓侯先祖，武王之子也。因時百蠻，長是蠻服之百國也。追、貊，戎狄國也。奄，撫。貔，猛獸也。追、貊之國來貢，而侯伯總領之。箋：溥，大也。燕，安也。大矣，彼韓國之城，乃古平安時衆民之所築完。韓侯先祖有功德者，受先王之命，封爲韓侯，居韓城，爲侯伯。其州界外接蠻服，因見使時節，百蠻貢獻之往來。後君微弱，用失其業。今王以韓侯先祖之事如是，而韓侯賢，故于入覲，使復其先祖之舊職，賜之蠻服追、貊之戎狄，令撫柔其所受王畿北面之國，因以其先祖侯伯之事盡予之。皆美其爲人子孫，能興復先祖之功。

朱子集傳：燕，召公之國也。韓初封時，召公爲司空，王命以其衆，爲築此城，如召伯營謝、山甫城齊、春秋諸侯城邢、城楚丘之類也。

竹書紀年：宣王八年，魯武公來朝，錫魯世子戲命。

九年，王會諸侯于東都。

史記周本紀：十二年，魯武公來朝。

春秋隱公六年左氏傳：鄭伯如周，始朝桓王也。王不禮焉。周桓公言于王曰：「我周之東遷，晉、鄭焉依。善鄭以勸來者，猶懼不蔇，況不禮焉？鄭不來矣！」

史記周本紀：桓王三年，鄭莊公朝，桓王不禮。

隱公八年左氏傳：八月丙戌，鄭伯以齊人朝王，禮也。

桓公五年左氏傳：王奪鄭伯政，鄭伯不朝。

僖公二十八年：五月，公朝于王所。注〔一〕：王在踐土，非京師，故云王所。公羊傳：曷爲不言公如京師？天子在是也。曷爲不言天子在是？不與致天子也。穀梁傳：朝不言所，言所者，非其所也。

冬，公朝于王所。

文公元年左氏傳：晉侯朝王于温。

成公十三年：三月，公如京師。注：伐秦，道過京師，因朝王。左氏傳：公如京師。

〔一〕「注」，原脱，據味經窩本、乾隆本、光緒本補。

宣伯欲賜，請先使。王以行人之禮禮焉。孟獻子從，王以爲介而重賄之。

夏五月，公自京師，遂會晉侯、齊侯、宋公、衛侯、鄭伯、曹伯、邾人、滕人伐秦。

左氏傳：公及諸侯朝王，遂從劉康公、成肅公會晉侯伐秦。公羊傳：其言自京師何？公鑿行也。公鑿行奈何？不敢過天子也。注：鑿，猶更造之意。時本欲直伐秦，塗過京師，不敢過天子而不朝，復生事修朝禮而後行，故起時善而褒成其意，使若故朝然後生事也。間無事，復書公者，善公鑿行。穀梁傳：公如京師不月，月非如也，非如而曰如，不叛京師也。注：公行出竟有危則月，朝聘京師，理無危懼，故不月。因其過朝，故正其文，若使本自往。

胡氏安國曰：諸侯每歲侵伐四出，未有能修朝覲之禮者。今公欲會伐秦，道自王都，不可越天子而往也，故皆朝王而不能成朝禮。書曰「如京師」，見諸侯之慢也，因會伐而行矣。又書「公自京師」，以伐秦爲遂事者，此仲尼親筆，明朝王爲重，存人臣之禮也。古者諸侯即位，服喪畢則朝，小聘、大聘終則朝，巡守于方嶽則朝。觀春秋所載，天王遣使者屢矣，十二公之述職，蓋闕如也，獨此年書「公如京師」，又不能成朝禮，不敬莫大焉。

汪氏克寬曰：經書朝王之禮者三，僖公朝王所，爲會晉而行；成公如京師，爲伐秦而往，皆非有尊周之本心也。然僖二十八年書「公會諸侯，盟于踐土。公朝于王所。公會諸侯于温。天王狩于河陽。公朝于王所」，使若諸侯先會而後朝王，去其實以全名也。此年書「公如京師，遂會伐秦」，使若請命而往伐，正其名以統實也。然書乞師于前，書至伐于後，則見朝京師，實因行以見王，而簡慢之罪，視僖公不侔矣。或曰一經之中，魯君僅一如京師，而貶之有如是者，則朝者反得罪，而不朝者無譏與？吁！不朝之罪，經不書，而貶自著。今也因過京師而朝王，苟不示譏而予之以朝，則天下後世將謂尊君之禮可以簡慢，而欺世盜名挾天子以令諸侯者，又將借稟命伐秦之例以爲口實矣。其關係豈淺淺哉？

吴越春秋：壽夢元年，朝周。

蕙田案：以史記年表考之，蓋在周簡王元年。

通鑑前編：敬王二年三月，晉侯使士景伯朝于京師。

年表：烈王六年，齊威王朝周。

竹書紀年：顯王十二年，魯恭侯、宋桓侯、衛侯、鄭釐侯來朝。十五年，東周與鄭高都。鄭釐侯來朝中陽。

史記周本紀：顯王二十五年，秦會諸侯于周。

秦本紀：孝公十九年，天子致伯。二十年，諸侯畢賀。秦使公子少官率師會諸侯逢澤，朝天子。

竹書紀年：赧王三年，秦王來見于蒲阪關。

右周

兩漢

漢書高帝本紀：九年冬十月，淮南王、梁王、趙王、楚王朝未央宫。　十年冬十月，淮南王、燕王、荆王、梁王、楚王、齊王、長沙王來朝。

惠帝本紀：二年冬十月，齊悼惠王來朝。

文三王傳：梁孝王武以孝文二年立。　孝王十四年，入朝。　十七年，十八年，比年入朝，留。　二十一年，入朝。　二十四年，入朝。　二十五年，復入朝。　二十九年十月，入朝。　三十五年冬，復入朝。

代孝王參，五年一朝，凡三朝。

梁懷王揖，五年一朝，凡再入朝。

景十三王傳：河間獻王德，武帝時來朝，獻雅樂，對三雍宫。

武帝本紀：元朔二年冬，賜淮南王、菑川王几杖，毋朝。

天漢四年春正月，朝諸侯王于甘泉宫。

後元二年春正月，朝諸侯王于甘泉宫。

昭帝本紀：元鳳五年春正月，廣陵王來朝。

哀帝本紀：帝，定陶恭王子也。年三歲嗣立爲王。元延四年入朝，盡從傅、相、中尉。時成帝少弟中山孝王亦來朝，獨從傅。上怪之，以問定陶王，對曰：「令，諸侯王朝，得從其國二千石。傅、相、中尉皆國二千石，故盡從之。」他日問中山王：「獨從傅在何法令？」不能對。

後漢書世祖本紀：中元元年春正月，東海王彊、沛王輔、楚王英、濟南王康、淮陽王延、趙王盱皆來。丁卯，東巡守。二月，幸太山。北海王興、齊王石朝于東嶽。

明帝本紀：永平二年秋九月，沛王輔、楚王英、濟南王康、淮陽王延、東海王政來朝。六年春正月，沛王輔、楚王英、東平王蒼、淮陽王延、琅邪王京、東海王政、趙王盱、北海王興、齊王石來朝。冬十月，行幸魯。十二月壬午，車駕還宫。東平王蒼、琅邪王京從駕來朝皇太后。十一年春正月，沛王輔、楚王英、濟南王康、東平王蒼、淮陽王延、中山王焉、瑯琊王京、東海王政來朝。

章帝本紀：建初七年春正月，沛王輔、濟南王康、東平王蒼、中山王焉、東海王政、瑯琊王宇來朝〔一〕。

東平王蒼傳：建初六年冬，蒼上疏求朝。明年正月，帝許之。特賜裝錢千五百萬，其餘諸王各千萬。帝以蒼冒涉寒露，遣謁者賜貂裘，及大官食物珍果，使大鴻臚竇固持節郊迎。帝乃親自循行邸第，豫設帷牀，其錢帛器物無不充備。下詔曰：「禮云伯父歸寧乃國，詩云叔父建爾元子，敬之至也。昔蕭相國加以不名，優忠賢也。況兼親尊者乎！其沛、濟南、東平、中山四王，讚皆勿名。」蒼既至，升殿乃拜，天子親答之。其後諸王入宮，輒以輦迎，至省閤乃下。蒼以受恩過禮，情不自寧，上疏辭曰：「臣聞貴有常尊，賤有等威，卑高列序，上下以理。陛下至德廣施，慈愛骨肉，既使奉朝請，咫尺天儀，而親屈至尊，降禮下臣，每賜讌見，輒興席改容，中宮親拜，事過典故，臣惶怖戰慄，誠不自安，每會見，踧踖無所措置。此非所以章示群下安臣子也。」帝省奏嘆息，愈褒貴焉。三月，大鴻臚奏遣諸王歸國，帝特留蒼，賜

〔一〕「宇」，諸本作「京」，據後漢書章帝本紀改。

以祕書、列僊圖、道術祕方。至八月飲酎畢，有司復奏遣蒼，乃許之。手詔賜蒼曰：「骨肉天性，誠不以遠近爲親疏，然數見顔色，情重昔時。念王久勞，思得還休，欲署大鴻臚奏，不忍下筆，顧授小黄門，中心戀戀，惻然不能言。」于是車駕祖送，流涕而訣。復賜乘輿、服御、珍寶、輿馬、錢布，以億萬計。

元和元年春正月，中山王焉來朝。

章和二年春正月，濟南王康、阜陵王延、中山王焉來朝。

安帝本紀：建光三年二月辛卯，幸泰山，齊王無忌、北海王普、樂安王延來朝。

順帝本紀：永建二年春正月戊申，樂安王鴻來朝。

蕙田案：以上諸侯王來朝。

又案：自秦廢封建之後，漢初立異姓諸侯王，不過元功數人，不久夷滅。於是尊王子弟，大啓藩封，有「非劉氏不王」之誓。文、景以降，稍示裁抑。而終兩漢之世，皇子無不裂土而王者，其來朝也，恒以家人禮待之。至章帝，於東平諸王，親自答拜，讚皆不名，紀之史册，傳爲美談。雖朝覲之儀，未合於古，而敦睦之德，猶有可稱。魏、晉以後，兹風遠矣。其紀傳所載諸侯王來朝之文，今皆從略。

漢書西域傳：龜茲王絳賓愛其夫人，上書言得尚漢外孫爲昆弟，願與公主女俱入朝。元康元年，遂來朝賀。王及夫人皆賜印綬。夫人號稱公主，賜以車騎旗鼓，歌吹數十人，綺繡雜繒琦珍凡數千萬。留且一年，厚贈送之。

宣帝紀：甘露二年冬十二月，匈奴呼韓邪單于款五原塞，願奉國珍朝三年正月。師古曰：「欲于甘露三年正月行朝禮。」詔有司議。咸曰：「聖王之制，施德行禮，先京師而後諸夏，先諸夏而後夷狄。詩云：『率禮不越，遂視既發。相土烈烈，海外有截。』陛下聖德充塞天地，光被四表。匈奴單于鄉風慕義，舉國同心，奉珍朝賀，自古未之有也。單于非正朔所加，王者所客也，禮儀宜如諸侯王，稱臣昧死再拜，位次諸侯王下。」詔曰：「蓋聞五帝三王，禮所不施，不及以政。今匈奴單于稱北藩臣，朝正月，朕之不逮，德不能宏覆。其以客禮待之，位在諸侯王上。」

三年春正月，行幸甘泉。匈奴呼韓邪單于稽侯狦來朝，贊謁稱藩臣而不名。賜以璽綬、冠帶、衣裳、安車、駟馬、黄金、錦繡、繒絮，使有司道單于先行就邸長安，宿長平。上自甘泉宿池陽宫。上登長平阪，詔單于毋謁。其左右當户之群皆列觀，蠻夷君長王侯迎者數萬人，夾道陳。上登渭橋，咸稱萬歲。單于就邸。置酒建章宮，饗賜單于，觀以珍寶。二月，單于罷歸。

匈奴傳：單于正月朝天子於甘泉宮，漢寵以殊禮，位在諸侯王上，贊謁稱臣而不名。賜以冠帶衣裳，黃金璽盭綬，師古曰：盭，古「戾」字。戾，艸名也。以戾染綬，亦諸侯王之制也。玉具劍，佩刀，弓一張，矢四發，棨戟十，安車一乘，鞍勒一具，馬十五匹，黃金二十斤，錢二十萬，衣被七十七襲，錦繡綺縠雜帛八千匹，絮六千斤。禮畢，使使者道單于先行，宿長平。上自甘泉宿池陽宮。上登長平，詔單于毋謁〔一〕。師古曰：不令拜也。其左右當户之群臣皆得列觀，及諸蠻夷君長王侯數萬，咸迎于渭橋下，夾道陳。上登渭橋，咸稱萬歲。單于就邸，留月餘，遣歸國。

黃龍元年春正月，匈奴呼韓邪單于來朝，禮賜如初。二月，單于歸國。

匈奴傳：呼韓邪單于復入朝，禮賜如初，加衣百一十襲，錦帛九千匹，絮八千斤。

〔一〕「毋」，原作「母」，據光緒本、漢書匈奴傳改。

元帝紀：竟寧元年春正月，匈奴呼韓邪單于來朝。詔曰：「虖韓邪單于不忘恩德，鄉慕禮義，復脩朝賀之禮，願保塞傳之無窮，邊垂長無兵革之事。其改元爲竟寧。」

匈奴傳：單于復入朝，禮賜如初，加衣服、錦帛絮，皆倍於黄龍時。

成帝本紀：河平四年春正月，匈奴單于來朝。二月，單于罷歸國。

匈奴傳：單于入朝，加賜錦繡繒帛二萬匹，絮二萬斤，他如竟寧時。

哀帝紀：元壽二年春正月，匈奴單于、烏孫大昆彌來朝。

匈奴傳：故事，單于朝，從名王以下及從者二百餘人。單于又上書言：「蒙天子神靈，人民壯盛，願從五百人入朝，以明天子盛德。」上皆許之。上以太歲厭勝所在，舍之上林苑蒲陶宫。告之以加敬於單于，單于知之。加賜衣三百七十襲，錦繡繒帛三萬匹〔一〕，絮三萬斤，它如河平時。

西域傳：元壽二年，大昆彌伊秩靡與單于並入朝，漢以爲榮。

〔一〕「錦」，原作「綿」，據光緒本、漢書匈奴傳改。

後漢書世祖本紀：建武二十五年春正月，烏桓大人來朝。　三十年春正月，鮮卑大人内屬，朝賀。

册府元龜：順帝永和元年，夫餘國王來朝京師，帝作黄門鼓吹、角抵戲以遣之。

後漢書獻帝本紀：建安二十一年秋七月，南匈奴單于來朝。

南匈奴傳：建安二十一年，單于來朝。曹操因留於鄴，而遣去卑歸監其國焉。

册府元龜：南單于呼厨泉將其名王來朝，待以客禮，遂留内侍，而匈奴折節，過於漢舊。是時，曹公破三郡烏丸，還至易水，代郡烏丸行單于普富盧、上郡烏丸行單于那樓將其名王來賀。

蕙田案：以上漢外藩入朝。

右兩漢

魏晉至隋

通典魏制：藩王不得朝覲。明帝時有朝者皆由特恩，不得爲常。

晉書禮志：武帝太始中，有司奏：「諸侯之國，其王公以下入朝者，四方各爲二番，三歲而周，周則更始。臨時有故，則明年來朝。明年朝後，更滿三歲乃朝，不得違本數。朝禮皆執璧，如舊朝之制。不朝之歲，各遣卿奉聘〔一〕。」詔可。東晉王侯不之國，其有受任居外，則同方伯刺史二千石之禮，亦無朝聘之制。

通典：後周初，梁主蕭詧來朝。入畿，大冢宰命有司致積。其饔五牢，米九十筥，醯醢各三十五甕，酒十八壺，米禾各五十車，薪芻各百車。既至，大司空設九儐以致館。梁主束帛乘馬，設九介以待之，禮成而出。明日，梁主朝，受享於廟。既致享，大冢宰又命公一人，玄冕乘車，陳九儐，以束帛乘馬致食于賓及賓之從，各有差。致食訖，又命公一人，弁服乘車，執贄〔二〕。設九儐以勞賓，梁主設九介，迎于門外。明日，朝服乘車，還贄于公。公皮弁迎于大門。授贄受贄，並于堂之中楹。又明日，梁主朝服，設九介，乘車備儀，以見于公。事畢，公致享。明日，三孤一人，又執贄勞于梁主。明日，梁主還贄。又明日，梁主見三孤，如見三公。明日，卿一人又執贄，梁主見卿，

〔一〕「奉」，原作「奏」，據光緒本、晉書禮志下改。
〔二〕「執」，諸本脱，據通典卷七四補。

又如三孤。于是三公、三孤、六卿人各儐賓，並屬官之長爲使。牢米帛同三公。自秦平天下，朝覲禮廢。及後周立蕭詧爲梁主，稱蕃國，始有此儀。

隋書禮儀志：開皇四年正月，梁主蕭巋朝于京師，次于郊外，詔廣平王楊雄、吏部尚書韋世康持節以迎。衛尉設次於館驛。雄等降就便幕。巋服通天冠、絳紗袍、端珽，立于東階下，西面。文武陪侍，如其國。雄等立于門右，東面。巋攝内史令柳顧言出門請事。世康曰：「奉詔勞于梁帝。」顧言入告。巋出，迎于館門外，西面再拜。持節者導雄與巋俱入，至于庭下。巋北面再拜受詔訖。雄等乃出，立于館門外道右東向。巋送于門外，西面再拜。及奉見，帝冠通天冠，服絳紗袍，御大興殿，如朝儀。巋服遠遊冠，朝服以入，君臣並拜，禮畢而出。

文獻通考：馬氏曰：自秦兼天下，朝覲之禮遂廢。及周封蕭詧爲梁王，訖於隋，恒稱藩國，始有朝見之儀。

蕙田案：以上隋諸侯王來朝。

煬帝本紀：大業三年六月〔一〕，車駕次榆林郡，突厥啓民可汗來朝。七月，啓民可汗上表請變服，襲冠帶。詔啓民贊拜不名，位在諸侯王上。

大業五年六月，高昌王麴伯雅來朝。

七年十二月，西面突厥處羅多利可汗來朝。上大悦，接以殊禮。

蕙田案：以上隋外藩朝見。

右魏晉至隋

唐

通典：貞觀二十年，有司言：「案史記，正月諸侯朝賀，凡四人留長安，不過二十日。今請每春二王入朝，禮畢還蕃。」從之。

蕙田案：唐初，諸王皆出就國，故有朝賀之禮。中、睿以後，親藩徒擁虚號。及其亡也，皇子有不出閤者矣。

〔一〕「三年」，原作「八年」，據光緒本、隋書煬帝本紀上改。

又案：以上唐諸王朝見。

唐開元禮：

蕃王來朝以束帛迎勞

前一日，守宮設次於侯館門之外道右，南向。其日，使者至，掌次者引就次。蕃主服其國服，所司引立於東階下[一]，西面。凡蕃主進止皆主司先引，制使皆謁者前導。使者朝服出次，立於門西，東面。從者執束帛立於使者之南。蕃主有司出門東，西面，曰：「敢請事。」使者曰：「奉制勞某主。」稱其國名。有司入告。蕃主迎於館門外之東，西面，再拜。使者與蕃主俱入。使者先升，立於西階上，執束帛者從升，立於使者之北，俱東面。蕃主升立於東階上，西面。使者執幣，稱「有制」。蕃主將下拜，使者曰：「有後制，無下拜。」蕃主旋，北面，再拜稽首。使者宣制訖，蕃主進受幣，采五匹爲一束。其蕃主答勞，各以土物。其少多相准，不得過勞幣。勞於遠郊，其禮同。蕃主還，贈於遠郊，亦如之。勞蕃使，即

[一]「東階」，諸本作「東堂」，據通典卷一三一、開元禮卷七九改。

無束帛也〔一〕。退，復位，以幣授左右，又再拜稽首。使者降，出，立於館門之外西，東面。蕃主送於館門之外，西面。止，答使者。蕃主揖使者俱入，揖讓升，蕃主先升東階上，西面；使者升西階上，東面。蕃主以土物儐使者，使者再拜受〔二〕，蕃主再拜送物。使者降，出，蕃主從出門外，皆如初。蕃主再拜送，使者還，蕃主入。鴻臚迎引詣朝堂，依方北面立。所司奏聞，舍人承敕出，稱「有敕」。蕃主再拜，宣勞訖，又再拜。所司引就館，如常儀。

遣使戒蕃主見日

前一日，守宫設次于館門之外道右，南向。其日，使者至，掌次者引就次。蕃主服其國服，降立于東階下，西面。蕃國諸從官立于蕃主之後，西面，北上。使者服朝服出次，立於門西，東面。蕃主有司出門東，西面，曰：「敢請事。」使者曰：「奉制戒某主見日〔三〕。」有司入告。蕃主迎于館門外之東，西面，再拜。使者與蕃主俱入。使者

〔一〕「無」，諸本脱，據通典卷一三一、開元禮卷七九補。
〔二〕「使者」，諸本脱，據通典卷一三一、開元禮卷七九補。
〔三〕「戒」下，諸本衍「集」字，據通典卷一三一、開元禮卷七九删。

升自西階，東面〔一〕。蕃主升自東階，西面〔二〕。使者稱「有制」，蕃主再拜。宣制曰：「某日見。」蕃主又再拜，稽首。使者降出，蕃主送於館門之外，西面，再拜。使者還，蕃主入。

蕃主奉見奉辭禮同。

前一日，尚舍奉御整設御幄於太極殿北壁，南向。守宮設次，太樂令展宮懸，設舉麾位於上下。鼓吹令設十二案，乘黄令陳車輅，尚輦奉御陳輿輦，尚舍奉御鋪蕃主坐于御座西南，東向，並如常儀。設蕃主版位於懸南，又設蕃國諸官之位于蕃主後，依其班重行，北面，以西爲上。設典儀位於懸之東北，贊者二人在南，差退，俱西面〔三〕。諸衛各勒所部，列黄麾仗屯門及陳于殿庭。太樂令帥工人入就位，協律郎入就舉麾位。所司迎引蕃主于承天門外，通事舍人引就次。本司入奏，鈒戟近仗入陳如常。典儀帥贊者先入就位，侍中版奏：「請中嚴。」諸侍衛之官各服其器服，符寶郎

〔一〕「西階東面」，諸本作「東階西面」，據通典卷一三一改。
〔二〕「蕃主升自東階西面」八字，諸本脱，據通典卷一三一、開元禮卷七九補。
〔三〕「俱」，諸本脱，據通典卷一三一、開元禮卷七九補。

奉寶，俱詣閤奉迎。蕃主服其國服出次〔一〕，通事舍人引立於閤外西廂，東面。若更有諸蕃，以國大小爲序。蕃國諸官各服其服，立於蕃主之後。俱東面，北上。侍中版奏：「外辦。」皇帝服通天冠、絳紗袍，乘輿以出，曲直華蓋、警蹕侍衛如常儀。皇帝將出，仗動，太樂令令撞黃鐘之鐘，右五鐘皆應。協律郎舉麾，鼓柷，奏太和之樂及姑洗之音。皇帝出自西房，即御座，南向坐。符寶郎奉寶置于御座，侍衛如常儀。偃麾，戛敔，樂止如常。通事舍人引蕃主入門，舒和之樂作，至位，樂止。典儀曰：「再拜。」贊者承傳，蕃主再拜稽首。侍中承制降詣蕃主西北，東面，稱：「有制。」蕃主再拜稽首。宣制訖，蕃主又再拜稽首。侍中面奏，又承制降勞，敕命升坐，蕃主再拜稽首。舍人引蕃主，樂作，蕃主上階，樂止。舍人接引至坐後，蕃主就坐，俛伏，坐〔二〕。侍中承制勞問，蕃主俛伏，避席，將下拜，侍中承制曰：「無下拜。」蕃主復位，對拜如常。侍中回奏，又承制勞還館。舍人引蕃主降自西階，典謁者承引，樂作，復懸南位，樂止。蕃主再拜

〔一〕「次」，諸本脱，據通典卷一三一、開元禮卷七九補。
〔二〕「坐」，諸本脱，據通典卷一三一補。

稽首訖，舍人引蕃主，樂作，蕃主出門，樂止。初，蕃主升坐，舍人引蕃主諸官以次入就位。立定，典儀曰：「再拜。」贊者承傳，蕃國諸官俱再拜稽首。舍人承敕，降自西階〔一〕，詣蕃國諸官西北〔二〕，東面稱：「敕旨。」蕃國諸臣俱再拜稽首。宣敕訖，蕃國諸官俱再拜稽首，對訖，又再拜稽首。舍人回奏，又承敕降勞還館，蕃國諸官俱再拜稽首於階。蕃主出，舍人引蕃國諸官以次出。訖，侍中前跪，奏：「侍中臣某言，禮畢。」俛伏，興，還侍位。皇帝興，太樂令令撞蕤賓之鐘，左五鐘皆應，鼓柷，奏太和之樂。皇帝降座，乘輿入自東房，侍衛警蹕如常儀，侍臣從至閤，樂止。

皇帝宴蕃國主

前一日，尚舍奉御整設御幄於御殿之北壁，南向。尚食奉御，太官令命各具饌，守宮設次，太樂令設登歌於殿上，展宮懸於殿庭，舉麾位于上下，鼓吹令設十二案，乘黃令陳車輅，尚輦奉御陳輿輦，並如常儀。其日，尚舍奉御鋪蕃主牀坐于御座西南，

〔一〕「自」，諸本作「詣」，據通典卷一三一、開元禮卷七九改。
〔二〕「詣」，諸本作「畔」，據通典卷一三一、開元禮卷七九改。

蕃國諸官應升殿者坐于蕃主之後，設不升殿者坐席于西廊下，俱東面，北上。尚食奉御設御酒罇，太官令設蕃主以下酒罇，並如常儀。典儀設蕃主版位于懸南〔一〕，又設蕃國諸官之位於蕃主之後，俱重行，北面，南上。設典儀位於懸之東北，如常儀。諸衛各勒所部，列黄麾仗屯門及陳於殿庭。太樂令帥工人二舞入就位，協律郎入就舉麾位。所司迎引蕃主，至承天門外，通事舍人引入次。凡蕃客出入升降，皆掌客監引。所司入奏，鈒戟近仗入陳如常。典儀帥贊者先入就位，侍中版奏：「請中嚴。」諸侍衛之官各服其器服，符寶郎奉寶，俱詣閤奉迎。蕃主服其國服出次，通事舍人引立于閤外西厢，東面；蕃國諸官各服其國服，立於蕃主之後，俱東面，北上。侍中版奏：「外辦。」皇帝服通天冠、絳紗袍，乘輿以出。曲直華蓋、警蹕侍衛並如常儀。皇帝將出，仗動，太樂令令撞黄鐘，如上儀。典儀一人升立于東階上〔二〕，贊者二人立于階下，俱西面。通事舍人引蕃主入，蕃國諸官從入。蕃主入門，舒和之樂作；蕃主至位，樂止。其有

〔一〕「典儀」，諸本脱，據通典卷一三一、開元禮卷八〇補。
〔二〕「典儀」，諸本脱，據通典卷一三一、開元禮卷八〇補。

獻物則從之入，陳于蕃主之前，以西爲上。立定，典儀曰：「再拜。」贊者承傳，蕃主及蕃國諸官皆再拜。侍中承旨降，敕蕃主升坐，蕃主再拜。蕃主奉贄，奠贄隨其國所有，一以輕者爲之。曰：「某國蕃臣某，敢獻壤奠。」侍中升奏。又侍中承旨曰：「朕其受之。」侍中降於蕃主東北，西面，稱「有制」。蕃主再拜。宣制訖，蕃主又再拜，訖，以贄授侍中。侍中以贄授所司，又所司受其餘幣俱以東。舍人承旨降，敕蕃國諸官等坐，蕃國諸官俱再拜。通事舍人引蕃主，又通事舍人引蕃國諸官應升殿者詣西階。蕃主初行，樂作；至階，樂止。通事舍人各引升立于坐後。初，蕃國諸官詣西階，其不升殿者，通事舍人分引于廊下席後。立定，殿上典儀唱：「就坐。」階下贊者承傳，蕃主以下皆就坐，俛伏，坐〔一〕。太樂令引歌者及瑟琴至階，脱履于下，引就坐位。笙管者就階間，北面立。尚食奉御進酒，至階，殿上典儀唱：「酒至，興。」階下贊者承傳，蕃主以下皆俛伏，興，立坐後。殿中監到階省酒，尚食奉御奉酒進，皇帝舉酒，良醞令又行酒殿上。典儀唱：「再拜。」階下贊者承傳，蕃主以下皆再拜訖，搢笏，受觶殿上。典儀唱：

〔一〕「坐」，諸本脱，據通典卷一三一補。

「就坐。」階下贊者承傳，蕃主以下皆就坐，俛伏，坐飲。皇帝初舉酒，登歌，作昭和三終。尚食奉御進受虚觶，奠于坫。登歌訖，降復位。觴行三周，尚食奉御進食。食升階，殿上典儀唱：「食至，興。」階下贊者承傳，蕃主以下皆執笏，俛伏，興，立坐後。殿中監到階省桉，尚食奉御品嘗食訖，以次進置御前。太官令又行蕃主以下食案。設訖，殿上典儀唱：「就坐。」階下贊者承傳，蕃主以下皆就坐，俛伏，坐。皇帝乃飯，休和之樂作，蕃主以下皆飯。御食畢，樂止。蕃主以下食訖，尚食太官俱徹案。又行酒，遂設庶羞。二舞以次入作。若賜酒，舍人前承旨，詣受賜者前，蒙賜者執笏，俛伏，起，立坐後。舍人稱：「賜酒。」蒙賜者再拜。酒至，蒙賜者搢笏，受觶，就席，俛伏，坐飲，卒觶，俛伏，起，立授虚觶，又再拜，就席，俛伏，坐。會畢，通事舍人贊蕃主興，蕃主以下皆俛伏，興，立坐後。通事舍人引降，樂作，復懸南位。立定，典儀曰：「再拜。」贊者承傳，蕃主以下皆再拜。若有筐篚，舍人前承旨，降宣敕，蕃主以下皆再拜。太府帥其屬以衣物以次授之，訖，蕃主以下又再拜。通事舍人引出，樂作，至門，樂止。侍中前跪，奏稱：「侍中臣某言，禮畢。」俛伏，興，還侍位。皇帝興，太樂令令撞蕤賓之鐘，如常儀。

蕙田案：以上亦見新唐書禮志，而其文較略，今不重載。

唐六典：凡蕃國主朝見，皆設宮縣之樂及黄麾仗。若蕃國使，則減黄麾之半。鴻臚卿之職，凡四方夷狄君長朝見者，辨其等位，以賓待之。

蕙田案：以上唐外藩朝見。

右唐

宋

宋史禮志：凡外國君長來朝，皆宴於内殿，近臣及刺史、正郎、都虞候以上皆預。太祖乾德三年五月十六日，宴近臣及孟昶于大明殿。太平興國二年三月二十五日，吴越錢俶來朝，宴於長春殿，親王、宰相、節度使、劉鋹、李煜皆預。其君長來朝，先遣使迎勞於候館，使者朝服，稱制曰「奉制勞某主」。國主迎於門外，與使者俱入，升階。使者執束帛，稱「有制」，國主北面再拜稽首，受幣，又再拜稽首。以土物儐使者，再拜受。國主送使者出。鴻臚引詣朝堂，所司奏聞，通事舍人承敕宣勞，再拜就館。翌日，遣使戒見日如儀。又次日，奉見於乾元殿，設黄麾仗及宮懸大樂。典儀設國主位於縣南道西，北向；又設其國諸官之位於其後。所司迎引，國主服其國服，至明德門外，通事舍人引就位。侍中奏「中嚴」，皇帝服通天冠、絳紗袍，出自西房，即御位。典儀贊拜，國主再拜稽首。侍中承制降勞，皆再拜稽首。敕升坐，又再拜稽首，至坐，俛伏避席。侍中承制曰：「無下拜。」國主復位。次引其國諸官以次入，就位再拜，並如上儀。侍中又承制勞還館，通事舍人引國主降，復位，再拜稽首，出。其國諸官皆再拜以次出。侍中奏「禮畢」，皇帝降坐。其賜宴與受諸國使表及幣，皆有儀，具載開寶通禮。

右宋

元

元史禮樂志：太祖元年，大會諸侯王於鄂諾河，即皇帝位，始建九斿白旗。

明集禮：元太祖五年，輝和爾國王伊克呼圖來朝。世祖至元元年，敕高麗國王植，令修世見之禮，六月，植來朝於上都。其後蕃國來朝，俟正旦聖節大朝會之日而行禮焉。

蕙田案：元時，宗室諸王分封西北邊外極遠之地，及魯、趙、昌、鄆、高昌、高麗諸國，世世尚主，比于宗王，俱得專制一方，自任其陪臣，有古封建之遺意。其來朝，則有金銀鈔幣之賜，史不絕書。至受朝之儀，史志未之詳焉。

右元

明

明會典：諸王朝見儀。洪武二十六年定：凡各王大朝，行八拜禮；常朝，一拜叩頭禮。伯、叔、兄見天子，在朝行君臣禮，於便殿内行家人禮。伯、叔、兄坐東面西，坐受天子四拜。伯、叔、兄就于受禮位坐，天子居正中，南面坐，以尚親親之義，存君臣之禮。

續文獻通考：洪武初，令親王每歲朝覲，不得一同至。一王還國無虞，信報别王，方聽來朝，不拘歲月。自長至幼，以嫡先至，嫡者朝畢，方及庶者，亦分長幼而至。周而復始，毋失其序。其諸王居邊者，無警則依期來朝，有警從便，不拘常期。

傅維鱗明書：天子伯叔五十不朝，兄弟孫姪六十不朝，俱令世子代之。

明會典：穆宗隆慶元年令，親王朝覲禮久不行，今後不必具奏，禮部通行各王府知會。

蕙田案：以上明諸王朝見。

明集禮：國朝蕃王來朝，先遣應天府官迎勞。既至館，復遣省部設宴，然後習儀。朝見于奉天殿，及見皇太子於東宮。朝見畢，錫宴以享之，省、府、臺皆設席宴享。及還，遣官勞送出境，今具其儀。

迎勞儀注

蕃王至龍江驛，驛令具某國蕃王姓名及蕃國從官名數報應天府。應天府官稟知中書省及禮部，禮部奏聞，遣侍儀通贊、舍人二人接伴。遣應天知府至龍江驛禮待。前期，館人於正廳陳設蕃王座於廳之西北，東向；設應天知府座于廳之東南，西向；中設酒案及食案。又設蕃國從官及應天府從官座位於廳之耳房，賓西主東，中設酒案及食案。應天知府至館，館人入告，接伴舍人引蕃王出迎，蕃國從官後從。既見，接伴舍人引蕃王、應天知府分賓、主而入，蕃王升自西階，應天府官升自東階。至廳，蕃王東向立，應天知府西向立，接伴舍人唱「鞠躬，拜，興，拜，興，平身」，蕃王及應天知府皆鞠躬，拜，興，拜，興，平身。應天府官進詣蕃王前，致禮待之意。畢，接伴舍人引蕃王及應天知府各就座所，引應天府從官詣蕃王前，唱「鞠躬，拜，興，拜，興，平身」，應天府從官皆鞠躬，拜，興，拜，興，平身。蕃王答鞠躬，拜，興，拜，興，平身〔一〕。舍人又引蕃王從官詣應天知府前，唱「鞠躬，拜，興，拜，興，平身〔二〕」，蕃國從官皆鞠躬，拜，興，拜，興，平身。應天知府答，鞠躬，拜，興，拜，興，平身。應天從官與蕃國從官俱詣耳房，各再拜訖，分賓、主東西相向坐。執事者舉食案進供於蕃王及應天知府之前，耳房執事者各舉食案進供於各官之前。廳上執事者斟酒。凡酒五行，湯五品。耳房亦酒五行，湯三品〔三〕。宴畢，舍人引應天知府降自東階，蕃王降自西階，送至館門外。王入，應天府官還，從官皆以次出。次日清晨，應天府從官復伴送蕃王入至會同館，禮部尚書奉旨即往館宴勞。前期，館人陳設蕃王及禮部尚書座次于正廳，賓西主東，中設酒案及食案，及設蕃國從官及禮部從官座位於廳之耳房，賓西主東，中設

〔一〕「蕃王答鞠躬拜興拜興平身」十一字，諸本脱，據明集禮卷三〇補。
〔二〕「平身」，諸本脱，據明集禮卷三〇補。
〔三〕「三品」，原作「五品」，據味經窩本、乾隆本、光緒本、明集禮卷三〇改。

酒案食案。禮部尚書至館，館人入告，接伴舍人引蕃王服其國服出迎，蕃國從官以次後從。既見，接伴舍人引蕃王、禮部尚書及蕃國從官、禮部從官分賓主而入。蕃王升自西階，禮部尚書升自東階。至廳，蕃王東向立，禮部尚書西向立。蕃王從官立於蕃王之南，稍後，東向。禮部從官立於尚書之南，稍後，西向。接伴舍人唱「鞠躬，拜，興，拜，興，平身」，禮部尚書與蕃王皆鞠躬，拜，興，拜，興，平身。禮部尚書進詣蕃王前，致禮待之意。畢，接伴舍人引蕃王、禮部尚書詣座所。引禮部從官詣蕃王前，唱「鞠躬，拜，興，拜，興，平身」，禮部從官皆鞠躬，拜，興，拜，興，平身，蕃王答拜。舍人又引蕃國從官詣尚書前，唱「鞠躬，拜，興，拜，興，平身」，蕃國從官皆鞠躬，拜，興，拜，興，平身，尚書答拜。禮部從官與蕃國從官俱詣耳房，舍人引分賓主唱「鞠躬，拜，興，拜，興，平身」，蕃國從官及禮部從官皆鞠躬，拜，興，拜，興，平身。舍人引就東西相向坐。執事者舉食案進供於蕃王及禮部尚書之前。耳房執事者各舉食案進供於蕃國從官、禮部從官之前。廳上執事者斟酒。凡酒五行，湯五品。上湯，擊鼓。行酒，作細樂。耳房酒五行，湯三品，不設樂。宴畢，舍人引禮部尚書降自東階，蕃主降自西階，出館門外。蕃王乘馬行于道右，禮部尚書亦乘馬行于道左，蕃王從官及禮部從官各乘馬於後，同至會同館門外下馬。舍人引蕃王、禮部尚書同入，蕃王升自西階，禮部尚書升自東階。至館次，禮部尚書及從官出，蕃王及蕃國從官送至館門外，對舉手揖。蕃王入，尚書及從官還。明日，都堂又奏知命省臣一員，詣會同館宴勞。其陳設、座次、酒數、食品、樂器，皆如禮部尚書宴勞之儀。

朝見儀注

前期，禮部告示侍儀司諸執事引蕃王及蕃國從官具服，於天界寺習儀三日，擇日朝見。前一日，内使監陳御座、香案於奉天殿，如常儀。尚寶司設寶案於御座前，侍儀司設蕃王次及從官次于午門外，設蕃王拜位于丹墀中道稍西及御座之南，俱北向。設蕃國從官拜位于蕃王後，中道之東西，依序重行，北向。設方物案位于丹墀之北，中道之東西；設方物案于御前及丹墀之中，設受方物官位于方物案之東西；設文官侍立位于文樓之北，西向，北上；武官侍立位於武樓之北，東向，北上。殿前班指揮司官三員位於丹陛上，東向；光祿司官三員位於丹陛上，西向。侍從班、起居注、殿中侍御史、尚寶卿位于殿上，西向；指揮司懸刀武官位于殿上，東向。拱衛司官位于奉天殿門之左右，東西相向。典牧所官位于仗馬之前，東西相向。宿衛鎮撫位于丹陛階下，東西相向。宿衛百户二十四員于宿衛鎮撫之南，稍後，東西相向。護衛千户八員于殿東西門左右，東西相向。知班二人位于蕃王拜位之北，東西相向。贊禮二人位于知班之北，東西相向。典儀二人位于丹陛上之南，東西相向。内贊二人位于殿上，東西相向。引蕃王舍人位于蕃王之北，東西相向。引蕃王從官舍人位于從官之北，東西相向。引文武班舍人位于文武班之北稍後，東西相向。舉方物執事位于方物案之東西，鳴鞭四人位于丹陛上之南，北向。天武將軍四人位于丹陛上之四隅，東西相向。將軍二人位于殿上簾前，東西相向。將軍六人位于奉天殿門之左右，東西相向。將軍六人位奉天門之左右，東西相向。是日，金吾衛陳設甲士於午門外之東西，列旗仗于奉天門外之東西，拱衛司陳儀仗于丹陛上及丹墀之東西，陳五輅于丹墀之南。典牧所陳仗馬于文、武樓之南，東西相向；陳虎豹于奉天門外。和聲郎陳樂於丹墀蕃王拜位之南，擊鼓初嚴，禮部以方物案陳於午門外，舉案者就案。催班舍人催文武官各朝服。擊鼓次嚴，引班引文武百官依品從齊班于午門外，以北爲上，東西相向。殿前班指揮、光禄卿、通班、贊禮、典儀、内贊、宿衛鎮撫、護衛、鳴鞭、殿内外將軍各執事人俱入就位。接伴舍人及引班引蕃王及蕃國從官立于午門方物案之前，諸侍衛官各服其器服，及尚寶卿、侍從官入詣謹身殿奉迎。擊鼓三嚴，引班引文武官入就侍立位，引班舍人引執事舉方物案前行，引蕃王及從官由午門西入金水西橋、奉天西掖門，至丹墀之西俟立。侍儀版奏「外辦」，御用監官跪奏，皇帝服通天冠、絳紗袍，御輿以出。尚寶卿捧寶，及侍儀、侍衛導從，警蹕如常儀。皇帝將出，仗動，大樂鼓吹振作，陞御座，樂止。將軍捲簾，尚寶以寶置於案。鳴鞭，司辰郎報時雞唱訖，引禮引蕃王就位。執事者舉案，及蕃王從官各就位立定。舉案執事者退就位。贊禮唱「鞠躬，拜，興，拜，興，拜，興，拜，興，平身」，蕃王及從官鞠躬，樂作，拜，興，拜，興，平身，樂止。引禮導蕃王升殿行禮。宣方物狀官取方物狀，與展方物狀官從行，俱西陛陞，樂作，從西門入。引禮立伺於門外，内贊接引蕃王至御座前行禮位，樂止。宣方物狀官以方物狀置于案，與展方物狀官退立于殿西。内贊唱「鞠躬，拜，興，拜，興，平身」，蕃王鞠躬，拜，興，拜，興，平身。内贊唱「跪」，蕃王跪。蕃王稱「兹遇欽詣皇帝陛下」訖，宣方物狀官詣案取狀，跪于御座前之西，展方物狀官同跪。展、宣訖，俛伏，興于西。承制官前跪，承制興，詣蕃王前宣制云云。訖，内贊唱「俯伏，興，拜，興，拜，興，平身」，蕃王俛伏，興，拜，興，拜，興，平身。内贊引蕃王及宣方物狀官、展方物狀官由西門出，樂作，降自西陛，引禮引復位，樂止。贊禮唱「鞠躬，拜，興，拜，興，拜，興，拜，興，平身」，蕃王及從官皆鞠躬，樂作，拜，興，拜，興，拜，興，拜，興，平身，樂止。贊禮唱「禮畢」，侍儀奏「禮畢」，鳴鞭，皇帝興，樂作，警蹕侍從導引至謹身殿，樂止。引禮導蕃王及從官出，受方物官受方物，舉案執事各舉案出，引班引文武百官以次出。

見東宮儀注

前一日，禮部官以蕃王所獻東宮方物啓知。前期，内使監於東宮陳設皇太子位於正殿。侍儀司設蕃王幄次及從官次于東門之外，設蕃王拜位于殿門外及殿中，北向；設蕃國從官拜位于殿下中道之東西，北向；設文官侍從班位于殿庭之東，武官侍從班位于殿庭之西，俱相向；贊禮二人位于殿門外，東西相向；内贊二人位於殿内。承傳二人位于殿下，俱東西相向；引蕃王舍人二人位于蕃王拜位之北，東西相向；引蕃國從官舍人二人位于從官拜位之北，東西相向；引文武侍從班舍人四人位于文武班之北稍後，東西相向。是日，宿衛陳甲士兵仗於東宮門外，陳旗幟於中門外。將軍六人於殿門外之東西。拱衛司陳設儀仗於殿下之東西及殿前殿門之東西，内使擎執于殿上之左右，和聲郎陳樂於殿庭之南。質明，執事者各就位。蕃王服本國服朝賀皇帝訖，常服至東宫門外。引班引文武官公服入就侍從位。内使監令啓知皇太子皮弁服，引進導引出宫，樂作，陞座，樂止。引班引蕃王入，樂作，就位，樂止。引班引蕃國從官立候於殿下之西，東向。引進啓皇太子興，立於座前。贊禮唱「鞠躬，拜，興，拜，興，平身」，蕃王鞠躬，樂作，拜，興，拜，興，平身，樂止。皇太子立受。引禮引蕃王至殿西門，内贊接引至皇太子座前，内贊唱「跪」，蕃王跪稱「兹遇詣皇太子殿下」訖，内贊唱「俛伏，興，平身」，蕃王俛伏，興，平身。内贊引蕃王出殿門，引禮引蕃王復位，贊禮唱「鞠躬，拜，興，拜，興，平身」，蕃王鞠躬，樂作，拜，興，拜，興，平身。内贊唱「鞠躬，拜，興，拜，興，平身」，皇太子答拜，鞠躬，拜，興，拜，興，平身，樂止。引禮引蕃王出。引進啓皇太子就座。引禮引蕃國從官就位，贊禮唱「鞠躬，拜，興，拜，興，拜，興，拜，興，平身」，蕃國從官皆鞠躬，樂作，拜，興，拜，興，拜，興，拜，興，平身，樂止。贊禮唱「禮畢」，引禮引蕃國從官出。引進啓「禮畢」，皇太子興，樂作，出殿門，樂止。引禮引文武官以次出。

見諸王儀注

前期，王府官設蕃王及從官次于府門外。設王座于正殿東稍北，西向；設蕃王座于正殿西稍南，東向；設蕃王拜位于殿上稍南，東向；設王答拜位于殿上稍北，西向；設蕃國從官拜位于殿門外，北向；設内贊二人位于殿上之東西，承傳二人位于殿門外之東西。設接伴舍人位于内贊之南，東西相向；設引從官二人位于從官拜位之北，東西相向；設王府官侍立位于殿上之左右，東西相向。是日，所司陳設儀仗于殿門外之東西，接伴舍人引蕃王及從官至王府門外。執事者先入就位。王府官啓王服皮弁服出升殿就座，接伴舍人引蕃王入，至殿下，由西階升。王府官啓王興〔一〕，降座，出迎于殿門外。既見，王府官引王由中門入，接伴舍人引蕃王由西門入，各就拜位。内贊唱「鞠躬，拜，興，拜，興，平身」，蕃王鞠躬，拜，興，拜，興，平身。王答拜，鞠躬，拜，興，拜，興，平身。王府官啓王就座，接伴舍人亦引蕃王就座。引班引蕃國從官至殿門外拜位，北向立。承傳唱「鞠躬，拜，興，拜，興，拜，興，拜，興，平身」，蕃王從官皆鞠躬，拜，興，拜，興，拜，興，拜，興，平身。承傳唱「禮畢」，接引舍人引蕃王興，詣王座前。王府官啓王降座，立，舉手揖畢，王還府。接伴舍人引蕃王出，王府官送至門外，蕃國從官

〔一〕「官啓」，諸本脱，據明集禮卷三〇補。

後從至館。

見宰輔以下儀注

蕃王見諸王訖，接伴舍人引蕃王詣中書省見丞相。前期，禮部官於中書省後堂設蕃王座於省堂之西，東向；設省官座於省堂之東，西向；接伴舍人引蕃王至省門外，先遣入報。省官出迎于省門之外，接伴舍人、贊禮引蕃王及丞相俱入。蕃王升自西階，省官升自東階。至正堂，蕃王東向立，省官西向立。贊禮唱「鞠躬，拜，興，拜，興，平身」，蕃王及省官皆鞠躬，拜，興，拜，興，平身。蕃王詣省官前，致謁見之意。畢，引蕃王、省官入後堂就座。贊引引蕃國從官至省堂前楹，北向立，贊禮唱「鞠躬，拜，興，拜，興，平身」，蕃國從官皆鞠躬，拜，興，拜，興，平身。贊禮引蕃國從官立於蕃王之後。禮部官供茶飲畢，接伴舍人及贊禮引蕃王出，蕃王降自西階，省官降自東階，送至省門外，各舉手揖。蕃王上馬，省官還。其見三公、大都督、御史大夫，其儀皆與上同。凡京官五品以上與蕃王相見，皆蕃王在西，京官在東，行再拜禮。六品以下，蕃王在北，京官在南，行再拜禮，蕃王皆答拜。其蕃國從官與京官相見之儀，具蕃使來貢篇。

宴會儀注

擇日，錫宴蕃王於謹身殿。拱衛司於殿庭左右設黄麾仗，内使擎執如奉天殿受朝之儀。内使監陳設御座于殿中，設皇太子座于御座東偏，西向，稍南。設諸王座以次而南，皆西向。又于御座西偏設諸王座，與東偏諸王相對，以次而南，皆東向。設蕃王座于殿中之西第一行，東向；次設文武一品階宴座于第二行，東西相向；二品陪宴于第三行，東西相向。于西廡設蕃國從官座，及文武官三品陪宴官依序坐，以北爲上，俱東向。和聲郎于殿之南楹陳大樂、細樂及歌舞隊。光禄寺設御酒尊于殿中之南，設皇太子、諸王、蕃王、文武一品二品官酒尊于殿左右門之東西。御位，司壺二人，尚酒、尚食二人。東偏皇太子、諸王，司壺一人，奉酒、奉食二人。西偏諸王，司壺一人，奉酒、奉食二人。蕃王，司壺一人，奉酒食一人。文武官第一行，各司壺四人，兼供酒食。文武官左右第二行，各司壺四人，兼供酒食。光禄寺直長西廡各置酒尊及設司壺供酒食之人。光禄寺卿陳御食案及皇太子、諸王食案及寺丞設蕃王食案于殿中，直長設殿上左右文武官食案，各置於座前。西廡蕃國從官、文武官食案亦各設于座前。諸執事各供事。舍人引文武百官常服，侍立於殿門之左右。舍人引蕃王服其國服，侍立于百官之北。引進引皇太子、諸王常服，侍立于殿内之左右。侍儀導引皇帝常服，陞御座，大樂鼓吹振作，鳴鞭，樂止。皇太子、諸王各就座位。禮部官取旨，導蕃王入就座位。丞相率禮部尚書、光禄卿舉御食案進於御前，禮部侍郎、光禄少卿舉食案各進于皇太子、諸王之前，禮部郎中、光禄寺丞舉食案進于蕃國王前。殿上文武官及西廡蕃國從官、文武以次官各就座位。内使監令于御前斟酒，司壺于皇太子、諸王、蕃王及文武官前各斟酒，細樂作，奏太清之曲，和聲郎北面立，舉手唱「上酒」，皇帝舉第一爵飲，皇太子及蕃王以下皆飲畢，樂止。内使監令又于御前斟酒，司壺于皇太子、諸王、蕃王、文武官前各斟酒，細樂作，奏感皇恩之曲，和聲郎唱「上酒」，皇帝舉第二爵飲，皇太子及蕃王以下皆飲畢，樂止。内使監令于御前進食，供食者於皇太子、諸王、蕃王、文武官前各供食，大樂作，和聲郎唱「上食」，皇帝進食，皇太子及蕃王以下食畢，樂止。内使監于御前斟酒，司壺各斟酒，細樂作，奏賀聖朝之曲，和聲郎唱「上酒」，皇帝舉第三爵飲，皇太子及蕃王以下皆飲畢，樂止。進食，奏大樂如前。内使監于御前斟酒，司壺各斟酒，細樂作，奏普天樂之曲，和聲郎唱「上酒」，皇帝舉第四爵飲，皇太子及蕃王以下皆飲畢，樂止。進食，奏大樂如前。内使監令于御前斟酒，司壺各斟酒，細樂作，舞諸國來朝之舞，和聲郎唱「上酒」，皇帝舉第五爵飲，皇太子及蕃王以下皆飲畢，樂止。進食，奏大樂如前。內使監令復斟酒，司壺各斟酒，細樂作，奏朝天子之曲，和聲郎唱「上酒」，皇帝舉第六爵飲，皇太子及蕃王以下皆飲畢，樂止。內使監令又斟酒，司壺各斟酒，細樂作，奏醉太平之曲，舞長生隊之舞，和聲郎唱「上酒」，皇帝舉第七爵飲，皇太子及蕃王以下皆飲畢，樂舞止。進食，奏大樂如前。其西廡斟酒進食，其次如殿上，但不作樂。宴畢，皇帝興，樂作，皇太子、諸王侍從還宮，樂止。引禮引蕃王出，引禮引文武百官以次出，蕃王還館。

東宮賜宴儀注

皇帝賜蕃王宴畢，東宮擇日宴蕃王。是日，宿衛陳甲士兵仗于東宮門外，陳旗幟于中門外，將軍六人於殿門外之東西。拱衛司陳設儀仗于殿下之東西及殿前、殿門之東西。內使監設皇太子座于殿上正中，設諸王座于皇太子座東偏，以次而南，皆西向。又設諸王座于皇太子座西偏，與東偏諸王相對，皆東向。又設蕃王座于西偏諸王之下，東向；次設三師、賓客、諭德位于殿上第二行，東西相向；於西廡下設蕃國從官及宮官以序座，北上，東向。和聲郎于殿之南楹陳大樂、細樂及舞隊。光禄寺官設皇太子酒尊於殿中之南，設諸王、蕃王、三師等官酒尊于殿門之左右。皇太子，司壺二人，尚酒食二人。東偏諸王，司壺一人，奉酒食二人。西偏諸王，司壺一人，奉酒食二人。蕃王，司壺一人，奉酒食一人。三師等官，左右司壺各四人，兼供酒供食。光禄直長於西廡置酒尊、食案及司壺供酒食之人，光禄寺官於殿上陳皇太子食案及諸王、蕃王食案。直長于殿上三師座前預設酒案。西廡蕃國從官及宫官食案，亦各設于座前。諸執事各供事。舍人引三師等官服常服侍立于殿門之左右。舍人引蕃王服其國服，立於三師之北。引進引諸王常服，侍立于殿内之左右。引進導引皇太子常服出，樂作，陞座，樂止。諸王各就位坐。禮部侍郎啓知引蕃王入就座。禮部侍郎、光禄少卿舉食案進于皇太子之前，禮部郎中、光禄寺丞舉食案各進於諸王及蕃王之前。三師等官各就座。蕃國從官及宫官各就西廡坐。内使監官于皇太子前斟酒，司壺于諸王、蕃王及三師等官前各斟酒，大樂作，樂工北面，舉手唱「上酒」，皇太子舉第一盞，諸王、蕃王及三師等官皆上酒，飲畢，樂止。内使監又於皇太子前斟酒，司壺於諸王、蕃王及三師等官前斟酒，細樂作，樂工唱「上酒」，皇太子舉第二盞，諸王、蕃王及三師等官皆上酒，飲畢，樂止。内使監于皇太子前進食，供食者于諸王、蕃王及三師等官前各供食，大樂作，樂工唱「上食」，皇太子進食，諸王、蕃王及三師等官各進食，食畢，樂止。內使監及執事者各斟第三盞至第七盞酒，及供食、樂作、樂止並如上儀。唯酒第五行、第七行，雜行諸隊舞。凡酒七行，食五品。西廡蕃國從官及宮官皆酒七行、食五品，惟不作樂。宴畢，引進啓「禮畢」，皇太子興，樂作，諸王從還宮，樂止。引禮引蕃王及從官出，三師宮官以次出，蕃王還館。

省府臺宴會儀注

東宮宴蕃王畢，中書省取旨宴勞。前期，有司於中書省後堂陳蕃王及省官座次，賓西主東，設酒案于省堂正中，食案列于酒案之前。又設諸蕃官及左右司官座次于左司，賓西主東；設酒案于左司正中，食案列于酒案之前。教坊司陳樂于省堂及左司之南楹。都堂遣官詣會同館，請蕃王赴宴。至省門，下馬，省官出迎于省門之外，執事者引蕃王及省官俱入，左右司等官與蕃國從官各從其後。蕃王升自西階，省官升自東階。至席前，省官主宴者詣蕃王前，致禮待之意，畢，各就座。左右司官與蕃國從官至左司，左司郎中詣從官前，致禮待之意，畢，各就座。禮部官二人舉食案進供于蕃王及省官之前，執事者斟酒，細樂作，飲畢，樂止。執事者再斟酒，樂作，樂止如初。飲畢，執事者進食，大樂作，食畢，樂止。酒七行，食五品，行酒奏細樂，進食奏大樂，惟第五、第七行，雜陳諸戲。左司酒七行，食五品，行酒作細樂，進食作大樂，不陳雜戲。宴畢，執事者引蕃王降自西階，省官降自東階，送蕃王至省門外，蕃國從官從其後，遣官一員送蕃王至會同館。都督府禮待儀同前。但各衛官屬戎服，盛陳兵仗于門内外之東西。蕃國從官受宴于經歷司。御史臺禮待儀亦同前，但不陳兵衛，蕃國從官亦受宴于經歷司。

陛辭儀注

蕃王將還國，禮部官奏知，戒蕃王某日陛辭，仍於天界寺習儀訖。前期，内使監設御座香案於奉天殿，如常儀。尚寶司設寶案于御座前。侍儀司設蕃王拜位于丹墀中道稍西及殿上御座前，俱北向；設蕃國從官拜位于蕃王後中道之東西，依序重行，北向；設承制官位于殿上之東，西向；設文官侍立位於文樓之北，西向，北上；武官侍立位於武樓之北，東向，北上；殿前班指揮司官三員位于丹陛上，東向；光禄司官三員位于丹陛上，西向；侍從班、起居注、殿中侍御史、尚寶卿位于殿上，西向；指揮司懸刀武官位于殿上，東向；拱衛司官位于奉天殿門之左右，東西相向；典牧所官位于仗馬之前，東西相向；宿衛鎮撫位于丹陛東西階下，東西相向；護衛百户二十四員於宿衛鎮撫之南稍後，東西相向；護衛千户八員位于殿東西門之左右，東西相向；知班二人位于蕃王拜位之北，東西相向；贊禮二人位于知班位之北，東西相向；典儀二人位于丹陛上之南，東西相向；内贊二人位于殿上，東西相向；引蕃王舍人位于蕃王之北，東西相向；引蕃王從官舍人位于從官之北，東西相向；引文武班舍人位于文武班之北，稍後，東西相向；鳴鞭四人位于丹陛上之南，北向；天武將軍四人位于丹陛上之西隅，東西相向；將軍二人于殿上簾前，東西相向；將軍六人于奉天殿門之左右，東西相向；將軍六人于奉天門之左右，東西相向。是日，金吾衛陳設甲士於午門外之東西，列旗仗於奉天門外之東西。拱衛司陳儀仗于丹陛上及丹墀之東西，陳五輅于丹陛之南。典牧所陳仗馬於文、武樓之南，東西相向；陳虎豹于奉天門外。和聲郎陳樂于丹墀蕃王拜位之南。擊鼓初嚴，催班舍人催文武官各具朝服。擊鼓次嚴，引班引文武百官依品從齊班于午門外，以北爲上，東西相向。殿前班指揮、光禄卿、通班、贊禮、典儀、内贊、宿衛、鎮撫、護衛、鳴鞭、殿内外將軍各執事人俱入就位。接伴舍人及引班引蕃王及蕃國從官立于午門外，諸侍衛官各服其器服，及尚寶卿侍從官入詣謹身殿奉迎。擊鼓三嚴，引班引文武官入就侍立位。引班舍人引蕃王及從官由午門西入金水西橋、奉天西掖門，至丹墀之西俟立。侍儀版奏「外辦」，御用監官跪奏，皇帝服通天冠、絳紗袍，御輿以出。尚寶卿捧寶，及侍儀侍衛導從如常儀。皇帝將出，仗動，大樂鼓吹振作，陞御座，樂止。將軍捲簾，尚寶以寶置于案，鳴鞭報時雞唱訖，引班引蕃王及從官各就拜位。贊禮唱「鞠躬，拜，興，拜，興，拜，興，拜，興，平身」，蕃王及從官鞠躬，樂作，拜，興，拜，興，拜，興，拜，興，平身，樂止。引班引蕃王由西陛，樂作，西門入，引班立侍於門外；内贊接引蕃王至御座前立定，樂止。内贊唱「鞠躬，拜，興，拜，興，拜，興，拜，興，平身」，蕃王鞠躬，樂作，拜，興，拜，興，拜，興，平身，樂止。内贊唱「跪」，蕃王跪。承制官前跪，承制詣蕃王前宣制。云云。訖，或有賜物，就宣。内贊唱「俛伏，興，鞠躬，拜，興，拜，興，平身」，蕃王鞠躬，樂作，拜，興，拜，興，拜，興，平身。内贊引蕃王自西門出，樂作，引班引復位，樂止。贊禮唱「鞠躬，拜，興，拜，興，拜，興，拜，興，平身」，蕃王、蕃國從官皆鞠躬，樂作，拜，興，拜，興，拜，興，拜，興，平身，樂止。贊禮唱「禮畢」，侍儀奏「禮畢」，皇帝興，樂作。警蹕、侍從導引至謹身殿，樂止。引班引蕃王及蕃國從官出，引文武官以次出。

辭東宮儀注

蕃王詣闕陛辭訖，次辭東宮。前期，內使監設皇太子位于東宮正殿。侍儀司設蕃王拜位于殿門外，設蕃國從官拜位于殿下中道之東西，北向；文武侍從班于殿庭之東西，俱相向；贊禮二人位于蕃王拜位之北，東西相向；承傳二人位於殿下，東西相向；引蕃王舍人二人位于蕃王拜位之北，東西相向；引蕃國從官二人位于從官拜位之北，東西相向；引文武侍從班四人位于文武班之北，稍後，東西相向。是日，宿衛陳甲士兵仗于東宮門外，陳旗幟于中門外，將軍六人于殿門外之東西。拱衛司陳設儀仗于殿下之東西及殿前殿門之東西。樂工設樂于殿庭之南。執事者各入就位。引班引文武官常服，侍從于殿下之東西。引班引蕃王服國服，至東宮門外立位。內使監令啓知皇太子常服出宮，仗動，樂作，陞座，樂止。引禮二人引蕃王及從官就位。初行，樂作，就位，樂止。引進啓皇太子立于座前，贊禮唱「鞠躬，拜，興，拜，興，拜，興，拜，興，平身」。蕃王鞠躬，樂作，拜，興，拜，興，拜，興，拜，興，平身，樂止。皇太子受前二拜，答後二拜，皇太子答拜時，內贊唱如儀。引禮引蕃王出就次。引進啓皇太子就座。引禮引蕃國從官入就位，贊禮唱「鞠躬，拜，興，拜，興，拜，興，拜，興，平身」，從官鞠躬，樂作，拜，興，拜，興，拜，興，拜，興，平身，樂止。贊禮唱「禮畢」，引禮引蕃國從官出。引進啓「禮畢」，皇太子興，樂作，侍從導引還宫，樂止。引禮引文武侍從官以次出。

勞送出境

蕃王辭東宫畢，中書省官率禮部官送出國門外，至龍江驛，省臣還。禮部官設宴如初至之儀。宴畢，禮部官還，應天府官送起行。

蕙田案：此洪武二年所定制也。明史禮志、會典、續文獻通考所載，互有詳略，而明集禮較詳，故采録之。

明史禮志：洪武二十七年四月，以舊儀煩，命更定。凡蕃國來朝，先遣禮部官勞於會同館。明日，各具其國服，如嘗賜朝服者則服朝服，於奉天殿朝見。行八拜禮畢，即詣文華殿朝皇太子，行四拜禮。見親王，亦如之，王立受，答後二拜。從官隨蕃王後行禮。凡遇宴會，蕃王居侯伯之下。

續文獻通考：是時四夷朝貢，東有朝鮮、日本，南有暹羅、琉球、占城、真臘、安南、爪哇、西洋、瑣里、三佛齊、渤泥、百花、覽邦、彭亨、淡巴、須文達那，凡十七國。其西南夷隸四川者，軍民府凡六，烏蒙、烏撒、芒部、邛部〔一〕、普安、東川。安撫司一，曰金筑。宣撫司一，曰酉陽。宣慰司三，曰貴州、播州、石柱。招討司三，曰天會、六番、長沙。土酋長官司凡三十，盧山、慕役、西堡、大華、寧谷寨〔二〕、頂營、十二營、平茶、程番、康佐、木瓜、方番、昔亦簇、占藏先結簇、帢匝簇、北定簇、祁命簇〔三〕、阿昔洞簇、勒都簇、班班簇、者多簇、麥匝簇、泥溪、雷坡、沐川、平夷、蠻夷、岳希篷、隴木頭、靜川。府四，德昌、馬湖、建昌、會川。州十九，安順〔四〕、龍、永寧、鎮寧、建安、禮、伯興、黎、里、闊、武安、永昌、隆、姜、黎溪、會里、威龍、昌、普濟。衛一，曰建昌。縣三，中碧、舍、麻龍。其隸廣西者，府三，田州、思明、鎮安。州二十五，龍英、江、龍、養利、上下凍、思陵、萬承、安平、太平、都結、思城、結倫、鎮遠、左、茗盈、南丹、結安、思同、東蘭、那地、全茗、利、泗城、奉義。縣四，陀陵、羅陽、崇善、永康。隸雲南者，軍民府一，曰姚

〔一〕「邛部」，諸本作「印部」，據續文獻通考卷一二二改。
〔二〕「寧谷寨」，諸本作「寧谷塞」，據續文獻通考卷一二二改。
〔三〕「祁命簇」，諸本作「祁門簇」，據續文獻通考卷一二二改。
〔四〕「安順」，諸本作「永順」，據續文獻通考卷一二二改。

安。府八，元江、麗江、景東、楚雄、鶴慶、尋甸、大理、臨安。宣慰使司三，平緬、車里、八百。州二，姚、鄧。土官三，海東、賓居、小雲南。縣二，廣通、習峨。隸湖廣者，宣慰使司四，思南、施南、永順、安靖。安撫司一，忠建。長官司三，臻部、六洞、黄坡等處。軍民府一，曲靖。西域之部七，西天泥巴喇國、朵甘、沙州、烏斯藏、薩里、薩喇輝和爾、賽瑪爾堪。帝以舊儀頗煩，故復命更定。

蕙田案：以上明外藩朝見。

右明

五禮通考卷二百二十四

賓禮五

會同

蕙田案：大宗伯「以賓禮親邦國」，自朝、宗、覲、遇而外，即及會、同。會同之禮，於古無見。然禹貢有「四海會同」之文，左傳稱「禹會諸侯于塗山」，其禮殆昉于此乎？周官所載會同之文，不一而足。天官大宰、春官肆師、司几筵諸職，則名之爲「大朝覲」。蓋朝覲之禮，行於國中，所接見者，不過一方一服之諸侯；會同則六服偕來，爲壇壝宫于國外，五等諸侯，同時旅見，又有祀方明及盟約之法，皆朝覲所無，故云「大」也。若在境外，則六軍之士從行，馬牛輂輦糧食畢具，大率如軍旅之役，故周官每以「會同」與「軍旅」、「師田」並舉，誠重之也。若諸侯遣使來聘，天子使卿大夫與之行會同之禮，則曰小會同，故大司馬、大祝、大史、小史諸職又稱「大會同」以别之。春秋之世，天子不行會同，而霸國大侯，假此禮以行之，非周禮之舊矣。今據周禮諸書，以補儀禮之闕云。

書禹貢：四海會同。傳：四海之内，會同京師。

會同名義

周禮春官大宗伯：時見曰會，殷見曰同。注：時見者，言無常期，諸侯有不順服者，王將有征討之事，則既朝覲，王爲壇于國外，合諸侯而命事焉，春秋傳曰「有事而會，不協而盟」是也。殷猶衆也。十二歲，王如不巡守，則六服盡朝。朝禮既畢，王亦爲壇，合諸侯以命政焉。所命之政，如王巡守。殷見，四方四時分來，歲終則徧。疏：時見，諸侯有不順王命者不來，其順服者皆來。朝覲天子，一則顯其順服，二則欲助天子征討，故來也。云「既朝覲」者，若不當朝之歲，則不須行朝覲于國中，直壇朝而已。其當朝之歲者，則于國中，春夏行朝宗於王，朝，受享於廟，秋冬則一受之于廟也。大行人云：「十二歲，王乃巡守殷國。」若王無故，則巡守，王制及尚書所云者是也。若王有故，則此「殷見曰同」及大行人云「殷國」是也。云「殷同」者，六服衆皆同來；言殷國者，衆來見于王國，其事一也。云「四方四時分來〔一〕，終歲則徧」者，若四時服數來朝，則當朝之歲，大行人所云「侯服年年朝，甸服二年朝，男服三年朝，采服四年朝，衛服五年朝，要服六年朝，各隨其年而朝」。若殷見，春則東方，六服盡來；夏則南方，六服盡來；秋則西方，六服盡來；冬則北方，六服盡來。故云「四方四時分來，終歲則徧」也。

王氏詳説：時會，則事出非常，故無常時。殷同則有常時，亦如常朝之歲。但會同之禮，因朝覲之時行之，故又曰大朝覲。

鄭氏鍔曰：易有殷薦，禮有殷奠，則殷爲盛多之義。殷見者，合衆多之國而來見，其來必同，故謂之同也。

秋官大行人：時會以發四方之禁，殷同以施天下之政。注：時會，即時見也，無常期。諸侯有不順服者，王將有征討之事，則既朝，王命爲壇于國外，合諸侯而發禁命事焉。禁，謂九伐之法。殷同即殷見也。王十二歲一巡守，若不巡守則殷同。殷同者，六服盡朝，既朝，王亦命爲壇于國外，合諸侯而命其政。政，謂邦國之九法。殷同，四方四時分來，歲終則徧矣。九伐、九法，皆在司馬職。司馬法曰：「時以禮會諸侯，施同政。殷以禮宗諸侯，發同禁。」疏：下文云「十有二歲，王巡守殷國」，殷國與巡

〔一〕「分來」，諸本作「來朝」，據周禮注疏卷一八改。

守連文，明同是十二歲。若王巡守，何須殷同？明不巡守乃殷同也。

十有二歲，王巡守殷國。注：王巡守，諸侯會者各以其時之方，書曰「遂覲東后」是也。其殷國，則四方四時分來如平時。

夏官職方氏：王將巡守，則戒于四方，曰：「各修平乃守，考乃職事，無敢不敬戒，國有大刑。」及王之所行，先道，帥其屬而巡戒令。王殷國亦如之。注：殷猶衆也。十二歲，王若不巡守，則六服盡朝，謂之殷國。其戒四方諸侯，與巡守同。疏：王殷國，所在無常，或在畿内國城外即爲之，或向畿外諸侯之國行之〔一〕，故有戒令之事。

蕙田案：大宗伯之殷見，職方氏之殷國，其禮一也。大行人云「十有二歲，王巡守殷國」，掌客亦有「王巡守殷國」之文。蓋十二歲王不巡守，則當殷國。殷國之期與巡守同，非巡守即是殷國也。職方氏：「王將巡守，則戒于四方，王殷國亦如之。」可見本非一事，先儒或合爲一者，非。

秋官小行人：朝、覲、宗、遇、會、同，君之禮也。疏：朝、覲、宗、遇、會、同，即諸侯之賓，故

〔一〕「行」，諸本作「爲」，據周禮注疏卷三三改。

云「君之禮」。

右會同名義

會同告祭

春官大祝：大會同，造于廟，宜于社，過大山川，則用事焉；反行，舍奠。注：用事，亦用祭事告行也。玉人職有宗祝以黄金勺前馬之禮，是謂過大山川與？疏：王與諸侯會同，或在畿内，或在畿外，亦告廟而行。云「造」者，以其非時而祭，造次之意也〔一〕。曲禮云「出必告，反必面」，據生時人子出入之法。今王出行時，造于廟，將還廟主行〔二〕，反行，還祭七廟。非時而祭曰奠。

李氏嘉會曰：大師，先社後廟；會同，先廟後社，大師屬陰、會同屬陽故也。

右會同告祭

會同先事戒具

地官牛人：凡會同，共其兵車之牛與其牽徬，以載公任器。注：牽徬，在轅外輓牛也。

〔一〕「意」，諸本作「事」，據周禮注疏卷二五改。
〔二〕「將」，原脱，據味經窩本、乾隆本、光緒本、周禮注疏卷二五補。

人御之，居其前曰牽，居其旁曰徬。任猶用也。

縣師：若將有會同之戒，則受法于司馬，以作其衆庶及馬牛、車輦，會其車人之卒伍，使皆備旗鼓、兵器，以帥而至。

稍人：若有會同、行役之事，則以縣師之法作其同徒、輂輦，帥而以至，治其政令，以聽于司馬。注：有軍旅、會同、田役之戒，縣師受法於司馬，邦國、都鄙、稍甸、郊里，惟司馬所調。以其法作其衆庶及馬牛車輦，會其車人之卒伍，使皆備旗鼓兵器，以帥而至，是以書令之耳。其所調若在家邑、小都、大都，則稍人用縣師所受司馬之法作之，帥之以致于司馬也。

王氏詳説曰：縣師之掌，遍于王畿之間。稍人之掌，止於三等之采地。縣師受法于司馬，稍人又從而受司馬之法於縣師，以見小大之相維也。

廩人：凡邦有會同，則治其糧與其食。注：行道曰糧，謂糒也。止居曰食，謂米也。疏：此會同、師役，皆有軍人給糧食，故須治之，使均給之也。

鄭氏鍔曰：遠者治其糧。莊子言「適百里者宿舂糧，適千里者三月聚糧」，蓋言遠也。近者治其食，詩云「朝食于株」，左氏云「食時而至」，蓋言近也。

夏官司右：凡會同，合其車之卒伍，而比其乘，屬其右。注：合、比、屬，其次第相安習也。車亦有卒伍。

蕙田案：周制，以會同爲邦之大事，與軍旅、田役並稱，不惟須衆庶以爲用，而馬牛、車輦、旗鼓、兵器，皆不得以不備。其在邦國、都鄙、稍甸、郊里，則縣師以司馬之法作其衆庶及馬牛、車輦；其在三等采地，則稍人以縣師之法作其同徒、輂輦，皆帥而至，以聽令于司馬；在途，則廩人儲糧食以均給之。此惟會同在境外乃有之。

夏官大司馬：大會同，則帥士庶子而掌其政令。注：帥，師以從王。

黄氏曰：宿衛則宫伯掌其政令。扈從則司馬掌其政令。前漢郎官宿衛屬光禄勳，後漢又屬焉。

蕙田案：此士庶子，乃宿衛之官。宫伯職云：「掌王宫之士庶子，凡在版者。若邦有大事作宫衆，則令之。」蓋平時掌于宫伯，有事總于司馬，與縣師所起之衆庶不同。

司士：凡會同，作士從。注：作士從，謂可使從于王者。

諸子：會同、賓客，作群子從。注：從于王。疏：作，使也，使國子從王也。

校人：朝覲、會同，毛馬而頒之。注：毛馬，齊其色也。頒，授當乘之[一]。

司弓矢：凡師役、會同，頒弓弩各以其物，從授兵甲之儀[二]。注：物，弓弩矢箙之屬。

右會同先事戒具

會同在路委積及市政

地官遺人：凡會同，掌其道路之委積。

司市：凡會同、師役，市司帥賈師而從，治其市政，掌其賣價之事。注：市司，司市也。價，買也。會同、師役必有市者，大衆所在，來物以備之。疏：賈師知物價，故使從。

王氏昭禹曰：如此，則師衆所聚，無賤價貴買以傷民財之患矣。

賈師：凡國之賣價，各帥其屬而嗣掌其月。凡師役、會同，亦如之。注：價，買也。鄭司農云：「謂官有所斥令賣，賈師帥其屬而更相代直月，爲官賣之，均勞逸。」

右會同在路委積及市政

[一]「乘」，原作「陳」，據光緒本、周禮注疏卷三三改。
[二]「兵甲」，諸本作「兵至」，據周禮注疏卷三二校勘記改。

會同所過供膳

秋官掌客：王巡守、殷國，則國君膳以牲犢，令百官百牲皆具。從者，三公眡上公之禮，卿眡侯伯之禮，大夫眡子男之禮，士眡諸侯之卿禮，庶子壹眡其大夫之禮。注：國君者，王所過之國君也。犢，繭栗之犢也，以膳天子，貴誠也。牲孕，天子不食也，祭帝不用也。凡賓客，則皆角尺。令者，掌客令主國也。百牲皆具，言無有不具備。

觀承案：殷見與殷國是一事，殷國與巡守是二事。十二年王當巡守，如有故不巡守，則行殷國之禮，是殷國乃巡守之變。蓋巡守，王出巡侯國；殷國，則諸侯來會京師也。今掌客所云，似殷國亦王自行者。按職方氏疏，殷國所在無常，或向畿外侯國爲之，是不必專在京師，則王亦有所過之國可知矣。

禮記禮器：天子適諸侯，諸侯膳以犢。

郊特牲：天子適諸侯，諸侯膳用犢，貴誠之義也。

右會同所過供膳

會同車旗

周禮春官典路：凡會同，以路從。注：王乘一路，典路以其餘路從行，亦以華國。疏：衣裳之會，王乘金路；兵車之會，王乘革路。王雖乘一路，典路以其餘路皆從。惟玉路，祭祀之車尊，不出，其餘皆出，以華國也。

車僕：凡師，共革車，各以其萃。會同亦如之。注：巡守及兵車之會，則王乘戎路。乘車之會，王雖乘金路，猶共以從，不失備也。

司常：凡祭祀，各建其旗。會同、賓客亦如之。置旌門。注：賓客、朝覲、宗遇，王乘金路；巡守、兵車之會，王乘戎路，皆建其大常。掌舍職曰：「爲帷宮，設旌門。」

王氏曰：會同、賓客，各建其旗者，衆之所會，使各視旗而知所從焉。

夏官司兵：軍事，建車之五兵。會同亦如之。注：車之五兵，戈、殳、戟、酋矛、夷矛也。步卒之五兵，則無夷矛而有弓矢。

司戈盾：軍旅、會同，授貳車戈盾，建乘車之戈盾〔一〕，授旅賁及虎士戈盾。注：乘車，王所乘車也。軍旅則革路，會同則金路。疏：軍旅、會同皆貳車，貳皆有車右，故授之以戈盾。王

〔一〕「乘」，原作「貳」，據光緒本、周禮注疏卷三二改。

所乘車有車右，故建戈盾。授旅賁氏及虎士戈盾者，衛王故也。

戎右：會同，充革車。注：會同，王雖乘金路，猶以革路從行也。充之者，謂居左也。曲禮曰：「乘君之乘車，不敢曠左。」疏：尊者左載，王既不乘，故戎右居左贊王處。曲禮注云「君在，惡空其位」也。

王氏與之曰：會同雖以乘車會，而革路亦爲從車，故充革路之右者，戎右也。鄭以充之者爲居左，殆失之。

齊右：掌會同、賓客前齊車，王乘則持馬，行則陪乘。注：齊車，金路，王自整齊之車也。前之者，已駕王未乘之時。陪乘，參乘，謂車右也。

右會同車旗

會同次舍

天官掌舍：掌王之會同之舍。設梐枑再重。注：故書「枑」爲「柜」。鄭司農云：「梐，榱梐也。柜，受居溜水涑櫜者也。」杜子春讀爲梐枑，梐枑謂行馬。玄謂：行馬再重者，以周衛有外内列。

設車宫，轅門。注：謂王行止阻險之處，備非常。次車以爲藩，則仰車以其轅表門。疏：謂仰兩乘，車轅相向以表門。

爲壇壝宫，棘門。注：謂王行止宿平地，築壇，又委壝土起㙧埒以爲宫。鄭司農云：「棘門，以戟爲門。」杜子春云：「棘門，或爲材門。」

爲帷宫，設旌門。注：謂王行晝止，有所展肆。若食息，張帷爲宫，則樹旌以表門。

無宫，則共人門。注：謂王行有所逢遇，若住遊觀，陳列周衛，則立長大之人以表門。

幕人：凡朝覲、會同，共其帷、幕、幄、帟、綬。注：共之者，掌次當以張。

掌次：諸侯朝覲、會同，則張大次、小次。注：大次，亦初往所止居。小次，即宫待事之處。

疏：若四時常朝在國内。今言朝覲會同，爲會同而來，故在國外。

夏官司戈盾：及舍，設藩盾，行則斂之。注：藩盾，盾可以藩衛者，如今之扶蘇與？

鄭氏鍔曰：王之所舍，設梐枑再重以爲藩，又於梐枑之外設藩盾，欲以爲衛，故行則斂而藏之。

右會同次舍

會同壇壝宫

秋官司儀：將合諸侯，則令爲壇三成，宫，旁一門。注：合諸侯，謂有事而會也。爲壇于國外以命事。宫，謂壝土以爲墻處，所謂爲壇壝宫也。天子春帥諸侯拜日于東郊，則爲壇于國東。夏禮日于南郊，則爲壇于國南。秋禮山川丘陵于西郊，則爲壇于國西。冬禮月四瀆于北郊，則爲壇于國北。

既拜禮而還，加方明于壇上而祀焉，所以教尊尊也。王巡守殷國而同，則其爲宮亦如此與？鄭司農云：「三成，三重也。爾雅曰：『丘一成爲敦丘，再成爲陶丘，三成爲昆侖丘。』謂三重。」疏：三成者，三重。重，高一尺。

蕙田案：覲禮：「諸侯覲於天子，爲宮方三百步，四門，壇十有二尋，深四尺。」與此文互相見。

陳氏禮書：朝、覲、宗、遇之禮，行於廟朝。會同之禮，行於國外。國外壝土爲宮，方三百步，旁各一門，中爲壇而三成，壇十有二尋，深四尺。旁一門，則棘門矣。壇三成，則三重矣。十有二尋，則方九十六尺矣。深四尺，則一等一尺矣。春宮於東，夏宮於南，秋宮於西，冬宮於北。加方明於壇上。天子既拜日、禮月與山川丘陵，則祀方明。既祀方明，則見諸侯。諸侯上介奉其君之旂，置于宮，尚左。左氏曰：會有表。鄭氏謂：「諸公中階之前，北面，東上；諸侯東階之東，西面，北上；諸伯西階之西，東面，北上；諸子門東，北面，東上；諸男門西，北面，東上。公侯先伯，伯先子，子先男，而位皆上東。」然覲禮不言壇堦，而鄭氏曰前三堦者，以其宮四門而位尚左，與明堂位相類故也。不言侯氏奠玉、降拜、升拜，而鄭氏曰「公奠玉于上等，降拜于中等；侯伯奠玉於中等，降拜於下等；子男奠玉於下等，降拜於地。升、成拜皆于奠玉之處」者，以其致命。王受之玉，降拜、升拜與覲于廟相類故也。掌次：「王合諸侯，張大次、小次，設重帟、重案。」鄭氏謂「大次，初往所止居；小次，即宫待事之處」，賈公彦謂「大次去壝遠，小次去壇近」，其説是也。壇域，君子所設以行禮者也，故去祧有壇。凡祭天及日、月、方、望之類，皆有壇。齊侯爲柯之盟，有壇，公羊曰「莊公升壇」是也。諸侯適鄰國，有壇，左氏曰襄二十六年。「先君適四國，未嘗不爲壇」是也。大夫、士去國，爲壇位，鄉國而哭，魯公孫歸父聘，還，「及笙，壇帷，復命于介」是也。況王者之會諸侯乎？司儀言「將合諸侯，令爲壇」，則凡巡狩於方岳之下，皆有壇壝宫矣。

右會同壇壝宫

行禮之節

天官太宰：大朝覲、會同，贊玉幣、玉獻、玉几、玉爵。注：助王受此四者。大會同或於春朝，或以秋覲，舉春秋則冬夏可知。玉幣，諸侯享幣也。其合亦如小行人所合六幣云。玉獻，獻國珍異，亦執玉以致之。玉几，王所依也。立而設几，優尊者。玉爵，王禮諸侯之酢爵。王朝諸侯，立依前，南面，其禮之于阼階上。疏：諸侯四時常朝不稱「大」，今朝覲稱「大」者，諸侯爲大會同而來，故稱大朝覲。

小宰：以法掌會同之戒具。注：法，謂其禮法也。

地官師氏：凡賓客、會同，王舉則從。注：舉，猶行也。

保氏：凡賓客、會同，王舉則從。

春官大宗伯：朝覲會同，則爲上相。注：相，詔王禮也。出接賓曰擯，入詔禮曰相。

肆師：大朝覲，佐擯。注：爲承擯。疏：謂大會同、朝覲時。

雞人：大祭祀，夜嘑旦以嘂百官。會同亦如之。

司几筵：大朝覲，王位設黼依，依前南鄉，設莞筵紛純，加繅席畫純，加次席黼純，左右玉几。疏：此朝覲言大，因會同而行朝覲之禮。

大史：大會同、朝覲，以書協禮事。注：先習録之也。及將幣之日，執書以詔王。注：將，送也。詔王，告王以禮事。疏：王與諸侯行禮之時，大史執禮書以告王，使不錯誤。

小史：大會同，佐大史。

夏官虎賁氏：掌先後王而趨以卒伍。軍旅、會同亦如之。注：虎賁氏居前後，雖群行亦有局分。

旅賁氏：凡會同、賓客，則服而趨。注：服而趨，夾王車趨也。會同、賓客，王亦齊服，服衮冕，則此士之齊服，服玄端。

秋官大司寇：凡朝覲、會同，前王。疏：司寇在王前爲導也。

司儀：詔王儀，南鄉見諸侯，土揖庶姓，時揖異姓，天揖同姓。注：謂王既祀方明，諸侯上介皆奉其君之旂置于宫，乃詔王升壇，諸侯皆就其旂而立，諸公中階之前，北面，東上；諸侯東階之東，西面，北上；諸伯西階之西，東面，北上；諸子門東，北面，東上；諸男門西，北面，東上。王揖之者，定其位也。庶姓，無親者也。土揖，推手小下之也。異姓，婚姻也。時揖，平推手也。天揖，推手小舉之也。疏：詔，告也。謂諸侯各就位立，王在壇亦立，司儀乃告王降壇，南向，見諸侯，乃揖之，先疏後親爲次。按：周之宗盟，異姓爲後。今此先庶姓後同姓者，直據揖之儀容從下至高，不據盟之先後也。

及其擯之，各以其禮，公於上等，侯伯於中等，子男於下等。注：謂執玉而前見于王也。擯之各以其禮者，謂擯公者五人，侯伯四人，子男三人。上等、中等、下等，謂所奠玉處也。壇三成，深四尺，則一等一尺也。壇十有二尋〔一〕，方九十六尺，則堂上二丈四尺，每等丈二尺與？諸侯各于其等

〔一〕「十有」，諸本誤倒，據周禮注疏卷三八乙正。

奠玉，降拜，升成拜，明臣禮也。既，乃升堂，授王玉。疏：堂上二丈四尺，王立之處，并祀方明之所。公奠玉于上等，降拜于中等。侯伯奠玉于中等，降拜于下等。子男奠玉于下等，降拜于地。及升成拜，皆于奠玉之處，知有「降拜、升成拜」者，約燕禮臣得君酬酒，皆降拜，君使小臣辭之，乃升成拜，明此王禮亦然也。王既受玉，約聘禮亦當側授宰玉。

其將幣亦如之，其禮亦如之。注：將幣，享也。禮謂以鬱鬯祼之也。皆于其等之上。

詩小雅車攻：駕彼四牡，四牡奕奕。赤芾金舄，會同有繹。傳：言諸侯來會也。諸侯赤芾金舄。舄，達屨也。時見曰會。殷見曰同。繹，陳也。

論語：宗廟之事，如會同，端章甫，願爲小相焉。注：鄭曰：「諸侯時見曰會，衆類曰同。端，玄端也。衣玄端，冠章甫，諸侯日視朝之服。小相，謂相君之禮。」

右行禮之節

會同牢禮

周禮天官宰夫：以牢禮之法掌其牢禮、委積、膳獻、飲食、賓賜之飧牽，與其陳數。注：牢禮之法，多少之差及其時也。三牲，牛、羊、豕具爲一牢。委積，謂牢、米、薪、芻，給賓客道用也。膳獻，禽羞俶獻也。飲食，燕饗也。飧，客始至所致禮。凡此禮陳數存可見者，惟有行人、掌客及聘禮、公食大夫。

秋官掌客：王合諸侯而饗禮，則具十有二牢，庶具百物備。諸侯長十有再獻。

注：饗，諸侯而用王禮之數者，以公侯伯子男盡在是，兼饗之，莫適用也。諸侯長，九命作伯者也。獻，公侯以下，如其命數。疏：「如其命數」者，大行人云「上公九獻，侯伯七獻，子男五獻」是也。

蔡氏德晉曰：十二牢，牛、羊、豕各十二也。庶羞之具，百物之品咸備，即膳夫六穀、六清、八珍、羞百有二十品、醬百有二十罋也。凡饗諸侯，亦設王之席，如燕禮「設公席于阼階，西向」是也。專饗之禮，則王之獻數，亦如賓之獻數，記所謂「降尊以就卑」也。合饗之禮，則以諸侯長一人爲賓，其獻數，亦如王之獻數，此則以尊而從卑也。

蕙田案：饗禮見前。

右會同牢禮

天官外府：凡會同，共其財用之幣齎，賜予之財用。

會同賜予

右會同賜予

會同盟約

天官玉府：若合諸侯，則共珠槃、玉敦。注：敦，盤類，珠玉以爲飾。古者以槃盛血，以敦盛食。合諸侯者，必割牛耳，取其血，歃之以盟。珠槃以盛牛耳，尸盟者執之。鄭司農云：「玉敦，歃血玉器。」疏：祭祀之時有黍稷，故敦中盛黍稷。今盟無黍稷，敦中宜盛血，牛耳宜在盤。

地官封人：大盟，則飾其牛牲。注：大盟，會同之盟。

夏官戎右：盟，則以玉敦辟盟，遂役之。注：鄭司農云：「敦，器名也。辟，法也。」玄謂：將歃血者，先執其器，爲衆陳其載辭，使心皆開辟也。役之者，傳敦血，授當歃者。贊牛耳、桃茢。注：鄭司農云：「贊牛耳，春秋傳所謂執牛耳者。」玄謂：尸盟者，割牛耳取血，助爲之。及血在敦中，以桃茢拂之，又助之也。耳者盛以珠盤，尸盟者執之。桃，鬼所畏也。茢，苕帚，所以掃不祥。

射鳥氏：祭祀，以弓矢敺烏鳶。凡賓客、會同，亦如之。注：烏鳶，善鈔盜，便汙人。疏：會同有盟詛之禮，殺牲之事，故須敺烏鳶。

秋官大司寇：凡邦之大盟約，莅其盟書，而登之於天府。注：莅，臨也。天府，祖廟之藏。疏：大盟約者，謂王與諸侯因大會同而與盟所有約誓之辭。

大史、内史、司會及六官，皆受其貳而藏之。注：六官，六卿之官也。貳，副也。鄭氏鍔曰：大盟約，所以結諸侯之信。司盟掌其書，刑官不親莅之，則人無所畏。大史，掌邦之典法，則之貳以待逆者也。内史，掌八枋之法，以詔王治者也。司會，掌邦之典法，則之貳以逆治者也。六官，六卿之長，皆使受盟書之貳，重其事，故藏之也。謹備其失墜，故貳之者衆。

司盟：掌盟載之法。注：載，盟辭也。盟者書其辭于策，殺牲取血，坎其牲，加書于上而埋之，謂之載書。凡邦國有疑會同，則掌其盟約之載及其禮儀，北面詔明神。既盟，則貳之。注：有疑，不協也。明神，神之明察者，謂日月山川也。覲禮加方明于壇上，所以依之也。詔之者，讀其載書以告之也。貳之者，寫副以授六官。

蕙田案：明神。覲禮所云方明，謂上下四方之神。

陳氏禮書：司盟曰：「凡邦國有疑會同，則掌其盟約之載書。」左氏曰：「不協而盟。」又曰：「不協之故，用昭乞盟于爾大神。」則凡會同，不必皆盟也。鄭氏以會同必盟，方明之設爲盟而已，其説拘矣。方明之制，方四尺之木，設上下四方之色，上圭以象天神之制用，下璧以象地示之居體，東圭而南璋，西琥而北璜，各象其方而體之。天子拜日禮月與四瀆、山川、丘陵畢，則升壇以祀方明，既而退方明以朝諸侯。其或盟，則復加方明于壇上，而以載辭告之。漢律曆志引書伊訓曰：「『太甲元年，伊尹祀于先王。誕資有牧方明。』以冬至越弗祀先王于方明，以配上帝。」其文與今書不同，不可考也。

右會同盟約

會同禱祠

春官小宗伯：凡王之會同、軍旅、甸役之禱祠，肄儀爲位。注：肄，習也。故書「肄」爲「肆」，「儀」爲「義」。杜子春讀「肆」當爲「肄」，「義」爲「儀」，若今時肄司徒府也。小宗伯主其位。疏：禱祠須豫習威儀而爲之，當習威儀之時，則小宗伯爲位。

右會同禱祠

會同而射

夏官射人：會同、朝覲，作大夫介。凡有爵者。注：諸侯來至，王使公、卿有事焉，則作大夫使之介也。有爵者，命士以上。不使賤者。疏：作，使也。王使公、卿有事于會同，則射人使大夫爲上介。使凡有爵者，命士以上爲衆介也。

蕙田案：此因會同而行賓射之禮，故有介。大夫爲上介，士爲衆介，禮之常也。

右會同而射

諸侯來問

秋官象胥：凡軍旅、會同，受國客幣而賓禮之。注：謂諸侯以王有軍旅之事，使臣奉幣來問。

欽定義疏：此謂王有軍旅、會同之事，而諸侯不從者，王或在京師，或在畿外，諸侯各使卿、大夫勞問于王所，則受其幣而賓禮之。

右諸侯來問

小會同

春官小祝：凡小會同，掌事焉。注：小會同，謂諸侯遣臣來，王使卿大夫與之行會同之禮。

夏官小司馬：凡小會同，掌其事，如大司馬之法。疏：小會同，謂諸侯使卿大夫來聘，王使卿大夫與之會同。

右小會同

蕙田案：會同之禮，或在境内，或在境外。其在境外，則先期職方氏戒于四方，令各修其職事。及將出，天子造于廟，宜于社。大司馬帥士庶子以從王，縣師以司馬之法作其衆庶馬牛車輦，稍人以縣師之法作其同徒輂輦，俱聽令于司馬。牛人共兵車之牛以載公任器，司右合車之卒伍而比屬之，校人毛馬而頒之，司弓矢頒弓弩各以其物，王舉則師氏、保氏從。司士作士、諸子作群子以從。過大山川，宗祝以黄金勺前馬而用事焉。在道，則廩人治軍人之糧食，遺人掌道路之委積，司市及賈師治其市政。所過之國，膳王牲犢，令百官、百牲皆具。王所舍，設梐枑再重，其外設藩盾，有險則設車宫轅門，平地則爲壇、壝宫、棘門。及會同之所，前期度宫方三百步，旁各一門，中爲壇三成，壇十有二尋，深四尺。幕人共帷幕幄帟，掌次張大次、小次，諸侯上介皆奉其君之旂置于宫，尚左。其日，雞人夜嘑旦以嘂百官。司几筵設黼依莞筵，左右玉几，天子乘金路，典路及車僕以餘路從。司常建大常，虎賁氏先後王而趨，旅賁氏禮服以從。天子冕而執鎮圭，搢大圭，帥諸侯朝日于東門外。此謂春會同也。夏則禮日于南門外，秋則禮山川丘陵于西門外，冬則禮月于北門外。其餘並同。反祀方明于壇上。禮畢，乃覲諸侯。天子負人。諸侯各就其旂旒依而立，大司寇前王，大宗伯爲上擯，肆師爲承擯，士擯三人。諸侯各就其旂而立，司儀詔王南鄉見諸侯，土揖庶姓，時揖異姓，天揖同姓。擯者延侯氏升，侯氏升奠玉，降拜，升成拜。其儀如覲禮，三享亦如之。大史執書詔王禮事，小史佐之。大宰贊王受玉幣、玉獻，王禮諸侯，太宰贊玉爵。事畢，若有盟約之事，封人飾牛牲，玉府共珠槃玉敦，射鳥氏以弓矢敺烏鳶，乃進加方明于壇上，司盟北面讀載書詔明神，大司寇莅之，戎右執玉敦，贊牛耳、桃茢。諸侯既歃血畢，大史、内史、司會及六官之長受載書之貳藏之。若會同在國内者，則當朝之諸侯先行朝覲于朝廟，已乃爲壇于郊外，合諸侯，其儀與上同。

五禮通考卷二百二十五

賓禮六

三恪二王後

蕙田案：禮記郊特牲云：「天子存二代之後，猶尊賢也，尊賢不過二代。」而春秋傳又有「以備三恪」之文。後之説者各不同，有以二王之前復立三恪，并三與二爲五代者，鄭康成、劉熹、崔靈恩之説也。有以二王之前止立一代，二王即在三恪之内者，杜預、魏收、杜佑之説也。漢、魏以前多主鄭説，唐、宋以後多主杜解。案樂記，武王克商，未及下車，而封黄帝、堯、舜之後，下車而封夏、殷之後，則薊、祝、陳爲三恪而先封，杞、宋爲二王後而後封，其禮蓋有别矣。然二王之後，得用其先代之禮樂、正朔、服色，天子以賓禮待之，爵爲上公，而三恪則否。故孔子學夏、殷之禮，必徵諸杞、宋。又謂杞、宋爲天子之事守。春秋傳皇武子稱：「宋，先代之後，于周爲客。」而薊、祝、陳諸國不聞別有異數也。三恪以代遠，故先封，而其禮數從殺；二王後以代近，故後封，而其禮數從厚。鄭氏之説，固不可易也。然後世多主三代爲三恪者。蓋成周之世，去古尚近，而始祖后稷，又出自黄帝，仕于堯、舜之時，故求其後而立之。後世去古寖遠，其先代之遠者，又無如軒轅、唐、虞之功德，則追三代之後而封之，已足致尊崇之意。三恪之封，固難行之近代也，而猶欲沿三恪之名，此所以從杜而不從鄭也。今採經傳諸書，以見三代以上之禮，而後世追封先代之事附焉。

通論

禮記郊特牲：天子存二代之後，猶尊賢也。尊賢不過二代。注：過之，遠難法也。疏：天子繼世而立，子孫以不肖滅亡，見在子孫，又無功德，仍須存之，所以存二代之後二，或爲「三」。

者，猶尚尊其往昔之賢所取法象。案異義：「公羊說：存二王之後，所以通天三統之義〔一〕，引此文。古春秋左氏說：周家封夏、殷二王之後，以爲上公；封黄帝、堯、舜之後，謂之三恪。」許慎謹按云：「治魯詩丞相韋玄成、治易施讐等説引外傳曰：『三王之樂，可得觀乎？』知王者所封三代而已，不與左氏説同〔二〕。」鄭駁之云：「所存二王之後者，命使郊天，以天子之禮祭其始祖受命之王，自行其正朔、服色。恪者，敬也，敬其先聖而封其後，與諸侯無殊異，何得比夏、殷之後？」如鄭此言，公羊自據二王之後，左氏兼論三恪，義不乖異也。熊氏云：「周之三恪，越、少昊、高辛，遠存黄帝者，取其制作之人，故易繫辭云：『神農氏没，黄帝、堯、舜氏作。』」義當然也。

蕙田案：五經異義所引左氏說，與杜解不同，蓋劉歆、賈逵諸儒之説，在杜征南以前。

孫氏曰：立前代之後，以統承先王者，自古有此法也。有虞氏之時，棄爲高辛之後，故得祭天，詩所謂「后稷肇祀」是也。丹朱爲唐堯後，作賓於虞，書所謂「虞賓在位」是也。至夏后時，則丹朱、商均之子孫皆爲二王後。湯爲夏氏立後，經傳雖不載，然有

〔一〕「天」，諸本作「夫」，據禮記正義卷二五改。
〔二〕「不」，原作「而」，據光緒本、禮記正義卷二五改。

商之興，固當以禹之裔爲二王後無疑矣。仲虺之誥稱湯之德，有曰「兹率厥典」，言其能率循舊典，不易故常也，豈其於崇德象賢之事獨不稽古乎？至周，則封微子於宋。至封舜後於陳，封東樓公於杞，亦必因成湯封舜、禹之後於陳、杞，可以推知也。

周禮春官司几筵：筵國賓于牖前，左彤几。

蕙田案：國賓，馬融以爲二王後。

何氏休曰：王者存二王之後，使統其正朔，服其服色，行其禮樂，所以尊先聖，通三統。師法之義，恭讓之禮，於是可得而觀之。

通典：王者立三恪二王之後者，欲通師法之義。其前代之後使之郊天，以天子禮祭其始祖受命之王，自行正朔服色，此得通三正也。

通典三恪議：三恪二王之義，有三説焉。一云二王之前更立三代之後爲三恪。此據樂記武王克商，未及下車，封黄帝、堯、舜之後；及下車，封夏、殷之後，通已用六代之樂。一云二王之前但立一代，通二王爲三恪。此據左傳但云「封胡公以備三恪」，明王者所敬先王有二，更封一代，以備三恪。存三恪者，所敬之道不過於三，以通三正。三云二王之後爲一恪，妻之父母爲二恪，夷狄之君爲三恪。此據

「王有不臣者三」而言之。不臣二王後者，尊敬先王，通三正之義。故書有「虞賓在位」，詩云「有客有客，亦白其馬」，明天下非一家所有，敬讓之至，故封建之，使得服其正色，用其禮樂，以事先祖。故孔子云：「夏禮吾能言之，杞不足徵也；殷禮吾能言之，宋不足徵也。」不臣妻父母者，妻之言齊，與己齊體，共承先祖，故尊其父母。春秋左氏傳云：「紀季姜歸於京師。」稱字者，子尊不加父母，妻與己齊體，故夫不得臣之。四夷之君不臣者，尚書大傳曰：「越裳氏獻白雉，周公辭不受，曰：『正朔不施，則君子不臣也。』」案梁崔靈恩云：「三義之說，以初爲長。何者？禮記郊特牲云：『存二王之後，尊賢不過二代。』又詩云：『二王之後來助祭。』又春秋公羊説曰：『存二王之後，所以通三正。』以上皆無謂二王之後爲三恪之文。若更立一代，通備三恪者，則非不過二代之意。左傳云『封胡公以備三恪』者，謂上同黄帝、堯、舜，下同殷、夏，爲三恪也。」按二王三恪，經無正文。崔靈恩據禮記陳武王之封，遂以爲通存五代，竊恐未安。今據二代之後，即謂之二王；三代之後，即謂之三恪。且武王所封，蓋以堯有則天之大，人莫能名；黄帝列序星辰，正名百物，自以功齊萬代，師範百王，故特封其後。偶契三二之數，實非歷代通法。故記云「尊賢不過二代」，示敬必由舊，因取通已爲三正也。其二代之前第三代者，雖遠難師法，豈得不録其後？故亦存之，示敬其道而已，因謂之三恪。故左傳云「封胡公以備三恪」，足知無五代也，況歷代至今，皆以三代爲三恪焉。

蕙田案：崔靈恩之議正矣。杜君卿不從之者，因唐世以周、隋爲二王後，并後魏爲三恪，不用鄭氏義故也。其稱武王所封，非歷代通法，良然。

右通論

虞

書益稷：虞賓在位，群后德讓。傳：虞賓，丹朱也，二王後，故稱賓。

竹書紀年：帝子丹朱避舜于房陵，舜讓不克，遂封朱于房，爲虞賓。三年，舜即天子之位。

通典：虞舜以堯子丹朱爲賓，曰虞賓，而不臣之。

蕙田案：路史：「炎帝參盧，是曰榆罔，居空桑，禪于有熊氏。黄帝乃封參盧于路，而崇炎帝之祀于陳。」此追崇先代之始。經傳不載，附見于此。

右虞

夏

史記五帝本紀：禹踐天子位，堯子丹朱、舜子商均皆有疆土，以奉先祀〔一〕，服其服，禮樂如之。以客見天子，天子弗臣，示不敢專也。集解：譙周曰：「以唐封堯之子，以虞封舜之子。」索隱曰：漢書律曆志云封堯子朱于丹淵爲諸侯〔二〕。商均封虞，在梁國，今虞城縣也。正義曰：括地志云：「定州唐縣，堯後所封。宋州虞城縣，舜後所封也。」

春秋哀公元年左氏傳：少康逃奔有虞，爲之庖正，以除其害。虞思于是妻之以二姚，而邑諸綸。注：虞，舜後諸侯也。梁國有虞縣。思，有虞君也。

右夏

商

詩商頌那：我有嘉客，亦不夷懌。

〔一〕「先」，原作「其」，據味經窩本、乾隆本、光緒本、史記五帝本紀改。
〔二〕「朱」，諸本脱，據史記五帝本紀補。

朱子集傳：嘉客，先代之後來助祭者也。

春秋昭公八年左氏傳：史趙對晉侯曰：「自幕至于瞽瞍，無違命，舜重之以明德，寘德于遂。遂世守之。」注：遂，舜後。蓋殷之興，存舜之後而封遂。言舜德乃至于遂。疏：三年傳云「箕伯、直柄、虞遂、伯戲」，則遂在直柄之後，故云。蓋殷興，存舜之後而封之也。言舜有明聖之德，其德流及于遂。

右商

史記夏本紀：踐天子位，代夏朝天下。湯封夏之後。正義曰：括地志云：「夏亭故城在汝州郟城縣東北五十四里〔一〕，蓋夏后所封也。」

周

禮記樂記：武王克殷，反商，未及下車，而封黄帝之後於薊，封帝堯之後於祝，封帝舜之後於陳，下車而封夏后氏之後于杞，投殷之後于宋。注：反，當爲「及」，字之誤也。

〔一〕「郟城」，光緒本、史記夏本紀作「郲城」。

及商，謂至紂都也。封，謂故無土地者也。投，舉徙之辭也。時武王封紂子武庚于殷墟，所徙者微子也。

禮運：杞之郊也，禹也。宋之郊也，契也。是天子之事守也。注：先祖法度，子孫所當守。

春秋襄公二十有五年左氏傳：昔虞閼父爲周陶正，以服事我先王。注：閼父，舜之後，爲武王陶正。我先王賴其利器用也，與其神明之後也，庸以元女大姬配胡公，注：庸，用也。元女，武王之長女。胡公，閼父之子滿也。而封諸陳，以備三恪。注：周得天下，封夏、殷二王後，又封舜後，謂之恪。并二王後，爲三國。其禮轉降，示敬而已，故曰三恪。疏：鄭玄以杞、宋爲二王之後，薊、祝、陳爲三恪。杜以周封夏、殷之後爲二王後，又封陳，并二王後爲三恪。杜意以此傳言「以備三恪」，則以陳備三恪而已。若遠取薊、祝，則陳近矣，何以言備？以其稱備，知其通二代而備其數耳。二代之後，則各自行其正朔，用其禮樂，王者尊之深也。舜在二代之前，其禮轉降。恪，敬也，封其後，示敬而已，故曰恪。雖通二代爲三，其二代不假稱恪，惟陳爲恪耳。

蕙田案：以二代之後爲三恪，起于杜預，疏家雖曲爲之解，然云「二代不假稱恪，惟陳爲恪」，則三恪與二王後究不得併而一之矣。

觀承案：杞、宋自是二王後，薊、祝、陳當爲三恪。左氏云「封滿於陳，以備三恪」者，薊、祝在先，是二恪，又封陳，乃合爲三，故云「以備」，似不得因此一字而生别解。至云「妻之父母爲一恪，夷狄之君爲一恪，與二王後爲三恪」者，更不經之甚矣。若通典所論，亦是後代之法，與古不同，奚足以軋周人之定典乎？

昭公八年左氏傳：及胡公不淫，故周賜之姓，使祀虞帝。注：胡公滿，遂之後也，事周武王，賜姓曰嬀，封諸陳，紹舜後。

僖公二十四年左氏傳：宋，先代之後也，於周爲客，天子有事，膰焉；有喪，拜焉。注：有事，祭宗廟也。膰，祭肉。尊之，故賜以祭胙。宋弔周喪，王特拜謝之。疏：禮，弔喪之法，皆主人拜其弔者，謝其勤勞。弔者不答拜，以其爲事而來，不自同于賓客。此皆據敵禮以上〔一〕。若其臣下來弔，則主人不拜。宋是先代之後，王以敵禮待之，故拜其來弔，其餘諸侯則否。

詩周頌振鷺序：振鷺，二王之後來助祭也。

振鷺于飛，于彼西雝。我客戾止，亦有斯容。傳：振，群飛貌。鷺，白鳥。雝，澤也。客，二王之後。箋：白鳥集于西雝之澤，言所集得其處也。興者，喻杞、宋之君有潔白之德，來助祭于周之廟，得禮之宜也。其至止亦有此容，言威儀之善如鷺然。

朱子集傳：此二王之後來助祭之詩。

〔一〕「禮」，諸本作「體」，據春秋左傳正義卷一五改，下「禮」字同。

在彼無惡，在此無斁。庶幾夙夜，以永終譽。

朱子集傳：在國無惡之者，在此無厭之者，如是，則庶幾其能夙夜以永終此譽矣。

有客序：有客，微子來見祖廟也。疏：言見于祖廟，必是助祭。

有客有客，亦白其馬。有萋有且，敦琢其旅。傳：萋、且，敬慎貌。

朱子集傳：客，微子也。周既滅商，封微子于宋，以祀其先王，而以客禮待之，不敢臣也。敦琢，選擇也。旅，其卿大夫從行者也。此一節言其始至也。

有客宿宿，有客信信。言授之縶，以縶其馬。傳：一宿曰宿，再宿曰信。

朱子集傳：此一節言其將去也。

薄言追之，左右綏之。既有淫威，降福孔夷。

朱子集傳：此一節言其留之也。

書序：成王既黜殷命，殺武庚。命微子啓代殷後。作微子之命。

書微子之命：王若曰：「猷！殷王元子！惟稽古，崇德象賢。統承先王，修其禮物。作賓于王家，與國咸休，永世無窮。嗚呼！乃祖成湯，克齊聖廣淵，皇天眷佑，誕受厥命。撫民以寬，除其邪虐。功加于時，德垂後裔。爾惟踐修厥猷，舊有令聞。恪慎克孝，肅恭神人。予嘉乃德，曰篤不忘。上帝時歆，下民祗協，庸建爾于上公，尹茲東夏，欽哉！往敷乃訓，慎乃服命。率由典常，以蕃王室。弘乃列祖，律乃有民。永綏厥位，毗予一人。世世享德，萬邦作式。俾我有周無斁。嗚呼！往哉惟休，無替朕命。」

史記周本紀：武王十一年，伐紂，封商紂子祿父，使其弟管叔鮮、蔡叔度相祿父治殷。罷兵西歸。武王追思先聖王，乃褒封神農之後于焦，黄帝之後于祝，帝堯之後于薊，帝舜之後于陳，大禹之後于杞。武王崩，成王少，武庚作亂，畔周，周公奉成王命，誅武庚。以微子開代殷後，國于宋。

陳杞世家：陳胡公滿者，虞舜帝之後也。昔舜爲庶人時，堯妻之二女，居于嬀汭，其後因爲氏姓，姓嬀氏。舜已崩，傳禹天下，而舜子商均爲封國。夏后之世，或失或續。至周武王克殷紂，乃復求舜後，得嬀滿，封之于陳，以奉舜祀，是爲胡公。

杞東樓公者，夏后禹之後苗裔也。殷時或封或絶。周武克殷紂，求禹後，得東樓公，封之于杞，以奉夏后氏祀。索隱曰：杞，國名也。東樓公，謚號也。不名者，並史先失耳。宋忠曰：「今陳留雍丘縣。」故地理志云「雍丘縣，故杞國，周武王封杞後爲東樓公」是也。

孔叢子：陳王曰：「周存二代，別有三恪。」其事云何？答曰：「封夏、殷之後以爲二代，紹虞帝裔，備爲三恪。」恪，敬也，禮之如賓客也。非謂特有二代，別有三恪也。凡所以立二代者，備王道，通三統也。王曰：「三統者何？」答曰：「各自用其正朔。二代與周，是謂三統。」

蕙田案：孔叢子僞書，出于魏、晉以後，不足信。

右周

兩漢

漢書武帝本紀：元鼎四年，行幸滎陽。還至洛陽，詔曰：「祭地冀州，瞻望河洛，巡省豫州，觀于周室，邈而無祀。詢問耆老，迺得孽子嘉。其封嘉爲周子南君，以奉周祀。」

梅福傳：元帝時，尊周子南君爲周承休侯，位次諸侯王。

成帝本紀：綏和元年春二月癸丑，詔曰：「蓋聞王者必存二王之後，所以通三統也。昔成湯受命，列爲三代，而祭祀廢絕。考求其後，莫正孔吉。其封吉爲殷紹嘉侯。」三月，進爵爲公，及周承休侯皆爲公，地各百里。

梅福傳：成帝久無繼嗣，福以爲宜建三統，封孔子之世以爲殷後，復上書曰：

武王克殷，未下車，存五帝之後，封殷于宋，紹夏于杞，明著三統，示不獨有也。今成湯不祀，殷人亡後。春秋經曰：「宋殺其大夫。」穀梁傳曰：「其不稱名姓，以其在祖位，尊之也。」此言孔子故殷後也，雖不正統，封其子孫以爲殷後，禮亦宜之。陛下誠能據仲尼之素功以封其子孫，則國家必獲其福，又陛下之名與天亡極。何者？追聖人素功，封其子孫，未有法也，後聖必以爲則。不滅之名，可不勉哉！福孤遠，又譏切王氏，故終不見納。至元帝時〔一〕，使諸大夫博士求殷後，分散爲十餘姓，郡國往往得其大家，推求子孫，絶不能紀。時匡衡議，以爲「王者存二王後，所以尊先王而通三統也。其犯誅絶之罪者絶，而更封他親爲始封君，上承其王者之始祖。春秋之義，諸侯不能守其社稷者絶。今宋國已不守其統而失國矣，則宜更立殷後爲始封君，而上承湯統，非當繼宋之絶侯也，宜明得殷後而已。今之故宋，推求其嫡，久遠不可得；雖得其嫡，嫡之先已絶，不當得立。禮記孔子曰：『丘，殷人也。』先師所共傳，宜以孔子世爲湯後。」上以其語不經，遂見寢。至成帝時，梅

〔一〕「至」，諸本作「始」，據漢書梅福傳改。

福復言宜封孔子後以奉湯祀。綏和元年，立二王後，推迹古文，以左氏、穀梁、世本、禮記相明，遂下詔封孔子世爲殷紹嘉公〔一〕。

平帝本紀：元始四年春正月，改殷紹嘉公曰宋公，周承休公曰鄭公。

續漢書百官志：光武建武二年，封周後姬常爲周承休公。五年，封殷後孔安爲殷紹嘉公。十三年，改常爲衛公，安爲宋公，以爲漢賓，在三公上。

蕙田案：兩漢以殷、周後爲二王後。

又案：王莽傳：「以漢後定安公劉嬰，位爲賓。周後衛公姬黨更封爲章平公，亦爲賓。殷後宋公孔宏，運轉次移，更封爲章昭侯，位爲恪。夏後遼西姒豐，封爲章功侯，亦爲恪。」莽所爲僭亂，不足道。然其以周、漢後爲賓，夏、殷後爲恪，則依仿周禮而爲之。可見漢儒皆分三恪、二王後爲二也。

右兩漢

〔一〕「殷紹嘉公」，原作「殷紹嘉云」，據光緒本、漢書梅福傳改。

魏

三國志魏文帝本紀：黄初元年冬十一月癸酉，以河内之山陽邑萬户奉漢帝爲山陽公，行漢正朔，以天子之禮郊祭，上書不稱臣，京都有事于太廟，致胙。封公之四子爲列侯。

明帝本紀：青龍二年，山陽公薨，帝素服發哀，遣使持節典護喪事。追謚山陽公爲孝獻皇帝，葬以漢禮。

裴松之注：獻帝傳：追謚山陽公曰孝獻皇帝，册贈璽綬。命司徒、司空持節弔祭護喪，光禄大夫鴻臚爲副，將作大匠、復土將軍營成陵墓，及置百官群吏，車旗服章喪葬禮儀，一如漢氏故事；喪葬所供群官之費，皆仰大司農。立其後嗣爲山陽公，以通三統，永爲魏賓。八月壬申，葬于山陽國，陵曰禪陵，置園邑。葬之日，帝制錫衰弁絰，哭之慟。適孫桂氏鄉侯康，嗣立爲山陽公。

王肅傳：青龍中，山陽公薨，漢主也。肅上疏曰：「昔唐禪虞，虞禪夏，皆終三年之喪，然後踐天子之尊，是以帝號無虧，君禮猶存。今山陽公承順天命，允答民望，進禪大魏，退處賓位。公之奉魏，不敢不盡節。魏之待公，優崇而不臣。既至其薨，襯斂之制，輿徒之飾，皆同之于王者，是故遠近歸仁，以爲盛美。且漢總帝皇之號，號曰皇帝。有別稱帝，無別稱皇，則皇是其差輕者也。故當高祖之時，土無二王，其父兄在而使稱皇，明非二王之嫌也。況今以贈終，可使稱皇，以配其謚。」明帝不從使稱皇，乃追謚曰漢孝獻皇帝。

蕙田案：王子雍建議奪漢獻之帝號，何無舊君之思邪？雖湛深經術，不足多也。

陳留王本紀：景元四年冬十一月，蜀主劉禪降。咸熙元年三月，封劉禪爲安樂公。

蕙田案：魏以漢後爲賓。又案：晉劉熹議，稱「衛公署於前代，爲二王後」，則魏蓋以周、漢後爲二王後也。

右魏

晉

通典：晉武帝太始元年十二月，遣太僕劉原告太廟，封魏帝常道鄉公。奂爲陳留王。詔曰：「明德昭融，遠鑒天命，欽象曆數，用禪厥位。敢咨詢故訓，以敬授青土於東國，永爲晉賓。載天子旌旗，乘五時副車，行魏正朔，郊祀天地，禮樂制度，皆如魏舊，以承王顯，祖之禋祀。」又詔王上書不稱臣，答報不爲詔，一如賓禮。

晉書武帝本紀：泰始元年十二月，賜山陽公劉康、安樂公劉禪子弟一人爲駙馬都尉。　二年夏五月戊辰，詔曰：「陳留王操尚謙沖，每事輒表，非所以優崇之也。主者喻意，非大事皆使王官表上之。」

通典：泰始三年，太常上言：「博士祭酒劉熹等議：漢、魏爲二王後，夏、殷、周之後爲三恪。衛公署於前代，爲二王後，於大晉在三恪之數，應降稱侯，祭祀制度宜與五等公侯同。」有司奏：「陳留王、山陽公爲二代之後，衛公備三恪之禮。易稱『有不速之客三人來』，此則以三爲斷，不及五代也。」

蕙田案：以二王後并于三恪，始于泰始之奏，杜征南解左傳，蓋用當時之制。

晉書明帝本紀：太寧三年秋七月，詔曰：「三恪二王，世代之所重；興滅繼絶，政道之所先。禋祀不傳，甚用懷傷。主者其詳議諸應立後者以聞。」

成帝本紀：咸康二年冬十月，詔曰：「歷觀先代，莫不褒宗明祀，賓禮三恪。故杞、宋啓土，光于周典；宗姬侯衛，垂美漢册。自頃喪亂，庶邦殄悴，周、漢之後，絶而莫繼。其詳求衛公、山陽公近屬，有履行修明，可以繼承其祀者，依舊典施行。」

通典：升平元年，陳留王曹勵表稱：「廢疾積年，不可以奉祭祀。請依春秋之義，求以立後。」大學博士曹耽議：「春秋之義，『後立子以貴不以長』，蓋以爲宗廟主故也。晉公族穆子有廢疾，以讓其弟；衛襄公嗣子縶，足不能行，立其弟。晉、衛皆廢嫡立庶者，明臣之義，終無執祭朝見之期，以之居位，違犯情禮故也。禮，有故使人攝祭，非終身疾者。勵爲君王，故事未有諸侯以疾去國成比。」胡訥議：「孟縶立弟，異於陳留；二王之後，禮不宜廢。」太常王彪之奏：「臣按訥、耽二議，爲許其所陳也，各無明文。臣以爲經史所記，未有南面稱孤而以疾病退爲庶人者也。勵纂封先代，近四十年，位在朝賓。今以疾退，既廢之後，若同人庶，則名賤而役廝；處以朝官，則職替而班下；以舊禮，則制重而無位。量兹三義，莫知其禮。宗廟享祭，禮有假攝，古今依禮行之，有由來矣。」

孝武帝太元十二年，博士庾弘之等議：「陳留王，前代之後，遇以上賓之禮。皇太子雖國之儲副，在人臣之位。今謂班次宜在王下。又按僕射王彪之以爲，禪讓之始王，與繼嗣之末孫，降殺殊矣。是以春秋之會，杞不異列，宋不殊位。今陳留王朝會，自任其來，則無繩墨之準；既以來朝，則應有常次。至於大會升殿，雖在上位，然無殊別之座，名同朝録，將事有例，且朝録蓋是紀官名之簡。」制曰「可」。時陳留嗣王薨，王彪之議：「山陽公薨，故事，給絹二百匹。山陽於今稍遠。今可特給布絹二百匹，錢三十萬，宜小優於山陽也。」

晉書荀奕傳：奕補散騎常侍、侍中。時將繕宫城，尚書符下陳留王，使出城夫。奕駁曰：「昔虞賓在位，書稱其美；詩咏有客，載在雅、頌。今陳留王位在三公之上，坐在太子之右，故答表曰書，賜物曰與。此古今之所崇，體國之高義也。謂宜除夫役。」時尚書張闓、僕射孔愉難奕，以爲：「昔宋不城周，春秋所譏。特蠲非體，宜應減夫。」奕重駁，以爲：「春秋之末，文、武之道將墜於地，新有子朝之亂，於是諸侯逋替，莫肯率職〔一〕。宋之於周，實有列國之權。且同已勤王而主之者晉，客而辭役，責之可

〔一〕「肯」，原脱，據光緒本、晉書荀奕傳補。

也。今之陳留，無列國之勢，此之作否，何益有無！臣以爲宜除，於國職爲全。」詔從之。

蕙田案：晉以漢、魏後爲二王後，并周後爲三恪。

右晉

南北朝

宋書高祖本紀：永初元年夏六月丁卯，即皇帝位。封晉帝爲零陵王，令食一郡。載天子旌旗，乘五時副車，行晉正朔，郊祀天地禮樂制度，皆用晉典。上書不爲表，答表不稱詔。二年秋九月己丑，零陵王薨。車駕三朝率百僚舉哀于朝堂，一依魏明帝服山陽公故事。太尉持節監護，葬以晉禮。

荀伯子傳：伯子遷散騎常侍，本邑大中正。上表曰：「伏見百官位次，陳留王在零陵王上，臣愚竊以爲疑。昔武王克商，封神農之後于焦，黄帝之後于祝，帝堯之後于薊，帝舜之後于陳，夏後于杞，殷後于宋。杞、陳並爲列國，祝、薊、焦無聞焉。斯則褒崇所承，優于遠代之顯驗也。是以春秋次序諸侯，宋居杞、陳之上。考之近世，事亦有徵。晉太始元年[一]，詔賜山陽公劉康子弟一人爵關内侯，衛公姬署、宋侯孔紹子一人駙馬都尉。又太始三年，太常上博士劉憙等議，稱衛公署于大晉[二]，在三恪之數，應降稱侯[三]。臣以零陵王位宜在陳留王之上。」上從之。

蕙田案：宋以魏、晉後爲二王後。又禮志稱「元嘉十一年，皇太子出會，升在三恪上」，蓋以漢後備三恪也。

南齊書高帝本紀：建元元年夏四月甲午，即皇帝位。封宋帝爲汝陰王，築宫丹陽縣故治，行宋正朔，車旗服色，一如故事，上書不爲表，答表不稱詔。五月己未，汝陰王薨，追謚爲宋順帝，終禮依魏元、晉恭帝故事。冬十月丙子，立彭城劉胤爲汝陰王[四]，奉宋帝後。

梁書武帝本紀：天監元年夏四月丙寅，即皇帝位。封齊帝爲巴陵王，全食一郡。

[一]「元年」，諸本作「九年」，據宋書荀伯子傳改。
[二]「衛公」，原脱「衛」字，據光緒本、宋書荀伯子傳補。
[三]「侯」，諸本脱，據宋書荀伯子傳補。
[四]「彭城」，諸本作「鼓城」，據南齊書高帝本紀改。

載天子旌旗，乘五時副車，行齊正朔，郊祀天地，禮樂制度，皆用齊典。巴陵王薨于姑孰，追謚爲齊和帝，終禮一依故事。

大同六年夏四月癸未，詔曰：「命世興王，嗣賢傳業，聲稱不朽，人代徂遷。二賓以位，三恪義在。時事浸遠，宿草榛蕪。望古興懷，言念愴然。晉、宋、齊三代諸陵，有職司者勤加守護，勿令細民妄相侵毀〔一〕。作兵有少，補使充足。前無守視，並可量給。」

陳書高祖本紀：永定元年冬十月乙亥，即皇帝位。詔曰：「禮陳杞、宋，詩詠二客，弗臣之重，歷代斯敦。梁氏欽若人祇，憲章在昔。濟河沈璧，高謝萬邦。茅賦所加，宜遵舊典。其以江陰郡奉梁主爲江陰王，行梁正朔，車旗服色，一依前準，宮館資待，務盡優隆。」

蕙田案：齊、梁、陳皆以所承之代爲賓。

北齊書孝昭帝本紀：皇建元年秋八月甲午，詔曰：「昔武王克殷，先封兩代，漢、

〔一〕「毀」，諸本脱，據梁書武帝本紀補。

魏、二晉，無廢茲典。及元氏統曆，不率舊章。朕纂承大業，思弘古典。但二王三恪，舊説不同〔一〕。可議定是非，列名條奏。其禮儀體式，亦仰議之。」

魏收傳：收轉中書監，詔議二王三恪，收執王肅、杜預義，以元、司馬氏爲二王，通曹備三恪。詔諸禮學之官，皆執鄭玄五代之議。孝昭后姓元，議恪不欲廣及，故議從收。

蕙田案：北齊以元氏、司馬氏爲二王後，通曹魏爲三恪。

周書明帝本紀：二年九月甲辰，封少師元羅爲韓國公，以紹魏後。

元偉傳：太祖天縱寬仁，性罕猜忌。元氏戚屬並保全之，内外任使，布于列職。孝閔踐祚，無替前緒。明、武纘業，亦遵先志。雖天厭魏德，鼎命已遷，枝葉榮茂，足以逾于前代矣。然簡牘散亡，事多湮落〔二〕。今録其名位可知者，附于此云。柱國大將軍、太傅、大司徒、廣陵王元欣，柱國大將軍、特進、尚書令、少師、義陽王元子孝，尚

〔一〕「舊」，原作「義」，據味經窩本、乾隆本、光緒本、北齊書孝昭帝本紀改。

〔二〕「湮落」，周書元偉傳作「湮没」。

書僕射、馮翊王元季海，七兵尚書、陳郡王元玄，大將軍、淮安王元育，大將軍、梁王元儉，大將軍、尚書令、少保、小司徒、廣平郡公元贊，大將軍、納言、小司空、荊州總管、安昌郡公元則，侍中、驃騎大將軍、開府儀同三司、少師、韓國公元羅，侍中、驃騎大將軍、開府儀同三司、吏部尚書、魯郡公元正，侍中、驃騎大將軍、開府儀同三司、中書監、洵州刺史、宜都郡公元顏子，侍中、驃騎大將軍、開府儀同三司、鄀州刺史、安樂縣公元壽，侍中、驃騎大將軍、開府儀同三司、武衛將軍、遂州刺史、房陵縣公元審。

右南北朝

隋

隋書高祖本紀：開皇元年春二月己巳，以周帝爲介國公，邑五千户，爲隋室賓。旌旗車服禮樂，一如其舊。上書不爲表，答表不稱詔。周氏諸王，盡降爲公。

煬帝本紀：大業四年冬十月辛亥，詔曰：「昔周王下車，首封唐、虞之裔；漢帝承曆，亦命殷、周之後。皆所以褒立先代，憲章在昔。朕嗣膺景業，旁求雅訓，有一弘益，欽若令典。以爲周兼夏、殷，文質大備；漢有天下，車書混一；魏、晉沿襲，風流未遠。並宜立後，以存繼絶之義。有司可求其胄緒列聞。」

蕙田案：隋以周後爲賓。

右隋

唐

通典：唐武德元年五月，詔曰：「革命創制，禮樂變于三王；修廢繼絶，德澤隆于二代。其以莒之酅邑奉隋帝爲酅國公，正朔服色，一如舊章。」

唐書太宗本紀：貞觀二年八月辛丑，立二王後廟，置國官。

通典：二年秋八月，制曰：「二王之後，禮數宜崇。寢廟不修，廩餼多闕，非所以追崇先代，式敬國賓。可令所司，量置國官，營立廟宇。」

永昌元年十一月，制：以周、漢之後爲二王，仍封舜、禹、成湯之裔爲三恪。

神龍元年五月，制：宜依舊以周、隋爲二王後。

天寶八載七月，封後魏孝文十代孫元伯明爲韓國公，以備三恪。

唐書玄宗本紀：天寶九載九月辛卯，以商、周、漢爲三恪。

王勃傳：勃謂：「王者乘土王，世五十，數盡千年；乘金王，世四十九，數九百年；乘水王，世二十，數六百年；乘木王，世三十，數八百年；乘火王，世二十，數七百年，天地之常也。自黄帝至漢，五運適周，土復歸唐，唐應繼周、漢，不可承隋短祚。」乃斥晉、魏以降非真主正統，皆五行沴氣，遂作唐家千歲曆。武后時，李嗣真請以周、漢爲二王後，而廢隋、周，中宗復用周、隋。天寶中，太平久，上言者多以詭異進，有崔昌者采勃舊説，上五行應運曆，請承周、漢，廢周、隋爲閏，右相李林甫亦贊佑之。集公卿議可否。集賢學士衛包、起居舍人閻伯璵上表曰：「都堂集議之夕，四星聚于尾，天意昭然矣。」于是玄宗下詔以唐承漢，黜隋以前帝王〔一〕，廢介、酅公，尊周、漢爲二王後，以商爲三恪，京城起周武王、漢高祖廟。授崔昌太子贊善大夫，衛包司虞員外郎。

十二載五月己酉，復魏、周、隋爲三恪。

王勃傳：楊國忠爲右相，自稱隋宗，建議復用魏爲三恪，周、隋爲二王後，酅、介

〔一〕「王」，諸本脱，據新唐書王勃傳補。

二公復舊封，貶崔昌烏雷尉，衛包夜郎尉，閻伯璵涪川尉。

蕙田案：唐以周、隋爲二王後，通後魏爲三恪，中間雖有更改，皆不久而罷。

右唐

五代

五代史梁太祖本紀：開平二年春二月戊寅，封鴻臚卿李崧萊國公，爲二王後。冬十二月己亥，以介國公爲三恪，酅國公、萊國公爲二王後。

蕙田案：後梁以隋、唐後爲二王後，通周後爲三恪。

晉高祖本紀：天福二年春正月，封唐宗室子爲公，及隋酅公爲二王後，以周介公備三恪。天福四年秋九月癸未，封李從益爲郇國公以奉唐後。

蕙田案：後晉亦以隋、唐爲二王後，通周後爲三恪。

漢高祖本紀：天福十二年夏五月甲午，以郇國公李從益知南朝軍國事。

右五代

宋史禮志：太祖建隆元年正月四日，詔曰：「封二王之後，備三恪之賓，所以示子傳孫，興滅繼絶。夏、商之居杞、宋，周、隋之啓介、酅，古先哲王，實用兹道。矧予凉德，歷試前朝，雖周德下衰，勉從於禪讓；而虞賓在位，豈忘於烝嘗？其封周帝爲鄭王，以奉周嗣，正朔服色，一如舊制。」又詔曰：「矧唯眇躬，逮事周室。謳歌獄訟，雖歸新造之邦；廟貌園陵，豈忘舊君之禮？其周朝嵩、慶二陵及六廟，宜令有司以時差官朝拜祭饗，永爲定式。」仍命周宗正卿郭玘行禮。

太祖本紀：開寶六年三月乙卯朔，周鄭王殂于房州，上素服發哀，輟朝十日，謚曰恭帝，命還葬慶陵之側，陵曰順陵。

禮志：仁宗天聖六年，録故虢州防禦使柴貴子肅爲三班奉職。七年，録故太子少傅柴守禮孫詠爲三班奉職。其後，又録柴氏之後曰熙、曰愈、曰若拙、曰上善並爲三班奉職，曰餘慶、曰誠爲州長史、助教〔二〕，曰貽廓等十一人復其身，仍各賜錢一萬。又

〔二〕「誠」，宋史禮志二十二作「織」。

録世宗曾孫揆、柔及貴曾孫日宣、守禮曾孫若訥，皆爲三班奉職。

仁宗本紀：嘉祐四年四月，封柴氏後爲崇義公，給田四十頃，以奉周室祀。

禮志：嘉祐四年，著作郎何鬲言：「舜受堯、禹受舜之天下，而封丹朱、商均以爲國賓。周、漢以降，以及於唐，莫不崇奉先代，延及苗裔。本朝受周天下，而近代之盛莫如唐，自梁以下，皆不足以崇襲。臣願考求唐、周之裔，以備二王之後，授以爵命，封縣立廟，世世承襲，永爲國賓。」事下太常，議曰：「古者立二王後，不唯繼絶，兼取其明德可法。五代草創，載祀不永，文章制度，一無可考。上取唐室，世數已遠，於經不合。惟周則我受禪之所自，義不可廢。宜訪求子孫，如孔子後衍聖公，授一京官，爵以公號，使專奉廟饗，歲時存問，賜之粟帛、牲器、祭服，每遇時祀，並從官給，其廟宇亦加嚴飾。如此，則上不失繼絶之義，度之於今，亦簡而易行。」從之。四月，詔曰：「先王推紹天之序，尚尊賢之義，褒其後嗣，賓以殊禮，豈非聖人稽古報功之大典哉？國家受命之元，繼周而王，雖民靈欣戴，曆數允集，而虞賓將遜，德美丕顯。頃者推命本始，褒及支庶，每遇南郊，許奏白身一名充班行，恩則厚矣，而義未稱。將上采姚、姒之舊，略循周、漢之典，詳其世嫡，優以公爵，異其仕進之路，申以田土之錫，俾廟寢有奉，饗祀不輟，庶幾乎春秋通三統、厚先代之制矣。宜令有司取柴氏譜系，於諸房中推最長一人，令歲時親奉周室祀事。如白身，即與京主簿，如爲班行者，即比類換文資，仍封崇義公，與河南府、鄭州合入差遣，給公田十頃，專管勾陵廟。應緣祭饗禮料所須，皆從官給。如至知州資序，即別與差遣，却取以次近親，令襲爵授官，永爲定式。」八月，太常禮院定到内殿崇班、相州兵馬都監柴詠於柴氏諸族最長，詔换殿中丞，封崇義公，簽書奉寧軍節度判官事，以奉周祀。又以六廟在西京，而歲時祭饗無器服之數，令有司以三品服一、四品服二及所當用祭器給之。

熙寧四年，西京留守司御史臺司馬光言：「崇義公柴詠祭祀不以儀式。周本郭姓，世宗后姪，爲郭氏後。今存周後，則宜封郭氏子孫以奉周祀。」帝閱奏，問王安石，安石曰：「宋受天下於世宗，柴氏也。」帝曰：「爲人後者爲之子。」安石曰：「爲人後於異姓，非禮也。雖受天下於郭氏，豈可以天下之故而易其姓氏所出？」帝然之。

蕙田案：宋承天下于周，周故郭姓，世宗乃養子所承者，郭氏之天下，非柴氏之天下也。宋立周後而不立郭氏，不明傳緒之正。涑水之論，極爲正大，乃信安石之言而不用，惑哉！

五年正月，柴詠致仕。詠長子早亡，嫡孫夷簡當襲。太常禮院言夷簡有過，合以次子西頭供奉官若訥承襲。詔以若訥爲衛尉寺丞，襲封崇義公，簽書河南府判官廳公事。

徽宗本紀：重和元年閏月丙子，詔：「周柴氏後已封崇義公，復立恭帝後以爲宣義郎，監周陵廟，世世爲國三恪。」

禮志：政和八年，徽宗詔曰：「昔我藝祖受禪於周，嘉祐中擇柴氏旁支一名封崇義公。議者謂不當封周。然禪國者周，而三恪之封不及，禮蓋未盡。除崇義公依舊外，擇柴氏最長見在者以其祖父爲周恭帝後，以其後世世爲宣義郎，監周陵廟，與知縣請給，以示繼絶之仁，爲國二恪，永爲定制。」

蕙田案：徽宗於柴氏崇義公之外，復立周後爲二恪。然所立者，仍柴氏，非郭氏也。蓋終宋之世，未加禮于郭氏之後矣。

紹興五年，詔周世宗玄孫柴叔夏爲右承奉郎，襲封崇義公，奉周後。二十六年，叔夏升知州資序，別與差遣。以子國器襲封，令居衢州。朝廷有大祀，則入侍祠如故事。其柴大有、柴安宅亦各補官。

理宗本紀：淳祐九年春正月庚申，詔周世宗八世孫柴彦穎補承務郎，襲封崇義公。

禮志：時又求隋、唐及朱氏、李氏、石氏、劉氏、郭氏之後，及吴越、荆南、湖南、蜀漢諸國之子孫，皆命以官，使守其祀。

蕙田案：宋惟立周後爲恪，不及先代。

右宋

金

金史太宗本紀：天會三年八月，遼主延禧入見，降封海濱王。六年八月，以宋二庶人入見，封其父昏德公、子重昏侯。

熙宗本紀：皇統元年二月，改封海濱王耶律延禧爲豫王，昏德公趙佶爲天水郡王，重昏侯趙桓爲天水郡公。十二月，天水郡公趙桓乞本品俸，詔賙濟之。三年八月，詔給天水郡王孫及天水郡公壻俸禄。

蕙田案：金以遼延禧、宋欽宗及僞齊劉豫爲三恪。豫，宋之叛臣，不足道也，今略之。

右金

元

元史世祖本紀：至元十三年夏五月乙未朔，巴延以宋主㬎至上都，制授㬎開府儀同三司、檢校大司徒，封瀛國公。

右元

元史順帝本紀：至正二十八年，明兵襲應昌府，皇孫布尼雅實哩及后妃皆被獲，明封布尼雅實哩爲崇禮侯。

明

明大政記〔一〕：洪武七年九月丁丑，上謂廷臣曰：「草木無心，遇春而茂，遇秋而零

〔一〕「明大政記」上，原衍「右明」二字，與下文重複，删。

落。氣之所感，猶知榮悴，況于人乎？崇禮侯布尼雅實哩南來已五載，今既長成，豈無父母鄉土之思？宜遣之還。」于是厚禮而歸之。

蕙田案：元、明封前代之後，不立爲恪。

右明

五禮通考卷二百二十六

賓禮七

諸侯聘于天子

蕙田案：周禮大宗伯、大行人俱有時聘、殷頫之禮。王制亦云：「諸侯之于天子也，比年一小聘，三年一大聘。」故周禮有大賓、大客之分：大賓謂諸侯來朝，大客謂諸侯使卿大夫來聘也。先王之於諸侯，既酌六服之近遠，而定爲朝、覲之期，猶懼上下之情不浹也，又於其間使其卿大夫奉幣入聘，以結諸侯之好，且以覵其卿大夫之賢否。以故六服之遠，如在一家，而無猜嫌、跋扈之患。後之儒者，創謂諸侯無聘天子之法，而以周官之聘、頫爲天子遣使侯國之事。夫天子於侯國，尚有徧存、徧頫、徧省之使，而諸侯自朝覲以外，無一介行李聘于天子，曾謂古者有此體制乎？儀禮有諸侯邦交之聘禮，而聘于天子之禮則無之。今據經傳諸文以存其略。至其儀節之次第，則杜氏通典據侯國聘禮推而得之，頗有條理，今並録之。

聘覜名義

周禮春官大宗伯：時聘曰問，殷頫曰視。注：時聘者，亦無常期，天子有事乃聘之焉。竟外之臣，既非朝歲，不敢瀆爲小禮。殷頫，謂一服朝之歲，以朝者少，諸侯乃使卿以大禮衆聘焉。一服朝在元年、七年、十一年。疏：「時聘無常期，天子有事乃聘之」者，上時見是當方諸侯不順服，其順服者，當方盡朝，無遣臣來之法，其餘三方諸侯不來。諸侯聞天子有征伐之事，則遣大夫來問天子。「時聘遣大夫，不使卿」者，按聘禮「小聘曰問，使大夫」。此經云「問」，明使大夫也。一服朝之歲，諸侯既不自朝，使卿來聘天子，故稱殷。殷，衆也，若殷見然。聘禮大聘使卿。此既諸侯使臣代己來〔一〕，明不得使大夫，故知使卿也。云「一服朝在元年、七年、十一年」者，以侯服年年朝，甸服二年朝、四年朝、六年朝、八年朝、十

〔一〕「己」，諸本作「以」，據周禮注疏卷一八改。

年朝、十二年朝，從天子巡狩，是甸服於元年、七年、十一年無朝法，是使卿殷頫也。男服三年朝、六年朝、九年朝，十二年從天子巡守，於元年、七年、十一年亦無朝法，是亦使卿以大禮聘天子也。采服四年朝、八年朝，十二年從天子巡守，則元年、七年、十一年亦無朝天子法，是亦使卿以大禮聘天子也。衛服五年朝、十年朝，則元年、七年、十一年亦無朝天子法，是亦使卿以大禮聘天子也。要服六年朝，十二年從天子巡守，則元年、七年、十一年亦無朝法，是亦使卿以大禮聘也。

秋官大行人：時聘以結諸侯之好，殷頫以除邦國之慝。注：此二事者，亦以王見諸侯之臣來使者爲文也。時聘者，亦無常期，天子有事，諸侯使大夫來聘，親以禮見之，禮而遣之，所以結其恩好也。天子無事則已。殷頫，謂一服朝之歲也。慝，猶惡也。一服朝之歲，五服諸侯皆使卿以聘禮來頫天子，天子以禮見之，命以政禁之事，所以除其惡行。

易氏祓曰：或謂聘頫，即下經「徧存」、「徧頫」、「徧省」之事，乃天子遣使以撫邦國諸侯。然大宗伯以此二事爲賓禮，而此職亦有大客之儀，則知非天子遣使之文。注義固不可破也。

欽定義疏：邦國有交相惡者，當衆聘，其國卿皆在，故諭使解除。

小行人：凡四方之使者，大客則擯，小客則受其幣而聽其辭。注：擯者，擯而見之王，使得親言也。受其幣者，受之以入告其所爲來之事。疏：大客，要服以内諸侯之使臣也。小客，謂蕃國諸侯之使臣也。

蔡氏德晉曰：大客，孤卿也。小客，大夫、士也。受其幣而聽其辭，以其來之意轉告于王，王不親見故也。

存、頫、省、聘、問，臣之禮也。疏：存、頫、省三者，天子使臣撫邦國之禮。聘、問二者，諸侯使臣行聘天子之禮。

蕙田案：後儒以經文「聘、問」與「存、頫、省」並稱，遂疑五者皆天子遣使，而諸侯無上聘天子之法，賈疏分別言之，極明。

禮記王制：諸侯之於天子也，比年一小聘，三年一大聘。注：比年，每歲也。小聘使大夫，大聘使卿。此晉文霸時所制也。疏：按昭三年左傳鄭子太叔曰：「文、襄之霸也，其務不煩諸侯，令三歲而聘，五歲而朝。」故鄭云晉文霸時所制也。

陳氏禮書：輕財重禮，交人之道也。聽命達言，使者之事也。三輔人語：「輕財曰聘。」則聘之爲義可知矣。古者比年小聘，三年大聘。小聘曰問，大聘曰殷。既歲聘矣，中復盛聘，此周禮所以言「殷相聘」，春秋傳所以言「殷聘，禮也」。左傳曰：「先王之制：諸侯之喪，士弔，大夫送葬；唯嘉好、聘饗、三軍之事，于是乎使卿。」則小聘之問，雖「不饗，有獻不及夫人，主人不筵几，不禮面，不升，不郊勞，其禮如爲介。三介」。然則小聘蓋亦卿爾，以其與君爲禮也。鄭氏曰「小聘使大夫」，其説無據。聘雖有國者之禮，而其下亦有焉，故凡「聘女曰聘，問人曰聘」是也。春秋書王臣來聘八，諸侯之臣來聘二十有五，或稱名，或稱字，或稱弟，或稱公子，或稱公孫，或稱人，或不稱氏，或不言使，其褒貶輕重，各稱其事，非可以一端求也。

中庸：朝聘以時。

朱子章句：聘，謂諸侯使大夫來獻。王制：「比年一小聘，三年一大聘。」

右聘覜名義

聘覜儀節

周禮考工記玉人：瑑圭、璋八寸，璧琮八寸，以覜聘。注：瑑，文飾也。覜，視也。聘，問也。衆來曰覜，特來曰聘。疏：此謂上公之臣，執以覜聘，用圭、璋，享用璧琮於天子及后也。若兩諸侯自相聘，亦執之。侯、伯之臣宜六寸，子男之臣宜四寸。

蕙田案：此條論聘覜所執圭璧。

秋官大行人：凡大國之孤，執皮帛以繼小國之君，出入三積，不問，壹勞，朝位當

車前，不交擯，廟中無相，以酒禮之。其他皆眂小國之君。注：此以君命來聘者也。孤尊，既聘享，更自以其摯見。豹皮表之爲飾，繼小國之君，言次之也。朝聘之禮，每一國畢〔一〕，乃前。不交擯者，不使介傳辭交于王之擯，親自對擯者也。廟中無相，介皆入門，西上而立，不前相禮者，聘之介是與？以酒禮之，酒，謂齊酒也，和之不用鬱鬯耳。其他，謂貳車及介、牢禮、賓主之間、擯者、將幣、祼酢、饗食之數。疏：按典命，上公之國，立孤一人，侯伯已下則無，故云「大國之孤」也。趙商問：「『其他眂小國之君，以五爲節』，下云『諸侯之卿各下其君二等』，注云：『公使卿亦七，侯伯亦五，子男三。』不審大國孤五而卿七何？」答曰：「卿奉君命，七介；孤尊，更自特見，故五介。」此有聘禮可參。又問：「『孤出入三積』，此即與小國同，宜應視小國之君，何須特云『三積』？與例似錯。」答曰：「三積者，卿亦然，非獨孤也，故不在視小國之中。」然則一勞者，亦是卿亦然，故須見之。「知孤既聘享，更自以其贄見」者，若行正聘，則執瑑圭、璋八寸以行聘，何得執皮帛也？但侯伯已下臣來使，無此更見法。以大國孤尊，故天子別見之也。諸侯行交擯者，使介傳于王擯，傳而下，又傳而上是也。「親自對擯」者，聘禮賓來在末介下，東面，上擯亦至末擯下，親相與言是也。聘禮賓行聘之時，「擯者納賓，賓入門左，介皆入門左，北面，西上」，注云：「隨賓入也。介無事，止於此。」是「介入廟門，西上，不相者」也。彼諸侯法，約同天子禮，故云「與」以疑之。

〔一〕「一」，諸本脱，據周禮注疏卷三七補。

蕙田案：此聘問禮畢，别以摯見于天子之儀，惟大國之孤爲然，其餘則否，所以尊孤卿也。卿大夫聘于王朝，亦當有私覿之禮，但禮文不具耳。

凡諸侯之卿，其禮各下其君二等以下，及其大夫、士皆如之。注：此亦以君命來聘者也。所下其君者，介與朝位、賓主之間也，其餘則自以其爵。聘義曰：「上公七介，侯、伯五介，子、男三介。」是謂使卿之聘之數也。朝位，則上公七十步，侯、伯五十步，子、男三十步與？　疏：大夫、士皆如之者，大夫又各自下卿二等。士雖無介與步數，至於牢禮之等〔一〕，又降殺大夫。

蕙田案：此條王朝待聘使陳介、牢禮降殺之等。

禮記王制：次國之上卿，位當大國之中，中當其下，下當其上大夫。小國之上卿，位當大國之下卿，中當其上大夫，下當其下大夫。注：此諸侯使卿大夫頫聘並會之序也。其爵位同，小國在下；爵異，固在上耳。　疏：經文既稱大國小國，大小並在，則非是特來，故知使卿、大夫頫聘並會也。云「其位爵同，小國在下」者，爵同，謂同作卿也。據經文，小國卑于大國，故知小國之卿在大國之卿下。云「爵異，固在上」者，謂大國是大夫，小國是卿，則經云「小國之卿，位當大國之上大夫」，是小國之卿爵異于大國之大夫，其爵既異，固當在大夫之上。必知爵異小國在上者，以其卿執羔，大夫執

〔一〕「於」，諸本脱，據周禮注疏卷三七補。

雁。使卿絺冕，大夫玄冕，故知小國之卿不得在大國大夫之下也。**其有中士、下士者，數各居其上之三分。**注：謂其爲介若特行而並會也。居猶當也。此據大國而言，大國之士爲上，次國之士爲中，小國之士爲下。士之數，國皆二十七人，各三分之，上九，中九，下九，以位相當。則次國之上士當大國之中，中當其下。小國之上士當大國之下。凡非命士，亦無出會之事。春秋傳謂士爲微。疏：爲介者，若聘禮「士介四人」是也。「若特行」〔一〕，則隱元年「及宋人盟于宿」是也。本國出使，是行至他國並會也。中士，中國之士；下士，下國之士。經雖無「上士」之文，以中士、下士類之，則上士爲大國之士也。

蕙田案：此條聘使班位之次。

曲禮：列國之大夫，入天子之門曰「某士」，自稱曰「陪臣某」。注：謂諸侯大夫三命以下，於天子爲士。曰某士者，如晉韓起聘于周，擯者曰：「晉士起。」疏：列國，五等諸侯也。天子上士三命，中士再命，下士一命。而五等之臣，惟公國一孤四命耳。自卿、大夫從三命以下，其命等于王之士，故入天子之國，擯者稱爲某國之士也。「自稱曰陪臣某」，陪，重也。其君已爲王臣，今又爲己君之臣，故自稱對王曰重臣也。

蕙田案：此條聘使稱謂。

〔一〕「若」，原作「各」，據光緒本、禮記正義卷一一改。

通典：周制，諸侯遣使聘天子，皆以卿爲使，大夫爲上介，士爲衆介。公介七人，伯五人，子男三人。諸侯之臣使，各下其君二等。將行之朝，朝服捧幣于禰，告爲君使〔一〕，然後釋幣于行。在廟門之外也。介及衆介皆從，遂受命于朝，受聘珪，享束帛加璧。二王之後，公使則享用珪也。次受夫人之聘璋〔二〕，及享用玄纁束帛加璧〔三〕。遂行。至天子畿，更張旜。示有事于此。先謁關人。關人報王。使請事，遂導以入。若公之孤，則三積，一問一勞。至郊，迎，張旜而入。王使大夫授館，遣人致飧。將行聘之前，皆遣人授舍于文王廟門外。行聘之朝，釋幣于禰，服冕服，乘車建旜。至大門外，下車。王服皮弁服受聘。時賓亦服皮弁服。受訖，王更服，服衮冕入廟，當扆而立。賓入次，改服裨冕而入，士介皆隨賓後。入，行享于廟，亦升堂，進玉，王前撫之。亦行三享，王禮之。出廟門，更行私覿之見。王出，至大門內，使問其君及勞聘。賓還館，主人致饔餼。明日，發幣于公卿，然後受饗、受燕而還。王亦使送出境。其餞還之儀，與諸侯相聘還之禮同。

〔一〕「使」，諸本脱，據通典卷七四補。
〔二〕「璋」，諸本脱，據通典卷七四補。
〔三〕「及」，諸本作「使則」，據通典卷七四改。

薛氏禮圖：諸侯聘天子之禮，凡聘皆使卿爲主，大夫爲介，士爲衆介，使介之數各下其君二等。將行之旦，朝服釋幣于禰，告君，然後釋幣于行。上介及衆介皆從，受命于朝。聘圭，授享束帛加璧，二王之後，享王用圭，后用璋。五等諸侯，享王用璧，后用琮。既受，遂行，張旜，出國，舍于郊。明日，斂旜。行至王畿，更張旜。先謁關人，關人報入，王使請事，遂導以入。若公之孤，則三積，不問，一勞。至近郊，張旜而行。王使大夫授館，致館，又遣人致飧。將行聘之前，使者遣人受舍于文王廟門外。行聘之旦，朝服，釋幣于禰。服冕服，乘車，建旜，至于大門之外。使者朝位、步數，亦下其君二等。下車，孤北面立，卿則車前五步，介皆陳于西北，東面。王待之擯數，皆如其君也。春夏時，王乘車而迎至大門内，上擯立于門外，西面。承擯以下繼之而立，皆西面。末擯、末介相去三丈六尺。交擯，不傳詞。上擯揖，前傳詞訖，王則不出門，賓入大門之内見王。初入門，賓之上介拂西棖，士介拂闑，乃從王入庫門，則止一相。士介從上介，而上至次。若秋冬時，王不至大門之内迎賓，其朝享併受之于廟。其介及擯、陳設之儀，如王迎之儀，但上擯帥之而入也。賓既入次，王則服皮弁，受聘于朝，時賓亦皮弁，受玉訖，然後更服冕服入廟，當扆而立，賓入次，改服裨冕而入，士介皆從賓而入。享于廟，升堂，進玉于上前，王撫之。亦行三享，王禮之。出廟門，更自以其贄、束帛、豹皮表之爲飾，繼小國之君後而入見，遂行私覿之禮見。王出，至大門之内，使問其君及勞賓也。聘訖，還館，致享餼。明日，發幣于公卿后以致餼，公卿得幣，皆有禮于賓也。然後受享、受食、受燕而還。王亦使行人送至館，其還玉之儀，與諸侯相聘還玉之禮同。

蕙田案：杜氏、薛氏所述周制，蓋據儀禮諸侯相聘之儀節參校而得之。

右聘覲儀節

春秋諸國聘周

春秋僖公三十年：冬，公子遂如京師，遂如晉。注：如京師，報宰周公。左氏傳：東門襄仲將聘于周，遂初聘于晉。

宣公九年：夏，仲孫蔑如京師。左氏傳：王使來徵聘。夏，孟獻子聘于周。王以爲有禮，厚賂之。

襄公二十四年：冬，叔孫豹如京師。左氏傳：穆叔如周聘，王嘉其有禮也，賜之大路。

蕙田案：春秋書内大夫如京師者七。文元年，叔孫得臣以拜錫命。文八年，公孫敖以弔喪。文九年叔孫得臣、襄二十二年叔鞅俱以會葬，皆無關於聘問，故不載。

趙氏汸曰：周制，諸侯于天子，有見、有貢而無聘問。見，謂大宗伯「朝覲」以下六禮；貢，謂小行人「春入貢」也；聘、問者，上之所以交于下也。東遷，小國與大國有朝則無聘。諸侯不朝貢天子，而以聘禮上問，如邦交諸侯之伉也。傳記「晉韓宣子聘于周，辭曰：『晉士起將歸時事于宰旅。』王曰：『辭不失舊』」，則諸侯于天子言聘非舊制可知。由周室既衰，雖聘、問之禮，亦不能常，故左氏不復辨，然不失爲寔録也。鄭氏因以釋周官時聘、殷頫，誤矣。隱、桓之世，王室來聘者五，來賵者一，來求者二，錫桓公命一，而魯君臣三世不享覲于王庭。至僖公二十八年，因晉文盟會，始兩朝王所。又明年，天王使宰周公來聘，而魯始聘京師，遂聘晉。是魯之朝聘天子，皆以晉故也。文公元年，王使來會葬僖公，又來錫公命，故得臣如京師拜。而王使又來含賵成風，來會葬矣。八年，公孫敖如京師弔喪，不至，以幣奔莒，而毛伯來求金，於是得臣如京師，葬襄王。宣公之世，王使來徵聘，故仲孫蔑如京師。明年，王季子巳爲報聘來矣。外傳載成公將朝王，「使叔孫僑如先聘且告」，而史不書者，大夫從公，例不書。此爲公行告朝，非實聘，傳言「其享覲之禮薄」是也。觀春秋所書，則王室懷諸侯，有過于成周，而魯之事周，不能比齊、晉，蓋上陵下替之日久矣。自成至哀五君，唯襄公末年叔孫豹一如京師，昭公末年叔鞅葬景王而止。中國無伯，則諸侯復散，不復知王室，而王室亦絶意於諸侯也。然説春秋者，唯知朝聘不行爲有罪，而不知聘問亦非諸侯事天子之禮，則豈聖人制作之意哉？

蕙田案：趙氏論魯失事王室之禮，是也。謂聘問非事天子之禮，則非。

襄公二十六年左氏傳：晉韓宣子聘于周，王使請事。注：問何事來聘。對曰：「晉士起將歸時事于宰旅，無他事矣。」注：起，宣子名。禮，諸侯大夫入天子國稱士。時事，四時貢職。宰旅，冢宰之下士。言獻職貢于宰旅，不敢斥尊。疏〔一〕：曲禮云：「列國之大夫入，天子之國曰某士。」是諸侯大夫入天子之國，禮法當稱士也。王聞之曰：「韓氏其昌阜于晉乎！辭不失舊。」

右春秋諸國聘周

蕃使朝貢附

蕙田案：漢以下無諸侯聘于天子之禮，但有蕃國遣使朝貢之儀，其儀或隆或殺，其文或詳或略，今爲叙次，附于聘禮之後。

〔一〕「疏」，原作「注」，據光緒本、春秋左傳正義卷二六改。

兩漢蕃使朝貢

漢書兩粤傳：文帝元年，召陸賈使粤。南粤王恐，願奉明詔，長爲藩臣，奉貢職。孝景時，遣使入朝請。獻白璧一雙，翠鳥千，犀角十，紫貝五百，桂蠹一器，生翠四十雙，孔雀二雙。

武帝本紀：太始三年春正月〔一〕，行幸甘泉宫，饗外國客。

宣帝本紀：神爵二年，匈奴單于遣名王奉獻，賀正月，始和親。甘露元年，匈奴呼韓邪單于遣子右賢王銖婁渠堂入侍。

匈奴傳：甘露三年，郅支單于遣使奉獻，漢遇之甚厚。明年，兩單于俱遣使朝獻，漢待呼韓邪使有加。

成帝河平元年，單于遣右皋林王伊邪莫演等奉獻，朝正月。既罷，遣使者送至蒲反。伊邪莫演言欲降。使者以聞，議者或言受其降。光禄大夫谷永、議郎杜欽以爲：「漢興，匈奴數爲邊害，故設金爵之賞以待降者。今單于詘體稱臣，列爲北藩，遣使朝

〔一〕「正月」，原作「三月」，據味經窩本、乾隆本、光緒本、漢書武帝本紀改。

賀，無有二心，漢家接之，宜異於往時。今既享單于聘貢之質，而更受其逋逃之臣，是貪一夫之得而失一國之心，擁有罪之臣而絶慕義之君也。不如勿受，便。」天子從之。

平帝本紀：元始元年春正月，越裳氏重譯獻白雉一，黑雉二，詔使三公以薦宗廟。

二年春，黄支國獻犀牛。

西域傳贊：孝武之世，設酒池肉林以饗四夷之客，作巴俞都盧、海中碭極、漫衍魚龍、角抵之戲以觀視之。及賂遺贈送，萬里相奉。自建武以來，莎車、于闐之屬，數遣使置質于漢，願請屬都護。聖上遠覽古今，時事之宜，羈縻不絶，辭而未許。雖大禹之序西戎，周公之讓白雉，太宗之却走馬，何以尚兹！

後漢書光武本紀：建武二十五年〔一〕，烏桓大人來朝，南單于遣使詣闕貢獻，奉藩稱臣。冬十月，夫餘王遣使奉獻。是歲，烏桓大人帥衆内屬，詣闕朝貢。

中元二年春正月，東夷倭奴國王遣使奉獻。使人自稱大夫，倭國之極南界也。

〔一〕「二十五年」，原作「二十四年」，據光緒本、後漢書光武本紀改。

光武賜以印綬〔一〕。

章帝本紀：章和元年〔二〕，月氏國遣使獻扶拔、師子。扶拔，似麟無角。

和帝本紀：永元十三年冬十一月，安息國遣使獻師子及條枝大爵。

東夷傳〔三〕：永寧元年，夫餘王遣嗣子尉仇台詣闕貢獻，天子賜尉仇台印綬金綵。

南蠻西南夷傳〔四〕：撣國王雍由調遣使者詣闕朝賀，獻樂及幻人，能變化吐火，自支解，易牛馬頭。又善跳丸，數乃至千。

西域傳〔五〕：延熹九年，大秦國王安敦遣使自南徼外獻象牙、犀角、瑇瑁。

右兩漢蕃使朝貢

〔一〕「中元二年春正月」，此條引自後漢書東夷傳。

〔二〕「元年」，原作「二年」，據光緒本、後漢書章帝本紀改。

〔三〕「東夷傳」，諸本作「安帝本紀」，據後漢書東夷傳改。

〔四〕「南蠻西南夷傳」，原作「西域傳」，據光緒本、後漢書南蠻西南夷傳改。

〔五〕「西域傳」，諸本作「桓帝本紀」，據後漢書西域傳改。

唐蕃使朝貢

唐書禮志：若蕃國遣使奉表幣，其勞及戒見皆如蕃國主，庭寔陳於客前，中書侍郎受表置於案，至西階以表升。有司各率其屬受其幣焉。其宴蕃國主及其使，皆如見禮。

唐開元禮：

受蕃國使表及幣其勞及戒見日如上儀。

前一日，尚舍奉御整設御幄于所御之殿北壁，南向。守宮設使者次，太樂令展宮懸，設舉麾位于上下〔一〕，並如常儀。其日，典儀設使者位于懸南，重行，北面，以西爲上。庭寔位于客前。設典儀位于懸之東北，贊者二人在南，差退，俱西面。諸衛勒所部列黄麾半仗屯門及入陳于殿庭。太樂令帥工人入就位，如常儀。符寶郎負寶，俱詣閤奉迎。使者服其國服，奉書出次，通事舍人引立於閤外西廂，東面；從者執幣玉庭寔立于後，俱東面，北上。侍中版奏「外辦」。皇帝服通天冠，乘輿以出，曲直華蓋、

〔一〕「設」，諸本脱，據開元禮卷七九補。

警蹕侍衛如常儀。皇帝將出，仗動，太樂令令撞黃金之鐘，如上儀。符寶郎置寶于座，侍衛如常儀，樂止。中書侍郎一人、令史二人持案先伺於西階下〔一〕，東面，北上。舍人引使者及庭寔入就懸南位。使者初入門，舒和之樂作〔二〕，立定，樂止。大蕃大使爲設樂。次蕃大使及大蕃中使以下皆不設樂懸及黃麾仗。中書侍郎帥持案者進詣使者前，東面。侍郎受書置於案，迴詣西階。侍郎取書，升奉，持案者退。初，侍郎奏書，有司各帥其屬受幣馬于庭。典儀曰「再拜」，贊者承傳，使者以下皆再拜。舍人前承制，降詣使者前，問蕃國主，使者再拜，對訖，又再拜。舍人回奏，又承敕問其臣下，使者再拜對。又勞使者以下，對拜。及舍人迴奏，並如常儀。舍人承制敕勞，還館，使者以下皆再拜。舍人引使者以下出〔三〕，樂作、止如常儀。侍中前跪，奏稱：「侍中臣某言，禮畢。」俛伏，興，還侍位。皇帝興，太樂令令撞蕤賓之鐘，如上儀。侍臣從至閤，樂止。

皇帝宴蕃國使

〔一〕「下」，諸本脱，據通典卷一三一、開元禮卷七九補。

〔二〕「舒和」，諸本作「太和」，據通典卷一三一、開元禮卷七九改。

〔三〕「下」，諸本脱，據通典卷一三一、開元禮卷七九補。

前一日，尚舍奉御殿設御幄于所御之殿北壁〔一〕，南向。太官令具饌，守宮設使者次，太樂令展宮懸于殿庭，設舉麾位于上下，並如常儀〔二〕。若大蕃中使及中蕃大使以下，則不設樂及黄麾仗。其日，尚舍奉御鋪使者牀坐於御座西南，設不升殿者坐席于西廊下，俱東面，北上。典儀設使者位于懸南，重行，東面，北上。設典儀贊者位于懸之東北，如常儀。諸衛各勒所部列黄麾半仗，皆與上儀同。蕃使以下服其國服出次，通事舍人引立于閤外西廂，東面，從者立于使者之後，重行，東面，北上。侍中版奏「外辦」。皇帝服通天冠、絳紗袍，與上儀同。典儀一人升立東階上，贊者二人立于階下，俱西面。典儀引使者以下入就懸南位。使者初入門，舒和之樂作，至位，樂止。立定，典儀曰「再拜」，贊者承傳，使者以下皆再拜〔三〕。舍人前承旨，降敕使者升坐，使者以下皆再拜。通事舍人引應升殿者詣西階，樂作、止如常。通事舍人引升，立于坐後；其不升殿者，分引詣廊下席後。上下立定，殿上典儀唱「就座」，階下贊者承傳，上下諸

〔一〕「設」，原脱，據味經窩本、乾隆本、光緒本、通典卷一三一補。
〔二〕「儀」，諸本脱，據通典卷一三一、開元禮卷八〇補。
〔三〕「再」，原作「拜」，據味經窩本、通典卷一三一改。

客皆就坐，俛伏，坐。酒至階〔一〕，殿上典儀唱「酒至，興」，階下贊者承傳，上下諸客皆俛伏，興，立坐後。太官行酒殿上，典儀唱「再拜」，階下贊者承傳，上下諸客皆再拜，搢笏，受觶。殿上典儀唱「就坐」，階下贊者承傳，蕃使以下諸客皆就坐，俛伏，坐飲。觴行三周，食升階。殿上典儀唱「食至，興」，階下贊者承傳，上下諸客皆執笏，俛伏，興，立坐後。太官令行諸客案。設食訖，殿上典儀唱「就坐」。階下贊者承傳，上下諸客皆就坐，俛伏，坐。上下諸客皆飯。諸客食訖，太官令俱徹案。又行酒，遂設庶羞，二舞以次入作。若賜酒，舍人前承旨，詣受賜者前。蒙賜者執笏，俛伏，起，立坐後。舍人稱「賜酒」，蒙賜者再拜。餘與宴蕃國主禮同，皆放上儀。

右唐蕃使朝貢

宋蕃使朝貢

宋史禮志：宋朝之制，凡外國使至，皆宴于內殿，近臣及刺史、正郎、都虞候以上

〔一〕「階」，原作「殿」，據味經窩本、乾隆本、光緒本、通典卷一三一改。

皆預。

太祖建隆元年八月三日，宴近臣於廣政殿，江南、吴越朝貢使皆預。乾德三年五月十六日，宴近臣及孟昶于大明殿。開寶四年五月七日，宴近臣及劉鋹於崇德殿〔一〕。八年三月晦，宴契丹使于長春殿。十一月五日，江南李煜、吴越錢俶各遣子弟來朝，宴于崇德殿。

太平興國二年二月十一日，宴兩浙進奉使、契丹國信使及李煜、劉鋹、禁軍都指揮使以上于崇德殿，不舉樂，酒七行而罷。契丹遣使賀登極也。五月十一日，再宴契丹使於崇德殿，酒九行而罷，以其貢助山陵也。三年十月十六日〔二〕，宴宰相、親王以下及契丹使、高麗使、諸州進奉使于崇德殿，以乾明節罷大宴故也。是後，宴外國使爲常。

契丹國使入聘見辭儀。自景德澶淵會盟之後，始有契丹國信使副元正、聖節朝

〔一〕「劉鋹」下，諸本衍「子」字，據宋史禮志二十二校勘記删。

〔二〕「三年」，原脱，據光緒本、宋史禮志二十二補。

見。大中祥符九年〔一〕，有司遂定儀注。前一日，習儀于驛。見日，皇帝御崇德殿。宰臣、樞密使以下大班起居訖，至員僚起居後，館伴使副一班入就位，東面立。次接書匣閤門使升殿立。次通事入，不通，喝「拜兩拜」，奏「聖躬萬福」，又喝「兩拜」，隨呼萬歲，喝「祗候」，赴東西接引使副位。舍人引契丹使副自外捧書匣入，當殿前立。天武官擡禮物分東西向入，列于殿下，以東爲上。舍人喝「天武官起居」，兩拜，隨呼萬歲，奏「聖躬萬福」，喝「各祗候」。閤門從東階降，至契丹使位北〔二〕。舍人揖使跪進書匣〔三〕，閤門側身搢笏、跪接，舍人受之。契丹使立，閤門執笏捧書匣升殿，當御前進呈訖，授内侍都知。都知拆書以授宰臣，宰臣、樞密進呈訖，遂擡禮物出。舍人與館伴使副引契丹使副至東階下，閤門使下殿揖引同升，立御前。至國信大使傳國主問聖體，通事傳譯，舍人當御前鞠躬傳奏訖，揖起北使。皇帝宣閤門迴問國主，北使跪奏，舍人當御前鞠躬奏訖，遂揖北使起，却引降階至辭見位，面西揖躬。舍人當殿通北朝

〔一〕「九年」，原作「九月」，據味經窩本、光緒本、宋史禮志二十二改。
〔二〕「北」，諸本脱，據宋史禮志二十二校勘記補。
〔三〕「舍人」，諸本脱，據宋史禮志二十二校勘記補。

國信使某官某祗候見，應喏絶，引當殿，喝「拜」，大起居，其拜舞並依本國禮。出班謝面天顏，歸位，喝「拜，舞蹈」，訖，又出班謝沿路驛館御筵茶藥及傳宣撫問，復歸位，喝「拜，舞蹈」，訖，舍人宣有敕賜窄衣一對、金蹀躞子一、金塗銀冠一、鞾一兩、衣着三百匹、銀二百兩、鞍轡馬一。每句應喏。跪受，起，拜，舞蹈，訖，喝「祗候」，應喏西出。凡傳語并奏「聖躬萬福」、致辭，並通事傳譯，舍人當殿鞠躬奏聞。後同〔一〕。次通北朝國信副使某官某祗候見，其拜舞、謝賜、致詞並如上儀，西出。其敕賜衣一對，金腰帶一〔二〕，幞頭、靴、笏、衣着二百匹，銀器一百兩〔三〕，鞍轡馬一。次通事及舍人引舍利已下分班入〔四〕，不通，使引合班，贊喝「大起居」，拜舞如儀。舍人喝「有敕賜衣服、束帶、衣着、銀器分物」，應喏，跪受〔五〕，擡擔牀跪，起，舞蹈，拜訖，喝「各祗候」，分班引出。次引差來通事以下、從人分班入，不

〔一〕「後同」下，諸本衍「此」字，據宋史禮志二十二刪。
〔二〕「金」，原脱，據味經窩本、光緒本、宋史禮志二十二補。
〔三〕「一百兩」，原作「二百兩」，據味經窩本、乾隆本、光緒本、宋史禮志二十二改。
〔四〕「舍利」，原作「舍人」，據光緒本、宋史禮志二十二改。
〔五〕「受」，諸本作「授」，據宋史禮志二十二校勘記改。

通，使引合班，喝「兩拜」，奏「聖躬萬福」，又拜，隨呼萬歲，喝「有敕各賜衣服、腰帶、衣着、銀器分物」，應喏，跪授，起，喝「兩拜」，隨拜萬歲，喝「各祇候」，唱喏，分班引出。次行門、殿直入，起居訖，殿上侍立。文明殿樞密直學士、三司使、内客省使下殿。舍人合班奏報閤門無事，唱喏訖，卷班西出。客省、閤門使以下東出，其排立，供奉官已下横行合班。宣徽使殿上喝「供奉官已下各祇候分班出」，並如常儀。皇帝降坐還内。宴日，契丹使副已下服所賜，承受引赴長春殿門外，并侍宴臣僚宰執、親王、樞密使以下祇候。俟長春殿諸司排當有備，閤門使附入内都知奏班齊，皇帝坐，鳴鞭，宰臣、親王以下並宰執分班，舍人引入。其契丹使副綴親王班入〔一〕。舍人通某甲以下，唱喏，班首奏「聖躬萬福」，喝「各就坐」，兩拜，隨呼萬歲，喝「就坐」，分班引上殿。或皇帝撫問契丹使副，舍人便引下殿，喝「兩拜」，隨拜萬歲，喝「各就坐」。次舍人、通事分引舍利以下東西分班，喝「兩拜」〔二〕，喝「就坐」，分引赴兩廊下。次舍人引差來通

〔一〕「副」，諸本脱，據宋史禮志二十二校勘記補。
〔二〕「喝」，諸本脱，據宋史禮志二十二補。

事、從人東西分班入，合班，喝「兩拜」，隨拜萬歲，喝「就坐」，分引赴兩廊。次喝「教坊已下兩拜」，班首奏「聖躬萬福」，又喝「拜兩拜」，隨拜萬歲，喝「各祗候」。次引看盞二人稍近前，喝「拜兩拜」，隨拜萬歲，喝「上殿祗候」，分東西班上殿立。有司進茶牀，内侍酌酒，訖，閤門使殿上御前鞠躬奏「某甲已下進酒」，餘如常儀。宴起，宰臣已下降階，舍人喝「兩拜」，搢笏，舞蹈，喝「各祗候」，分班出。次舍利合班，喝「兩拜」，舞蹈，三拜，拜謝訖，喝「各祗候」，分引出。次通事、從人合班，喝「兩拜」，隨拜萬歲，喝「各祗候」，分班引出。次喝「教坊使已下兩拜」，隨拜萬歲，喝「各祗候」。如傳宣賜茶酒，又喝「謝茶酒，拜」，兩拜，隨拜萬歲，喝「各祗候」，出。閤門使殿上近前側奏無事，皇帝降坐，鳴鞭還内。辭日，皇帝坐，内殿起居班欲絶，諸司排當有備，催合侍宴臣僚東西相向，班立崇德殿庭。俟奏班齊，舍人喝「拜」，東西班殿侍兩拜，奏「聖躬萬福」，喝「各祗候」。次舍人通館伴使副某甲以下常起居，次通契丹使某甲常起居，次通副使某甲常起居，俱引赴西面立。次通宰臣以下横行，通某甲以下，應喏，奏「聖躬萬福」，喝「各就坐」，應喏，兩拜呼萬歲，分升殿東西向立。次通事、舍人引契丹舍利以下，次差來通事、從人，俱分班入，當殿兩拜，奏「聖躬萬福」，喝「各就坐」，兩拜，呼萬歲，分引赴兩廊立。次通教坊使、看盞。及進茶牀、酹酒并閤門奏進酒，並如長春宴日之儀。酒五巡，起。宰臣以下降階班立，兩拜、搢笏、舞蹈，三拜，喝「各祇候」。宰臣以下並三司使、文明殿學士、樞密直學士升殿侍立，其餘臣僚並契丹使並出。次引舍利及差來從人，俱兩拜萬歲訖，分班引出。如傳宣賜茶酒，更喝「謝拜」，如前儀。已上班絶，舍人再引契丹使入，西面揖躬。舍人當殿通北朝國信使某祇候辭，通訖，引當殿兩拜，出班致辭，歸位，又兩拜訖，宣有敕賜，跪受，拜舞，訖，喝「好去」，遂引出。次引副使致詞、受賜、拜舞如前儀，亦出〔一〕。次引舍利已下，次引差來通事、從人，俱分班入，舍人喝「有敕賜衣服、衣着、銀器分物」，各應喏，跪受，候擡擔牀絶，就拜，起，又兩拜萬歲，喝「好去」，分班引出。其使副各服所賜，再引入，當殿兩拜萬歲訖，喝「祇候」，引升殿，當御前立。皇帝宣閤門使授旨，傳語國主，舍人揖國信使跪，閤門使傳旨通譯訖，揖國信使起立，閤門使御前搢笏，於内侍都知處奉授書匣，舍人揖國信使跪，閤門使跪分付訖，揖起下殿，西出。政和詳定五禮，有紫宸殿大遼使朝見儀、紫宸

〔一〕「出」，原作「如」，據光緒本、宋史禮志二十二改。

殿正旦宴大遼使儀、紫宸殿大遼使朝辭儀、崇政殿假日大遼使朝見儀、崇政殿假日大遼使朝辭儀。其紫宸殿赴宴，遼使副位御座西，諸衛上將軍之南〔一〕。夏使副在東朵殿，並西向，北上。高麗、交阯使副在西朵殿，並東向，北上，遼使舍利、從人各在其南。夏使從人在東廊舍利之南，諸蕃使副首領、高麗交阯從人、溪峒衙內指揮使在西廊舍利之南。又至各就位，有分引兩廊班首詣御坐進酒，樂作，贊各賜酒，群官俱再拜就坐。酒五行，皆作樂賜華，皇帝再坐，赴宴官行謝華之禮。

蕙田案：以上遼使入聘。

金國聘使見辭儀。宣和元年，金使李善慶等來，遣直秘閣趙有開偕善慶等報聘。已而金使復至，用新羅使人禮，引見宣政殿，徽宗臨軒受使者書。自後屢遣使來，帝待之甚厚，時引上殿奏事，賜予不貲，禮遇並用契丹故事。紹興三年十二月，辛臣進呈金使李永壽等正旦入見。故事，百官俱入。上曰：「全盛之時，神京會同，朝廷之尊，百官之富，所以夸示。今暫駐于此。事從簡便。舊日禮數，豈可盡行？無庸俱

〔一〕「衛」，諸本作「位」，據宋史禮志二十二校勘記改。

入。」使人見辭，並賜食於殿門外。八年，金國遣使副來，就驛議和。詔王倫就驛賜宴。十一年十一月，金國遣審議使來。入見，時殿陛之儀議猶未決。議者謂「兵衛單弱，則非所以隆國體；欲設仗衛，恐駭虜情。」乃設黄麾仗千五百人於殿廊，蔽以帟幙，班定徹帷。十二年，扈從徽宗梓宫、皇太后使副來。十三年十一月，有司言：「賀正旦使初至，于盱眙軍賜宴。未審回程合與不合筵待？」詔内侍省差使臣二員沿路賜宴，一員於平江府，一員於鎮江府，一員于盱眙軍。尋詔：金國賀正旦人使到闕赴宴等坐次，令與宰臣相對稍南。使副上下馬於執政官上下馬處。三節人從並於宫門外上下馬。立班則於西班，與宰臣相對立。仍權移西班使相在東壁宰臣之東。十四年正月一日，宴金國人使於紫宸殿。文臣權侍郎已上、武臣刺史已上赴坐。自後正旦賜宴倣此。五月，金國始遣賀天申節使來。有司言合照舊例：北使賀生辰聖節使副隨宰臣紫宸殿上壽，進壽酒畢，皇帝、宰臣以下同使副酒三行，教坊作樂，三節人從不赴。既而三節人從有請，乞隨班上壽，詔許之，仍賜酒食。遇賀正人使朝辭在上辛祠宫致齋之内，仍用樂。二十九年，以皇太后崩，其賀正使副止就驛賜宴。見辭日，賜茶酒，並不舉樂。大率北使至闕，先遣伴使賜御筵于班荆館。在赤岸，去府五十里。酒七行。

翌日登舟〔一〕，至北郭税亭，茶酒畢，上馬入餘杭門，至都亭驛，賜褥被、鈔鑼等。明日，臨安府書送酒食，閤門官入位，具朝見儀，投朝見榜子。又明日，入見。伴使至南宫門外下馬，北使至隔門内下馬。皇帝御紫宸殿，六參官起居。北使見畢，退赴客省茶酒，遂宴垂拱殿，酒五行，唯從官已上預坐。是日，賜茶器名果。又明日，賜生餼。見之二日，與伴使偕往天竺燒香，上賜沉香、乳糖、齋筵、酒果。次至冷泉亭、呼猿洞而歸。翌日，賜内中酒果、風藥、花餳，赴守歲夜筵，酒五行，用傀儡〔二〕。正月朔旦，朝賀禮畢，上遣大臣就驛賜御筵〔三〕。中使傳旨宣勸，酒九行。三日，客省僉賜酒食，内中賜酒果。遂赴浙江亭觀潮，酒七行。四日，赴玉津園燕射，命諸校善射者假管軍觀察使伴之，上賜弓矢。酒行樂作，伴射官與大使並射弓，館伴、副使並射弩。酒九行，退。五日，大宴集英殿，尚書郎、監察御史已上皆預，學士撰致語。六日，朝辭退，賜襲衣、金帶、大銀器。臨安府書送贐儀。復遣執政官就驛賜宴。晚赴解换夜筵，伴使

〔一〕「翌」，諸本作「翼」，據宋史禮志二十二改。
〔二〕「用」，原脱，據光緒本、宋史禮志二十二補。
〔三〕「御」，諸本脱，據宋史禮志二十二補。

與北使皆親勸酬，且以衣物爲侑。次日，加賜龍鳳茶、金鍍合。乘馬出北闕門登舟，宿赤岸。又次日，復遣近臣押賜御筵〔一〕。自到闕朝見、燕射、朝辭〔二〕，共賜大使金千四百兩，副使金八百八十兩，衣各三襲，金帶各三條。都管上節各賜銀四十兩，中下節各三十兩，衣一襲，塗金帶一條。使人到闕筵宴，凡用樂人三百人，百戲軍七十人，築毬軍三十二人，起立毬門行人三十二人，旗鼓四十人，並下臨安府差相撲一十五人，於御前等子内差，並前期教習之。

蕙田案：以上金使入聘。

又案：宋與契丹約爲兄弟之國，凡生辰及正旦及大喪、大慶，輒有信使往來，如古諸侯之交聘，非蕃國比也。宋初通金，亦用契丹故事。建炎南渡，奉表稱臣于金，而就藩封之禮。金使之來者，以詔諭江南爲名。金史載張通古爲詔諭江南使，宋主欲南面，使通古北面，通古曰：「大國之卿，當小國之君。宋約奉表稱

〔一〕「臣」，原作「日」，據味經窩本、乾隆本、光緒本、宋史禮志二十二改。
〔二〕「燕」，諸本作「射」，據宋史禮志二十二改。

臣，使者不可以北面。」乃命設東西位，使者東面，宋主西面，受詔拜起皆如儀。當時金使入見儀注大率如此，故宋史諱其事，高宗所謂「事從簡便，舊日禮數，豈可盡行」者，特飾詞耳。孝宗以後，始改稱姪國，然猶書名再拜，不稱大宋，其見於金史交聘表者。大定十年，宋祈請使資政殿大學士范成大、崇信軍節度使康㣧至，求免起立，接受國書。十五年，宋試工部尚書張子顔、明州觀察使劉崈爲報聘使，仍求免起立接書，皆不獲許。蓋訖于金亡，未嘗一日正敵國之禮。宋志所書，未必皆實録也。宋、遼、金交聘與蕃使朝貢有别，因無類可歸，故附見于此而著其説云。

夏國進奉使見辭儀。夏國歲以正旦、聖節入貢。元豐八年，使來。詔夏國見辭儀制依嘉祐八年，見於皇儀殿門外，朝辭詣垂拱殿。政和新儀：夏使見日，俟見班絶、謝班前，使奉表函，引入殿庭，副使隨入，西向立，舍人揖躬。舍人當殿躬奏夏國進奉使姓名以下祗候見，引當殿前跪進表函〔一〕，舍人受之，副入内侍省官進呈。使者起，

〔一〕「表函」，原作「奉表」，據味經窩本、宋史禮志二十二改。

歸位，四拜起居。舍人宣有敕賜某物，兼賜酒饌。跪授，箱過，俛伏，興，再拜。舍人曰「各祗候」，揖西出。次從人入，不奏，即引當殿四拜起居。舍人宣賜分物，兼賜酒食。跪授，箱過，俛伏，興，再拜。舍人曰「各祗候」，揖西出。辭日，引使副入殿庭，西向立，舍人揖躬。舍人當殿躬奏夏國進奉使姓名以下祗候辭，引當殿四拜。宣賜某物酒饌，再拜如見儀。凡蕃使見辭同日者，先夏國，次高麗，次交阯，次海外蕃客，次諸蠻。

蕙田案：以上夏使入貢。

高麗進奉使見辭儀。見日，使捧表函，引入殿庭，副使隨入，西向立，舍人鞠躬，當殿前通高麗國進奉使姓名以下祗候見，引當殿，使稍前跪進表函，俛伏，興，訖，歸位大起居。班首出班，躬謝起居，歸位，再拜，又出班，謝面天顏、沿路館券、都城門外茶酒，歸位，再拜，搢笏，舞蹈，俛伏，興，再拜。舍人宣有敕賜某物兼賜酒食，搢笏，跪授，箱過，俛伏，興，再拜。舍人曰「各祗候」，揖西出。次押物以下入，不通，即引當殿四拜起居。宣有敕賜某物兼賜酒食，跪授，箱過，俛伏，興，再拜起居。舍人曰「各祗候」，揖西出。辭日，引使副入殿庭，西向立，舍人揖躬。舍人當殿躬通高麗進奉使姓名以下祗候辭，引當殿四拜起居。班首出班致詞，歸位，再拜。舍人宣有敕賜某物兼賜酒食，搢笏，跪授，箱過，俛伏，興，再拜。舍人曰「好去」，揖，西出。次從人入辭，如見。政和元年，詔高麗在西北二國之間，自今可依熙寧十年指揮隸樞密院。明年入貢，詔復用熙寧例，以文臣充接伴使副，仍往還許上殿。七年，賜以籩豆各十二，簠簋各四，登一，鉶二，鼎二，罍洗一，尊二。銘曰：「惟爾令德孝恭，世稱東蕃，有來顯相，余一人嘉之。用錫爾寶尊，以寧爾祖考。子子孫孫，其永保之。」紹興二年，高麗遣使副來貢，並賜酒食於同文館。

蕙田案：以上高麗使朝貢。

其交州、宜州、黎州諸國見辭，並如上儀。唯迓勞宴賚之數，則有殺焉。其授書，皆令有司付之。又有西蕃唃氏、西南諸蕃、占城、回鶻、大食、于闐、三佛齊、邛部川蠻及溪峒之屬，或比間數歲入貢。層檀、日本、大理、注輦、蒲甘、龜茲、佛泥、拂菻、真臘、羅殿、渤泥、邈黎、闍婆、甘眉流諸國入貢，或一再，或三四，不常至。注輦、三佛齊使者至，以真珠、龍腦、金蓮花等登陛跪散之，謂之「撒殿」。元祐二年，知潁昌府韓縝言：「交阯小國，其使人將及境，臣嘗近弼，難以抗禮。案元豐中迓以兵官，餞以通判，使副詣府，其犒設令兵官主之。請如故事。」仍詔所過郡，凡前宰相、執政官知判者亦如之。又詔立回賜于闐國信分物法。歲遣貢使雖多，止一加賜〔一〕。又命于闐國使以表章至，則間歲聽一入貢，餘令于熙、秦州貿易。禮部言：「元豐著令，西南五姓蕃，每五年許一貢。今西南蕃秦平軍入貢〔二〕，期限未及。」詔特許之。學士院言：「諸蕃初入貢者，請令安撫、鈐轄、轉運等司體問其國所在遠近大小，與見今入貢何國爲比，保明聞奏，庶待遇之禮不致失當。」宣和詔蕃國入貢，令本路驗寔保明。如涉詐僞，以上書詐不寔論。建炎三年，占城國王遣使進貢，適遇大禮，遂加恩，特授檢校少傅，加食邑。自後明堂郊祀，並倣此。紹興二年，占城國王遣使貢沉香、犀、象、玳瑁等，答以綾錦銀絹。建炎四年，南平王薨，差廣南西路轉運副使尹東珣充弔祭使，賜絹布各五百匹，羊、酒、寓錢、寓綵、寓金銀等，就欽州授其國迎接人，制贈侍中，進封南越王。封其子爲交阯郡王，遇大禮，並加恩如占城國王。淳熙元年，賜「安南國王」印，銅鑄，

〔一〕「賜」，諸本作「則」，據宋史禮志二十二校勘記改。
〔二〕「南」，諸本脱，據宋史禮志二十二校勘記補。「秦平軍」，宋史禮志二十二改作「泰平軍」。

塗以金。紹興七年，三佛齊國乞進章奏，赴闕朝見，詔許之。令廣東經略司斟量，只許四十人到闕，進貢南珠、象齒、龍涎、珊瑚、琉璃、香藥。詔補保順慕化大將軍、三佛齊國王，給賜鞍馬、衣帶、銀器，賜使人宴於懷遠驛。淳熙五年，再入貢。計其直二萬五千緡。回賜綾錦羅絹等物，銀二千五百兩。紹興三十一年正月，安南獻馴象。帝曰：「蠻夷貢方物乃其職，但朕不欲以異獸勞遠人。其令帥臣告諭，自今不必以馴象入貢。」三十二年，孝宗登極，詔曰：「比年以來，累有外國入貢，太上皇帝沖謙弗受，況朕涼菲，又何以堪！自今諸國有欲朝貢者，令所在州軍以理諭遣，毋得以聞。」淳祐三年，安南國王陳日煚來貢，加賜功臣號。十一年，再來貢。景定三年六月，日煚上表貢獻，乞授其位于其子陳威晃。咸淳元年二月，加安南大國王陳日煚功臣，增「安善」二字；安南國王陳威晃功臣，增「守義」二字，各賜金帶、鞍馬、衣服。二年，復上表進貢禮物，賜金五百兩，賜帛一百匹，降詔嘉獎。

蕙田案：以上諸國使朝貢。

右宋蕃使朝貢

遼蕃使朝貢

遼史禮志：高麗使入見儀。臣僚常服，起居，應上殿臣僚殿上序立。閤門奏牓子，引高麗使副面殿立。引上露臺拜跪，附奏起居訖，拜，起立。閤門傳宣「王詢安否」，使副皆跪，大使奏「臣等來時詢安」。引下殿，面殿立。進奉物入，列置殿前。控鶴官起居畢，引進使鞠躬，通高麗國王詢進奉。宣徽使殿上贊進奉赴庫，馬出，擔牀出畢，引使副退，面西鞠躬。舍人鞠躬，通高麗國謝恩進奉使某官某以下祇候見，舞蹈，五拜。不出班，奏「聖躬萬福」，再拜。出班，謝面天顔，五拜。出班，謝遠接、湯藥，五拜。贊各祇候。使副私獻入，列置殿前。控鶴官起居，引進使鞠躬，通高麗國謝恩進奉某官某以下進奉。宣徽使殿上贊如初。引使副西階上殿序立。皇帝不入御牀，臣僚伴酒。契丹舍人通，漢人閤使贊，再拜，稱「萬歲」，各就坐。酒三行，殽膳二味。若宣令飲盡，就位拜，稱「萬歲」，贊各就坐。殽膳不贊，起，再拜，稱「萬歲」。引下殿，舞蹈，五拜。贊各祇候。引出，於幕次内别差使臣伴宴。起，宣賜衣物訖，遥謝，五拜畢，歸館。

曲宴高麗使儀。臣僚入朝，班齊，皇帝升殿。宣徽、教坊、控鶴、文武班起居，皆如常儀；謝宣宴，如宋使儀。贊各上殿祗候。契丹臣僚謝宣宴。勾高麗使入，面南鞠躬。舍人鞠躬，通高麗國謝恩進奉使某官某以下起居，謝宣宴，共十二拜。贊各上殿祗候，臣僚、使副就位立。大臣進酒，契丹舍人通，漢人閤使贊，上殿臣僚皆拜。贊各祗候，進酒。大臣復位立，贊應坐臣僚拜，贊各就坐行酒。若宣令飲盡。贊再拜，贊各就坐。教坊致語，臣僚皆起立。口號絶，贊再拜，贊各就坐。凡拜，皆稱「萬歲」。曲破，臣僚起，下殿。契丹臣僚謝宴，中書令以下謝宴畢，引使副謝，七拜。贊「各好去」。控鶴官門外祗候，報閤門無事。供奉官捲班出。來日問聖體。

高麗使朝辭儀。臣僚起居、上殿如常儀。閤門奏高麗使朝辭牓子，起居、戀闕，如宋使之儀。贊各上殿祗候，引西階上殿立。契丹舍人贊拜，稱「萬歲」。贊各就坐，中書令以下伴酒三行，殽膳二味，皆如初見之儀。既謝，贊「有敕宴」，五拜。贊「各好去」，引出，于幕次内别差使臣伴宴。畢，賜衣物，跪受，遥謝，五拜。歸館。

蕙田案：以上高麗使朝貢。

西夏國進奉使朝見儀。臣僚常朝畢，引使者左入，至丹墀，面殿立。引使者上露臺立。揖少前，拜跪，附奏起居訖，俛伏，興，復位。閤使宣問「某安否」，鞠躬聽旨，跪奏「某安」。俛伏，興，退，復位。引左下，至丹墀，面殿立。禮物右入左出，畢，閤使鞠躬，通某國進奉使姓名候見，共一十七拜。贊「祗候」，平立。有私獻，過畢，揖使者鞠躬，贊「進奉收訖」。贊「祗候」，引左上殿，就位立。臣僚、使者齊聲喏。酒三行，引使左下，至丹墀謝宴，五拜。畢，贊「有敕宴」，五拜。祗候，引右出。禮畢。于外賜宴，客省伴宴，仍賜衣物。

西夏使朝辭儀。常朝畢，引使者左入，通某國某使祗候辭，再拜。不出班，起居，再拜。出班，戀闕，致詞，復再拜。賜衣物，謝恩如常儀。若賜宴，五拜。畢，贊「好去」，引右出。

蕙田案：以上西夏使朝貢。

右遼蕃使朝貢

金蕃使朝貢

金史禮志：外國使入見儀。皇帝即御座，鳴鞭、報時畢，殿前班小起居畢，至侍立位。引臣僚左右入，至丹墀〔一〕，小起居畢〔二〕，宰執上殿，其餘臣僚分班出。閤門使奏使者入見膀子。先引宋使副出笏，捧書左入，至丹墀北向立。閤使左下接書，捧書者單跪授書，拜，起立。閤使左上露階，右入欄內，奏「封全」。轉讀畢，引使副左上露階，齊揖入欄內，揖使副鞠躬，使少前拜跪，附奏畢，拜起，復位立。待宣問宋皇帝時並鞠躬，受敕旨，再揖鞠躬，使少前拜跪，奏畢，起復位，齊退却，引使副左下，至丹墀，北向立。禮物右入左出，盡，揖使副旁折通班，再引至丹墀，舞蹈，五拜，不出班，奏「聖躬萬福」，再拜。揖使副鞠躬，使出班謝面天顏，復位，舞蹈，五拜。再揖使副鞠躬，使出班謝遠差接伴、兼賜湯藥諸物等，復位，舞蹈，五拜。各祗候，引右出，賜衣。次引宋人從入〔三〕，通名以下再拜，不出班，又再拜，各祗候，亦引右出。次引高麗使左入，至丹墀北向略立，引使左上露階，立定。揖橫使鞠躬，正使少前拜跪，附奏畢，拜起，復位立，閤使宣問高麗王時並鞠躬，受敕旨畢，再揖橫使鞠躬，正使少前拜跪，奏

〔一〕「至」，諸本脱，據金史禮志十一校勘記補。
〔二〕「畢」，諸本脱，據金史禮志十一補。
〔三〕「人從」，諸本誤倒，據金史禮志十一乙正。

畢，拜起，復位，齊退却，引左下，至丹墀，面殿立定。禮物右入左出，盡，揖使傍折通班，畢，引至丹墀，通一十七拜，各祗候，平立，引左階立。次引夏使見如上儀，引右階立。次再引宋使副左入，至丹墀謝恩，舞蹈，五拜，各祗候，平立。次引高麗、夏使並至丹墀。三使並鞠躬，有敕賜酒食，舞蹈，五拜，各祗候，引右出。次引宰執下殿，禮畢。

曲宴儀。皇帝即御座，鳴鞭，報時畢，殿前班小起居，到侍立位。引臣僚并使客左入，旁折通班，至丹墀舞蹈，五拜，不出班，奏「聖躬萬福」，又再拜。出班謝宴，舞蹈，五拜，各上殿祗候。分引預宴官上殿，其餘臣僚右出。次引宋使從人入，至丹墀再拜，不出班奏「聖躬萬福」，又再拜。有敕賜酒食，又再拜，引左廊立。次引高麗、夏從人入，分引左右廊立。果牀入，進酒。皇帝舉酒時，上下侍立官並再拜，接盞，畢，候進酒官到位，當坐者再拜，坐，即行臣使酒。傳宣，立飲畢，再拜，坐。次從人再拜，坐。至四盞，餅茶入，致語。聞鼓笛時，揖臣使并人從立〔二〕，口號絶，坐宴并侍立官並

〔二〕「人從」，原誤倒，據味經窩本、乾隆本、光緒本、金史禮志十一乙正。

再拜，坐，次從人再拜，坐。食入，五盞，歇宴。教坊謝恩畢，揖臣使起，果牀出。皇帝起入閤，臣使下殿歸幕次。賜花，人從隨出戴花畢，先引人從入，左右廊立，次引臣使入，左右上殿位立。皇帝出閤坐，果牀入，坐立並再拜，坐，次從人再拜，坐。九盞，將曲終，揖從人至位再拜，引出。聞曲時，揖臣使起，再拜，下殿。果牀出。至丹墀謝宴，舞蹈，五拜。分引出。

朝辭儀。皇帝即御座，鳴鞭、報時畢，殿前班小起居，至侍立位。引臣僚合班入，至丹墀小起居，引宰執上殿，其餘臣僚分班出。閤使奏辭牓子。先引夏使左入，傍折通班畢，至丹墀再拜，不出班，奏「聖躬萬福」，又再拜。揖使副鞠躬，使出班，戀闕，致詞，復位，又再拜，喝「各好去」〔一〕，引右出。次引高麗使，如上儀，亦引右出。次引宋使副左入，傍折通班畢，至丹墀，依上通六拜，各祗候，平立。閤使賜衣馬，鞠躬，聞敕，再拜。賜衣馬畢，平身，搢笏，單跪，受别録物過盡，出笏，拜起，謝恩，舞蹈，五拜。有敕賜酒食，舞蹈，五拜。引使副左上露階，齊揖入欄内，揖鞠躬，大使少前拜跪受

〔一〕「喝」，原作「唱」，據光緒本、金史禮志十一改。本段下「喝各好去」同。

書，起復位。揖使副齊鞠躬，受傳達畢，齊退，引左下至丹墀，鞠躬，喝「各好去」，引右出。次引宰執下殿，禮畢。

熙宗時，夏使入見，改爲大起居。定制以宋使列于三品班，高麗、夏列於五品班。皇統二年六月，定臣使辭見，臣僚服色拜數止從常朝起居，三國使班品如舊。俟殿前班及臣僚小起居畢〔一〕，宰執升殿，餘臣分班畢，乃令行人見及朝辭之禮。凡入見則宋使先，禮畢夏使入，禮畢而高麗使入。其朝辭則夏使先，禮畢而高麗使入，禮畢而宋使入。夏、高麗朝辭之賜，則遣使就賜於會同館，唯宋使之賜則庭授。

大定六年，詔外國使初見、朝辭則於左掖門出入，朝賀、賜宴則由應天門東偏門出入。

右金蕃使朝貢

元蕃使朝貢

明集禮：元自太祖時，輝和爾、回鶻、西夏、西域、高麗皆遣使入貢。世祖以後，安

〔一〕「畢」，諸本作「引」，據金史禮志十一改。

南、占城、雲南、金齒、緬國、大理、拂郎等國亦皆遣使貢獻。元蕃使朝貢，於正旦聖節、大朝會之日，隨班行禮。

右元蕃使朝貢

明蕃使朝貢

明史禮志：蕃國遣使進表儀。洪武二年定。所司於王宫及國城街巷結綵，設闕庭于殿上正中。前設表箋案，又前設香案。使者位于香案東，捧表箋二人於香案西。設龍亭於殿庭南正中，儀仗鼓樂具備。清晨，司印者陳印案于殿中，滌印訖，以表箋及印俱置于案。王冕服，衆官朝服。詣案前用印畢，用黄袱裹表，紅袱裹箋，各置於匣中，仍各以黄袱裹之。捧表箋官捧置于案。引禮引王至殿庭正中，衆官位其後。贊拜，樂作。再拜，樂止。王詣香案前跪，衆官皆跪，三上香訖。捧表官取表東向跪進王，王授表以進於使者。使者西向跪受，興，置於案。贊興，王復位。贊拜，樂作，王與衆官皆四拜，樂止，禮畢。捧表箋官捧表前行。置于龍亭中，金鼓儀仗鼓樂前導。王送至宫門外，還。衆官朝服送至國門外，使者乃行。

明集禮：蕃使朝貢。洪武二年，占城國遣陪臣虎都蠻來貢。高麗遣陪臣禮部尚書洪尚載、安南遣陪臣同時敏等皆貢方物。既至，有司奏聞，出國門以迎勞。擇日進表幣方物于奉天殿，畢，進箋及方物於中宫、東宫。上位遣官于會同館賜宴，畢，東宫復遣官禮待，省府臺皆有宴。將還，遣使勞送出境。如或常朝，則中書接受表箋方物。次日，使者隨班入見，其宴賜，上位、東宫取旨禮待，今具其儀。

迎勞儀注

蕃使至龍江驛，驛令具某國遣使者姓某名某及從人名數，詣應天府報知。應天府官稟知中書省及禮部。禮部奏聞，遣侍儀、舍人二人接伴，遣應天府同知龍江驛禮待。前期，館人陳設蕃使及應天府官坐次于正廳，賓左主右，中設酒案及食案。應天府官至館，館人入告蕃使，接伴舍人引蕃使出迎于館門之外，贊引引應天府官與蕃使俱入，蕃使升自西階，應天府官升自東階。至廳，蕃使東向立，府官西向立。贊引唱「鞠躬，拜，興，拜，興，平身」，蕃使與應天府官皆鞠躬，拜，興，拜，興，平身。應天府官進詣蕃使前，致禮待之意，畢，贊引引蕃使與府官各就位坐。執事者各舉食案進供於蕃使及府官之前，執事者斟酒及進食。凡酒五行，食三品。宴畢，贊引引蕃使送應天府官出，蕃使自西，應天府官由東，出至館門外，蕃使入。明旦，應天府官請使者出館，俱上馬，蕃使行近右，應天府官行近左，從人後從。至會同館，下馬，接待舍人引蕃使由西而入，應天府官由東而入，至次訖，報知中書省。中書省奏知，命禮部侍郎至會同館禮待。其陳設、位次、食品，一如前儀。宴畢，接待舍人引蕃使及禮部侍郎出，蕃使降自西階，禮部侍郎降自東階，出館門外，使者還館。

受蕃國來附遣使進貢儀注

前期，侍儀司引蕃使天界寺習儀三日，擇日朝見。前一日，内使監設御座、香案于奉天殿中，尚寶卿設寶案于御座前。侍儀司設表案于丹墀中道之北及殿上正中，設方物位于表箋案之南，中道之東西；舉方物案執事位于方物案之左右，設使者位于中道之東西，方物案之南，北向；設通事位于使者位之西，北向；設文武官侍立位于丹墀之北，東西相向；設受表兼宣表官、受方物兼宣方物官位及展表官位于表案之西，東向；設承制官位于殿内西向及使者之北；設典儀二人位于丹陛上，東西相向；設知班位于丹墀之北，東西相向；設贊禮位于知班之北，東西相向；設内贊二人位于殿上，東西相向；引使者、舍人二人于使者拜位之西，東向；引文武官、舍人四人於文武班之北，稍後，東西相向；侍從班、起居注、殿中侍御史、尚寶卿位于殿上，西向；指揮司懸刀武官位于殿上，東向；拱衛司官位于奉天門之左右，東西相向；典牧所官位于仗馬之前，東西相向；宿衛鎮撫位于丹陛東，西階下，東西相向；護衛百户二十四員於宿衛鎮撫之南，稍後，東西相向；護衛千户八員於殿東西門之左右，東西相向；將軍二人於殿上，東西相向；天武將軍四人於丹陛上之四隅，東西相向；將軍六人于奉天殿門之左右，東西相向；將軍六人於奉天門之左右，東西相向。是日，金吾衛陳設甲士于午門外之東西，列旗仗於奉天門外之東西。拱衛司陳儀仗于丹陛上及丹墀之東西，陳五輅于丹陛之南。典牧所陳仗馬於文、武樓之南，東西相向；陳虎豹于奉天門外。和聲郎陳樂於丹墀，諸蕃使拜位之南。擊鼓初嚴，侍儀舍人入陳拜席，引班引文武百官各具朝服。次嚴，引班引文武百官齊班于午門外，東西相向，以北爲上。禮部執事以方物各置于案。各執事俱入就位。諸侍衛官各服其器服，及尚寶卿、侍從官入，詣謹身殿奉迎。引班引使者服朝服，奉表，執事者舁方物前行，使者朝服後從，由午門入，就金水西橋入西掖門至丹墀西，東向，序立。擊鼓三嚴，引班引文武官入就侍立位，侍儀版奏「外辦」，御用監跪奏，皇帝服皮弁御輿以出，尚寶卿捧寶，及侍儀侍衛導從如常儀。皇帝將出，仗動，樂作，陞御座，樂止。尚寶卿置寶於案，鳴鞭，雞唱報時訖，引禮引使者置表於案，就位，北向立。執事者舁方物入，就位，退立於左右。知班唱「齊班」訖，贊禮唱「鞠躬，拜，興，拜，興，拜，興，拜，興，平身」，使者及衆使者皆鞠躬，樂作，拜，興，拜，興，拜，興，拜，興，平身，樂止。贊禮唱「進表」，引禮引使者詣表案前，贊禮唱「跪」，使者及衆使者皆跪，唱「進表」，使者跪取表函，捧進於受表官，受表官受表。進方物狀者跪取方物狀，授於受方物狀官，受方物狀官受方物狀，與受表官、展表官由西階陞，西門入至殿庭，以表置於案，俱退立於西。内贊唱「宣表」，宣表官詣案取表，跪宣於殿西，展表官同跪，展、宣訖，俛伏，興。宣表官以表置於案，退立於殿西。宣方物狀官詣案取方物狀，跪宣于殿西，展方物狀官同跪，展、宣訖，俛伏，興。宣方物狀官以方物狀置於案，與宣表官、展表官由殿西門出，復位。贊禮唱「俛伏，興」，使者及衆使者皆俛伏，興，平身。贊禮唱「復位」，引禮引使者退，復位。承制官承制，自中門出中階降詣使者前，稱「有制」。贊禮唱「跪」，使者及衆使者皆跪。承制官宣制曰：「皇帝制問使者，來時想爾某國君安好？」使者答畢，贊禮唱「俛伏，興，拜，興，拜，興，拜，興，拜，興，平身」，使者及衆使者皆俛伏，興，樂作，拜，興，

拜，興，拜，興，拜，興，平身，樂止。承制官稱「有後制」，贊禮唱「跪」，使者及衆使者皆跪。承制官宣制曰：「皇帝又問，爾使者遠來勤勞。」使者答畢，贊禮唱「俛伏，興，拜，興，拜，興，拜，興，拜，興，平身」，使者及衆使者皆俛伏，興，樂作，拜，興，拜，興，拜，興，拜，興，平身，樂止。承制官自西階升，西門入，回奏訖，復侍立位。贊禮唱「鞠躬，拜，興，拜，興，拜，興，拜，興，平身」，使者及衆使者皆鞠躬，樂作，拜，興，拜，興，拜，興，拜，興，平身，樂止。禮部官收表及方物，引使者出。侍儀奏「禮畢」。上位駕回，樂作，還宮，樂止。引班引文武百官及使者以次出。其每歲常朝，則于中書省接受表箋方物。是日于省門前，執事者置方物于案，引禮引使者捧表箋由中門入，方物隨行，至堂上，置方物于前。丞相興，使者捧表箋各至丞相前，丞相受表箋，各授于執事。使者退立于西。司壺舉杯者出，舉杯者以杯先進于丞相，丞相執杯，使者跪，持酒飲畢，退立。引禮引使者由西廊出。户部受方物報侍儀司習儀。次日，各依品從具公服，行五拜禮，出午門釋服，於東宮行禮。

受蕃使每歲常朝儀注

中書省受表箋。侍儀司引蕃使於天界寺習儀，擇日朝見。前一日，内使監陳設御座、香案於奉天殿，如常儀。侍儀司設使者位于丹墀中道上之西，北向；承制官侍立位于殿内之東；宣制位于使者之北；百官侍立位于丹墀之北，東西相向；知班二人位于使者之北，東西相向；贊禮二人位於知班之北，東西相向；典儀二人位于丹陛上，東西相向；引使者二人位于使者之西，東向；引文武班四人於文武班之北，稍後，東西相向；侍從班位於殿上，東西相向，文東武西；導駕官位于殿内，東西相向；將軍六人位於奉天門之左右；將軍六人位於奉天殿門之左右；將軍四人位於丹陛上之四隅；將軍二人位于奉天殿内簾前之左右；宿衛鎮撫二人位於丹墀東西階下，東西相向；護衛二十四人位于宿衛鎮撫之南，稍後，東西相向；護衛千户八員位于殿東西門之左右。拱衛司陳設儀仗于丹墀、丹陛之東西。鳴鞭四人於丹陛上，北向。拱衛司光禄寺官侍立位于殿門之左右。是日侵晨，擊鼓初嚴，各執事陳設如儀。引班催請使臣及百官各具朝服。次嚴，執事各入就位，引班引百官、使者齊班於午門外，東西相向。三嚴，引班引百官入就侍立位，引使者入立於丹墀之西。導駕官入謹身殿奉迎。侍儀奏「外辦」，御用監官跪奏，皇帝具通天冠、絳紗袍，侍從導引，出宫，樂作，陞御座，樂止。捲簾，鳴鞭報時訖，引班引使者入就位。知班唱「班齊」，贊禮唱「鞠躬，拜，興，拜，興，拜，興，拜，興，平身」，使者鞠躬，樂作，拜，興，拜，興，拜，興，拜，興，平身，樂止。承制官前跪承制，由中門出中階降至使者前，稱「有制」，贊禮唱「某等跪聽」，使者跪。承制官宣制曰：「皇帝制問使者，來時爾某國王某安好？」使者答畢，贊禮唱「俛伏，興，拜，興，拜，興，拜，興，拜，興，平身」，使者皆俛伏，興，樂作，拜，興，拜，興，拜，興，拜，興，平身，樂止。承制官稱「有後制」，使者跪，承制官宣制曰：「皇帝又問，爾使介遠來勤勞。」使者又答畢，贊禮唱「俛伏，興」，樂作，拜，興，拜，興，拜，興，拜，興，平身，樂止。承制官由西階陞，西門入，回奏訖，復侍立位。贊禮唱「鞠躬，拜，興，拜，興，拜，興，拜，興，平身」，使者皆鞠躬，樂作，拜，興，拜，興，拜，興，拜，興，平身，樂止。侍儀奏「禮畢」。上位駕回，樂作，還宫，樂止。引班引文武百官及使者以次出。

東宫受蕃國來附遣使進貢儀注每歲常朝入見儀附

前期，内使監設皇太子座於東宫正殿正中，設箋案于丹墀之北稍東及殿上正中，設方物案位於箋案之後，設使者位于方物位之後，受箋兼宣箋官位于箋案之西，設受方物狀兼宣方物狀官位於宣箋官之南，設展箋官兼展方物狀官位于宣方物狀官之南。設百官侍立位于東宫丹墀，東西相向；設知班位于使者拜位之北，東西相向；設贊禮位于知班之南，東西相向；設內贊二人于殿上，東西相向；設引使者舍人二人位于使者拜位之西，引文武官舍人四人位于文武班之北，稍後，東西相向。是日侵晨，宿衛陳兵仗於東宮門外，拱衛司陳儀仗于東宮丹陛、丹墀之東西。將軍六人于殿門之左右，和聲郎設樂位於使者拜位之南。引禮引文武官常服入就侍立位。引禮引舉方物案，執事前行，使者常服後隨，入至東宮內門外，東向立。引進導引皇太子常服陞殿，仗動，樂作，陞座，樂止。引禮引使者入就位，北向立。執事者舁方物就位，退立於丹墀之西。知班唱「班齊」，贊禮唱「鞠躬，拜，興，拜，興，拜，興，拜，興，平身」，使者及衆使者皆鞠躬，樂作，拜，興，拜，興，拜，興，拜，興，平身，樂止。贊禮唱「進箋」，引禮引進箋使者詣案取箋，跪進於受箋官訖，進方物使者詣案取方物狀，跪進於受方物狀官訖，受方物狀官與受箋、展箋官俱由西門入於殿廷，置于案，退立于西。內贊唱「宣箋」，受箋官詣案取箋，跪讀于殿西，展箋官跪，展、宣訖，俛伏，興，受箋官以箋復於案，退立於西。受方物狀官詣案取方物狀，跪讀於殿西，展方物狀官跪，展、宣訖，俛伏，興，受方物狀官以方物狀復于案，與受箋官、展箋官由西門出，復位。贊禮唱「俛伏，興」，使者與衆使者皆俛伏，興。引禮引使者復位，贊禮唱「鞠躬，拜，興，拜，

興，拜，興，拜，興，平身」，使者及衆使者皆鞠躬，樂作，拜，興，拜，興，拜，興，拜，興，平身，樂止。贊禮唱「禮畢」，引禮引使者出，内使監官收箋文禮物。引進啓「禮畢」，導引皇太子還宮，樂作，入宮，樂止。引禮引文武官以次出。每歲常朝，入見上位畢，出午門，釋服于皇太子所坐之所，隨班行四拜禮。

蕃國遣使來附參見省府臺官儀蕃國遣使每歲常朝入見儀附。

蕃使見東宮畢，次日詣中書省參拜丞相。各省官坐都堂，六部主事、六曹掾史侍立于左右。引禮引蕃使至省門外，執事以所獻書置于案及方物案，舉由西偏門入，西階陞，使者從行，置書案於月臺上之北，方物案分陳於東西，使者立於其南。贊禮唱「鞠躬，拜，興，拜，興，平身」，蕃使鞠躬，拜，興，拜，興，平身。引禮引蕃使詣案取書，跪進于受書執事者，使者興，復位。受書執事捧書至丞相前，啓緘。丞相閱書畢，贊禮唱「鞠躬，拜，興，拜，興，平身」，蕃使鞠躬，拜，興，拜，興，平身。禮畢，引禮引自西階退，執事收方物。引禮引使者詣左司，郎中出位南向立，蕃使北向立，贊禮唱「鞠躬，拜，興，拜，興，平身」，蕃使鞠躬，拜，興，拜，興，平身。郎中皆答拜。次詣員外郎以下，俱相對再拜、答拜訖，次詣右司，如左司之儀。次日，至都督府參拜都督。府官坐府堂上，各衛官屬戎服，盛陳兵仗，其陳設參見儀如都省，及參見經歷司，如都省左右司之儀。次至御史臺，參見之禮與參見省府官同，唯不設兵衛。其衆衙門相見，三品以下至九品，皆再拜答禮。其每歲常朝，則止于中書省參見省官，行再拜禮。

錫宴儀注東宮錫宴儀注

蕃使進貢及參見畢，禮部官奏奉聖旨錫宴于會同館。東宮錫宴，則東宮官啓奉令旨。前期，館人陳設坐次于會同館正廳，賓西主東，中設御酒案於正中。膳部主客命執事設酒案及食案于廳之南楹。教坊司陳設樂舞于酒案之左右。是日，禮部官陳龍亭於午門外，光禄寺官取旨，捧御酒置於龍亭，儀仗鼓樂前導，禮部官、光禄寺官乘馬後隨，至館門，館人入報。蕃使出迎於館門之外，執事者捧御酒前行，引贊引奉旨官從行，由中道入，至廳上，置于案。使者自西階升，立於西隅。奉旨官立於御酒案之東，稱「有制」，使者望闕跪聽宣制畢，贊禮唱「鞠躬，拜，興，拜，興，平身」，使者鞠躬，拜，興，拜，興，平身。奉旨舉杯酌酒，授使者飲，北面同跪。使者飲畢，贊禮唱「鞠躬，拜，興，拜，興，平身」，使者鞠躬，拜，興，拜，興，平身。贊禮引使者及奉旨官就席坐，執事者舉食案進供于使者及奉旨官之前，執壺者斟酒，樂作，飲畢，樂止。酒七行，湯七品，上湯擊鼓，行酒作細樂及陳雜戲。宴畢，使者送奉旨官出至館門外，奉旨官上馬，使者入。擇日，皇太子錫宴，陳設、食品禮節皆如前儀。

省府臺宴勞儀注

東宫錫宴畢，中書省於左司置酒宴勞。前朝，膳部主客于左司陳設使者及左右司官座次于左司正廳，賓西主東。膳部設酒案於廳中。教坊司陳樂于左司之左右。左司遣掾史詣會同館，請使者赴左司。既至，左司官降階出迎。使者升自西階，左司官升自東階。至廳，使者東向立，左司官西向立。主宴者進詣使者前，致禮待之意，畢，各就席坐。執事者舉食案進供于使者及左司官之前，執壺者斟酒，樂作，飲畢，樂止。酒五行，湯五品，上湯擊鼓，行酒作細樂，不陳雜戲。宴畢，左司官送使者由省西門出。使者上馬，左司官入。次都督府，次御史臺，俱于經歷司禮待，其儀與左司同。

蕃使陛辭儀注

蕃使將還國，禮部奏知，戒蕃使某日陛辭。前二日于天界寺習儀。前一日，内使監陳設御座、香案于奉天殿。侍儀司設蕃使拜位于丹墀中道稍西，北向；設文武官侍立位於丹墀之北，東西相向；承制官位于殿上之東，及宣制位于丹陛上之東南；設知班二人位于蕃使之北；設贊禮二人位於知班之北；典儀二人位於丹陛上之南，俱東西相向。設引蕃使舍人二人位於蕃使之西，東向；引文武班舍人四人位于文武班之北，稍後，東西相向；侍從班位于殿上之東西；拱衛指揮、光禄寺官位于殿門前之左右；内使擎執八人位于御座前之左右。宿衛鎮撫位于丹陛東西階下，護衛百户二十四人位于鎮撫之南，稍後，俱東西相向；護衛千户八人位于殿東西門之左右，將軍二人位于殿之左右，將軍六人位于殿門之左右，將軍四人位于丹陛之四隅，將軍六人位于奉天門之左右，俱東西相向；鳴鞭四人位于丹陛上之南。是日侵晨，金吾衛陳設兵仗于午門外之東西。拱衛司陳儀仗于丹墀、丹陛之東西。樂工陳樂于丹墀之内。擊鼓初嚴，禮部官于午門外以御酒、禮物置于案，執事者若干人，服窄紅衫，舉案。捧禮物官具朝服若干人從入，陳案于丹陛上東南。如賜詔，則設詔書案于禮物案之北，拱衛司用黄蓋遮覆。執事各入就位。舍人催文武官及蕃使具朝服。擊鼓次嚴，侍儀、侍衛入迎車駕。舍人引文武官齊班于午門外之東西，引使者立於武官之南，東向。擊鼓三嚴，引班引文武官入就侍立位，引蕃使入立于丹墀之西南。侍儀版奏「外辦」，御用監跪奏，皇帝服皮弁服，御輿以出。侍儀、侍衛、導從、警蹕如常儀。皇帝將出，仗動，樂作，陞御座，樂止。將軍捲簾，鳴鞭雞唱報時訖，引禮引蕃使入就位。贊禮唱「鞠躬，拜，興，拜，興，拜，興，拜，興，平身」，蕃使皆鞠躬，樂作，拜，興，拜，興，拜，興，拜，興，平身，樂止。承制官詣御座前跪承制，由殿中門出，立于宣制位，稱「有制」。贊禮唱「某等跪聽」，蕃使皆跪。承制官宣制曰：「皇帝制諭。」宣畢，贊禮唱「俛伏，興，拜，興，拜，興，拜，興，拜，興，平身」，蕃使皆俛伏，興，樂作，拜，興，拜，興，拜，興，拜，興，平身，樂止。承制官由殿西門入，跪奏云「承制」，訖，復侍立位。贊禮唱「鞠躬，拜，興，拜，興，拜，興，拜，興，平身」，蕃使皆鞠躬，樂作，拜，興，拜，興，拜，興，拜，興，平身，樂止。贊禮唱「禮畢」，捧物官捧禮物自丹墀中道降，由奉天中門出。如有詔，則黃蓋遮覆詔書出。舍人引蕃使由奉天西門出。侍儀奏「禮畢」。皇帝興，樂作，還宮，樂止。引禮引百官以序出。捧禮物官捧禮物至午門付使者行。每歲常朝，具本品公服，隨班行五拜禮。

蕃使辭東宮儀注蕃使每歲常朝儀附

蕃使奉天殿陛辭訖，次辭東宮。前期，內使監設皇太子座于東宮正殿。侍儀司設蕃使拜位於殿下稍西；設文武官侍立位于庭中，東西相向；知班二人于使者拜位之北，贊禮二人位于知班之北，俱東西相向；設引使者舍人二人位于使者之西。設引文武官舍人四人于文武班之北，稍後，東西相向；設將軍六人位於殿門之左右。是日，宿衛陳兵仗于東宮門外，拱衛司陳儀仗於殿庭之左右，樂工陳樂于殿庭之南。執事各入就位，引禮引文武官常服，入就侍立位。引禮引使者及衆使者至東宮門外西立，東向。引進導引皇太子常服，陞殿，樂作，陞座，樂止。引禮二人引蕃使入就拜位，北向立。贊禮唱「鞠躬，拜，興，拜，興，拜，興，拜，興，平身」，蕃使及衆使者皆鞠躬，樂作，拜，興，拜，興，拜，興，拜，興，平身，樂止。贊禮唱「禮畢」，引禮引使者退立於西。引進啓「禮畢」，皇太子興，樂作，還宮，樂止。引禮引使者出，次引文武官以序出。每歲常朝辭謝，使者常服，隨班行四拜禮。

勞送出境

蕃使辭東宮畢，禮部官率應天府官送出國門之外。至龍江驛，禮部官還，應天府官設宴，如初至之儀。宴畢，應天府官還，驛丞送，起行。

續文獻通考：穆宗隆慶五年九月，復朝鮮使臣引見舊班。初，帝用鴻臚卿李際春言，四夷貢使，俱不得至御前引見。至是，禮科都給事張國彦等奏：「朝鮮屬國，乃冠帶禮義之邦，與諸夷不同，宜仍復舊班，以示優禮。」從之。

右明蕃使朝貢

五禮通考卷二百二十七

賓禮八

天子遣使諸侯國

蕙田案：周禮大行人有間問、歸賑、賀慶、致禬之禮，而皇華一詩，有咨親、咨禮、咨事、咨難之教，蓋天子遣使諸侯，非特以聯上下之交通，和好之志，凡以同好惡、恤災難、生靈之休戚、國家之利病、風俗之美惡，皆于是乎觀，故徧存、徧頫、徧省，在所必勤；策命、反命，在所必慎。今輯經傳天子遣使之事，以著于篇。

總論天子遣使之事

周禮秋官大行人：間問以諭諸侯之志，歸脤以交諸侯之福，賀慶以贊諸侯之喜，致禬以補諸侯之烖。注：此四者，王使臣于諸侯之禮也。間問者，間歲一問諸侯，謂存省之屬。諭諸侯之志者，諭言語、諭書名其類也。交，或往或來者也。贊，助也。致禬，凶禮之弔禮、禬禮也。補諸侯災者，若春秋澶淵之會，謀歸宋財。疏：云交者，欲見臣有祭祀之事，亦得歸胙于王。故玉藻云「臣致膳于君，有葷桃茢」，亦歸胙于王也。

易氏祓曰：大宗伯以脤膰、賀慶分同姓、異姓，而大行人則一概以爲諸侯者，大宗伯言其定制，此言其通制也。大宗伯之言賓禮，不過朝、覲、宗、遇、會、同、聘、頫八者而已，如禬禮，則見于凶禮；脤膰、賀慶，則見于嘉禮，蓋行人以親諸侯爲主。凡嘉禮、凶禮，皆親諸侯之意，不必定以賓禮爲拘也。

鄭氏鍔曰：時聘、殷頫、間問、歸脤，固有一定之制，賀慶、致禬，則以時舉，無常期。

丘氏濬曰：大行人所掌者朝、覲、宗、遇、會、同六者，諸侯致覲于王者也；間問、歸脤、賀慶、致禬四者，天子致愛于諸侯者也。諸侯以禮致其敬，天子以仁致其愛，尊卑之意通，上下之誠達，尚何猜疑間貳之爲患哉？先王之所以親諸侯也如此。

王之所以撫邦國諸侯者：歲徧存；三歲徧頫；五歲徧省；七歲屬象胥，諭言語，協辭命；九歲屬瞽、史，諭書名，聽聲音；十有一歲達瑞節，同度量，成牢禮，同數器，

修法則。注：撫，猶安也。存、頫、省者，王使臣于諸侯之禮，所謂「間問」也。歲者，巡守之明歲以爲始也。屬，猶聚也。自五歲之後，遂間歲徧省也；七歲省而召其象胥，九歲省而召其瞽、史，皆聚于天子之宫，教習之也。鄭司農云：「象胥，譯官也。」玄謂：瞽，樂師也。史，太史、小史也。書名，書文字也，古曰名。聘禮曰：「百名以上。」至十一歲，又徧省焉。達、同、成、修，皆謂齎其法式，行至則齊等之。

劉氏彝曰：存者，問其安否。頫者，視其治效。省者，察其風俗。

王氏昭禹曰：頫又詳于存，省又詳于頫。

蔡氏德晉曰：屬，會集也。象胥掌通言語，瞽掌樂，史掌書，三官，王朝列國皆有之。屬象胥者，謂使王朝象胥往至牧伯之國，會集列國象胥，諭以言語，使彼此通曉，協其辭命，使體制合同也。屬瞽史者，謂使王朝瞽史往至牧伯之國，會集列國瞽史，諭書名以同其文，聽音聲以同其律也。度量、數器合方氏所掌。牢禮，掌客所掌。法，八正。則，八則。達、同、成、修，皆謂行人齎其法式，以行至則齊等之也。

小行人：使適四方，協九儀，賓客之禮。注：適，之也。協，合也。疏：使適四方，向諸侯之國，則合九等之儀。九儀，則大行人「九儀」，命者五，爵者四是也。云「賓客之禮」者，賓據命者五，客據爵者四，此稱賓客之例，非通稱也。

蕙田案：「使適四方」，王使小行人適四方也。

若國札喪，則令賻補之；若國凶荒，則令賙委之；若國師役，則令槁禬之；若國有福事，則令慶賀之；若國有禍烖，則令哀弔之。凡此五物者，治其事故。注：故書「賻」作「傅」，「槁」爲「稾」。鄭司農云：「賻補之，謂賻喪家，補助其不足也。若今時一室二尸，則官與之棺也。稾當爲槁，謂犒師也。」玄謂：師役者，國有兵寇以致匱病也，使鄰國合會財貨以與之。春秋定五年「夏，歸粟于蔡」是也。宗伯職曰：「以禬禮哀圍敗。」禍災，水火。

王氏昭禹曰：所作謂之事，所逢謂之故，札喪、凶荒、禍烖，出于所逢者也。師役、福事，或出于所作。

及其萬民之利害爲一書，其禮俗、政事、教治、刑禁之逆順爲一書，其悖逆、暴亂、作慝、猶犯令者爲一書，其札喪、凶荒、厄貧爲一書，其康樂、和親、安平爲一書。凡此五物者，每國辨異之，以反命於王，以周知天下之故。注：慝，惡也。猶，圖也。　疏：此總陳小行人使適四方，所採風俗善惡之事，各各條録，别爲一書以報上也。

葉氏時曰：觀此而知小行人之奉命以往，無非究心邦國之民事；反命以告，亦無非究心邦國之民事。

掌交：掌以節與幣巡邦國之諸侯，及其萬民之所聚者，道王之德、意、志、慮，使咸知王之好惡，辟行之。注：節以爲行信，幣以見諸侯也。咸，皆也。辟，讀如「辟忌」之辟，使皆知王之所好者而行之，知王所惡者辟而不爲。

使和諸侯之好，達萬民之説。注：有欲相與修好者，則爲和合之。説，所喜也。達者，達之于王，若其國君。

蔡氏德晉曰：凡上下之情不通，易至睽孤梗逆而不相親，掌交以王之德、意、志、慮，爲諸侯萬民道之，令皆避王所忌，行王所好，則上之情得通于下矣。又使王于諸侯所好必調和之，萬民所説必通達之，則下之情得通于上矣。

夏官匡人：掌達法則、匡邦國而觀其慝，使無敢反側，以聽王命。注：法則，八法、八則也，邦國之官府、都鄙亦用焉。慝，姦僞之惡也。反側猶背違法度也。書曰：「無反無側，王道正直。」

撢人：掌誦王志，道國之政事，以巡天下之邦國而語之，注：道猶言也，以王之志與政事諭説諸侯，使不迷惑。**使萬民和説而正王面。**注：面猶鄉也。使民之心曉而正鄉王。疏：以上二事鄉諸侯説之，使諸侯化民，而萬民正向於王。

高氏愈曰：匡人主察諸侯之惡，撢人主宣天子之善，察其惡而人畏威，宣其善而人懷德，後世有宣慰使之名，蓋近此撢人之意。

春官大宗伯：以弔禮哀禍烖，注：禍烖謂遭水火。宋大水，魯莊公使人弔焉，曰：「天作淫雨，害于粢盛，如之何不弔？」厩焚，孔子拜鄉人，爲火來者拜之，士一，大夫再，亦相弔之道。**以禬禮哀**

圍敗，注：同盟者會合財貨以更其所喪。春秋襄三十年「冬，會于澶淵，宋災故」，是其類。以恤禮哀寇亂。注：恤，憂也。鄰國相憂。兵作于外爲寇，作于内爲亂。

蕙田案：弔、禬、恤之禮，通于邦交，而天子遣使侯國，亦有之。

以脤、膰之禮親兄弟之國，注：脤、膰，社稷宗廟之肉，以賜同姓之國，同福禄也。兄弟，有共先王者。魯定公十四年：「天王使石尚來歸脤。」疏：脤是社稷之肉，膰是宗廟之肉，此文雖主兄弟之國，至于二王後及異姓有大功者，得與兄弟之國同。故僖九年「夏，王使宰孔賜齊侯胙曰：天子有事于文、武，使孔賜伯舅胙」，注：「胙，膰肉。」周禮「以脤、膰之禮親兄弟之國」，不以賜異姓，敬齊侯，比之賓客。又僖公二十四年：「宋成公如楚，還，入于鄭，鄭伯將享之，皇武子曰：『宋，先代之後也，於周爲客，天子有事膰焉，有喪拜焉。』」是二王後及異姓有大功者，亦得脤、膰之賜。是以大行人直言「歸脤以交諸侯之福」，不辨同姓、異姓。是容有非兄弟之國，亦得脤膰也。以賀慶之禮親異姓之國。注：異姓，王昏姻甥舅。疏：謂諸侯之國有喜可賀可慶之事，王使大夫往，以物賀慶之。舉異姓，包同姓也。大行人云：「賀慶以贊諸侯之喜。」不别同姓、異姓，則兼同姓可知。

吴氏澄曰：脤膰者，特厚之禮，故於同姓言之。賀慶者，普偏之禮，故於異姓言之。

蕙田案：脤膰、賀慶二者，天子所以親諸侯也。大宗伯以弔、禬、恤屬凶禮，脤膰、賀慶屬嘉禮，而大行人又以歸脤、賀慶、致禬與朝、宗、覲、遇、會、同、頫、聘、問問同列，蓋凶、嘉二禮之通于賓禮者。今俱附入「天子遣使侯國」條内，以從其類云。

右總論天子遣使之事

王命

春官外史：掌書外令。注：王令下畿外。若以書使于四方，則書其令。注：書王令以授使者。

黄氏曰：以書使于四方之書，猶今之制書、敕書也。

右王命

介

夏官司士：作士適四方使，爲介。注：士使，謂自以王命使也。介，大夫之介也。春秋傳曰：「天王使石尚來歸脤。」

蕙田案：作士使爲介，謂上卿使則大夫爲介，大夫使則士爲介，皆司士選之。

虎賁氏：適四方使，則從士、大夫。疏：天子有下聘諸侯法。大行人所云「歲徧問之」等，時則使虎賁從行也。

秋官行夫：使則介之。注：使謂大、小行人也。故書曰：「夷使。」鄭司農云：「夷使，使于四夷，則行夫主爲之介。」玄謂：夷，發聲。

蕙田案：使則介之，謂行人爲使，則行夫爲之介也。

右介

節信

地官掌節：掌守邦節而辨其用，以輔王命。注：邦節者，珍圭、牙璋、穀圭、琬圭、琰圭也。王有命，則別其節之用，以授使者。輔王命者，執以行爲信。凡邦國之使節，山國用虎節，土國用人節，澤國用龍節，皆金也，以英蕩輔之。注：使節，使卿大夫聘于天子諸侯，行道所執之信也。土，平地也。山多虎，平地多人，澤多龍。以金爲節，鑄象焉。必自以其國所多者，于以相別，爲信明也。今漢有銅虎符。杜子春云：「蕩當爲帑，謂以函器盛此節。」或曰英蕩，畫函。

蕙田案：使節，天子遣使於諸侯，使者所執之節也。山國，謂使於山國。下做此。

觀承案：「英蕩」解未安。「蕩」宜從竹，大竹也，見禹貢。特出者爲英，蓋以竹之最大者。以函節適遠，故曰輔。姑存此説以備考。

凡通達于天下者必有節，以傳輔之。注：必有節，言遠行無有不得節而出者也。輔之以傳者，節爲信耳。傳説所齎操及所適。

秋官小行人：達天下之六節：山國用虎節，土國用人節，澤國用龍節，皆以金爲之；道路用旌節，門關用符節，都鄙用管節，皆以竹爲之。注：此謂邦國之節也。達之者，使之四方，亦皆齎法式以齊等之也。諸侯使臣行頫聘，則以金節授之，以爲行道之信也。虎、人、龍者，自其國象也。道路，謂鄉、遂大夫也。都鄙者，公之子弟及卿大夫之采地之吏也。凡邦國之民遠出至于他邦，他邦之民若來入，由國門者，門人爲之節；由關者，關人爲之節。其以徵令及家徙，鄉、遂大夫及采地吏爲之節，皆使人執節將之以達之，亦有期以反節。管節，如今之竹使符也。其有商者，通之以符節，如門關。門關者，與市聯事，節可同也，亦所以異于畿内也。凡節，有天子法式存于國。疏：此經亦是適四方之事。言「達天下之六節」者，據諸侯國而言。掌節所云，據畿内也。虎節、人節、龍節三者，據諸侯使臣出聘所執。旌節、符節、管節三者，據在國所用。

蕙田案：節有二，有守節，有行節。守節憑以爲重，行節持以爲信。其用以爲節者有四，或以玉，或以角，或以金，或以竹，皆篆刻文字而中分之，有故則相合以爲驗者也。先王制節，以防奸僞。凡守土之官，奉使之臣，貨賄之出入，小民之往來，皆執此以爲信驗。蓋雖一物之微，而馭天下之機要在，是故特設掌節之官，以專司其事。漢有符節令，主符節事，凡遣使掌授節，猶古制也。後世印章，即古人符節之遺制。古人用之列國，其事簡；後世用之案牘，其事繁，蓋亦從時之宜矣。

春官典瑞：珍圭以徵守，以恤凶荒。注：珍圭，王使之瑞節。制大小當與琬、琰相依。王使人徵諸侯，憂凶荒之國，則授之，執以往，致王命焉，如今時使者持節矣。恤者，闓府庫，振救之。凡瑞節歸，又執以反命。牙璋以起軍旅，以治兵守。注：鄭司農云：「牙璋，瑑以爲牙。牙齒，兵象，故以牙璋發兵，若今時以銅虎符發兵。」玄謂：牙璋，亦王使之瑞節。兵守，用兵所守，若齊人戍遂，諸侯戍周。穀圭以和難，以聘女。注：穀圭，亦王使之瑞節。穀，善也，其飾若粟文然。難，仇讎。和之者，若春秋宣公及齊侯平莒及郯，晉侯使瑕嘉平戎于王。其聘女則以納徵焉。琬圭以治德，以結好。注：琬圭，亦王使之瑞節。諸侯有德，王命賜之。及諸侯使大夫來聘，既而爲壇會之使，大夫執以命事焉。大行人職曰：「時聘以結諸侯之好。」鄭司農云：「琬圭無鋒芒，故治德以結好。」琰圭以易行，以除慝。

注：琰圭，亦王使之瑞節。鄭司農云：「琰圭有鋒芒、傷害、征伐、誅討之象，故以易行除慝。易惡行令爲善者，以此圭責讓喻告之也。」玄謂：除慝，亦于諸侯使大夫來頫，既而使大夫執而命事于壇。大行人職曰：「殷頫以除邦國之慝。」　疏：治德與易行，據諸侯自有善行惡行，王使人就本國治易之。

吴氏澄曰：交好本于執德之不回，故治德爲大，而結好次之。邦慝生于率行之不謹，故易行爲大，而除慝次之。

考工記玉人：琬圭九寸而繅，以象德。注：琬猶圜也，王使之瑞節也。諸侯有德，王命賜之，使者執琬圭以致命焉。繅，藉也。　疏：典瑞云「治德」，據使者而言。此言象德，據圭體而說。彼不言有繅，此言有繅，亦是互見爲義。琰圭九寸，判規，以除慝，以易行。注：凡圭，琰上寸半，琰半以上，又半爲瑑飾。諸侯有爲不義，使者征之，執以爲瑞節也。除慝，誅惡逆也。易行，去煩苛。穀圭七寸，天子以聘女。牙璋、中璋七寸，射二寸，厚寸，以起軍旅，以治兵守。注：二璋皆有鉏牙之飾於琰側，先言牙璋，有文飾也。　疏：典瑞無中璋者，以其大小等，故不見也。軍多用牙璋，軍少用中璋。

蕙田案：典瑞之珍圭，玉人無之。玉人之中璋，典瑞無之。典瑞云：「穀圭以和難，以聘女。」而玉人無和難之文，或彼此互見，或互有脱簡也。

右節信

幣

夏官校人：凡國之使者，共其幣、馬。注：使者所用私覿。

右幣

遣使勞使

詩小雅皇皇者華序：皇皇者華，君遣使臣也，送之以禮樂，言遠而有光華也。疏：光顯其君，常不辱命于彼。

曹氏粹中曰：燕以遣之，所謂禮也；歌以樂之，所謂樂也。

程子曰：天子遣使四方，以觀省風俗，采察善惡，訪問病苦，宣道化於天下，下國蒙被聲教，是以光華。

皇皇者華，于彼原隰。傳：皇皇，猶煌煌也。高平曰原，下濕曰隰。忠臣奉使能光君命，無遠無近如華，不以高下易其色也。箋：無遠無近，唯所之則然。駪駪征夫，每懷靡及。傳：駪駪，衆多之貌。箋：征夫，衆行夫也。

朱子集傳：此遣使臣之詩也。君之使臣，固欲其宣上德而達下情；而臣之受命，亦唯恐其無以副君之意也。故先王之遣使臣也，美其行道之勤，而述其心之所懷，曰彼煌煌者華，則于彼原隰矣。此駪駪然之征夫，則其所懷思，常若有所不及矣，蓋亦因以爲戒。然其辭之婉而不迫如此，詩之忠厚亦可見矣。

我馬維駒，六轡如濡。箋：如濡，言鮮澤也。載馳載驅，周爰咨諏。箋：爰，于也。

程子曰：採察求訪，使臣之職。

朱子集傳：使臣自以每懷靡及，故廣詢博訪，以補其不及而盡其職也。

我馬維騏，六轡如絲。傳：言調忍也。載馳載驅，周爰咨謀。傳：咨事之難易爲謀。

我馬維駱，六轡沃若。載馳載驅，周爰咨度。傳：咨禮義所宜爲度。

我馬維駰，六轡既均。傳：陰白襍毛曰駰。均，調也。載馳載驅，周爰咨詢。

朱子集傳：案序以此詩爲君遣使臣。春秋内外傳皆云「君教使臣」，儀禮亦見。鹿鳴，疑亦本爲遣使臣而作，其後乃移以他用也。然叔孫穆子所謂君教使臣曰：「每懷靡及，諏謀度詢，必咨于周，敢不拜教？」可謂得詩之意矣。

四牡序：四牡，勞使臣之來也。疏：事畢來歸也。有功而見知，則説矣。

嚴氏粲曰：人臣之事，皆職分所當爲，不計其君之知不知也。此特序詩者之辭，以爲使臣有馳驅之勞，而其君能深體之，其心之喜悦當如何，非使臣必待見知而後説也。

四牡騑騑，周道倭遲。傳：騑騑，行不止之貌。倭遲，歷遠之貌〔一〕。豈不懷歸？王事靡盬，我心傷悲。傳：盬，不堅固也。思歸者，私恩也。靡盬者，公義也。傷悲者，情思也。箋：無私恩，非孝子也。無公義，非忠臣也。君子不以私害公，不以家事辭王事。

朱子集傳：此勞使臣之詩也。夫君之使臣，臣之事君，禮也。故爲臣者，奔走於王事，特以盡其職分之所當爲而已，何敢自以爲勞哉？然君之心，則不敢以是而安也，故燕享之際，叙其情以閔其勞，言駕此四牡而出使於外，其道路之回遠如此，當是時，豈不思歸乎？特以王事不可以不堅固，不敢狥私以廢公，是以内顧而傷悲也。臣勞於事而不自言，君探其情而代之言，上下之間，可謂各盡其道矣。

四牡騑騑，嘽嘽駱馬。傳：嘽嘽，喘息之貌。馬勞則喘息。白馬黑鬣曰駱。豈不懷歸？王事靡盬，不遑啓處。傳：遑，暇。啓，跪。處，居也。臣受命，舍幣于禰乃行。

翩翩者鵻，載飛載下，集於苞栩。傳：鵻，夫不也。王事靡盬，不遑將父。傳：將，

〔一〕「貌」，諸本作「意」，據毛詩正義卷九改。

養也。

范氏處義曰：忠臣孝子之行役，未嘗不念其親。君之使臣，豈待其勞苦而自傷哉？亦憂其憂，如己而已矣，此聖人之所以感人心也。

翩翩者鵻，載飛載止，集于苞杞。傳：杞，枸檵也。王事靡盬，不遑將母。

駕彼四駱，載驟駸駸。傳：駸駸，驟貌。豈不懷歸？是用作歌，將母來諗。傳：諗，念也。箋：諗，告也。

朱子集傳：以其不獲養父母之情而來告於君也，非使人作是歌也。設言其情以勞之耳。

右遣使勞使

周聘魯

春秋隱公七年，天王使凡伯來聘。杜注：凡伯，周卿士，凡國伯爵也。何注：書者喜之也。古者諸侯有較德，殊風異行，天子聘問之，當北面稱臣，受之於太廟，所以尊王命，歸美于先君，不敢以己當之。

穀梁傳：凡伯者何？天子之大夫也。

九年春，天王使南季來聘。注：南季，天子大夫也。南，氏；季，字也。穀梁傳：南氏，姓也。季，字也。聘，問也。問諸侯，非正也。注：周禮：「天子時聘，以結諸侯之好，殷頫以除邦國之慝，間問以諭諸侯之志，歸脤以交諸侯之福，賀慶以贊諸侯之喜，致禬以補諸侯之災。」許慎曰：「禮，臣病，君親問之，天子有下聘之義。」傳曰「聘諸侯，非正」，甯所未詳。

蕙田案：穀梁「問諸侯，非正」之説，於禮無據。范氏據周禮大行人及許慎五經異義以證其非，可謂不易之論矣。特以時聘、殷頫爲天子下聘于諸侯，則非。蓋周官之間問，即天子下聘之時。對文，則大曰聘，小曰問；散文言之，則問即聘也。時聘、殷頫，自是諸侯聘于天子，不容混而一之也。

張氏洽曰：隱公十年之間，宰咺、凡伯、南季三至魯庭，以魯爲周公之胄而欲親之也。公不明尊王之義以正其國，于是諸侯相效而王靈竭，臣子則象而篡弒萌矣，此春秋詳書王使之意也。

桓公四年夏〔一〕，天王使宰渠伯糾來聘。杜注：宰，官。渠，氏；伯糾，名也。左氏傳：父在，故名。公羊傳：宰渠伯糾者何？天子之大夫也。其稱宰渠伯糾何？下大

〔一〕「夏」，原作「春」，據光緒本、春秋左傳正義卷六改。

夫也。

李氏廉曰：宰糾書名，左氏直譏其攝父職以出聘，已昧于仍叔子之文。而杜注又以伯糾爲名，則伯乃字稱，而非名也。公、穀皆以爲下大夫係官氏，名且字，以宰爲官氏，渠爲名，糾爲字，而以伯爲老稱，則單伯、祭伯亦老稱乎？蓋欲言微者而經稱伯，欲言尊卿則連名，故爲是臆説耳，是皆不知春秋責宰相之書法也。

五年，天王使仍叔之子來聘。杜注：仍叔，天子之大夫。稱仍叔之子，本於父字，幼弱之辭也。　左氏傳：弱也。　公羊傳：仍叔之子者何？天子之大夫也。其稱仍叔之子何？譏。何譏爾？譏父老，子代父從政也。　穀梁傳：任叔之子者，録父以使子也。故微其君臣，而著其父子，不正父在子代仕之詞也。注：君闇劣于上，臣苟進于下，故參譏之。

八年，天王使家父來聘。杜注：家父，天子大夫。家，氏；父，字。

僖公三十年，天王使宰周公來聘。杜注：周公，天子三公，兼冢宰也。　左氏傳：王使周公閱來聘，享有昌歜、白黑、形塩。注：昌歜，昌蒲菹。白，熬稻。黑，熬黍。形塩，塩形象虎。辭曰：「國君文足昭也，武可畏也，則有備物之享，以象其德；薦五味，羞嘉穀，塩虎形，注：嘉穀，熬稻、黍也，以象其文也。塩虎，形以象武也。以獻其功。吾何以堪之？」

宣公十年秋，天王使王季子來聘。杜注：王季子者，公羊以爲天王之「母弟」，然則字季子，天子大夫稱字。左氏傳：秋，劉康公來報聘。注：報孟獻子之聘。即王季子也。其後食采于劉。公羊傳：王季子者何？天子之大夫也。其稱王季子何？貴也。其貴奈何？母弟也。穀梁傳：其曰「王季」，王子也。其曰「子」，尊之也。「聘」，問也。

胡氏安國曰：公羊曰王季子者，王之母弟也。王有時聘以結諸侯之好，禮也。宣公享國，至是十年，不朝于周，而比年朝齊；不奔王喪，而奔齊侯喪；不遣貴卿會匡王葬，而使歸父會齊侯之葬。縱未舉法勿聘焉猶可也，而使王季子來，王靈益不振矣。自是王聘，春秋亦不書矣。

右周聘魯

周錫命

春秋莊公元年，王使榮叔來錫桓公命。杜注：榮叔，周大夫。榮，氏；叔，字。錫，賜也。追命桓公，褒稱其德，若昭七年王追命衛襄之比。公羊傳：錫者何？賜也。命者何？加我服也。其言桓公何？追命也。穀梁傳：禮，有受命，無來錫命。錫命，非正也。生服之，死行之，禮也；生不服，死追錫之，不正甚矣。

張氏洽曰：莊公主王姬之昏，故親魯而寵嘉，其父遣使賜之策命。

李氏廉曰：錫命有命辭、有命物，又或止有命辭而無命物。有命辭、有命物者，如後世以璽書褒賞功臣、增秩賜金是也。止有命辭者，如後世賜手詔褒美是也。

趙氏汸曰：禮，諸侯嗣位，喪畢，以士服朝天子，天子賜之黻冕、圭璧，謂之受命，周官「王命諸侯，則大宗伯儐」是也。末世諸侯，喪畢不朝，有請命者而後有來錫命，有生不請命者而後有追錫之命。

文公元年，天王使毛伯來錫公命。杜注：毛，國；伯，爵。諸侯爲王卿士者，諸侯即位，天子賜以命圭，合瑞爲信。僖十一年，王賜晉侯命，亦其比也。穀梁傳：禮，有受命，無來錫命，錫命，非正也。

胡氏安國曰：諸侯終喪入見則有錫，歲時來朝則有錫，能敵王所愾則有錫。黼冕、圭璧，因其終喪入見而錫之者也。禮，所謂「喪畢，以士服見天子，已見，賜之黼冕、圭璧，然後歸」是已。車馬、衮黼，因其歲朝而錫之者也，詩所謂「君子來朝，何錫予之？雖無予之，路車、乘馬。又何予之，玄衮及黼」是已。彤弓、玈矢，因其敵愾獻功而錫之者也，詩所謂「彤弓弨兮，受言藏之。我有嘉賓，中心貺之。鐘鼓既設，一朝享之」是已。今文公繼世，喪制未畢，非初見繼朝而獻功也，何爲來錫命乎？故穀梁子曰「來錫命，非正也」。

成公八年秋七月，天子使召伯來賜公命。杜注：諸侯即位，天子賜以命圭，與之合瑞。八年乃來，緩也。天子，天王，王者之通稱。 穀梁傳：禮，有受命，無來錫命，錫命，非正也。曰「天子」何也？曰「見一稱」也。

劉氏敞曰：錫命者，爵也。有加而賜，所謂賜命也。故王者「制：三公一命卷，若有加，則賜也，不過九命。次國之君不過七命，小國五命」，故賜者，謂有加也。以義觀之，錫命者，其世世相襲，衮不廢矣。賜命者，服過其爵，所以章有德也。成公未有大功明德，而服過其爵，譏僭賞也。

襄公十有四年左氏傳[一]：王使劉定公賜齊侯命，曰：「昔伯舅大公右我先王，股肱周室，師保萬民。世胙大師，以表東海。王室之不壞，繄伯舅是賴。今余命女環，注：環，齊靈公名。 茲率舅氏之典，纂乃祖考，無忝乃舅。敬之哉！無廢朕命！」

昭公七年左氏傳：王使成簡公如衛弔，注：簡公，王卿士也。且追命襄公曰：「叔父

〔一〕「十有四年」，原作「十有六年」，據光緒本、春秋左傳正義卷三二改。

陟恪，在我先王之左右，以佐事上帝，注：陟，登也。恪，敬也。帝，天也。叔父，謂襄公。命，如今之哀策。余敢忘高圉、亞圉？」注：二圉，周之先也。爲殷諸侯，亦受殷王追命者。

國語周語：襄王使召公過及内史過賜晉惠公命。

右周錫命

周歸脤

春秋僖公九年左氏傳：王使宰孔賜齊侯胙，曰：「天子有事于文、武，使孔賜伯舅胙。」注：胙，祭肉。尊之，比二王後。

二十四年左氏傳：宋，先代之後也，於周爲客。天子有事膰焉。注：有事，祭宗廟也。膰，祭肉。尊之，故賜以祭胙。

定公十四年，天王使石尚來歸脤。杜注：石尚，天子之士。石，氏；尚，名。脤，祭社之肉，盛以脤器，以賜同姓諸侯，親兄弟之國，與之共福。公羊傳：石尚者何〔一〕？天子之士也。脤

〔一〕「何」，諸本脱，據春秋公羊傳注疏卷二六補。

者何？俎寔也。腥曰脤，熟曰燔。注：禮，諸侯朝天子，助祭于宗廟，然後受俎寔。時魯不助祭而歸之，故書以譏之。穀梁傳：「脤」者何也？俎寔也，祭肉也。生曰脤，熟曰膰。其辭，石尚士也。何以知其士也？天子之大夫不名，石尚欲書春秋，諫曰：「久矣，周之不行禮於魯也，請行脤。」貴復正也。

李氏廉曰：案周禮行人：「歸脤以交諸侯之福。」謝氏曰：「王受神福，賴諸侯所致。」則神福王，宜與諸侯共之。故天子分俎寔，不曰賜，而謂之歸。

右周歸脤

周會盟

春秋僖公八年春王正月，公會王人、齊侯、宋公、衛侯、許男、曹伯、陳世子款盟于洮。杜注：王人與諸侯盟，不譏者，王室有難故。洮，曹地。公羊傳：王人者何？微者也。曷爲序乎諸侯之上？先王命也。穀梁傳：「王人」之先諸侯，何也？貴王命也。朝服雖敝，必加於上；弁冕雖舊，必加于首。周室雖衰，必先諸侯。兵車之會也。

九年，公會宰周公、齊侯、宋子、衛侯、鄭伯、許男、曹伯于葵丘。杜注：周公，宰孔也。

宰，官。周采地，天子三公不字。宋子，襄公也。傳例曰：在喪，公侯曰子。陳留外黄縣東有葵丘。

二十九年夏六月，會王人、晉人、宋人、齊人、陳人、蔡人、秦人盟于翟泉〔一〕。杜注：翟泉，今洛陽城内大倉西南池水也。魯侯諱盟天子大夫，諸侯大夫，又違禮盟公侯，王子虎違禮下盟，故不言公會，又皆稱人。

右周會盟

周賵葬

春秋隱公元年：秋七月，天王使宰咺來歸惠公、仲子之賵。杜注：宰，官；咺，名也。仲子者，桓公之母，婦人無謚，故以字配姓。來者，自外之文。歸者，不反之辭〔二〕。左氏傳：緩，且子氏未薨，故名。注：惠公葬在春秋前，故曰「緩」也。子氏，仲子也。薨在二年。賵，助喪之物。天子七月而葬，同軌畢至；注：言同軌，以别四夷之國。諸侯五月，同盟至；注：同在方岳之盟。

〔一〕「宋人」，原作「宋公」，據光緒本、春秋左傳正義卷一七改。
〔二〕「反」，原作「及」，據光緒本、春秋左傳正義卷二改。

大夫三月，同位至；注：古者行役，不踰時。士踰月，外姻至。注：踰月，度月也。姻，猶親也。此言赴弔各以遠近爲差，因爲葬節。贈死不及尸，注：尸，未葬之通稱。弔生不及哀，注：諸侯以上既葬，則縗麻除，無哭位，諒闇終喪。豫凶事，非禮也。注：仲子在而來贈，故曰豫凶事。公羊傳：宰者何？官也。咺者何？名也。曷爲以官氏？宰，士也。賵者何？喪事有賵，賵者蓋以馬，以乘馬束帛。車馬曰賵，貨財曰賻，衣被曰襚。

文公元年，天王使叔服來會葬。杜注：叔，氏；服，字。諸侯喪，天子使大夫會葬，禮也。

公羊傳：其言來會葬，何？會葬，禮也。穀梁傳：葬曰「會」，其志重天子之禮也。

五年春王正月，王使榮叔歸含且賵。杜注：珠玉曰含。含，口實。車馬曰賵。左氏傳：禮也。公羊傳：含者何？口實也。其言歸含、且賵何？兼之。兼之，非禮也。穀梁傳：含，一事也。賵，一事也。兼歸之，非正也。其曰「且」，志兼也。其不言來，不周事之用也。賵以早，注：乘馬曰賵。乘馬所以助葬，成風未葬，故書早。而含以晚。注：已殯，故言晚。

三月，王使召伯來會葬。杜注：召伯，天子之卿也。召，采地；伯，爵也。來不及葬，不譏者不失五月之内。

昭公七年左氏傳：衛襄公卒，衛齊惡告喪于周，王使成簡公如衛弔。

右周賵葬

周使求

春秋隱公三年秋，武氏子來求賻。杜注：武氏子，大夫之嗣也。平王喪在殯，新王未得行其爵命，聽于冢宰，故傳曰「王未葬」，釋其所以稱父族，又不稱使也。魯不共奉王喪，致令有求。經直文以示不敬，故傳不復具釋也。左氏傳：王未葬也。公羊傳：武氏子者何？天子之大夫也。其稱武氏子何？譏。何譏爾？父卒，子未命也。何以不書使？當喪，未君也。喪事無求，求賻，非禮也。

桓公十有五年春二月，天王使家父來求車。左氏傳：非禮也。諸侯不貢車服，注：車服，上之所以賜下。天子不私求財。注：諸侯有常職者。公羊傳：何以書？譏。何譏爾？王者無求，求車，非禮也。穀梁傳：古者，諸侯時獻于天子，以其國之所有，故有辭讓而無徵求。求車，非禮也。求金，甚矣。

文公九年春〔一〕，毛伯來求金。杜注：求金以共葬事，雖踰年而未葬，故不稱王使。左氏傳：非禮也。不書王命，未葬也。

右周使求

過國

國語周語：定王六年，使單襄公聘于宋，遂假道于陳，以聘于楚。火朝覿矣，道茀不可行也。注：單襄公，王卿士單朝也。聘，問也。問者，王之所以撫萬國，存省之。假道，自宋適楚，經陳也。是時天子微弱，故以諸侯相聘之禮假道也。聘禮，若過國至於境，使次介假道，束帛將命於廟。候不在疆。注：候，候人也，掌送迎賓客者。疆，境也。司空不視塗。注：司空，卿官，掌道路也。澤不陂，川不梁，野有庾積，場功未畢，道無列樹，墾田若蓺，膳宰不致餼。注：膳宰，膳夫也，掌賓客之牢。禮，生曰餼。司里不授館。注：司里，里宰也，掌授客館。國無寄寓。注：寓，亦寄也。無寄寓者，不爲廬舍，可以寄羈旅之客。縣無施舍。注：四甸爲縣，縣方

〔一〕「九年」，原作「元年」，據味經窩本、乾隆本、光緒本、春秋左傳正義卷一九改。

六十里。施舍者，所以施舍賓客負任之處。民將築臺于夏氏。及陳，陳靈公與孔寧、儀行父南冠以如夏氏，留賓弗見。注：賓，單襄公也。單子歸，告王曰：「陳侯不有大咎，國必亡。」王曰：「何故？」對曰：「夫辰角見而雨畢，天根見而水涸，本見而艸木節解，駟見而隕霜，火見而清風戒寒。故先王之教曰：『雨畢而除道，水涸而成梁，艸木節解而備藏，隕霜而冬裘具，清風至而修城郭宫室。』故夏令曰：『九月除道，十月成梁。』其時儆曰：『收而場功，偫而畚挶，營室之中，土功其始。火之初見，期於司里。』此先王之所以不用財賄而廣施德於天下者也。今陳國火朝覿矣，而道路若塞，野場若棄，澤不陂障，川無舟梁，是廢先王之教也。周制有之曰：『列樹以表道，立鄙食以守路。國有郊牧，疆有寓望，藪有圃草，囿有林池，所以禦災也。其餘無非穀土。民無縣耜，野無奥草。不奪民時，不蔑民功，有優無匱，有逸無罷。國有班事，縣有序民。』今陳國，道路不可知，田在草間，功成而不收，民罷於逸樂，是棄先王之法制者也。周之秩官有之曰：『敵國賓至，關尹以告，行理以節逆之，候人爲導，卿出郊勞，門尹除門，宗祝執祀，司里授館，司徒具徒，司空視塗，司寇詰姦，虞人入材，甸人積薪，火師監燎，水師監濯，膳宰致饔，廩人獻餼，司馬陳芻，工人展車，百官以物至〔一〕，賓入如歸，是故小大莫不懷愛。其貴國之賓至，則以班加一等，益虔。至於王使，則皆官正莅事。注：正，長也。莅，臨也。上卿監之。注：監，視也。若王巡守，則君親監之。』今雖朝也不才，有分族於周，承王命以爲過賓於陳，而司事莫至，是蔑先王之官也。先王之令有之，曰：『天道賞善而罰淫，故凡我造國，無從非彝，無即慆淫，各守爾典，以承天休。』今陳侯不念允續之常，棄其伉儷妃嬪，而帥其卿佐以淫於夏氏，不亦瀆姓矣乎？陳，我大姬之後也。棄衮冕而南冠以出，不亦簡彝乎？是又犯先王之令也。昔先王之教，茂帥其德也，猶恐隕越。若廢其教而棄其制，蔑其官而犯其令，將何以守國？居大國之間，而無此四者，其能久乎？」八年，陳侯殺於夏氏。九年，楚子入陳。

右過國

遣使詣蕃附

蕙田案：經傳所言遣使之事，皆天子於服内諸侯之禮。九州之外，未嘗通使。

〔一〕「官」，諸本重，據國語周語中删。

秦、漢以來，封建廢而諸侯之禮闕，邊事開而蕃國之禮興。輯遣使詣蕃篇附焉。

兩漢遣使詣蕃

漢書兩粤傳：高帝十一年，遣陸賈立尉佗爲南粤王，與剖符通使，使和輯百粤，毋爲南邊害。

陸賈傳：賈至，尉佗魋結箕踞見賈。賈因説佗曰：「足下中國人，親戚昆弟墳墓在真定。今足下反天性，棄冠帶，欲以區區之越與天子抗衡爲敵國，禍且及身矣。」於是佗乃蹶然起坐，謝賈曰：「居蠻夷中久，殊失禮義。」留與飲數月。

文帝元年，詔丞相平舉可使粤者〔一〕，平言陸賈先帝時使粤。上召賈爲太中大夫，謁者一人爲副使，賜佗書。陸賈至，南粤王恐，乃頓首謝，願奉明詔，長爲藩臣，奉貢職。

後漢書南匈奴傳：建武二十六年，遣中郎將段郴、副校尉王郁使南單于，立其庭，去

〔一〕「平」，原脱，據光緒本、漢書南粤傳補。

五原西部塞八十里。單于乃延迎使者。使者曰：「單于當伏拜受詔。」單于顧望有頃，乃伏稱臣。拜訖，令譯曉使者曰：「單于新立，誠慙於左右，願使者衆中無相屈折也。」

三十一年，單于薨，中郎將段郴將兵赴吊，祭以酒米，分兵衛護之。弟左賢王莫立，帝遣使者齎璽書鎮慰，拜授璽綬，遺冠幘，絳單衣三襲，童子佩刀、緄帶各一，又賜繒綵四千匹，令賞賜諸王、骨都侯已下。其後單于薨，吊祭慰賜，以此爲常。

右兩漢遣使詣蕃

唐遣使詣蕃

唐開元禮皇帝遣使詣蕃宣勞：

前一日，執事者設使者次於大門外道東，南向。其日，使者至，執事者引就次，使者以下俱公服。蕃主朝服立於東階東南〔一〕，西面。使者出次，執事者引使者立於大門外之西，東面。使副立於使者西，持節者立於使者之北，少退，令史二人對舉詔書

〔一〕「朝服」，諸本作「朝堂」，據通典卷一三〇、開元禮卷一二九改。

案，立於使副西南，俱東向。執事者引蕃主迎使者于門外之南，北面，再拜。使者不答拜。執事者引使者入，持節者前導，持案者次之，入門而左。使者詣階間，南面立。持節者立於使者東，少南，西面。使副立于使者西南，持案者立使副西南，俱東面。執事者引蕃主入立於使者之南，北面。持節者脱節衣。持案者進使者前，使副取詔書，持案者退復位。使副進授使者，退復位。使者稱「有詔」〔一〕，蕃主再拜。使者宣詔訖，蕃主又再拜。執事者引蕃主進使者前，北面授詔書，退立于東階東南，西面。持節者加節衣。執事者引使者，持節者前導，持案者次之，出，復門外位。執事者引蕃主拜送於大門外。使者還于次，執事引蕃主入。

右唐遣使詣蕃

遼宋遣使

宋史禮志：宋使外國，謂之國信使。太祖開寶八年，遣西上閤門使郝崇信使契

〔一〕「有」，諸本脱，據通典卷一三〇、開元禮卷一二九補。

丹，以太常丞吕端副之。自是信使不絶。真宗景德二年，太常博士周漸假太府卿、右侍禁閤門祗候郭盛假西上閤門使爲契丹國生辰使，職方郎中直昭文館韓國華假秘書丞、衣庫副使焦守節假西上閤門使爲契丹國母正旦使，秘書丞張若谷假將作監、内殿崇班郭允恭假引進副使爲國主正旦使。自是歲以爲常。

宋史新編：群臣朝覲、出使、宴餞，宋沿五代舊制。大臣入覲及被召使、回，客省齎籤賜酒食。或十日，或七日，或五日，或一日，或賜生料有差。群臣使回朝見，面賜酒食。真宗詔兩省五品、尚書省四品、諸司三品以上，同列出使，許醵錢餞飲，仍休假一日。餘官任以休務日餞送。

遼史禮志：宋使見皇太后儀。宋使賀生辰、正旦。至日，臣僚昧爽入朝，使者至幕次。臣僚班齊，皇太后御殿坐。宣徽使押殿前班起居畢，捲班。次契丹臣僚班起居畢，引應坐臣僚上殿，就位立；其餘臣僚不應坐者，退於東面侍立。漢人臣僚東洞門入，面西鞠躬。舍人鞠躬，通某以下起居，凡七拜畢，贊各祗候。引應坐臣僚上殿，就位立。中書令、大王西階上殿，奏宋使并從人牓子訖，就位立。其餘臣僚不應坐者，退于西面侍立。次引宋使副六人於東洞門入，丹墀内面殿齊立。閤使自東階下，受書匣，使人捧書匣者皆跪，閤使搢笏立，受書匣。自東階上殿，欄内鞠躬，奏「封全」訖，授樞密開封。宰臣對皇太后讀訖，引使副六人東階上殿，欄内立。使者揖生辰節大使少前，使者俛伏，跪，附起居訖，起，復位立。次引賀皇太后正旦大使附起居，如前儀。皇太后宣問「南朝皇帝聖躬萬福」，舍人揖生辰大使并皇太后正旦大使少前，皆跪，唯生辰大使奏「來時聖躬萬福」，皆俛伏，興。引東階下殿，丹墀内面殿齊立。引進使引禮物於西洞門入，殿前置擔牀。控鶴官起居，四拜，擔牀于東便門出畢，揖使副退於東方，西面，皆鞠躬。舍人鞠躬，通南朝國信使某官某以下祗候見，舞蹈，五拜畢；不出班，奏「聖躬萬福」，再拜；揖班首出班，謝面天顏訖，復位，舞蹈，五拜畢，贊各上殿祗候，引各使副西階上殿就位。勾從人兩洞門入，面殿鞠躬，通名，贊拜起居，四拜畢，贊各祗候，分班引兩洞門出。若宣問使副「跋涉不易」，引西階下殿，丹墀内舞蹈，五拜畢，贊各上殿祗候，引西階上殿，就位立。契丹舍人、漢人閤使齊贊拜，應坐臣僚并使副皆拜，稱「萬歲」。贊各就坐，行湯、行茶。供過人出殿門，揖臣僚并使副起，鞠躬。契丹舍人、漢人閤使齊贊，皆拜，稱「萬歲」。贊各祗候。先引宋使副西階下殿，西洞門出，次揖臣僚出畢，報閤門無事。皇太后起。

宋使見皇帝儀。宋使賀生辰、正旦。至日，臣僚昧爽入朝，使者至幕次。奏「班齊」，聲警，皇帝升殿坐。宣徽使押殿前班起居畢，捲班出。契丹臣僚班起居畢，引應坐臣僚上殿，就位立；其餘臣僚不應坐者，並退於北面侍立。次引漢人臣僚北洞門入，面殿鞠躬。舍人鞠躬，通某官某以下起居，皆七拜畢，引應坐臣僚上殿，就位立。引首相南階上殿，奏宋使并從人牓子，就位立。臣僚並退於南面侍立。教坊入，起居畢，引南使副北洞門入，丹墀内面殿立。閤使北階下殿，受書匣，使人捧書匣者跪，閤使搢笏立，受於北階。上殿，欄内鞠躬，奏「封全」訖，授樞密開封。宰相對皇帝讀訖，舍人引使副北階上殿，欄内立。揖生辰大使少前，俛伏跪，附起居。俛伏，興，復位立。大使俛伏，跪，奏訖，俛伏，興，退；引北階下殿，揖使副北方，南面鞠躬。舍人鞠躬，通南朝國信使某官某以下祇候見，起居，七拜畢；揖班首出班，謝面天顔，舞蹈，五拜畢；出班，謝遠接、御筵、撫問、湯藥，舞蹈，五拜畢，贊各祇候。引出，歸幕次。閤使傳宣賜對衣、金帶。勾從人以下入見。舍人贊班首姓名以下，再拜；不出班，奏「聖躬萬福」，贊再拜，稱「萬歲」。贊各祇候。引出。舍人傳宣賜衣。使副并從人服賜衣畢，舍人引使副入，丹墀内面殿鞠躬。舍人贊謝恩，拜，舞蹈，五拜畢，贊上殿祇候。

引使副南階上殿，就位立。勾從人入，贊謝恩，拜，稱「萬歲」。贊「有敕賜宴」，再拜，稱「萬歲」。贊各祗候。承受官引北廊下立。御牀入，大臣進酒，皇帝飲酒。契丹舍人、漢人閤使齊贊拜，應坐并侍立臣僚皆拜，稱「萬歲」。贊各祗候。卒飲，贊拜，應坐臣僚皆拜，稱「萬歲」。贊各就坐行酒，親王、使相、使副共樂曲。若宣令飲盡，並起立飲訖。放琖，就位謝。贊拜，並隨拜，稱「萬歲」。贊各就坐。次行方茵地坐臣僚等官酒。若宣令飲盡，贊謝如初。殿上酒一行畢，贊廊下從人拜，稱「萬歲」。贊各就坐。若傳宣令飲盡，並拜，稱「萬歲」。贊各就坐。殿上酒三行，行茶、行殽、行膳。酒五行，候曲終，揖廊下從人起，贊拜，稱「萬歲」。贊各祗候。引出。曲破，臣僚并使副並起，鞠躬。贊拜，應坐臣僚并使副皆拜，稱「萬歲」。贊各祗候。引使副南階下殿，丹墀內舞蹈，五拜畢，贊各祗候。引出。次引衆臣僚下殿出畢，報閤門無事。皇帝起，聲蹕。

曲宴宋使儀。昧爽，臣僚入朝，宋使至幕次。皇帝升殿，殿前、教坊、契丹文武班，皆如初見之儀。宋使副綴翰林學士班，東洞門入，面西鞠躬。舍人鞠躬，通文武百僚臣某以下起居，七拜。謝宣召赴宴，致詞訖，舞蹈，五拜畢，贊各上殿祗候。舍人引大臣、使相、臣僚、使副及方茵朵殿應坐臣僚並于西階上殿，就位立；其餘不應坐臣僚並於西洞門出。勾從人入，起居，謝賜宴，兩廊立，如初見之儀。二人監琖，教坊再拜，贊各上殿祗候。御牀入，大臣進酒。舍人、閤使贊拜、行酒，皆如初見之儀。次行方茵朵殿臣僚酒，傳宣飲盡，如常儀。殿上酒一行畢，兩廊從人行酒如初。殿上行餅茶畢，教坊致語，揖臣僚、使副并廊下從人皆起立，候口號絶，揖臣僚等皆鞠躬。贊拜，殿上應坐并侍立臣僚皆拜，稱「萬歲」。贊各就坐。次贊廊下從人拜，亦如之。歇宴，揖臣僚起立，御牀出，皇帝起，入閤。引臣僚東西階下殿，還幕次內，賜花。承受官引從人出，賜花，亦如之。簪花畢，引從人復兩廊位立。次引臣僚、使副兩洞門入，復殿上位立。皇帝出閤，復坐。御牀入，揖應坐臣僚、使副及侍立臣僚鞠躬。贊拜，稱「萬歲」，贊各就坐。贊兩廊從人，亦如之。行單茶，行酒，行膳，行果。殿上酒九行，使相樂曲。聲絶，揖兩廊從人起，贊拜，稱「萬歲」，贊「各好去」，承受引出。曲破，殿上臣僚、使副皆起立，贊拜，稱「萬歲」。贊各祗候。引臣僚、使副東西階下殿。契丹班謝宴出，漢人并使副班謝宴，舞蹈，五拜畢，贊「各好去」。引出畢，報閤門無事。皇帝起。

賀生辰、正旦宋使朝辭太后儀。臣僚、使副班齊，如曲宴儀。皇太后升殿坐，殿前契丹文武起居、上殿畢。宰臣奏宋使副、從人朝辭牓子畢，就位立。舍人引使副北洞門入，面南鞠躬。舍人鞠躬，通南朝國信使某官某以下祇候辭，再拜；不出班，奏「聖躬萬福」，再拜；出班，戀闕，致詞訖，又再拜。贊各上殿祇候。舍人引南階上殿，就位立。引從人，贊姓名，再拜；奏「聖躬萬福」，再拜，稱「萬歲」。贊「各好去」，引出。殿上揖應坐臣僚并使副就位鞠躬，贊拜，稱「萬歲」。贊各就坐。行湯、行茶畢，揖臣僚并南使起立，與應坐臣僚鞠躬。贊拜，稱「萬歲」。贊各祇候，立。引使副六人於欄内拜跪，受書匣畢，直起立，揖少前，鞠躬，受傳答語訖，退。於北階下殿，丹墀内面殿鞠躬。舍人贊「各好去」，引出。臣僚出。

賀生辰、正旦宋使朝辭皇帝儀。臣僚入朝如常儀，宋使至幕次。于外賜從人衣物。皇帝升殿，宣徽、契丹文武班起居、上殿，如曲宴儀。中書令奏宋使副并從人朝辭牓子畢，臣僚並於南面侍立。教坊起居畢，舍人引使副六人北洞門入，丹墀北方，面南鞠躬。舍人鞠躬，通南朝國信使某官某以下祇候辭，再拜；起居，戀闕，如辭皇太后儀。贊各祇候，平身立。揖使副鞠躬。宣徽贊「有敕」，使副再拜，鞠躬，平身立。

宣徽使贊「各賜卿對衣、金帶、匹段、弓箭、鞍馬等，想宜知悉」，使副平身立。揖大使三人少前，俛伏，跪，搢笏，閤門使授別録賜物。過畢，俛起，復位立。揖副使三人受賜，亦如之。贊謝恩，舞蹈，五拜。贊上殿祗候，舍人引使副南階上殿，就位立。引從人，贊謝恩，再拜；起居，再拜；贊賜宴，再拜，皆稱「萬歲」。贊各祗候，承受引兩廊立。御牀入，皇帝飲酒，舍人、閤使贊臣僚、使副拜，稱「萬歲」，皆如曲宴。應坐臣僚拜，稱「萬歲」。就坐、行酒、樂曲，方茵、兩廊皆如之；行殽、行茶、行膳亦如之。行饅頭畢，從人起，如登位使之儀。曲破，臣僚、使副皆起立，拜，稱「萬歲」，如辭太后之儀。使副下殿，舞蹈，五拜。贊各上殿祗候，引北階上殿，欄内立。揖生辰、正旦大使二人少前，齊跪，受書畢，起立，揖磬折受起居畢，退。引北階下殿，丹墀内並鞠躬。舍人贊「各好去」，引南洞門出。次引殿上臣僚南北洞門出畢，報閤門無事。

蕙田案：宋、遼以敵國遣使往來，非蕃國比。然宋自真宗與遼議和，百餘年間，南北無兵革之警。遼志所載宋使入見、曲宴、朝辭之儀，大約依仿宋儀而爲之，彬彬郁郁，有可觀者，附見於此，以存一時之典故云。

右遼宋遣使

元遣使詣蕃

續文獻通考：元太祖六年，遣使至輝和爾國，其主伊都呼大喜，厚爲之禮，因遣使納款。

世祖中統元年，遣禮部郎中孟甲、員外李文俊使安南〔一〕，諭安南責其未奉王命，甲、文俊至安南宣諭詔旨，安南世子受詔，奉命而還。

至元四年，遣使賜高麗國王王植羊五百。五年，遣使賜安南國王陳光昞錦繡，及其諸臣有差。

二十八年，遣禮部尚書張立道使安南。至境，安南世子陳日燇遣迓者接踵。及近郊，百官恭迎詔書。既而日燇乘輦以鸞仗就館迎詔，群臣公服徒行奉隨，至明霞閣下，日燇與近臣七八人登壽光殿，龍椅前置香案，日燇再拜，自宣詔旨畢，日燇曰：「恭睹天詔，不勝嘉躍，願祝皇帝萬歲壽！」

右元遣使詣蕃

〔一〕「李文俊」，諸本作「李俊」，據元史世祖本紀及下文改。

明遣使詣蕃

明史禮志：明祖既定天下，分遣使者奉詔書往諭諸國，或降香幣，以祀其國之山川。撫柔之意甚厚，而不傷國體，視前代爲得。

明集禮遣使詣蕃：

遣使開詔儀注

前期，翰林院官承旨草詔奏聞訖。前一日，禮部告百官於皇城守宿。至日，鳴鐘後，具朝服。侍班内使監設御座香案於奉天殿。尚寶卿設寶案於御座之南，用寶案於詔書案之東。侍儀司設詔書案於寶案之南，設承制官位于殿上之東及丹陛之東南，設使者拜位於丹墀中道稍西，北向；典儀二人於丹陛上之南，東西相向；知班二人位於使者之北，東西相向；贊禮二人位於知班下之北，東西相向；設文武百官侍立位於文、武樓之北，文東武西，東西相向；文武侍從班於殿上之左右；設引文武班舍人四人位於文武官之北，東西相向；設引使者二人位於使者之北，東向；拱衛司、光禄寺官對立位於奉天門之左右，俱東西相向；將軍二人位於殿上簾前，東西相向；將軍六人於奉天門之左右，東西相向；又將軍四人於丹陛上之四隅，東西相向；又將軍六人於奉天殿之左右，東西相向；鳴鞭四人於丹陛上，北向。是日，金吾衛於午門外陳設甲士軍仗，東西相向。拱衛司陳設儀仗於丹陛、丹墀之東西，設遮詔書黄蓋於奉天殿門前。和聲郎設樂於丹墀之南。侍儀司設龍亭、儀仗、大樂於午門外正中。擊鼓初嚴，催班舍人催文武官具朝服，導駕官、侍從官入迎車駕。次嚴，引班舍人引文武官入就侍立位。引禮引使者具朝服立於丹墀之西以伺。三嚴，侍儀奏「外辦」，皇帝通天冠、絳紗袍，出謹身殿，樂作，尚寶捧寶前導，侍從導引如常儀，陞奉天殿御座，樂止。尚寶以寶置於案。捲簾，鳴鞭，報時雞唱訖，禮部官捧詔書於寶案前，尚寶用寶訖，中書省官、禮部官同捧至御座呈奏訖，禮部官用黄銷金袱裹詔書，置盤中置於案。引禮引使者就丹墀拜位，典儀唱「鞠躬，拜，興，拜，興，拜，興，拜，興，平身」，使者鞠躬，樂作，拜，興，拜，興，拜，興，拜，興，平身，樂止。承制官進詣御座前跪，承制訖，由中門出至丹陛上宣制位，承制官稱「有制」，典儀唱「跪」，使者跪。承制官宣制曰：「皇帝敕使爾某奉詔諭某國，爾宜恭承朕命。」宣制訖，承制官由西門入，典儀唱「俛伏，興，平身」，使者俛伏，興，平身。典儀唱「鞠躬，拜，興，拜，興，拜，興，拜，興，平身」，使者鞠躬，樂作，拜，興，拜，興，拜，興，拜，興，平身，樂止。禮部官詣案捧詔，由殿中門出。拱衛司擎黄蓋遮護，降自中陛，至使者位前以授使者，大樂振作。使者捧詔書，由奉天門中出，至午門外，以詔置龍亭中，侍儀奏「禮畢」。皇帝興，樂作，還宫，樂止。引禮引文武官以次出。分選各衙門正官一員，奉送詔書出國門外，使者賫奉以行。

蕃國接詔儀注

使者入蕃國境，先遣關人馳報於王，王遣官遠接詔書。前期，令有司於國門外公館設幄結綵，設龍亭於正中，設香案於龍亭之南，備金鼓儀仗鼓樂，伺候迎引。又於國城内街巷結綵，於王宫内設闕庭於殿上正中，設香案於闕庭之前，設司香二人於香案之左右，設詔使立位於香案之東，設開讀案位於殿陛之東北，設蕃王拜位於殿庭中，北向；設蕃國衆官拜位於蕃王拜位之南，異位重行，北向。設捧詔官位於開讀案之北，宣詔官位於捧詔官之南。展詔官二人於宣詔官之南，俱西向。司禮二人位於蕃王拜位之北，東西相向。引禮二人位於司禮之南，東西相向。引班四人位於衆官拜位之北，東西相向。陳儀仗於殿庭之東西。設樂位於衆官拜位之南，北向。遠接官接見詔書，迎至館中，安奉於龍亭中，遣使馳報王。是日，王率國中衆官及耆老僧道出迎於國門外，迎接官迎詔書，出館至國門，金鼓在前，次耆老僧道行，次衆官具朝服行，次王具冕服行，次儀仗鼓樂，次詔書龍亭使者常服，行於龍亭之後。迎至宮中，金鼓分列於門外之左右，耆老僧道分立於庭中之東西，置龍亭於殿上正中，使者立於龍亭之東。引禮引王入就拜位。引班引衆官及僧道、耆老各入就拜位。使者詣前，南向立，稱「有制」，司贊唱「鞠躬，拜，興，拜，興，拜，興，拜，興，平身」，蕃王及衆官以下皆鞠躬，樂作，拜，興，拜，興，拜，興，拜，興，平身，樂止。引禮引蕃王由西階升，詣香案前，北向立，引禮唱「跪」，蕃王跪。司贊唱「衆官皆跪」，衆官以下皆跪。司禮唱「上香，上香，三上香」，司香捧香跪進於王之左，王三上香，訖，引禮唱「俛伏，興，平身」，蕃王及衆官以下皆俛伏，興，平身。引禮引蕃王復位，司贊唱「開讀」，宣詔官、展讀官陞案，使者詣龍亭捧詔書授捧詔官，捧詔官前受詔，捧至開讀案授宣詔官，宣詔官受詔，展詔官對展。司贊唱「跪」，蕃王及衆官以下皆跪，宣詔官宣詔，訖，捧詔官於宣詔官前捧詔書，仍置於龍亭。司贊唱「俛伏，興，平身」，蕃王及衆官以下皆俛伏，興，平身。司贊唱「鞠躬，拜，興，拜，興，拜，興，拜，興，平身」，蕃王及衆官以下皆鞠躬，樂作，拜，興，拜，興，拜，興，拜，興，平身，樂止。司贊唱「搢笏，鞠躬三，舞蹈三，拱手加額，山呼萬歲，山呼萬歲，再山呼萬萬歲，出笏，俛伏，興」，樂作，拜，興，拜，興，拜，興，拜，興，樂止。禮畢，引禮引蕃王退，引班引衆官以次退，蕃王及衆官釋服，使者以詔書付所司頒行，蕃王與使者分賓主行禮。

遣使賜印綬儀注賜禮物儀同。

前期，禮部承旨印文式樣奏聞。符下鑄印局鑄完進呈聞奏。前一日，内使監設御座香案於奉天殿，侍儀司設賜印案於丹陛上之東，設承制官位於殿上之東，及宣制位於丹陛之東南；設使者拜位於丹墀中道稍西，北向；設文武官侍立位於文、武樓之北，文東武西，東西相向；侍從班位於殿上之東西，拱衛司、光禄司官位於殿門之左右；設典儀位於丹陛上之南，東西相向；知班二人位於使者之北，贊禮二人位於知班之北，俱東西相向；引使者二人位於使者拜位之北，西立，東向；引文武班舍人位於文武官之北稍後，東西相向；將軍二人位於殿上簾前，東西相向；將軍四人位於丹陛上之四隅，東西相向；將軍六人位於奉天殿門之左右，東西相向；將軍六人位於奉天門之左右，東西相向；鳴鞭四人位於丹陛中，北向。是日，宿衛陳兵仗於午門外之東西。拱衛司陳設儀仗於丹陛、丹墀之東西。和聲郎設樂位於丹墀使者拜位之南。禮部設龍亭、儀仗、大樂於午門外。擊鼓初嚴，催班舍人催百官具朝服，執事者入就位，導駕官、侍從官入迎車駕。次嚴，引班引文武百官入就侍立位。引禮引使者入丹墀西立，東向。禮部官陳設所賜印於丹陛案上。如有禮物，設禮物案。三嚴，侍儀奏「外辦」，皇帝於謹身殿服皮弁服出，樂作，侍從導引如常儀。皇帝陞奉天殿御座，樂止。捲簾，鳴鞭，鷄唱報時訖，引禮引使者就拜位立定。贊禮唱「鞠躬，拜，興，拜，興，拜，興，拜，興，平身」，使者鞠躬，樂作，拜，興，拜，興，拜，興，拜，興，平身，樂止。承制官就御座前跪，承制訖，由中門出，至丹陛上宣制位，稱「有制」，贊禮唱「跪」，使者跪，承制官宣制曰：「皇帝敕使爾某授某國王印，爾其恭承朕命。」如有賜禮物，就宣賜某物。宣制訖，承制官由殿西門入，贊禮唱「俛伏，興，平身」，使者俛伏，興，平身。贊禮唱「鞠躬，拜，興，拜，興，拜，興，拜，興，平身」，使者鞠躬，樂作，拜，興，拜，興，拜，興，拜，興，平身，樂止。禮部官捧印由中陛降以授使者，使者搢笏奉印，由奉天殿中門出。如賜禮物，則捧禮物出。侍儀奏「禮畢」。皇帝興，樂作，入宮，樂止。使者以印置於龍亭中。引班引百官以次出。各衙門以正官一員設儀仗大樂，送印至國門外，使者奉印以行。

蕃國受印物儀注

使者至蕃國境，先遣閽人入報，蕃王遣官遠接。前期，有司於國門外公館設幄結綵，設龍亭於館之正中，備金鼓儀仗、鼓吹於館所，以伺迎引。又於國城内街巷結綵，又於王宫設闕庭於殿上正中，設香案於闕庭之前，設蕃王受賜予位於香案之前，設蕃王拜位於殿庭正中，北向；衆官拜位於王拜位之南，異位重行，北向；設樂位於衆官拜位之南，北向；司贊二人于蕃王拜位之北，東西相向；引禮二人於司贊之南，東西相向；引班四人於衆官拜位之北，東西相向。陳儀仗於殿庭之東西。遠接官接見使者，迎至館所，以上賜安奉於龍亭中，遣使馳報王。是日，蕃王率百官出迎於國門外。遠接官迎上賜出館至國門，金鼓在前，次衆官常服乘馬行，次王乘馬行，次儀仗鼓樂，次上賜龍亭，使者常服，乘馬行於龍亭之後。迎至宫中，金鼓分列於殿外門之左右，衆官分立殿庭之東西，置龍亭於殿上正中，使者立於龍亭之東。引禮引蕃王、引班引衆官各就拜位立定。司贊唱「鞠躬，拜，興，拜，興，拜，興，拜，興，平身」，蕃王及衆官皆鞠躬，樂作，拜，興，拜，興，拜，興，拜，興，平身，樂止。引禮引蕃王詣龍亭前，使者稱「有制」，引禮贊「跪」，司贊唱「跪」，蕃王與衆官皆跪。使者宣制曰：「皇帝敕使某持印賜爾國王某，并賜某物。」宣畢，使者捧所賜印并某物西向授蕃王，蕃王跪受，以授左右訖，引禮唱「俛伏，興，平身」，司贊唱「俛伏，興，平身」，蕃王及衆蕃官皆俛伏，興，平身。引禮引蕃王出，復位。司贊唱「鞠躬，拜，興，拜，興，拜，興，拜，興，平身」，蕃王及衆官皆鞠躬，樂作，拜，興，拜，興，拜，興，拜，興，平身，樂止。司贊唱「禮畢」。引禮引蕃王入殿西立，東向；使者東立，西向。引禮唱「鞠躬，拜，興，拜，興，平身」，使者與蕃王皆鞠躬，拜，興，拜，興，平身，使者降自東階，蕃王降自西階，遣官送使者還館。

蕙田案：明史遣使之蕃國儀與明集禮同，而不如集禮之詳備，故不重録。

右明遣使詣蕃

五禮通考卷二百二十八

賓禮九

諸侯相朝

蕙田案：大宗伯「以賓禮親邦國」，不及邦交之文者，詳于王朝，略于邦國也。至大行人始述歲問、殷聘、世朝之制，而其儀節則掌于司儀，其牢禮則詳于掌客。先王之于諸侯，使之聯其情而達其好者，無一不周浹而賅備，故封建千八百侯而無强弱兼并之患焉。儀禮有聘禮、公食大夫禮，而諸侯相朝則闕之。今采集經傳以補其未備，而以春秋經傳所書附於後云。

總論

周禮秋官大行人：凡諸侯之邦交，歲相問也，殷相聘也，世相朝也。注：父死子立曰世。凡君即位，大國朝焉，小國聘焉，此皆所以習禮、考義、正刑、一德以尊天子也。必擇有道之國而就修之。疏：諸侯邦交，謂同方岳者，一往一來爲交。謂己是小國朝大國，己是大國聘小國。若敵國，則兩君自相往來，司儀言「相爲賓」是也。但春秋之世，有越方岳相聘者，是以秦使術來聘，吴使札來聘，時國數少，故然，非正法也。

孔氏穎達曰：襄元年，邾子來朝，衛子叔、晉知武子來聘。左傳云：「凡諸侯即位，小國朝之，大國聘焉。」邾是小國，故稱朝；衛、晉是大國，故稱聘。若俱是敵國，亦得來聘朝，故司儀云「諸侯相爲賓」是也。若己初即位，亦朝聘大國，故文公元年公孫敖如齊，左傳云：「凡君即位，卿出並聘。」若己是小國，則往朝大國，故文十一年「曹伯來朝」，左傳云「即位而來見」也。

國語魯語：先王制諸侯使，五年四王、一相朝也。注：賈侍中云：「五年之間，四聘于王，而一相朝者，將朝天子先相朝也。」終則講于會，以正班爵之義，帥長幼之序，訓上下之則，制財用之節，其間無由荒怠。

春秋宣公十有四年左氏傳[一]：孟獻子言于公曰：「臣聞小國之免於大國也[二]，聘而獻物。注：物，玉帛皮幣也。於是有庭實旅百，注：主人亦設籩豆百品，實于庭以答賓。疏：劉炫以杜注莊二十二年「庭實旅百，奉之以玉帛」，諸侯朝王，陳贄幣之象，則朝聘陳幣，亦實百品于庭，非獨主人也。朝而獻功，注：獻其治國若征伐之功於牧伯。於是有容貌、采章、嘉淑，而有加貨，注：容貌，威儀容顏也。采章，車服文章也。嘉淑，令辭稱讚也。加貨，命宥幣帛也。言往共則來報亦備。疏：劉炫謂采章、加貨，則聘享獻國所有。玄纁璣組、羽毛齒革，皆充衣服、旌旗之飾，可以爲容貌、物采、文章。嘉淑，謂美善之物。加貨，言賄賂之多，皆賓所獻，亦庭實也。於聘總言庭實，於朝指其所有，詳于君略於臣也。今知劉説非者，僖二十二年「楚子入享于鄭，庭實旅百，加籩豆六品」；又昭五年「燕有好貨，殯有陪鼎」；僖二十九年「葛盧來朝，禮之加燕好」。此傳云「嘉淑而有加貨」，故知加貨庭實之等，皆是主人待賓之物。禮傳「賓之於主」，無加貨之文，故杜爲此解。謀其不免也。誅而薦賄，則無及也。」

蕙田案：「庭實旅百、容貌采章」，杜注謂主人所以待賓，劉炫則以爲賓所獻。

[一]「十有四年」，原作「十有五年」，據光緒本、春秋左傳正義卷二四改。
[二]「免於」，原作「事」，據光緒本、春秋左傳正義卷二四改。

以上下文義求之，劉説爲長。疏家曲護杜氏，殊未安。

成公十有二年左氏傳：世之治也，諸侯間于天子之事，則相朝也，注：王事間缺，則修私好。於是乎有享宴之禮。享以訓共儉，注：享有體薦，設几而不倚，爵盈而不飲，肴乾而不食，所以訓共儉。宴以示慈惠。注：宴則折俎，相與共食。共儉以行禮，而慈惠以布政。政以禮成，民是以息。

昭公五年左氏傳：朝聘有珪，注：珪以爲信。享覜有璋，注：享，饗也。覜，見也，既朝聘而享見也。臣爲君使，執璋。疏：鄭氏、先儒以爲朝聘之禮，使執玉以授主國之君，乃行享禮，獻國之所有。覜，見也，謂行享禮以見主國之君也。上公享王圭，享后璋；侯、伯、子、男享王璧，享后琮；公、侯、伯于諸侯，享用璧琮；子男於大國，享君琥，於夫人璜。此云「享覜有璋」者，據上公享后言之。所以特舉享后者，舉璋與圭相對，其實享禮圭與璧、琮皆有。杜注則不然，謂主國設酒食以饗賓，賓則執璋以行禮，故破享爲饗，即大行人三饗、三食、三宴之類是也。但饗禮既亡，執璋無文耳。設机而不倚，爵盈而不飲，注：言務行禮。宴有好貨，注：宴飲以貨爲好，衣服車馬，在客所無。飧有陪鼎，注：熟食爲飧。陪，加也，加鼎所以厚殷勤。疏：聘禮，賓始入館「宰夫朝服，設飧飪一牢，鼎九，羞鼎三〔一〕」，鄭玄云：「食不備禮曰飱。羞鼎，則陪鼎也，以其實言之則曰羞，以其陳言之則曰陪。」鄭以飱禮小，饔餼禮大，故云「食不備禮曰飱」，言饔餼備而飱不備也。杜以餼生而飱熟，故云「熟食曰飱」。周禮掌客云：「凡諸侯之禮，上公飱五牢，侯伯飱四牢，子男飱三牢。」是朝聘皆有飱也。**入有郊勞，**注：賓至，逆勞之於郊。**出有贈賄，**注：去則贈之以貨賄。**禮之至也。**

蕙田案：杜氏以「享覜有璋」爲饗食之禮，於經無據，當從鄭義。

昭公三年左氏傳：昔文、襄之霸也，注：晉文公、襄公。**其務不煩諸侯，令諸侯三歲而聘，五歲而朝。**注：明王之制，歲聘間朝，今簡之。

右總論

告祭聽朝

禮記曾子問：諸侯相見，必告於禰，疏：下文云「反必親告於祖禰」，出時宜亦告祖禰，爲道近，或唯告禰耳。**朝服而出視朝。**注：朝服，爲事故也。疏：事，謂或會或弔之事。諸侯朝服，玄

〔一〕「三」，諸本作「二」，據春秋左傳正義卷四三改。

冠、緇衣、素裳，以諸侯朝天子冕而出視朝，爲將廟受，尊敬天子，習其禮，故著冕服。諸侯相朝，雖在廟受，降下天子，不敢冕服，唯著臨朝聽事之服〔一〕。熊氏又云：「此朝服，謂皮弁服，以天子用以視朝，故謂之朝服。論語云：『吉月必朝服而朝。』注云『朝服，皮弁服』是也。」必知朝服皮弁服者，聘禮「諸侯相聘皮弁服」，明相朝亦皮弁服，此義爲勝也。命祝史告於五廟、所過山川。注：山川所不過則不告，眨於適天子也。亦命國家五官，道而出。反必親告於祖禰，乃命祝史告至於前所告者，而後聽朝而入。注：反必親告祖禰，同出入禮。疏：出入所告，理不容殊，而諸侯相見，出不云告祖者，或道近，變其常禮耳。故反必親告祖禰，以明出入之告，其禮不殊也。

右告祭聽朝

館舍

春秋襄公三十一年左氏傳：文公之爲盟主也，宫室卑庳，無觀臺榭，以崇大諸侯之館，館如公寢。庫廐繕修，司空以時平易道路，圬人以時塓館宫室。注：圬人，塗者。

〔一〕「著」，諸本作「服」，據禮記正義卷一八改。

塓，塗也。疏：釋宫云：「鏝謂之杇。」李巡曰：「塗工作具也。」郭璞云：「泥，鏝也。」然則杇是塗之所用，因謂泥墻屋之人爲杇人。諸侯賓至，甸設庭燎，注：庭燎，設火于庭。僕人巡宫。車馬有所，賓從有代，注：代，客役。巾車脂轄，注：巾車，主車之官。隸人、牧、圉各瞻其事，注：瞻視客所當得。百官之屬各展其物。注：展，陳也。謂群官各陳其物以待賓。公不留賓，而亦無廢事。憂樂同之，事則巡之。教其不知，而恤其不足。賓至如歸，無寧菑患；不畏寇盜，而亦不患燥濕。

右館舍

壇

春秋襄公二十八年左氏傳：子産相鄭伯以如楚，舍不爲壇。注：至敵國郊，除地封土爲壇，以受郊勞。疏：聘禮，郊勞無設壇之法，以朝禮君親行，事重，故有之也。不爲壇則不除地，故爲草舍耳。外僕言曰：注：外僕，掌次舍者。「昔先大夫相先君，適四國，未嘗不爲壇。自是至今，亦皆循之。今子草舍，無乃不可乎？」子産曰：「大適小，則爲壇；小適大，苟舍而已，焉用壇？僑聞之，大適小有五美：宥其罪戾，赦其過失，救其菑患，賞其德刑，教其不及。小國不困，懷服如歸〔一〕，是故作壇以昭其功，宣告後人，無怠于德。小適大有五惡：説其罪戾，請其不足，行其政事，共其職貢，從其時命。不然，則重其幣帛，以賀其福而弔其凶，皆小國之禍也，焉用作壇以昭其禍？所以告子孫，無昭禍焉可也。」

右壇

行禮之節

周禮秋官司儀：凡諸公相爲賓，注：謂相朝也。主國五積，三問，皆三辭，拜受，皆旅擯；再勞，三辭，三揖，登，拜受，拜送。注：賓所停止則積，間闊則問，行道則勞。其禮皆使卿大夫致之，從來至去，數如此也。三辭，辭其以禮來於外也。積問不言登，受之於庭也。鄭司農云：「旅讀爲旅於泰山之旅，謂九人傳辭，相授於上下竟，問賓從末上行，介還受，上傳之。」玄謂：旅讀爲鴻臚之臚，臚，陳之也。賓之介九人，使者七人，皆陳擯位，不傳辭也。賓之上介出請，使者則前對，位皆當其末擯焉。三揖，謂庭中時也。拜送，送使者。疏：積者，遺人云「十里有廬，廬有飲食；三十里有宿，宿有

〔一〕「服」，原作「悦」，據光緒本、春秋左傳正義卷三八改。

委」，五十里有市，市有積」是也。問者，問不恙也。勞，謂勞苦之。云「皆使卿大夫致之」者，案聘禮：遣卿行勞禮。臣來尚遣卿勞，明君來遣卿勞可知。此「再勞」，一勞在境，一勞在遠郊，皆使卿。其近郊勞，當主君親爲之也。其積、問當使大夫，故下句云「致飧如致積之禮」，注云「俱使大夫，禮同也」。知致飧使大夫者，見聘禮「宰夫朝服設飧」，宰夫即大夫。問亦小禮，明亦使大夫也。先鄭以爲旅擯與交擯同之，後鄭不從者，此臣禮云「旅擯」，下文云「主君郊勞，交擯，三辭」，明其別。旅直陳擯介，不傳辭，交則一往一來傳辭也。後鄭讀「旅讀爲鴻臚之臚，臚，陳之」者，案爾雅釋詁云：「尸、旅，陳也。」釋言云：「豫、臚，敘也。」注云：「皆陳敘也。」後鄭不從旅泰山之旅，從臚者，欲取敘義也。云「賓之介九人」者，自從公介九人之禮。云「使者七人」者，自從「降二等」之禮。云「皆陳擯位，不傳辭」以下，皆約聘禮主君大門內迎聘賓之位也。云「三揖，謂庭中時」者，如聘禮「入門揖，當曲揖，當碑揖」是也。

鄭氏鍔曰：旅擯者，不上下相傳，直賓及上擯相對而語，不交擯也。

蔡氏德晉曰：三辭、三揖者，賓每辭則揖，而使者亦揖以固請，故三辭則皆三揖也。

主君郊勞，交擯，三辭，車逆，拜辱，三揖三辭，拜受，車送，三還，再拜。注：主君郊勞，備三勞而親之也。鄭司農云：「交擯三辭，謂賓主之擯者俱三辭也。」車逆，主人以車迎賓於館也。拜辱，賓拜謝辱也。玄謂：交擯者，各陳九介，使傳辭也。車迎、拜辱者，賓以主君親來，乘車出舍門而迎之，若欲遠就之然。見之則下拜，迎謝其自屈辱來也。至去又出車，若欲遠送然。主君三還辭之，乃再拜送之也。車送迎之節，各以其等，則諸公九十步，立當車軹也。「三辭」重者，先辭辭其以禮來於外，後辭辭升堂。疏云：「備三勞而親之」者，大行人有「三問三勞」之文也。先鄭云「車逆，主人以車迎賓於館也。拜辱，賓拜謝辱也」，後鄭不從者，此直是備三勞，既來至國，何有輒迎賓於館乎？後鄭謂「各陳九介」者，以其在道，俱不爲主，故無五擯之事，而各陳九介。其位，主君至館大門外，北面，而陳此九介，去門九十步，東面。賓在大門内，於門外之東，亦陳九介，西面。云「立當車軹也」者，賓主俱立當軹，大行人文。

蔡氏德晉曰：賓至近郊，主君親出勞，敬賓之臨。臣再勞爲未足，復躬親之也。

致館亦如之。注：館，舍也。使大夫授之，君又以禮親致焉。疏：聘禮云：「大夫帥至館，卿致之。」以此知先遣大夫授館也[一]。此大夫亦應是卿。上主君郊勞，此親致館，故知「亦如之」也。凡云致者，皆有幣以致之，致之，使若己有然也。

王氏詳說曰：天子之於諸侯，其館之也，賜舍而已。至諸侯相爲賓，則有致館之禮焉。聘禮，授館于聘使，故使大夫。此諸侯相爲賓，既親致館，則授館當使卿與？

致飧如致積之禮。注：俱使大夫，禮同也。飧，食也。小禮曰飧，大禮曰饔、餼。疏：上公飧五牢，賓始至之禮，欲致館後即言之。云「如致積之禮」者，積在道已致，故云如之。云「飧，食也」者，以其

[一]「此知」，原誤倒，據味經窩本、乾隆本、光緒本、周禮注疏卷三八乙正。

有芻、薪、米、禾食之類〔一〕，故云食也。聘禮，使宰夫設飧，禮物又少，故曰小；饔餼有腥有牽，芻、薪、米、禾又多，故曰大。

鄭氏鍔曰：賓已入館，乃飧。飧，夕食也，言其微而寡也。

王氏昭禹曰：三辭、拜受、旅擯，與致積同。

及將幣，交擯，三辭，車逆，拜辱。賓車進，答拜，三揖三讓，每門止一相，及廟，唯上相入。賓三揖三讓，登，再拜，授幣，賓拜送幣。每事如初，賓亦如之。及出，車送，三請三進，再拜。賓三還三辭，告辟。注：鄭司農云：「交擯，擯者交也。賓車進，答拜，賓上車進，主人乃答其拜也。及出，車送，三請，主人三請留賓也。三進，進隨賓也。賓三還三辭告辟，賓三還辭謝，言已辟去也。」玄謂：既三辭，主君則乘車出大門外迎賓，見之而下拜其辱，賓車乃前，下答拜也。「三揖」者，相去九十步，揖之使前也，至而「三讓」，讓入門也。相謂主君擯者及賓之介也。謂之相者，於外傳辭耳，入門當以禮詔侑也。介紹而傳命者，君子於其所尊不敢質，敬之至也。「每門止一相」，彌相親也。君入門，介拂闑，大夫中棖與闑之間，士介拂棖，此謂介雁行相隨也。止之者，絕行在後耳。「賓三揖三讓」，讓，升也。「登，再拜，授幣」，授當爲受，主人拜至且受玉也。「每事如初」，謂享及有言也。賓當爲

〔一〕「有」，原脱，據光緒本、周禮注疏卷三八補。

儐，謂以鬱鬯禮賓也。上於下曰禮，敵者曰儐。禮器曰：「諸侯相朝，灌用鬱鬯，無籩豆之薦。」謂此朝禮畢儐賓也。「三請三進」，請賓就車也。主君每一請，車一進，欲遠送之也。三還三辭，主君一請者，賓亦一還一辭。疏：此並在主君大門外，賓去門九十步而陳九介，主君在大門外之東陳五擯。上擯入受命，出請事，傳辭與承擯，承擯傳與末擯，末擯傳與末介，末介傳與承介，承介傳與上介，上介傳與賓，賓又傳與上介，上介傳與承介，承介傳與末介，末介傳與末擯，末擯傳與承擯，承擯傳與上擯，上擯入告君，如是者三，謂之「交擯，三辭」。諸交擯者，例皆如此也。「車迎，拜辱」者，傳辭既訖，主君乘車出大門，至賓所下車，拜賓屈辱來此也。「賓車進，答拜」者，賓初升車進就主君，主君下，賓亦下車答主君拜也。「三揖」者，主君遥揖賓使前，北面，三讓，入大門也。云「每門止一相」者，既入門，迴面東至祖廟之時，祖廟西仍有二廟。以其諸侯五廟，始祖廟在中，兩厢各有二廟，各别院爲之，則有二門，門傍皆有南北隔墻，隔墻皆通門，故得有「每門」。若不然，從大門内即至祖廟之門，何得有「每門」而云「門止一相」乎？故爲此解也。云「上相入」者，即上擯上介，須詔禮，故須入。云「三揖」者，亦謂入門揖，當曲揖，當碑揖也。云「三讓，登」者，至階，主君讓賓，賓讓主君，如是者三，主君先升。云「再拜，授幣」者，授當爲受。賓主俱升，主人在阼階上，北面拜，乃就兩楹間，南面，賓亦就主君，賓授玉，主君受之，故云「再拜，受幣」也。云「賓拜送幣」者，賓既授，乃退向西階上，北面拜送幣乃降也。先鄭言「主人答拜」，後鄭不從者，車逆拜辱，已是主人，今云車進答拜，當是客，何得主人再答拜？所言「三請留賓」，後鄭亦不從者，行朝享禮賓訖，送賓出，禮既有限，何因更有留賓之事？云「介紹而傳命」者，此聘義文。案彼「介紹而傳命」，謂聘者旅擯法。

引證此交擯者，但紹繼也，謂介相繼而陳，則交擯皆得爲紹，故此交擯亦得紹介而傳命也。案彼注「質謂正自相當」，賓主不敢正自相當，故須擯介通情也。云「君入門」以下，玉藻文。君入門不言所拂者，朝君入由闑西亦拂闑，不言之者，君特行，不與介連類，故不言也。介拂闑者，上介隨君後，與大夫士介自爲雁行於後也。聘禮介皆入廟門門西，北面西上，故知此君介亦入門門西，北面西上可知，故云絶行在後，後亦入廟也。謂「享及有言也」者，按聘禮享夫人，下云「若有言，束帛如享禮」是也。云「上於下曰禮，敵者曰儐」者，大行人云「王禮再祼而酢」之屬，是上於下曰禮，此諸侯云儐，是「敵者曰儐」也。

王氏詳說：郊勞，賓車迎主君而拜其辱者，謝主君之遠出。此將幣，主君車迎賓而拜其辱者，謝賓之遠來也。車逆之後，未入大門，故知揖者在朝位賓主之間，揖之使前也。不曰禮而曰儐者，覲禮侯氏之禮，于天子使者曰儐，故兩君相禮亦曰儐。

鄭氏鍔曰：將幣、交擯、三辭者，主君謙，不敢當其將幣之禮。

欽定義疏：主君出送以車從，備賓退乘以入，且若將遠送，故賓辭也。及三辭，則賓告辟，以主君將拜，驅而辟之，不欲見主人之拜也。主君再拜，當在賓告辟後，而序于前。見賓告辟時，主君即拜，而賓已辟，然後主賓之敬皆曲盡，而各得其安也。

致饔餼、還圭、饗食、致贈、郊送，皆如將幣之儀。注：此六禮者，唯饗食速賓耳，其餘主君親往。親往者，賓爲主人，主人爲賓，君如有故，不親饗食，則使大夫以酬幣侑幣致之。鄭司農云：「還圭，歸其玉也。故公子重耳受飧反璧。」玄謂：聘以圭璋，禮也。享以璧琮，財也。已聘而還圭璋，輕財而重禮。贈，送以財，既贈又送至於郊。疏：案公食大夫禮「君親食之」，君不親食，則以侑幣致之。聘禮云：「公於賓，壹食再饗，上介壹食壹饗。若不親食，致之以侑幣，致饗以酬幣。」以此知二者皆速賓也。聘禮云「君使卿歸饔餼」，又云「賓迎於門外」，又云「大夫東面致命，君使卿還玉於館，賓迎於外門外，不拜，帥大夫以入」，以此二者，知賓爲主人，主人爲賓，致贈、郊送亦然可知也。聘禮乃君於臣，此兩君敵，明主君親爲之矣。先鄭云公子重耳事，見左傳僖公二十三年，但彼反璧者，義取不貪寶，意非還圭，故後鄭不從也。後鄭謂「聘以圭璋，禮也」者，聘義云「以圭璋聘，重禮也」，謂行聘禮也。云「享以璧琮，財也」者，貢財貨時，用璧琮以致之，故云財也。云「贈，送以財」者，聘禮「賓遂行，舍於郊，公使卿贈如覿幣」，注云「言如覿幣，見爲反報」，是贈并送至於郊。

蔡氏德晉曰：饔餼，致于賓之大禮也。還圭，謂將幣時賓以命圭爲摯，禮既畢而還之也。饗食，以飲食速賓也。致贈，賓將去而贈以財也。郊迎者復郊送，始終無失禮也。六禮惟饗食二者主君爲主，其餘君親往，則賓爲主，而主君爲賓矣。

賓之拜禮：拜饔餼，拜饗、食。注：鄭司農云：「賓之拜禮者，因言賓所當拜者之禮也。所當拜者，拜饔餼，拜饗、食。」玄謂：賓將去，就朝拜謝此三禮。三禮，禮之重者也。賓既拜，主君乃至館贈之，去又送之于郊。　疏：按聘禮饔餼、燕羞、俶獻之明日，賓皆拜於朝，將去，又三拜乘禽於朝。彼臣，故盡拜謝。此賓之拜禮在「致贈，郊送」之下，則不及燕羞、俶獻、乘禽，以其君，略小惠，將去，唯拜其大禮也。案聘禮「賓三拜乘禽於朝，遂行，舍於郊，公使卿贈」，若然，此「致贈，郊送」在拜禮後，今設文在前者，欲取「如將幣之儀」故進文在前，其贈送合在後也。云「賓既拜，主君乃至館贈之，去又送之於郊」者，鄭以贈送之文在前，拜禮在後，恐疑顛倒，故此解之，是其次也。

欽定義疏：主君親郊勞，致館而拜禮不及，何也？二禮，以拜其來朝之辱也，故賓無庸拜之。不拜還圭者，還圭非加禮也。

賓繼主君，皆如主國之禮。注：鄭司農云：「賓繼主君，復主人之禮費也。」玄謂：「繼主君」者，儐主君也。儐之者，主君郊勞、致館、饔餼、還圭、贈、郊送之時也。如其禮者，謂玉帛皮馬也。有饌陳之積者，不如也。若饗食主君及燕，亦速焉。　疏：後鄭不從先鄭「復主人之禮」之説者，以主人禮費既多，非賓所能復也。後鄭以爲「儐主君」者，案聘禮君遣卿勞及致館等皆儐。儐者，報也。上注云「敵者曰儐」，故此報主君爲儐。案聘禮云：「賓至於近郊，君使卿朝服，用束帛勞。」又云：「賓用束錦儐勞者，君使卿韋弁歸饔餼。」又云：「大夫奉束帛。」又云：「賓降，授老幣，出迎大夫。」注云：「出迎，欲儐之。」「庭實設馬乘，賓降堂，受老束錦。賓奉幣西面，大夫東面，賓致幣」，是皆有儐法。彼兩臣有儐，此兩公有儐可知也。彼聘禮君使卿致館無幣，故亦無儐。臣於君，雖他國，亦不敢速君饗食，此兩君，故不同也。主君有故，不能親以侑幣酬幣致之，亦無儐。

蔡氏德晉曰：主君方致禮，而賓即答之，故曰繼。

諸侯、諸伯、諸子、諸男之相爲賓也，各以其禮相待也，如諸公之儀。注：賓主相待之儀，與諸公同也。饔餼、饗食之禮，則有降殺。疏：五等諸侯，以命數分爲三等，其圭璋、饔餼、飱積、步數、擯介皆降殺，備於大行人、掌客。其進退、升降、揖讓之儀，一與公同，故云「如諸公之儀」。

凡四方之賓客禮儀、辭命、餼牢、賜獻，以二等從其爵而上下之。注：上下猶豐殺。疏：二等，謂降殺以兩。爵尊者禮豐，爵卑者禮殺。

凡賓客，送迎同禮。注：謂郊勞、郊送之屬。

王氏應電曰：不豐前而嗇後，不敬始而怠終，禮也。

禮記玉藻：君入門，介拂闑，大夫中棖與闑之間，士介拂棖。注：此謂兩君相見也。棖，門楔也。君入必中門，上介夾闑，大夫介、士介雁行於後，示不相沿也。君若迎聘客，擯者亦然。疏：君必中門者，謂當棖、闑之中，主君在闑東，賓在闑西。主君上擯在君之後，稍近西而拂闑；賓之上介在賓之後，稍近東而拂闑；大夫擯介各當君後，在棖、闑之中央。

賈氏公彦曰：以一闑言之，君最近闑，亦拂之而過。上介則隨君而行，拂闑而過，所以與君仝行者，臣自爲一列。主君既出迎賓，主君與賓並入；主君於東闑之内，賓於西闑之内，並行而入。上介於西闑之外，上擯於東闑之外，皆拂闑。次介、次擯皆大夫，中棖與闑之間，末介、末擯皆士，各自拂棖。如是，得君入中門之正。上擯、上介俱得拂闑，又得不踰尊者之迹矣。

禮器：諸侯相朝，灌用鬱鬯，無籩豆之薦。注：灌，獻也。疏：謂五等自相朝也。朝享禮畢，未饗食之前，主君酌鬱鬯之酒以獻賓，示相接以芬芳之德，不在殽味也。司儀職云「凡諸公相爲賓，將幣畢」，云「儐亦如之」，鄭云：「儐，謂以鬱鬯禮賓也。」

周禮考工記玉人：瑑琮八寸，諸侯以享夫人。注：獻於所朝聘君之夫人也。疏：言「以享夫人」，則是諸侯自相朝，所用致享者也。五等諸侯朝天子，享用璧琮，不降瑞。若自相享，降瑞一等。此八寸據上公、二王後自相享，亦用璧琮八寸，侯伯當六寸。子男自相享，退用琥璜，降用四寸。經言諸侯，止是朝，注兼云聘者，其臣聘，瑑圭璋璧琮亦皆降一等，與君寸數同，故兼言聘也。此經直言瑑琮，不言瑑璧以享君，文略可知也。

大戴禮：諸侯相朝之禮，各執其圭瑞，服其服，乘其輅，建其旌旗，施其樊纓，從其貳車〔一〕，委積之以其牢禮之數，所以別義也。介紹而相見，君子於其所尊，不敢質，敬之至也。君使大夫迎於境，卿勞於道，君親郊勞致館，及將幣，拜迎於大門外而

〔一〕「貳」，諸本作「義」，據大戴禮記匯校集解卷一二改。

廟受，北面拜貺，所以致敬也。三讓而後升，所以致尊讓也。敬讓也者，君子之所以相接也〔一〕。諸侯相接以敬讓，則不相侵陵也。此天子之所以養諸侯，兵不用而諸侯自爲正之具也。君親致饔既、還圭，饗食、致贈、郊送，所以相與習禮樂也。諸侯相與習禮樂，則德行修而不流也。故天子制之而諸侯務焉〔二〕。

薛氏禮圖：諸侯相朝禮，始至，以所朝之意謁關人，關人報其君，主君使大夫迎于境，導以入。凡入境，皆有委積以供賓，使大夫、士問勞，陳擯而不傳詞，皆上介、上擯親對而言，其拜受于庭。至郊，君親勞，乃交擯傳事。其拜受于堂，及國使大夫授積、備館，君又以禮致之，又使大夫致飧。將朝之前一日，賓使人受次于主人太祖之廟門外。明旦，冕服釋幣于行主，然後服弁，以至于君之大門。朝位相去、下車、陳介之數，皆如朝覲禮。主君出而迎賓，各乘其車，建其旂。車至大門内，卿爲上擯，大夫爲承擯，士爲紹擯，擯數依己之爵位，不計賓之尊卑。主君車在門内，

〔一〕「以」，原脱，據光緒本、大戴禮記匯校集解卷一二補。
〔二〕「而」，諸本脱，據大戴禮記匯校集解卷一二補。

擯者出門外，上擯北面受命，而請賓來意，南面傳詞。遞相傳訖，然後主君進迎，車出門，遥見則下車，其立之所，當亦依其爵。拜賓之辱，賓進，答拜，三揖三讓，陳擯介，爲相而入。主君及賓皆由棖闑之中，擯介皆雁行于後。主君先入，至中門，則止一相，令末介升于次介之行，紹擯升于承擯之行。及至廟門，又止一相，次介升于上介之行，承擯升于上擯之行，故云「及廟，惟上相入」。升堂受玉，既享，則行夫人之禮。享玉之法，侯伯以上用璧琮，子男用琥璜，皆以束帛，然後加玉于上，而致庭實，隨國所有，分爲三享。既受享，主人以鬱鬯禮賓，然後還館。主人致饔餼，各依賓之命數，大夫亦致牢禮。然後主君設享，皆君親速賓而行之。饗則有酬幣，食則有侑幣，以將其厚意。主君若不親饗食，則使使者各以其幣致之。饗食則賓不儐主君之使。還圭、致贈、郊送等，皆君親致于館。時主君爲賓，賓爲主人，其介傳命之儀，皆如受幣之時。賓所拜謝者，拜饔餼、拜饗食，皆偕主君之朝而拜謝之。賓還館，主君致贈送皆親之，使大夫送出于境。

右行禮之節

擯介之容

周禮秋官司儀：凡行人之儀，不朝不夕，不正其主面，亦不背客。注：謂擯相傳辭時也。不正東鄉，不正西鄉，常視賓主之前郤，得兩鄉之而已。　疏：此經論司儀爲擯相之法。朝謂日出時，爲正鄉東。夕謂日入時，爲正鄉西。

論語：君召使擯，注：鄭曰：「君召使擯者，有賓客使迎之。」色勃如也，注：孔曰：「必變也。」足躩如也，注：包曰：「足躩，盤辟貌。」揖所與立，左右手，衣前後，襜如也。注：鄭曰：「揖左人，左其手；揖右人，右其手。一俛一仰，衣前後襜如也。」趨進，翼如也。注：孔曰：「言端好。」賓退，必復命曰：「賓不顧矣。」注：鄭曰：「復命白君，賓已去矣。」　疏：此一節言君召孔子使爲擯之禮也。擯，謂主國之君所使出接賓者也。左右手，謂交擯傳命時。趨進，翼如者，謂疾趨而進。張拱端好，如鳥之張翼也。諸侯自相爲賓之禮，介各從其命數。至主國大門外，主人及擯出門相接。若主君是公，則擯者五人；侯伯，擯者四人；子男，擯者三人。不隨命數者，謙也，故並用强半之數也。賓若是公，至門外，直當闑西，去門九十步而下車，當軹北嚮而立。其侯伯立當前侯伯下，子男立當衡，介立君之北，邐迤西北，並東嚮而列。主公出，直闑東南，西嚮立。擯在主人之南，邐迤東南立，並西嚮也。末擯與末介相對，中間傍相去三丈六尺。列擯介既竟，則主君就擯求辭。求辭之法，主人先傳言與上擯，上擯以至次擯，次擯繼傳以至末擯，末擯傳與賓末介，末介以次繼傳，上至于賓，賓答辭，隨其來意，又從上介而傳，下至末介，末介又傳與末擯，末擯傳相次而上至于主人。傳辭既竟，而後進迎賓至門，此司儀之交擯也。若諸侯使卿大夫相聘，主君待之，擯數如待其君。若公之使亦直闑西，北嚮，七介，而去門七十步；侯伯之使列五介，而去門五十步；子男之使三介，而去門三十步。上擯出閾外闑東南，西嚮；陳介西北，東面，邐迆如君自相見也。末介、末擯相對，相去亦三丈六尺。陳擯介竟，則不傳命。而上擯進至末擯間南揖賓，賓亦進至末介間。上擯揖而請事，入告君。君在限內，後乃相與入也，司儀及聘禮謂之旅擯。

朱子集注：所與立，謂同爲擯者也。擯用命數之半，如上公九命，則用五人，以次傳命。

蕙田案：交擯，諸侯相朝之禮。此云「揖所與立，左右手」，則交擯，非旅擯也。

右擯介之容

致禮

周禮秋官掌客：凡諸侯之禮：上公五積，皆眂飧牽，三問皆脩。群介、行人、宰、史皆有牢。注：「積皆視飧牽」，謂所共如飧，而牽牲以往，不殺也。不殺則無鉶鼎。簠簋之實，其米實於筐，豆實實於罋。其設，筐陳於楹內，罋陳於楹外，牢陳於門西。車米禾薪芻，陳於門外。壺之有無，未聞。三問皆脩，脩，脯也。「上公三問皆脩」，下句云「群介、行人、宰、史皆有牢」，君用脩而臣有牢，非禮也。蓋著脱字失處且誤耳。　疏：云「上公五積，皆眡飱牽」者，公國自相朝，是上公待上公之禮，有五積，皆視飱，一積眡一飱，飱五牢，五積則二十五牢。言牽者，數雖眡飱，飱則殺，積全不殺，並生致之，故云牽。侯伯四積，亦皆眡飱，牽飱四牢，一積眡一飱，則一積四牢，總十六牢，亦牽不殺。子男三積，積亦眡飱，飱三牢，一積三牢，三積九牢，亦牽之不殺也。必牽之不殺者，以其在道，分置預往，故不殺之也。既云「眡飱」，飱則有芻薪米禾之等，故鄭解積皆依飱解之也。云「不殺則無鉶鼎」者，鉶鼎，即陪鼎是也，但殺乃有鉶鼎，不殺則無鉶鼎可知，侯、伯、子、男皆然。鄭云「簠簋之實」已下，皆約公食大夫解之。鄭云「三問皆脩，脩，脯也」。對文脩是腶脩，加薑桂捶之者；脯，乾肉薄者。散文脩、脯一也。云「著脱字失處」者，案下文「凡介、行人、宰、史」，皆在饗食燕下，此特在上。或見下文脱此語，著於此，或於下著訖，此剩不去，故云然也。下文皆云「凡介」，此云「群介」，故誤耳。

欽定義疏：積，用飱之牢以爲禮也，生而致之，一夕遷次，不盡用也。始至則飱，孰腥並陳。嗣致饔餼，飱牽並陳。固是禮有大小，亦順事之宜以適賓耳。

飱五牢，食四十，簠十，豆四十，鉶四十有二，壺四十，鼎、簋十有二，牲三十有六，皆陳。注：飱，客始至，致小禮也。公侯伯子男飱，皆飪一牢，其餘牢則腥。食者，庶羞美可食者也。其設，蓋陳於楹外東西，不過四列。簠，稻粱器也。公十簠，堂上六，西夾、東夾各二也。侯伯八簠，堂上四，西夾、東夾各二。子男六簠，堂上二，西夾、東夾各二。豆，菹醢器也。公四十豆，堂上十六，西夾、東夾各十二；侯伯三十二豆，堂上十二，西夾、東夾各十。子男二十四豆，堂上十二，西夾、東夾各六。禮器曰：「天子之豆二十有六，諸公十有二，上大夫八，下大夫六。」以聘禮差之，則堂上之數與此同。鉶，羹器也。公鉶四十二，侯伯二十八，子男十八，非衰差也。二十八，書或爲「二十四」，亦非也。其於衰，公又當三十，於言又爲無施。禮之大數，鉶少於豆，推其衰，公鉶四十二，宜爲三十八，蓋近之矣。則公鉶堂上十八，西夾、東夾各十。侯伯堂上十二，西夾、東夾各八。子男堂上十，西夾、東夾各四。壺，酒器也。其設於堂夾，如豆之數。鼎，牲器也。簠，黍稷器也。鼎十有二者，飪一牢，正鼎九與陪鼎三，皆設於西階前。簠十有二，堂上八，西夾、東夾各二。合言鼎簠者，牲與黍稷俱食之主也。牲當爲腥，聲之誤也。腥謂腥鼎也。於侯伯云「腥二十有七」，其故腥字也。諸侯禮盛，腥鼎有鮮魚、鮮腊，每牢皆九爲列，設於阼階前。公腥鼎三十六，腥四牢也。侯伯腥鼎二十七，腥三牢也。子男腥鼎十八，腥二牢也。皆陳，陳，列也。飧，門内之寔，備于是矣。亦有車、米、禾、芻、薪。公飧五牢，米二十車，禾三十車。侯伯四牢，米、禾皆二十車。子男三牢，米十車，禾二十車。芻、薪皆倍其禾。疏云：「飧，小禮」者，按聘賓，「大夫帥至館，卿致館」，即云「宰夫朝服設飧」，是其客始至之禮。言小禮者，對饔餼爲大禮也。云「公侯伯子男飧，皆飪一牢，其餘牢則腥」者，下唯言腥，不言飪，此有鉶及鼎，皆爲飪一牢而言，以是經雖不言飪，須言飪之矣。云「其餘牢則腥」，腥之數，備於下也。云「食者，庶羞之美，陳於楹外東西，不過四列」者，前所陳，皆約公食大夫致食之禮。今按公食「若不親食，庶羞陳於碑内」者，設飧之時，堂上皆有正饌，無容庶羞之處，楹外既空，不須向碑内及堂下，故疑在楹外陳之，十以爲列，故四列也。公食陳於碑内者，由饔陳於楹外，故在下也。云「簠，盛稻粱」以下，皆約公食及聘禮致饔餼文裁之。云「公四十豆，堂上十六」至「各六」，鄭以堂上豆數，取聘禮致饔餼，於上大夫八豆，下大夫六豆，並是堂上豆數。又取禮器「天子之豆二十有六，諸公十有六，諸侯十有二」，謂侯伯子男同，則亦是堂上豆數可知。以此文公言四十，侯伯三十二，子男二十四，其堂上豆數既約聘禮與禮器，東西多少，鄭以意差之，與此同也。云「鉶，羹器也」者，鉶，器名，鉶器所以盛膷、臐、膮三等之羹，故爲鉶羹。云「公鉶四十二，侯伯二十八，子男十八，非衰差也」者，衰差之法，上下節級，似若九，若七，若五，校一節是衰差。今公四十二，侯伯二十八，子男十八，公於侯伯子男大縣絶，故云非衰差也。云「二十八，書或爲『二十四』，亦非也」者，侯伯若二十四，爲比公四十二，校十八，又以二十四比子男十八，校六，亦非其類，故云亦非也。云「推其衰，公鉶四十二，宜爲三十八，蓋近之」者，子男十八，侯伯二十八，公三十八，以十爲降殺，是其差也。云「公鉶堂上十八，西夾東夾各十；侯伯堂上十二，西夾東夾各八；子男堂上十，西夾東夾各四」，知如此差者，亦約聘禮致饔餼，兼以意準量而言。云「鼎，牲器也」者，謂亨牲體之器。云「簋，黍稷器也」者，「鼎十有二者，飪一牢，正鼎九，與陪鼎三，皆設於西階前」者，其陪鼎三，設於内廉。云「簋十二者，堂上八，西夾東夾各二」，知設如此者，約聘禮而知之也。牢鼎九者，謂牛、羊、豕、魚、腊、膚與腸胃，鮮魚、鮮腊。陪鼎三者，膷、臐、膮也。云「合言鼎簋，以牲與黍稷俱食之主」者，黍稷與衆饌爲主，牲與羞物爲主，是俱得爲食之主也。此五等諸侯同簋十二。按聘禮致饔餼，堂上八簋，東西夾各六簋，總二十簋。彼臣多此君少者，禮有損之而益故也。云「牲當爲腥，聲之誤者，腥謂腥鼎也，於侯伯云『腥二十有七』，其故腥字」者，子男亦云「牲十八」，是亦當爲腥也。云「諸侯禮盛，腥鼎有鮮魚、鮮腊」云云者，此皆約聘禮設飧而言。按彼「飪一牢在西，鼎九，羞鼎三，腥一牢在東，鼎七」，致饔餼云「腥二牢，鼎二七，無鮮魚、鮮腊，設於阼階前，西面陳，如飪鼎，二列」，此云三十六，故知有鮮魚、鮮腊也。云「飧門内之實備」，仍有車米等，是以云「亦有車米禾芻薪也」。云「公飧五牢，米二十車，禾三十車」以下，皆約饔餼死牢而言，以其饔餼云死牢如飧之陳，上公五牢死，侯伯四牢死，子男三牢死，皆如飧之陳，明此米禾數如此。云「芻薪皆倍其禾」者，亦約饔餼禮也。若然，按聘禮，米禾皆二十車者，彼大夫禮，豐小禮，大夫飧二牢，故米禾皆眡之，米禾各二十車也。

鄭氏鍔曰：已上所致飧之物，皆列于客館也。食陳于楹外，簠與豆、鉶、壺，簋皆陳于堂上及東西之夾，鼎則陳于西階之前，腥則陳于阼階之前。凡此皆謂之門内之實。車、米、禾、芻、薪之類，列于門外。

饔餼九牢，其死牢如飧之陳，牽四牢，米百有二十筥，醯醢百有二十罋，車皆陳。車米眡生牢，牢十車，車秉有五籔，車禾眡死牢，牢十車，車三秅，芻薪倍禾，皆陳。注：饔餼，既相見致大禮也。大者，既兼飧積，有生，有腥，有熟，餘又多也。死牢如飧之陳，亦飪一牢在西，餘腥在東也。牽，生牢也。陳於門西，如積也。米横陳於中庭，十爲列，每筥半斛。公侯伯子男黍粱稻皆二行，公稷六行，侯伯稷四行，子男稷二行。醯醢夾碑從陳，亦十爲列，醯在碑東，醢在碑西。皆陳於門内者，於公門内陳之也。言「車」者，衍字耳。車米，載米之車也。聘禮曰：「十斗曰斛，十六斗曰籔，十籔曰秉。」每車秉有五籔，則二十四斛也。禾，稾實并刈者也。聘禮曰：「四秉曰筥，十筥曰稯，十稯曰秅。」每車三秅，則三十稯也。稯猶束也。米禾之秉筥，字同數異，禾之秉，手把耳。筥讀爲「棟梠」之梠，謂一穧也。皆陳，横陳門外者也。米在門東，禾在門西。芻薪雖取數于禾，薪從米，芻從禾也。鄭司農説牽云：「牲有牽行者也，故春秋傳曰：『餼牽竭矣。』」秅，讀爲「秅秭麻荅」之秅。疏：云「大者既兼飧積，有生、有腥、有熟，餘又多也」者，假令上公饔餼九牢，五牢死，四牢牽，上公五積，皆眡飧牽，則是一積五牢。言兼飧，死五牢與飧同。若言兼積，則兼不盡，止兼四耳。言兼積者，以其牽與積同，故云兼之也。侯伯子男皆兼積不盡。言「餘又多」者，謂米禾、芻薪、醯醢、芻米之屬。云「牽，生牢也。陳於門西，如積」者，亦横陳於門西而東上。云「米横陳於中庭，十爲列，每筥半斛」，知然者，前飧之陳及積之陳，皆約聘禮致饔餼法。今於此文積在前已説，故以此饔餼向前如之，故云「如積」也。言如積，則亦如聘禮饔餼也。今此自米已下，還約聘禮致饔餼法。云「公侯伯子男黍粱稻皆二行，公稯六行，侯伯稯四行，子男稯二行」者，彼云「米百筥，筥半斛，設於中庭，十以爲列，北上，黍粱稻皆二行，稯四行」。此以增稯，餘不增，故知公稯六行。子男米八筥，黍粱稻各二行，更得二即足，故知稯二行。云「醯醢夾碑從陳，亦十爲列，醯在碑東，醢在碑西」者，彼注云：「夾碑，在庭之中央也。醯在東，醯穀，陽也；醢肉，陰也。」言夾碑，故知從陳。然侯伯醯醢百罋，米百筥，上介筥及罋如上賓，上介四人〔一〕，米百筥，此數多於子男，與侯伯等者，上公醯醢

〔一〕「上」，原作「士」，據光緒本、周禮注疏卷三八改。

百二十饔，與王畢百二十饔仝，故鄭志云「此公乃二王後」，如是王之上公，與侯伯俱同百饔，子男八十饔，其筥米皆同饔數。此是尊卑之差。至於聘禮，乃是臣法，自爲一禮，不相與，亦是損之而益。「言車，衍字」者，言車，載米之車，不合在醯醢下言之。又按侯伯子男醯醢下皆無「車」字，故知衍字也。

王氏昭禹曰：車米眡生牢，牢十車，牽四牢，則車米四十車也。車禾眡死牢，牢十車，死牢如飧之陳，則車禾五十車也。芻薪倍禾，則百車也。

王氏應電曰：筥米陳於中庭，以備貴者之食。車米陳於門外，賤者之食也。

乘禽日九十雙，殷膳太牢，以及歸，三饗、三食、三燕；若弗酌，則以幣致之。注：乘禽，乘行群處之禽，謂雉、雁之屬。於禮以雙爲數。殷，中也。中又致膳，示念賓也。若弗酌，謂君有故，不親饗、食、燕也。不享則以酬幣致之，不食則以侑幣致之。疏：禽獻「于禮雙爲數」者，即此九十五十，及「士中日則二雙」，皆以雙爲數是也。云「若弗酌」以下，皆約聘禮文。不言致燕者，饗食在廟，燕在寢，禮唯言致饗食者，以合在廟，嚴凝之事，不親，即須致之。燕禮褻，不親酌，蓋不致也。

蔡氏德晉曰：賓未去，久又致盛膳以道殷勤，則以太牢。此無常數，至歸而止。

凡介、行人、宰、史，皆有飧、饔餼，以其爵等爲之牢禮之陳數，惟上介有禽獻。注：凡介、行人、宰、史，衆臣從賓者也。行人主禮，宰主具，史主書。皆有飧、饔餼，尊其君以及其臣也。以其爵等爲之牢禮之陳數，爵，卿也則飧二牢，饔餼五牢；大夫也則飧太牢，饔餼三牢；士也則飧少牢，饔餼太牢也。此降小禮，豐大禮也。以命數則參差難等，略於臣，用爵而已。　疏：云「凡介、行人」，鄭云「行人主禮，宰主具，史主書」者，按王制云：「太史典禮，執簡記。」大史職亦云：「執其禮事。」與此「史主書，行人主禮」違者，大史在國則專主書，故曲禮云：「史載筆，士載言。」此云史，止謂太史之屬官，以其有爵等，故知也。云「行人主禮」者，主賓客之禮，大行人之類是也。按聘禮云：「史讀書，宰執書，告備具於君。」又掌饌具，故公食大夫云「宰夫具饌於房」，是掌具也。云「爵，卿也則飧二牢，饔餼五牢」已下，皆約聘禮賓之卿、上介之大夫、士介四人，歸饔餼降殺而言也。云「此降小禮，豐大禮也」者，小禮謂飧，飧則去君遠矣，并乘禽之等，皆是小禮也。大禮謂饔餼，卿五牢〔一〕，子男、卿與君等，是豐大禮也。云「以命數則參差難等，略於臣，用爵而已」者，依命，公侯伯卿三命，大夫再命，士一命；子男卿再命，大夫一命，士不命，并有大國孤一人四命。是從孤已下，通一命不命有五等。若以此命數五等爲之，則參差難可等級，略於臣，用爵而已。爵則有三等，易爲等級也。言略於臣，用爵，則君不依爵而用命，即諸侯爵五等，命唯三等，大行人、掌客皆依命是也。

鄭氏鍔曰：上介相禮，其爵亦尊，宜有禮賜以示優厚，故亦用禽獻，聘禮「乘禽于客，日如其饔餼之數；士中日則二雙」是也。

〔一〕「五牢」，諸本作「三牢」，據周禮注疏卷三八改。

蕙田案：聘禮之士介，非上介也。諸侯相朝，惟上介有禽獻，聘禮則衆介皆有之，此君臣之等差也。

夫人致禮：八壺、八豆、八籩，膳太牢，致饗太牢，食太牢。卿皆見以羔，膳太牢。

注：夫人致禮，助君養賓也。籩豆陳於户東，壺陳於東序，凡夫人之禮，皆使下大夫致之。卿皆見者，見於賓也。既見之，又膳之，亦所以助君養賓也。卿見又膳，此聘禮卿大夫勞賓、餼賓之類與？疏：云「夫人致禮」以下，見聘禮。致饔餼，「下大夫韋弁，歸禮，堂上籩豆設於户東，東上，二以並，東陳」。注「設於户東，辟饌位」，「壺設於東序，北上，南陳，醙、黍、清皆兩壺」，約此故知之也。若然，不使卿者，按内宰云「致后之賓客之禮」，注「謂諸侯朝覲及女賓之賓客」，内宰是下大夫。王后尚使下大夫，況諸侯夫人乎？故知使下大夫也。云「卿皆見」至「亦所以助君養賓」，言「亦」者，亦夫人也。云「卿既見又膳，此聘禮大夫勞賓、餼賓之類與」者，按聘禮畢，「賓即館，卿大夫勞賓，賓不見，大夫奠雁再拜，上介受」，注云「不言卿，卿與大夫同執雁，下見於國君」。周禮凡諸侯之卿見，朝君皆執羔」，「勞上介亦如之」，又云「餼賓太牢，米八筐，上介亦如之」。此朝君有膳無勞餼，聘客有勞餼無膳，明此事相當，故云「勞賓、餼賓之類與」。

蔡氏德晉曰：夫人之致禮，壺、豆、籩于饔餼時致之，膳太牢于殷膳時致之，致饗太牢、食太牢于饗時致之。

侯伯四積，皆眡飧牽，再問皆脩。飧四牢，食三十有二，簠八，豆三十有二，鉶二十有八，壺三十有二，鼎簋十有二，腥二十有七，皆陳。饔餼七牢，其死牢如飱之陳，牽三牢，米百筥，醯醢百罋，皆陳。米三十車，禾四十車，芻薪倍禾，皆陳。乘禽日七十雙，殷膳大牢，三饗、再食、再燕。凡介、行人、宰、史，皆有飱、饔餼，以其爵等爲之禮，唯上介有禽獻。夫人致禮：八壺、八豆、八籩，膳大牢，致饗大牢。卿皆見以羔，膳特牛。子男三積，皆眡飱牽。壹問以脩，飱三牢，食二十有四，簠六，豆二十有四，鉶十有八，壺二十有四，鼎簋十有二，牲十有八，皆陳。饔餼五牢，其死牢如飱之陳，牽二牢，米八十筥，醯醢八十罋，皆陳。米二十車，禾三十車，芻薪倍禾，皆陳。乘禽日五十雙，壹饗、壹食、壹燕。凡介、行人、宰、史，皆有飱、饔餼，以其爵等爲之禮，唯上介有禽獻。夫人致禮：六壺、六豆、六籩，膳眡致饗。親見卿，皆膳特牛。注：於子男云膳視致饗，言夫人致膳于小國君以致饗之禮，則是不復饗也。饗有壺酒。於子男云「親見卿，皆膳特牛」，見讀如「卿皆見」之見，言卿于小國之君，有不故造館見者，故造館見者乃致膳。疏云：「於子男云膳視致饗」至「饗有壺酒」者，公侯伯夫人致禮則云「八壺、八豆、八籩」，與「膳大牢」、「致饗、大牢」三者各別，於子男夫人，則云「膳視致饗」。鄭云「饗有壺酒」，則致膳無酒矣，故云饗有酒。若然，子男夫人於諸侯唯有二禮矣，聘禮夫人於聘大夫，直有籩豆壺，又不致饗，是其差也。云「於子男云『親見卿，皆膳特牛』，見讀如卿皆見之見」者，上公侯伯直云「卿皆見以羔」，於子男即云「親見卿」，作文有異。此言「親見卿」，似朝君親自來見卿，有此嫌，故讀從上文「卿皆見」以兼之，明此見亦是卿見朝君。三卿之内，有見者有不見者，若故造館見，則致膳；若不故造館見，則不致膳也。

王氏昭禹曰：夫人致禮于侯伯，不言食太牢，則不致食也。於子男膳眡致饗，則并不致饗也。

易氏祓曰：鼎，牲器也。簋，黍稷器也。公侯伯子男，皆十有二，而無所降殺者，以牲與黍稷爲食之主也。

右致禮

大夫從君不私覿

禮記郊特牲：朝覲，大夫之私覿，非禮也。大夫執圭而使，所以申信也。 注：其君親來，其臣不敢私見於主國君也，以君命聘，則有私見。**不敢私覿，所以致敬也。而庭實私覿，何爲乎諸侯之庭？** 注：非其與君無別。**爲人臣者無外交，不敢貳君也。** 注：私覿，是外交也。疏：此一節論大夫從君朝覲行私覿非禮之事。若專使而出，則可爲之。

右大夫從君不私覿

朝變禮

禮記曾子問：曾子問曰：「諸侯相見，揖讓入門，不得終禮，廢者幾？」孔子曰：「六。」請問之，曰：「天子崩，大廟火，日食，后夫人之喪，雨霑服失容，則廢。」注：夫人，君之夫人。疏：此太廟火，亦謂君之太廟，非天子太廟也。既云「揖讓入門」，無容天子太廟之火赴告即至，故知非王之太廟。

右朝變禮

諸侯相朝失禮

禮記郊特牲：庭燎之百，由齊桓公始也。注：僭天子也。庭燎之差，公蓋五十，侯、伯、子、男皆三十。疏：謂於庭中設火，以照燎來朝之臣夜入者也。禮：天子百燎，上公五十〔一〕，侯、伯、子、男三十。齊桓公是諸侯而僭用者，後世襲之。百者，皇氏云：「作百炬列于庭也，或云百炬共一束也。」

蕙田案：左氏傳云：「諸侯賓至，甸設庭燎。」國語云：「敵國賓至，火師監

〔一〕「五十」，原作「九十」，據光緒本、禮記正義卷二五改。

燎。」蓋庭燎惟朝聘之賓至乃設之，疏以爲「照燎來朝之臣」，非。

右諸侯相朝失禮

春秋諸侯相朝

春秋隱公十有一年春，滕侯、薛侯來朝。左氏傳：滕侯、薛侯來朝，爭長。薛侯曰：「我先封。」滕侯曰：「我，周之卜正也；薛，庶姓也，我不可以後之。」公使羽父請于薛侯曰：「君與滕君辱在寡人。周諺有之曰：『山有木，工則度之；賓有禮，主則擇之。』周之宗盟，異姓爲後。注：盟載書，皆先同姓。疏：周人貴親，先叙同姓，以其篤于宗族，是故謂之宗盟。盟則同姓在先，朝則各從其爵，故鄭注禮記云：「朝覲，爵同同位。」但就爵同之中，先同姓，後異姓。若盟，則爵雖不同，先同姓也。寡人若朝于薛，不敢與諸任齒。君若辱貺寡人，則願以滕君爲請。」薛侯許之，乃長滕侯。公羊傳：其言朝何？諸侯來曰朝，大夫來曰聘。注：春秋王魯，王者無朝諸侯之義，故内適外言如。外適内言朝聘，所以别外尊内也。不言朝公者，禮，朝受之于太廟，與聘同義。其兼言之何？微國也。穀梁傳：天子無事，諸侯相朝，正也。注：事，謂巡守、崩葬、兵革之事。考禮修德，所以尊天子也。諸侯來朝，時正也。注：朝宜以時，故書時則正也。犆言，同時也。注：犆言，謂别言也。若穀伯綏來朝、鄧侯吾離來朝，同時來，不俱至。累數，俱至也。注：累數，總言之也。若「滕侯、薛侯來朝」，同時俱至。

蕙田案：内適外言如，外適内言朝聘，别外内之詞也。何氏注公羊，以爲王魯，謬矣。

胡氏安國曰：諸侯朝于諸侯，禮乎？孔子曰：「邦君爲兩君之好，有反坫。」周禮行人：「凡諸侯之邦交，殷相聘，世相朝也。」然謂之殷，則得中而不過；謂之世，則終諸侯之世而一相朝，其爲禮亦節矣。周衰，典禮大壞，諸侯放恣，無禮義之交，惟强弱之視。以魯事觀焉，或來朝而不報其禮，或屢往而不納以歸，無合于中聘、世朝之制矣。且列國于天子述所職者，蓋闕如也。而自相朝聘，可乎？凡大國來聘，小國來朝，一切書而不削，皆所以示譏。滕、薛二君，不特言者，又譏。旅，見也。非天子不旅見。諸侯偃然受之而不辭，亦以見隱公之志荒矣。

張氏洽曰：凡諸侯朝，各書之，若穀、鄧偕至，而朝禮不同日也。累數之，若邾牟葛及今滕、薛同日行禮。同日行禮，惟天子可受之，諸侯不當然也。今隱公于天子未嘗朝覲，而滕、薛相率以朝，又不特見，而使同日旅見，非禮甚矣。

汪氏克寬曰：「齊侯、鄭伯如紀」，亦兼言之，豈旅見于紀乎？蓋書二君來朝，則是並行朝禮。書二君如紀，不過同往紀國，非並行朝禮也。然僖二十八年兩「朝王所」，皆諸侯並朝；襄二十八年「公如楚」，亦諸侯同往；經皆不書他諸侯者，春秋主魯，書魯以見其餘耳。

桓公二年春，滕子來朝。注：隱十一年稱侯，今稱子者，蓋時王所黜。

秋七月，紀侯來朝。左傳作「杞」。范注：隱二年稱子，今稱侯，蓋時王所進。穀梁傳：朝時，此其月，何也？桓内弑其君，外成人之亂，於是爲齊侯、陳侯、鄭伯討，數日以賂。己即是事而朝之，惡之，故謹而月之也。

六年冬，紀侯來朝。

七年夏，穀伯綏來朝，鄧侯吾離來朝。杜注：不總稱朝者，各自行朝禮也。左氏傳：穀伯、鄧侯來朝，名，賤之也。公羊傳：皆何以名？失地之君也。其稱侯朝何？貴者無後，待之以初也。穀梁傳：其名，何也？失國也。注：禮，諸侯不生名，失地則名。失國，則其以朝言之，何也？嘗以諸侯與之接矣。雖失國，弗損吾異日也。

趙氏汸曰：來朝，惟附庸小國稱名，以其未爵命也。有降爵成禮者，滕、杞、薛之君是也；有以不敬見伐者，杞君是也。史皆不敢斥其名。穀、鄧與魯素無交好，既以侯伯成禮，復賤之而書名，非人情也。以當時事理推之，穀、鄧于魯交好不通，事無本末。桓公二年，蔡侯、鄭伯懼楚而會于鄧，穀、鄧二君亦以懼楚，故始來朝于上國，旋則亡滅，不復再見，故書名以詳之。

九年冬，曹伯使其世子射姑來朝。杜注：曹伯有疾，故使其子來朝。左氏傳：賓之以上卿，禮也。注：諸侯之適子，未誓于天子而攝其君，則以皮帛繼子男，故賓之以上卿，各當其國之上卿。

公羊傳：諸侯來曰朝，此世子也，其言朝何？春秋有譏父老子代從政者，則未知其在齊與，在曹與？注：在齊者，世子光也。小國無大夫，所以書者，重惡世子之不孝甚。穀梁傳：朝不言使，言使，非正也。使世子伉諸侯之禮而來朝，曹伯失正矣。諸侯相見曰朝，以待人父之禮待人之子，以内爲失正矣。内失正，曹伯失正，世子可以已矣，則是故命也。注：父有爭子，則身不陷于不義。世子廢曹伯之命可。尸子曰：「夫已，多乎道。」注：邵曰：「已，止也。止曹伯使朝之命。」則曹伯不陷非禮之愆，世子無苟從之咎，魯無失正之譏，三者正，則合道多矣。

胡氏安國曰：按周官典命：「凡諸侯之嫡子，誓于天子而攝其君，則下其君之禮一等；未誓，則以皮帛繼子男。」世子固有出會朝聘之儀矣。然攝其君繼子男者，謂諸侯朝于天子，有時而不敢後，故老疾者，使太子攝己事以見天子，急述職也。諸侯閒于王事則相朝，其禮本無時。曹伯既有疾，何急于朝桓而使世子攝哉？

十五年夏，邾人、牟人、葛人來朝。杜注：三人皆附庸之世子也。其君應稱名，故其子降稱人。

公羊傳：皆何以稱人？夷狄之也。注：桓公行惡，而三人俱朝事之，三人爲衆，衆足責，故夷狄之。

莊公五年秋，郳黎來來朝。郳，公羊作「倪」。杜注：附庸國也。左氏傳：名，未王命也。注：未受爵命爲諸侯，傳發附庸稱名例也。其後數從齊桓以尊周室，王命以爲小邾子。公羊傳：倪者何？小邾婁也。小邾婁則曷爲謂之倪？未能以其名通也。黎來者何？名也。其名何？微國也。穀梁傳：郳，國也。黎來，微國之君，未爵命者也。

二十有三年夏，蕭叔朝公。杜注：蕭，附庸國。叔，名。就穀朝公，故不言來。凡在外朝，則禮不得具，嘉禮不野合。公羊傳：其言朝公何？公在外也。時公受朝于外，故言朝公，惡公不受于廟〔一〕。穀梁傳：微國之君，未爵命者。其不言「來」，於外也。朝于廟，正也；於外，非正也。

胡氏安國曰：穀，齊地。蕭叔，附庸之君也。爲禮必當其物與其所，而後可以言禮。大夫宗婦覿而用幣，則非其物也。蕭叔朝公，在齊之穀，則非其所也。嘉禮不野合，而朝公于外，是委之于野矣。故禮非其所，君子有不受，必反之于正而後止，此亦春秋撥亂之意也。

〔一〕「廟」，原作「朝」，據光緒本、春秋公羊傳注疏卷八改。

二十有七年冬，杞伯來朝。杜注：杞稱伯者，蓋爲時王所黜。

僖公五年春，杞伯姬來朝其子。公羊傳：其言來朝其子何？内辭也，與其子俱來朝也。穀梁傳：婦人既嫁，不踰竟；踰竟，非正也。諸侯相見曰朝。伯姬爲志乎朝其子也。伯姬爲志乎朝其子，則是杞伯失夫之道矣。諸侯相見曰朝，以待人父之道待人之子，非正也。故曰：「杞伯姬來朝其子」，參譏也。

張氏洽曰：朝者，人君相見于宗廟朝廷之上。父在而使其子行之，又使婦人參之，皆失正也。

吴氏曰：曹伯有疾，遣其世子射姑代父朝魯，春秋譏之。杞惠公疑亦有疾，伯姬以其子爲魯之甥，故挾之至魯，就令攝父行朝禮。是年，杞惠公卒，成公嗣位，蓋伯姬預欲托其子于魯也。杞伯失君道，失夫道，失父道；伯姬失妻道，失母道，其子失子道；而魯僖受其朝，皆非禮也。

高氏閌曰：先王之制，諸侯未冠而即位，謂之童子侯。童子侯不朝，蓋不可以成人之禮接之也。伯姬歸杞，方十三年有子，必尚幼穉，如之何而勝朝乎？

七年夏，小邾子來朝。杜注：郳黎來始得王命而來朝也，邾之别封，故曰小邾。

十有四年夏六月，季姬及鄫子遇于防，使鄫子來朝。鄫，穀梁作「繒」。左氏傳：鄫季姬來寧，公怒，止之，以鄫子之不朝也。夏，遇于防，而使來朝。公羊傳：鄫子曷爲使乎？季姬來朝，内辭也。非使來朝，使來請己也。穀梁傳：遇者，同謀也。

來朝者，來請己也。朝不言使，言使非正也，以病繒子也。注：魯女無故遠會諸侯，遂得淫通，此亦事之不然，左傳近合人情。

二十年夏，郜子來朝。杜注：郜，姬姓國。公羊傳：郜子者何？失地之君也。何以不名？兄弟辭也。

劉氏敞曰：若失地之君，何得言朝？又公羊以郜滅在春秋前。按春秋以來且九十年，郜子失地，殆三世矣，猶能自歸同姓，躬行朝禮，無乃不近人情乎？

二十有七年春，杞子來朝。左氏傳：杞桓公來朝，用夷禮，故曰子。

二十有九年春，介葛盧來。左氏傳：介葛盧來朝，舍于昌衍之上。公在會，饋之芻、米，禮也。公羊傳：介葛盧者何？夷狄之君也。何以不言朝？不能乎朝也。穀梁傳：介，國也。葛盧，微國之君，未爵者也。其曰來，卑也。

冬，介葛盧來。左氏傳：以其未見公，故復來朝。禮之，加燕好。注：燕，燕禮也。好，好貨也。一歲再來，故加之。

文公十有一年秋，曹伯來朝。左氏傳：曹文公來朝，即位而來見也。

十有二年春，王正月，杞伯來朝。范注：僖二十七年稱子，今稱伯，蓋時王所進。左氏傳：杞桓公來朝，始朝公也。注：公即位，始來朝。

秋，滕子來朝。　左氏傳：滕昭公來朝，亦始朝公也。

十有五年夏，曹伯來朝。　左氏傳：禮也。諸侯五年再相朝，以修王命，古之制也。注：十一年，曹伯來朝，雖至此，乃來亦五年。

汪氏克寬曰：曹伯十一年來朝，纔越四年而又朝，不翅如事天子之禮。文公屢受小國之朝而不報，亦猶屢朝于齊、晉而不見答也。

宣公元年秋，邾子來朝。

成公四年三月，杞伯來朝。　左氏傳：歸叔姬故也。

六年夏六月，邾子來朝。

七年夏五月，曹伯來朝。

十有八年秋，杞伯來朝。　左氏傳：杞桓公來朝，勞公，且問晉故。公以晉君語之。杞伯于是驟朝于晉而請爲昏。

八月，邾子來朝。　左氏傳：邾宣公來朝，即位而來見也。

襄公元年九月，邾子來朝。　左氏傳：禮也。

六年秋，滕子來朝。左氏傳：滕成公來朝，始朝公也。

七年春，郯子來朝。左氏傳：始朝公也。

夏四月，小邾子來朝。左氏傳：小邾穆公來朝，亦始朝公也。

十有八年春，白狄來。杜注：不言朝，不能行朝禮。

二十有一年冬，曹伯來朝。左氏傳：曹武公來朝，始見也。

汪氏克寬曰：曹武公即位三年而來朝，此喪畢入見于天子之時也，不朝于京師而朝于宗國，曾是以爲禮乎？

二十有八年夏，邾子來朝。左氏傳：邾悼公來朝，時事也。

昭公三年秋，小邾子來朝。左氏傳：邾穆公來朝，季武子欲卑之。穆叔曰：「不可。曹、滕、二邾，實不忘我好，敬以逆之，猶懼其貳，又卑一睦焉，逆群好也。其如舊而加敬焉。志曰：『能敬無災。』又曰：『敬逆來者，天所福也。』」季孫從之。

十有七年春，小邾子來朝。

秋，郯子來朝。

定公十有五年春，王正月，邾子來朝。左氏傳：邾隱公來朝。子貢觀焉。邾子執玉高，其容仰；公受玉卑，其容俯。子貢曰：「以禮觀之，二君者，皆有死亡焉。夫禮，死生存亡之體也，將左右、周旋，進退、俯仰，於是乎取之；朝、祀、喪、戎，於是乎觀之。今正月相朝，而皆不度，心已亡矣。嘉事不體，何以能久？高、仰，驕也；卑、俯，替也。驕近亂，替近疾，公爲主，其先亡乎！」

哀公二年夏四月，滕子來朝。

蕙田案：以上春秋諸侯朝魯。

又案：春秋：諸侯朝于魯者十七國。滕來朝五，紀來朝二，曹來朝四，使世子來朝一，杞來朝五，邾來朝其子一，郳來朝七，小邾來朝五，一書郳黎來。郯來朝二，薛、穀、鄧、蕭、鄫、郜、牟、葛、白狄來朝各一，白狄不書「朝」。蕭叔朝于外，不書「來」。介葛盧來二。不書「朝」。至隱元年「祭伯來」，王畿諸侯，非王命而來，故不言朝聘。桓六年實來，則失地之君來奔，非來朝也，故不載。

僖公十年春，王正月，公如齊。

十有五年春，王正月，公如齊。杜注：諸侯五年再相朝，禮也。例在文十五年。

三十有三年冬十月，公如齊。　左氏傳：公如齊朝，且弔〔一〕，有狄師也。

文公三年冬，公如晉。

十有三年冬，公如晉。　左氏傳：公如晉朝，且尋盟。

宣公四年秋，公如齊。

五年春，公如齊。

九年春，王正月，公如齊。

十年春，公如齊。

夏四月，公如齊。　左氏傳：公如齊奔喪。

趙氏汸曰：齊惠非盟主比，值晉伯中衰，宣公篡立，以濟西田賂齊，爲平州之會，以定其位，故終身謹于事齊，不朝聘于晉。黑壤之會，晉人止公，以賂免，不得與盟。既葬敬嬴，則比歲朝齊。齊歸其所賂田，又親奔喪。晚年不悦齊頃，乃背齊好晉，反覆皆以私也。

成公三年夏，公如晉。　左氏傳：公如晉，拜汶陽之田。

〔一〕「弔」，原作「拜」，據光緒本、春秋左傳正義卷一七改。

四年夏，公如晉。左氏傳：公如晉，晉侯見公，不敬。季文子曰：「晉侯必不免。詩曰：『敬之敬之！天惟顯思，命不易哉！』夫晉侯之命，在諸侯矣，可不敬乎！」

十年秋七月，公如晉。左氏傳：公如晉。注：親弔，非禮。晉人止公，使送葬。

十有八年春，公如晉。左氏傳：朝嗣君也。

襄公三年春，公如晉。左氏傳：始朝也。注：公即位而朝。

四年冬，公如晉。左氏傳：公如晉聽政。

八年春，王正月，公如晉。左氏傳：公如晉朝，且聽朝聘之數。

汪氏克寬曰：襄公嗣位，甫及八年，而三朝于晉。自宣公媚齊之外，春秋事伯之禮，未有若是其勤也。晉悼之立未十年，而魯君四朝矣，豈非倍于諸侯事天子五年一朝之制乎？悼公改命朝聘之數，其亦知過矣。

十有二年冬，公如晉。左氏傳：公如晉朝，且拜士魴之辱，禮也。

二十有一年春，王正月，公如晉。左氏傳：公如晉，拜師及取邾田也。

二十有八年十有一月，公如楚。左氏傳：爲宋之盟故，公及宋公、陳侯、鄭伯、許男如楚。

汪氏克寬曰：僖十八年，鄭文公始朝于楚。二十二年，鄭伯又如楚。二十四年，宋成公亦如楚。自是而後，鄭伯屢朝于楚，而陳、許諸君朝楚，傳亦間見。蓋至于今年，而中國之諸侯旅朝于楚，以事天子之禮事之矣。迨昭九年，而諸侯之大夫亦旅見于楚矣。迄哀之四年，而晉亦京師楚矣。世變至是，聖人蓋傷之甚矣。

昭公二年冬，公如晉，至河乃復。左氏傳：晉少姜卒，公如晉，及河，晉侯使士文伯來辭，曰：「非伉儷也，請君無辱。」公還。公羊傳：其言「至河乃復」何？不敢進也。穀梁傳：恥如晉，故著有疾也。

五年春，公如晉。左氏傳：公如晉，自郊勞至于贈賄，無失禮。

七年三月，公如楚。

十有二年夏，公如晉，至河乃復。穀梁傳：季孫氏不使遂乎晉也。

十有三年冬十月，公如晉，至河乃復。左氏傳：公如晉。晉荀吴謂韓宣子曰：「諸侯相朝，講舊好也。執其卿而朝其君，有不好焉，不如辭之。」乃使士景伯辭公于河。

十有五年冬，公如晉。左氏傳：平丘之會故也。

二十有一年冬，公如晉，至河乃復。

二十有三年冬，公如晉，至河，有疾乃復。公羊傳：何言乎公有疾乃復？殺恥也。

穀梁傳：疾不志，此其志，何也？釋不得入乎晉也。

二十有七年春，公如齊。杜注：自鄆行。

冬十月，公如齊。

二十有八年春，公如晉，次于乾侯。

二十有九年春，公如晉，次于乾侯。

定公三年春，王正月，公如晉，至河乃復。

吕氏曰：魯之所如者，齊也、晉也，甚者則朝遠夷之君。而齊、晉未嘗朝魯也。魯之所受朝者，滕也、邾也、薛也、杞也、曹也，否則，夷狄之附庸，而滕、邾、薛、杞、曹，未嘗一受魯之朝也。蓋齊、晉盛也，楚則所畏也，滕、邾、薛、杞，則土地狹隘而不能與魯抗也。僖公立三十三年，朝王所者再，而如齊者三。成公立十有八年，如京師者一，而如晉者四。他無有朝王所如京師者矣。

蕙田案：以上魯朝大國。

又案：春秋魯君所朝者，齊、晉及楚三國而已。如齊者八，如晉者十三，如晉至河而復者六，如楚者二。至哀公如越，在春秋以後，故不載。又莊公如齊者三：一爲觀社，一爲納幣，一爲逆女。桓公及夫人姜氏如齊者一，皆無關於朝禮，亦不載。

右春秋諸侯相朝

五禮通考卷二百二十九

賓禮十

諸侯會盟遇

蕙田案：周禮：「邦國有疑會同，則司盟掌其盟約之載，北面詔明神。既盟，則貳之。」何休云：「古者諸侯將朝天子，必先會間隙之地，考德行，一刑法，講禮義，正文章，習事天子之儀，尊京師，重法度，恐過誤也。」又云：「古者有遇禮，爲朝天子，若朝罷時，卒相遇于塗，近者爲主，遠者爲賓，稱先君以相接。」何氏去古未遠，其言當有傳授。然則古諸侯有會盟遇之禮，皆因朝覲天子而後修之，以獎王室，睦鄰好。春秋之世，諸侯不尊天子，而假此禮以行之，故荀卿、穀梁子有

「盟詛不及三王」之論，非古無是禮也。今録曲禮所載遇、會、誓、盟四者之義，而以春秋所書者附之，以見世變云。

會盟遇名義

禮記曲禮：諸侯未及期相見曰遇，相見于郤地曰會，約信曰誓，莅牲曰盟。注：及，至也。郤，閒也。莅，臨也。坎用牲，臨而讀其盟書。遇、會、誓、盟禮亡。疏：天下太平之時，諸侯不得擅相與盟，唯天子巡守至方嶽之下，會畢，然後乃與諸侯相盟〔一〕，同好惡，奬王室，以昭事神，訓民事君。凡國有疑會同，則盟詛其不信者。及殷見曰同，並用此禮。後至于五霸之道，卑于三王，有事而會，不協而盟。盟之爲法，先鑿地爲方坎，殺牲于坎上，割牲左耳，盛以珠槃，又取血，盛以玉敦，用血爲盟，書成，乃歃血而讀書。知坎血加書者，案僖二十五年左傳云「坎血加書」，又襄二十六年左傳云「坎用牲加書」是也。知用耳者，戎右職云「贊牛耳」。知用左者，以馘者用左耳故也。知珠槃、玉敦者，戎右職云「以玉敦辟盟」，又玉府云「則共珠槃、玉敦」。知口歃血者，隱七年左傳云「陳五父及鄭伯盟，歃如忘」，又襄九年云「新與楚盟，口血未乾」是也。盟牲所用，許慎據韓詩云：「天子諸侯以牛豕，大夫以犬，庶人以雞。」

〔一〕「相」，諸本作「同」，據禮記正義卷五改。

又毛詩説：「君以豕，臣以犬，民以雞。」又左傳云「鄭伯使卒出豭，行出犬雞，以詛射潁考叔者」，又云「衛伯姬盟孔悝以豭」，鄭云：「詩説及鄭伯皆謂詛小于盟。周禮戎右職云：『盟則以玉敦辟盟，遂役之，贊牛耳桃茢。』」又左傳云：「孟武伯問于高柴曰：『諸侯盟，誰執牛耳？』」然則盟者，人君以牛，伯姬盟孔悝以豭，下人君也〔一〕。皇氏以爲春秋時盟乃割心取血，故定四年「王割子期之心，與隨人盟」，杜云「當心前割取血以盟，示其至心」是也。

春秋昭公三年左氏傳：有事而會，不協而盟。疏：諸侯朝天子，因朝而爲盟會，所以同好惡，獎王室。霸主之合諸侯，不得令其同盟以獎己，故令有事而會，不協而盟，不復設年限之期。

蕙田案：此子太叔所説晉文、襄之霸制。

右會盟遇名義

會盟

春秋隱公元年三月，公及邾儀父盟于蔑。杜注：附庸之君，未王命，例稱名。能自通于大國，繼好息民，故書字，貴之。疏：諸侯之盟亦有壇，故柯之盟，公羊傳「曹子以手劍刦桓公于壇」是也。

〔一〕「下」，諸本作「不」，據禮記正義卷五改。

其盟神，則無復定限，故襄十一年傳稱「司慎司盟，名山名川，羣神羣祀，先王先公，七姓十二國之祖」是也。其盟用牛牲，故襄二十六年傳云「歃用牲」，又哀十七年傳云「諸侯盟，誰執牛耳」是也。其殺牛，必取血及耳，以手執玉敦之血進之于口。知者，定八年「涉佗捘衛侯之手及腕」，又襄九年傳云「與大國盟，口血未乾」是也。既盟之後，牲及餘血，并盟載之書，加于牲上，坎而埋之，故僖二十五年傳云「宵，坎血加書」是也。春秋之世，不由天子之命，諸侯自相與盟，則大國制其言，小國尸其事，故釋例曰「盟者，殺牲載書，大國制其言，小國尸其事，珠槃、玉敦以奉流血而同歃」，是其事也。桓十七年：「公會邾儀父盟于趡。」彼言「會」，此言「及」者，彼行會禮，此不行會禮故也。故劉炫云：「策書之例，先會後盟者，上言會，下言盟，惟盟不會者直言及。此爲不行會禮，故言及也。」或可史異辭。非先會而盟，則稱會。知者，文七年：「公會諸侯，晉大夫盟于扈。」傳云：「公後至。」則是不及其會，而經稱會，故知盟稱會者，未必先行會禮也。

左氏傳：邾子克也，未王命，故不書爵。曰儀父，貴之也。注：王未賜命以爲諸侯，其後儀父服事齊桓，以獎王室，王命以爲邾子，故莊十六年經書「邾子克卒」。公攝位而欲求好于邾，故爲蔑之盟。

公羊傳：及者何？與也。會、及、暨，皆與也。曷爲或言會，或言及，或言暨？會，猶最也。注：最，聚也。直自若平時聚會，無他深淺意也。及，猶汲汲也。暨，猶暨暨也。及，我欲之。暨，不得已也。儀父者何？邾婁之君也。何以名？字也。曷爲稱字？褒之也。曷爲褒之？爲其與公盟也。與公盟者衆矣，曷爲獨褒乎此？因其可褒而褒之。此其爲可褒奈何？漸進也。眛者何？地期也。穀梁傳：及者何？内爲志焉爾。儀，字也。父，猶傅也，男子之美稱也。其不言「邾子」，何也？邾之上古微，未爵命於周也。不日，其盟渝也。

九月，及宋人盟于宿。杜注：客主無名，皆微者也。宿，小國。凡盟以國地者，國主亦與盟。左氏傳：始通也。公羊傳：孰及之？内之微者也。穀梁傳：「及」者何？内卑者也。宋人，外卑者也。卑者之盟不日。宿，邑名也。

二年冬十月，紀子伯、莒子盟于密。子伯，左氏作「子帛」。杜注：子帛，裂繻字也。莒、魯有怨，紀侯既昏于魯，使大夫盟莒，以和解之。左氏傳：紀子帛、莒子盟于密，魯故也。公羊傳：紀子伯者何？無聞焉爾。穀梁傳：或曰：紀子伯、莒子而與之盟。注：紀子以莒子爲伯，而與之盟。伯，長也。或曰：年同爵同，故紀子以伯先也。注：年爵雖同，紀子自以爲伯而先。

三年冬十有二月，齊侯、鄭伯盟于石門。左氏傳：齊、鄭盟于石門，尋盧之盟也。注：盧盟在春秋前。

八年秋七月庚午，宋公、齊侯、衛侯盟于瓦屋。左氏傳：盟于瓦屋，以釋東門之役，禮也。穀梁傳：外盟不日，此其日何也？諸侯之參盟，于是始，故謹而日也。誥誓不及五帝，注：五帝之世，道化淳備，不須誥誓而信自著。盟詛不及三王，注：三王，謂夏、殷、周也。夏啓有鈞臺之享，商湯有景亳之命，周武有孟津之會。衆所歸信，不盟詛也。疏：周禮秋官司盟之官掌盟載之法。云「盟詛不及三王」者，周公制盟載之法，謂凡邦國有疑會同，始爲之，不如春秋之世屢盟也。交質子不及二伯。注：二伯謂齊桓、晉文。

蕙田案：荀卿亦云「盟詛不及三王」，與穀梁同。然周官司盟：「掌盟載之法，天子會諸侯于方岳，加方明于壇而盟之。」三王之世，非無盟也。穀梁及荀子所譏，謂春秋諸侯自相盟，不命于天子者也。

九月辛卯，公及莒人盟于浮來。浮，公、穀作「包」。左氏傳：以成紀好也。注：二年，紀、莒盟于密，爲魯故。今公尋之，故曰「以成紀好」。公羊傳：公曷爲與微者盟？稱人則從，不疑也。穀梁傳：可言「公及人」，不可言「公及大夫」。

桓公元年夏四月丁未，公及鄭伯盟于越。左氏傳：公及鄭伯盟于越，結祊成也。盟曰：「渝盟，無享國！」穀梁傳：及者，内爲志焉爾。越，盟地之名也。

二年九月，公及戎盟于唐。左氏傳：修舊好也。

十有一年春，齊人、衛人、鄭人盟于惡曹。左氏傳：齊、衛、鄭、宋盟于惡曹。注：宋不書，經闕。

十有四年夏五，鄭伯使其弟語來盟。左氏傳：鄭子人來盟，且修曹之會。穀梁傳：諸侯之尊，弟兄不得以屬通。其弟云者，以其來，我舉其貴者也。來盟，前定也。不日，前定之盟不日。夏五，傳疑也。

十有七年，公及邾儀父盟于趡。及，左氏作「會」。左氏傳：及邾儀父盟于趡，尋蔑之盟也。

蕙田案：公、穀皆作「公及」，左氏傳亦云及邾儀父盟于趡，惟經文云「公會」，疑誤也。

莊公九年春，公及齊大夫盟于蔇。蔇，公、穀作「暨」。左氏傳：齊無君也。公羊傳：公曷爲與大夫盟？齊無君也。然則何以不名？爲其諱與大夫盟也，使若衆然。穀梁傳：公不及大夫。大夫不名，無君也。盟，納子糾也。不日，其盟渝也。當齊無君，制在公矣。當可納而不納，故惡内也。

十有九年秋，公子結媵陳人之婦于鄄，遂及齊侯、宋公盟。公羊傳：大夫無遂事，此其言遂何？聘禮，大夫受命，不受辭。出竟有可安社稷、利國家者，則專之可也。穀梁傳：媵，淺事也，不志，此其志何也？辟要盟也。何以見其辟要盟也？媵，禮之輕者也。盟，國之重也。以輕事遂乎國重無説，其曰「陳人之婦」，略之也。其不日，數渝，惡之也。

二十有二年秋七月丙申〔一〕，及齊高傒盟于防。公羊傳：齊高傒者何？貴大夫也。曷爲就吾微者而盟？公也。公則曷爲不言公？諱與大夫盟也。穀梁傳：不言公，高傒伉也。

閔公元年秋八月，公及齊侯盟于落姑。左氏傳：請復季友也。穀梁傳：盟，納季子也。

二年冬，高子來盟。公羊傳：高子者何？齊大夫也。何以不稱使？我無君也。然則何以不名？喜之也。何喜爾？正我也。其正我奈何？莊公死，子般弑，閔公弑，比三君死，曠年無君。設以齊取魯，曾不興師，徒以言而已矣。桓公使高子將南陽之

〔一〕「二十有二年」，原作「二十有一年」，據光緒本、春秋左傳正義卷九改。

甲，立僖公而城魯。或曰自鹿門至于爭門者是也，或曰自爭門至于吏門者是也，魯人至今以爲美談，曰：猶望高子也。穀梁傳：其曰來，喜之也。其曰高子，貴之也。盟立僖公也。不言使何也？不以齊侯使高子也。

僖公二年秋九月，齊侯、宋公、江人、黄人盟于貫。左氏傳：服江、黄也。公羊傳：江人、黄人者何？遠國之辭也。遠國至矣，則中國曷爲獨言齊、宋至爾？大國言齊、宋，遠國言江、黄，則以其餘爲莫敢不至也。穀梁傳：貫之盟，不期而至者，江人、黄人也。江人、黄人者，遠國之辭也。中國稱齊、宋，遠國稱江、黄，以爲諸侯皆來至也。

三年冬，公子友如齊莅盟。左氏傳：齊侯爲陽穀之會來尋盟。公羊傳：莅盟者何？往盟乎彼也。其言來盟者何？來盟于我也。穀梁傳：「莅」者，位也。其不日，前定也。不言及者，以國與之也。不言其人，亦以國與之也。

四年夏，楚屈完來盟于師，盟于召陵。左氏傳：楚子使屈完如師。師退，次于召陵。屈完及諸侯盟。公羊傳：屈完者何？楚大夫也。何以不稱使？尊屈完也。曷爲尊屈完？以當桓公也。其言「盟于師」、「盟于召陵」何？師在召陵也。師在召陵，則曷爲再言盟？喜服楚也。何言乎喜服楚？楚有王者則後服，無王者則先叛，夷狄也，而亟病中國。南夷與北狄交，中國不絶若綫。桓公救中國而攘夷狄，卒帖荆，以此爲王者之事也〔一〕。穀梁傳：楚無大夫，其曰屈完，何也？以其來會桓，成之爲大夫也。其不言使，權在屈完也，則是正乎？曰：非正也。以其來會諸侯，重之也。來者何？內桓師也。于師，前定也。于召陵，得志乎桓公也〔二〕。得志者，不得志也。以桓公得志爲僅矣。

十有九年夏六月，宋公、曹人、邾人盟于曹南。

二十年秋，齊人、狄人盟于邢。左氏傳：爲邢謀衛難也。穀梁傳：邢爲主焉爾。邢小，其爲主何也？其爲主乎救齊。

二十有一年春，宋人、齊人、楚人盟于鹿上。杜注：宋爲盟主，故在齊人上。

三十有二年夏，衛人侵狄。秋，衛人及狄盟。

〔一〕「此」，諸本作「是」，據春秋公羊傳注疏卷一〇改。
〔二〕「乎」，原作「于」，據光緒本、春秋穀梁傳注疏卷七改。

文公二年三月乙巳，及晉處父盟。左氏傳：晉人以公不朝，來討。公如晉。夏四月乙巳，晉人使陽處父盟公，以恥之。書曰「及晉處父盟」，以厭之也。適晉不書，諱之也。公羊傳：此晉陽處父也。何以不氏？諱與大夫盟也。穀梁傳：不言公，處父伉也，爲公諱也。何以知其與公盟？以其日。何以不言公之如晉？所恥也。出不書，反不致也。

三年冬，公如晉。十有二月己巳，公及晉侯盟。

七年冬〔一〕，公孫敖如莒涖盟。穀梁傳：涖，位也。其曰位何也？前定也。其不日，前定之盟不日也。

十年秋，及蘇子盟于女栗。杜注：蘇子，周卿士。頃王新立，故與魯盟，親諸侯也。左氏傳：頃王立故也。

十有三年冬，公如晉。十有二月己丑，公及晉侯盟。

十有五年三月，宋司馬華孫來盟。左氏傳：宋華耦來盟，其官皆從之。書曰

〔一〕「冬」，諸本作「秋」，據春秋左傳正義卷一九改。

「宋司馬華孫」，貴之也。注：古之盟會，必備威儀，崇贄幣，賓主以成禮爲敬，故傳曰「卿行旅從」。春秋時，率多不能備儀，華孫能率其屬以從古典，故貴而不名。穀梁傳：來盟者何？前定也。不言及者，以國與之也。

冬十有一月，諸侯盟于扈。左氏傳：晉侯、宋公、衛侯、蔡侯、鄭伯、許男、曹伯盟于扈，尋新城之盟，且謀伐齊也。齊人賂晉侯，故不克而還。於是有齊難，是以公不會。書曰「諸侯盟于扈」，無能爲故也。凡諸侯會，公不與，不書，諱君惡也。與而不書，後也。

趙氏汸曰：文七年、十五年、十七年，伯國盟會，不序諸侯，見中國之無伯也。晉襄公卒，靈公幼，楚人知北方可圖矣。趙盾以大夫合諸侯以救鄭，不及。楚師以三國伐宋，取賂而還。新城之盟，諸侯若不能忘晉者，而扈之再盟以賂，不克伐齊，又再會以定宋文之篡，諸侯以爲晉不足與也。鄭既受盟于楚，而齊、魯俱貳中國，遂至于無伯矣。中國無伯，乃楚之所由興也。春秋于靈公之盟會，略諸侯不序，以明晉伯中衰，而楚自厥貉以後，君將皆稱君，其爵楚君者，亦所以志無伯也。

十有六年六月戊辰，公子遂及齊侯盟于郪丘。郪，公羊作「犀」，穀梁作「師」。穀梁傳：復行父之盟也。

十有七年六月癸未，公及齊侯盟于穀。

宣公七年春，衞侯使孫良夫來盟。左氏傳：衞孫桓子來盟，始通。且謀會晉也。穀梁傳：來盟，前定也。

十有一年夏，楚子、陳侯、鄭伯盟于辰陵。左氏傳：陳、鄭服也。

十有二年冬十有二月，晉人、宋人、衞人、曹人同盟于清丘。左氏傳：卿不書，不實其言也。

成公元年夏，臧孫許及晉侯盟于赤棘。

二年秋七月，齊侯使國佐如師。己酉，及國佐盟于袁婁。

三年冬十有一月，晉侯使荀庚來聘。衞侯使孫良夫來聘。丙午，及荀庚盟。丁未，及孫良夫盟。左氏傳：晉侯使荀庚來聘，且尋盟。衞侯使孫良夫來聘，且尋盟。公問諸臧宣叔曰：「中行伯之於晉也，其位在三；注：下卿。孫子之於衞也，位爲上卿，將誰先？」對曰：「次國之上卿，當大國之中，中當其下，下當其上大夫。注：降一等。小國之上卿，當大國之下卿，中當其上大夫，下當其下大夫。注：降大國二等。上下如是，古之制也。注：古制，公爲大國，侯伯爲次國，子男爲小國。衞在晉，不得爲次國。注：春秋時以强弱爲大小，故衛雖侯爵，猶爲小國。「晉爲盟主，其將先之。」注：計等則二人位敵，以盟主，故先晉。丙午，盟晉；丁未，盟衛，禮也。公羊傳：此聘也，其言盟何？聘而言盟者，尋舊盟也。穀梁傳：其日，公也。來聘而求盟，不言及者，以國與之也。不言其人，亦以國與之也。不言求，兩欲之也。

十有一年春，王三月，晉侯使郤犫來聘。己丑，及郤犫盟。左氏傳：郤犫來聘，且莅盟。

十有六年十有二月乙丑，季孫行父及晉郤犫盟于扈。

襄公三年夏四月壬戌，公及晉侯盟于長樗。左氏傳：盟于長樗，孟獻子相，公稽首。注：相，儀也。稽首，首至地。

七年十月，衛侯使孫林父來聘。壬戌，及孫林父盟。

十有五年春，宋公使向戌來聘。二月己亥，及向戌盟于劉。

二十有九年夏，杞子來盟。范注：杞復稱子，蓋時王所黜。左氏傳：杞文公來盟，書曰「子」，賤之也。注：賤其用夷禮。

昭公七年三月，叔孫婼如齊莅盟。婼，公羊作「舍」。穀梁傳：莅，位也。内之前定之辭謂之莅，外之前定之辭謂之來。

定公三年冬，仲孫何忌及邾子盟于拔。左氏傳：盟于郯，注：郯，即拔也。修邾好也。

七年秋，齊侯、鄭伯盟于鹹。

齊侯、衛侯盟于沙。

趙氏汸曰：陳氏謂特相盟不書，必有關於天下之故而後書。紀、莒無足道也，齊、鄭合天下始多故矣。故書「齊、鄭盟于石門」，以志諸侯之合；書「齊、鄭盟于鹹」，以志諸侯之散，是春秋之始終也。今按春秋之初，王綱既墜，有特相盟而後有參盟，諸侯合而爲亂也；有參盟而後有主盟，則伯者興矣。自有主盟而後無外特相盟，故外特相盟雖伯主不書，如僖二十八年「晉侯、齊侯盟于斂盂」，宣十八年「齊侯會晉侯，盟于繒」是也。惟晉弗主盟，而後諸侯始特相盟鹹與沙。齊、衛、鄭，皆叛晉也，此特相盟，所以又見于經也。

八年冬，衛侯、鄭伯盟于曲濮。

十有一年冬，叔還如鄭莅盟。

哀公二年春，王二月癸巳，叔孫州仇、仲孫何忌及邾子盟于句繹。穀梁傳：三人伐而二人盟，何也？各盟其得也。

蕙田案：以上書盟不書會。

又案：春秋書内特相盟者七，隱元年于蔑、桓元年于越、十七年于趡、閔元年于落姑、文十年于女栗、十七年于穀、襄三年于長樗是也。特相盟而不地者二，文三年、十三年「及晉侯盟」是也。公及外臣盟者二，隱八年于浮來、莊九年于蔇是也。不地者一，文二年「及處父」是也。不稱公者一，莊二十一年于防是也。及戎盟者一，桓二年于唐是也。内大夫與諸侯盟者四，文十六年于郪丘、成元年于赤棘、定三年于拔、哀二年于句繹是也。因遂事而盟者一〔一〕，莊十九年公子結是也。内大夫特與外臣盟者一，成十六年于扈是也。内微者與外盟一，隱元年于宿是也。諸侯來盟者一，襄二十九年杞子是也。外臣來盟者四，桓十四年鄭伯之弟語、閔七年齊高子、文十五年宋華孫、宣七年衛孫良夫是也。因來聘而盟者五，成三年晉荀庚、衛孫良夫、十一年晉郤犨、襄七年衛孫林父、十五年宋向戌是也。内大夫出莅盟者四，僖三年公子友、文七年公孫敖、昭七年叔孫婼、定十

〔一〕「一」，原作「二」，據光緒本改。

一年叔還是也。外特相盟者五，隱二年于密、三年于石門、定七年于鹹，于沙、八年于曲濮是也。外參盟者五，隱八年于瓦屋、桓十一年于惡曹、僖十九年于曹南、二十一年于鹿上、宣十一年于辰陵是也。外相盟參以上者二，僖二年于貫、文十五年于扈扈盟諸侯不序。是也。外同盟者一，宣十二年于清丘是也。外與狄盟者一，僖二十年于邢是也。因侵伐而盟者三，僖四年于召陵、成二年于袁婁及僖三十二年衛及狄是也。

隱公九年冬，公會齊侯于防。防，公羊作「邴」。 左氏傳：謀伐宋也。 穀梁傳：會者，外爲主焉爾。

十年春，王二月，公會齊侯、鄭伯于中丘。

十一年夏五月，公會鄭伯于時來。時來，公羊作「祁黎」。 左氏傳：謀伐許也。

桓公元年三月，公會鄭伯于垂。 穀梁傳：會者，外爲主焉爾。

二年三月，公會齊侯、陳侯、鄭伯于稷，以成宋亂。杜注：成，平也。宋有弒君之亂，故爲會，欲以平之。 公羊傳：內大惡諱，此其目言之何？遠也。 穀梁傳：以者，內爲志焉爾。公爲志乎，成是亂也。此成矣，取不成事之辭而加之焉，於內之惡，而君子無遺焉爾。注：江熙曰：案宣四年「公及齊侯平莒及郯」，傳曰「平者，成也」，然則成亦平也。公與齊、陳、鄭欲平宋亂而取其賂鼎，不能平亂，故書「成宋亂」。取郜大鼎，納于太廟，微旨見矣。尋理推經，傳似失之。

惠氏士奇曰：成者，斷獄之名，王制所謂「成獄辭也」。秋官訝士「掌四方之訟獄，四方有亂獄則往而成之」。成之者，聽之也，不可謂之平。平者，和解兩家。訓成爲平，妄矣。四方亂獄，莫大于弒君，桓往成之，不成而退，反取賂焉。孔子直書之，傷天下之無王也。取賂在後，成亂在前，左氏一之，失經義矣。

蕙田案：春秋書「成宋亂」之義，惟惠氏得之，可謂發前人所未發。

七月，蔡侯、鄭伯會于鄧。左氏傳：始懼楚也。公羊傳：離不言會，此其言會何？蓋鄧與會爾。注：二國會曰離。二人議，各是其所是，非其所非，所道不同，不能決事，定是非，立善惡，不足采取，故謂之離會。自三國以上言會者，重其少從多也，能決事，定是非，立善惡。

三年春正月，公會齊侯于嬴。左氏傳：成昏于齊也。

六月，公會杞侯于郕。杞，公羊作「紀」。郕，公羊作「盛」。左氏傳：杞求成也。

九月，公會齊侯于讙。穀梁傳：無譏乎？曰：爲禮也。齊侯來也，公之逆而會之，可也。注：爲親迎之禮。

六年夏四月，公會紀侯于成。成，穀梁作「郕」。左氏傳：紀來諮謀齊難也。

十年，公會衛侯于桃丘，弗遇。公羊傳：會者何？期辭也。其言弗遇何？公不見要也。穀梁傳：弗遇者，志不相得也。弗，内辭也。

十有一年秋九月，公會宋公于夫鍾。公羊作「夫童」。

冬十有二月，公會宋公于闞。

十有二年八月，公會宋公于虛。虛，公羊作「郯」。

冬十有一月，公會宋公于龜。

十四年春正月，公會鄭伯于曹。左氏傳：會于曹，曹人致餼禮也。

十五年夏，公會齊侯于艾。艾，公羊作「鄗」，穀梁作「蒿」。左氏傳：謀定許也。

冬十有一月，公會宋公、衛侯、陳侯于袲，伐鄭。左氏傳：謀伐鄭，將納厲公也。

十六年春正月，公會宋公、蔡侯、衛侯于曹。左氏傳：謀伐鄭也。

十八年春，王正月，公會齊侯于濼。

莊公十有三年春，齊侯、宋人、陳人、蔡人、邾人會于北杏。齊侯，穀梁作「齊人」。何注：齊桓行伯，約束諸侯，尊天子，故爲此會也。桓公時未爲諸侯所信鄉，故使微者會也。桓公不辭微者，欲以卑下諸侯，遂成霸功也。　左氏傳：會于北杏，以平宋亂。　穀梁傳：是齊侯、宋公也，其曰人何也？始疑之。何疑焉？桓非受命之伯也，將以事授之者也。注：言諸侯將權時推齊侯使行伯事。曰可矣乎？未乎？舉人，衆之也。注：稱人言非王命，衆授之以事。

十有四年冬，單伯會齊侯、宋公、衛侯、鄭伯于鄄。左氏傳：宋服故也。穀梁傳：復同會也。

十有五年春，齊侯、宋公、陳侯、衛侯、鄭伯會于鄄。左氏傳：復會焉，齊始霸也。穀梁傳：復同會也。

二十有七年冬，公會齊侯于城濮。杜注：將討衛也。

僖公元年八月，公會齊侯、宋公、鄭伯、曹伯、邾人于檉。檉，公羊作「朾」。

三年秋，齊侯、宋公、江人、黄人會于陽穀。左氏傳：謀伐楚也。公羊傳：此大會也，曷爲末言爾？桓公曰：「無障谷，無貯粟，無易樹子，無以妾爲妻。」注：時桓公功德隆盛，諸侯咸曰：「無言不從，曷爲用盟哉？」故告誓而已。穀梁傳：陽穀之會，桓公委端搢笏而朝諸侯，諸侯皆諭乎桓公之志。

十有三年夏四月，公會齊侯、宋公、陳侯、衛侯、鄭伯、許男、曹伯于鹹。左氏傳：淮夷病杞故，且謀王室也。穀梁傳：兵車之會也。

十有六年冬十有二月，公會齊侯、宋公、陳侯、衛侯、鄭伯、許男、邢侯、曹伯于淮。左氏傳：謀鄫，且東略也。穀梁傳：兵車之會也。

二十有一年秋，宋公、楚子、陳侯、蔡侯、鄭伯、許男、曹伯會于盂。執宋公以伐宋。盂，公羊作「霍」，穀梁作「雩」。

二十有八年冬，公會晉侯、齊侯、宋公、蔡侯、鄭伯、陳子、莒子、邾子、秦人于温[一]。左氏傳：討不服也。穀梁傳：諱會天王也。

文公元年秋，公孫敖會晉侯于戚。

十有一年夏，叔仲彭生會晉郤缺于承筐。左氏傳：謀諸侯之從于楚者。

十有三年冬，公如晉，衛侯會公于沓。十有二月己丑，公及晉侯盟。還自晉，鄭伯會公于棐。棐，公羊作「斐」。公羊傳：還者何？善辭也。何善爾？往黨，衛侯會公

〔一〕「齊侯」，諸本脱，據春秋左傳正義卷一六補。

于沓，至得與晉侯盟；反黨，鄭伯會公于斐，故善之也〔一〕。注：黨，所也。所猶是齊人語也。一出三爲諸侯所榮，深善之。

十有七年六月，諸侯會于扈。　左氏傳：晉侯蒐于黄父，遂復合諸侯于扈，平宋也。公不與會，齊難故也。書曰「諸侯」，無功也。

宣公元年夏，公會齊侯于平州。　左氏傳：會于平州，以定公位。

七年冬，公會晉侯、宋公、衛侯、鄭伯、曹伯于黑壤。　左氏傳：晉侯之立也，公不朝焉，又不使大夫聘，晉人止公于會。盟于黄父，公不與盟，以賂免。故黑壤之盟不書，諱之也。

九年九月，晉侯、宋公、衛侯、鄭伯、曹伯會于扈。　左氏傳：討不睦也。

十有一年秋，晉侯會狄于欑函。　左氏傳：衆狄服也。　穀梁傳：不言及，外狄。

十有四年冬，公孫歸父會齊侯于穀。

〔一〕「之」，諸本脱，據春秋公羊傳注疏卷一四補。

十有五年春，公孫歸父會楚子于宋。

秋，仲孫蔑會齊高固于無婁。

成公五年夏，叔孫僑如會晉荀首于穀。　左氏傳：晉荀首如齊送女，故宣伯餫諸穀。注：野饋曰餫。運糧饋之，敬大國也。

十有二年夏，公會晉侯、衛侯于瑣澤。　左氏傳：宋華元克合晉、楚之成。夏五月，晉士燮會楚公子罷、許偃。癸亥，盟于宋西門之外。曰：「凡晉、楚無相加戎，好惡同之，同恤菑危，備救凶患。若有害楚，則晉伐之；在晉，楚亦如之。交贄往來，道路無壅，謀其不協，而討不庭。有渝此盟，明神殛之〔一〕，俾隊其師，無克胙國。」鄭伯如晉聽成，會于瑣澤，成故也。

十有五年冬十有一月，叔孫僑如會晉士燮、齊高無咎、宋華元、衛孫林父、鄭公子鰌、邾人，會吴于鍾離。　左氏傳：始通吴也。　公羊傳：曷爲殊會吴？外吴也。曷爲外也？春秋内其國而外諸夏，内諸夏而外夷狄。　穀梁傳：會，又會，外之也。

〔一〕「明神」，原誤倒，據味經窩本、乾隆本、光緒本、春秋左傳正義卷二七乙正。

十有六年秋，公會晉侯、齊侯、衛侯、宋華元、邾人于沙隨，不見公。左氏傳：謀伐鄭也。公羊傳：不見公者何？公不見見也。注：不見見者，恚乞師不得，欲執之。穀梁傳：「不見公」者，可以見公也。可以見公而不見公，譏在諸侯也。

劉氏敞曰：春秋于魯事有可耻者，必爲之諱，君臣之禮也。若我無失道而横逆所加則不諱，故直書以罪諸侯。

襄公二年秋七月，仲孫蔑會晉荀罃、宋華元、衛孫林父、曹人、邾人于戚。左氏傳：謀鄭故也。

冬，仲孫蔑會晉荀罃、齊崔杼、宋華元、衛孫林父、曹人、邾人、滕人、薛人、小邾人于戚。

五年夏，仲孫蔑、衛孫林父會吴于善道。

秋，公會晉侯、宋公、陳侯、衛侯、鄭伯、曹伯、莒子、邾子、滕子、薛伯、齊世子光、吴人、鄫人于戚。左氏傳：盟于戚，會吴，且謀戍陳也。公羊傳：吴何以稱人？「吴、鄫人」云則不辭。

七年十有二月，公會晉侯、宋公、陳侯、衛侯、曹伯、莒子、邾子于鄬。

八年夏，季孫宿會晉侯、鄭伯、齊人、宋人、衛人、邾人于邢丘。左氏傳：會于邢丘，以命朝聘之數，使諸侯之大夫聽命。季孫宿、齊高厚、宋向戌、衛甯殖、邾大夫會之。鄭伯獻捷于會，故親聽命。大夫不書，尊晉侯也。穀梁傳：見魯之失正也。公在，而大夫會也。

十年春，公會晉侯、宋公、衛侯、曹伯、莒子、邾子、滕子、薛伯、杞伯、小邾子、齊世子光，會吴于柤。左氏傳：會吴子壽夢也。穀梁傳：會，又會，外之也。

十有一年，公會晉侯、宋公、衛侯、曹伯、齊世子光、莒子、邾子、滕子、薛伯、杞伯、小邾子伐鄭，會于蕭魚。公羊傳：此伐鄭也，其言會于蕭魚何？蓋鄭與會爾。注：中國以鄭故，三年之中五起兵，至是乃服，其後無干戈之患二十餘年，故喜而詳録其會。

十有四年春，王正月，季孫宿、叔老會晉士匄、齊人、宋人、衛人、鄭公孫蠆、曹人、莒人、邾人、滕人、薛人、杞人、小邾子，會吴于向。左氏傳：會于向，爲吴謀楚故也。

冬，季孫宿會晉士匄、宋華閲、衛孫林父、鄭公孫蠆、莒人、邾人于戚。左氏傳：謀定衛也。

十有九年冬，叔孫豹會晉士匄于柯。

二十有一年冬，公會晉侯、齊侯、宋公、衛侯、鄭伯、曹伯、莒子、邾子于商任。左氏傳：錮欒氏也。

二十有二年冬，公會晉侯、齊侯、宋公、衛侯、鄭伯、曹伯、莒子、邾子、滕子、薛伯、杞伯、小邾子于沙隨。左氏傳：復錮欒氏也。

二十有四年八月，公會晉侯、宋公、衛侯、鄭伯、曹伯、莒子、邾子、滕子、薛伯、杞伯、小邾子于夷儀。左氏傳：會于夷儀，將以伐齊。水，不克。

二十有六年夏，公會晉人、鄭良霄、宋人、曹人于澶淵。左氏傳：公會晉趙武、宋向戌、鄭良霄、曹人于澶淵，以討衛，疆戚田。趙武不書，尊公也。注：罪武會公侯。向戌不書，後也。注：後會期。鄭先宋，不失所也。注：如期至。

三十年冬十月，晉人、齊人、宋人、衛人、鄭人、曹人、莒人、邾人、滕人、薛人、杞人、小邾人會于澶淵，宋災故。左氏傳：爲宋災故，諸侯之大夫會，以謀歸宋財。冬十月，叔孫豹會晉趙武、齊公孫蠆、宋向戌、衛北宫佗、鄭罕虎及小邾之大夫，會于澶淵。既而無歸于宋，故不書其人。不信也。公羊傳：會未有言其所爲者，此言所爲何？録伯姬也。諸侯相聚，而更宋之所喪，曰：「死者不可復生，爾財復矣。」此大事也，曷爲使微者？卿也。卿則其稱人何？貶。曷爲貶？卿不得憂諸侯也。穀梁傳：會不言其所爲。其曰宋災故何也？不言災故，則無以見其善也。其曰人何也？救災以衆。何救焉？更宋之所喪財也。

昭公元年春，王正月，叔孫豹會晉趙武、楚公子圍、齊國弱、宋向戌、衛齊惡、陳公子招、蔡公孫歸生、鄭罕虎、許人、曹人于虢。左氏傳：尋宋之盟也。

四年夏，楚子、蔡侯、陳侯、鄭伯、許男、徐子、滕子、頓子、胡子、沈子、小邾子、宋世子佐、淮夷會于申。杜注：楚靈王始會諸侯。

九年春，叔弓會楚子于陳。

十有一年秋，季孫意如會晉韓起、齊國弱、宋華亥、衛北宫佗、鄭罕虎、曹人、杞人于厥慭〔一〕。左氏傳：謀救蔡也。

二十有五年夏，叔詣會晉趙鞅、宋樂大心、衛北宫喜、鄭游吉、曹人、邾人、滕人、薛人、小邾人于黄父。左氏傳：謀王室也。

〔一〕「厥慭」，原作「厥憖」，據光緒本、春秋左傳正義卷四五改。

二十有七年秋，晉士鞅、宋樂祁犂、衛北宫喜、曹人、邾人、滕人會于扈。　左氏傳：令戍周，且謀納公也。

三十有一年春，季孫意如會晉荀躒于適歷。

定公十年夏，公會齊侯于夾谷。　左氏傳：公會齊侯于祝其，實夾谷。　孔丘相，犂彌言於齊侯曰：「孔丘知禮而無勇，若使萊人以兵劫魯侯，必得志焉。」齊侯從之。孔丘以公退，曰：「士兵之！兩君合好，而裔夷之俘以兵亂之，非齊君所以命諸侯也。裔不謀夏，夷不亂華，俘不干盟，兵不偪好，於神爲不祥，於德爲愆義，於人爲失禮，君必不然。」齊侯聞之，遽辟之。　將盟，齊人加于載書曰：「齊師出竟，而不以甲車三百乘從我者，有如此盟！」孔丘使兹無還揖對，曰：「而不反我汶陽之田，吾以共命者，亦如之！」

冬，齊侯、衛侯、鄭游速會于安甫。

十有四年五月，公會齊侯、衛侯于牽。　左氏傳：謀救范、中行氏。

秋，齊侯、宋公會于洮。　左氏傳：范氏故也。

大蒐于比蒲。邾子來會公。　杜注：會公于比蒲。　何注：書者非邾婁子會人于都也。如入人都，當修朝禮。古者諸侯將朝天子，必先會閒隙之地，考德行，一刑法，講禮義，正文章，習事天子之儀，尊京師，重法度，恐過誤。言公者，不受于廟。

趙氏汸曰：凡公在外而諸侯會之，曰「會公于某」；公在内而諸侯會之，曰「某來會公」。

哀公六年夏，叔還會吴于柤。

七年夏，公會吴于鄫。

十有二年夏五月，公會吴于槖皋。

秋，公會衛侯、宋皇瑗于鄖。

十有三年夏，公會晉侯及吴子于黄池。左氏傳：公會單平公、晉定公、吴夫差于黄池。秋七月辛丑，盟，吴、晉爭先。吴人曰：「於周室，我爲長。」晉人曰：「於姬姓，我爲伯。」乃先晉人。公羊傳：吴何以稱子？吴主會也。吴主會，則曷爲先言晉侯？不與夷狄之主中國也。其言及吴子何？會兩伯之辭也。不與夷狄之主中國，則曷爲以兩伯之辭言之？重吴也。曷爲重吴？吴在是，則天下諸侯莫敢不至也。穀梁傳：黄池之會，吴子進乎哉，遂子矣。吴，夷狄之國也，祝髮文身，欲因魯之禮，因晉之權，而請冠端而襲，其藉于成周，以尊天王，吴進矣。吴，東方之大國也，累累致小國以會諸侯，以合乎中國，吴能爲之，則不臣乎，注：言其臣也。吴進矣。王，尊稱也；子，卑稱也。辭尊稱而居卑稱，以會乎諸侯，以尊天王。吴王夫差曰：「好冠來。」孔子曰：「大矣哉！夫差未能言冠而欲冠也。」

蕙田案：以上書會而不盟。

又案：春秋書公特會諸侯者十七，隱九年于防，十一年于時來，桓元年于垂，三年于嬴、于郕、于讙，六年于成，十一年于夫鍾、于闞，十二年于虚、于龜，十四年于曹，十五年于艾，十八年于濼，莊二十七年于城濮，宣元年于平州，定十年于夾谷是也。會而弗遇者一，桓十年于桃丘是也。特會吴者二，哀七年于鄫，十二年于橐皋是也。會諸侯參以上者六，隱十年于中丘，桓二年于稷，十五年于袲，十六年于曹，定十四年于牽，哀十二年于鄖是也。公與伯主之會者十四，僖元年于檉，十三年于鹹，十六年于淮，二十八年于温，宣七年于黑壤，成十二年于瑣澤，襄五年于戚，七年于鄬，十年于柤，殊會吴。十一年于蕭魚，二十一年于商任，二十二年于沙隨，二十四年于夷儀，哀十三年于黄池吴、晉兩伯。是也。會而不見公者一，成十六年于沙隨是也。諸侯迎會公者二，文十三年于沓、于棐是也。來會公者一，定十四年于比蒲是也。公會外大夫者一，襄二十六年于澶淵是也。内大夫特會諸侯者四，文元年于戚，宣十四年于穀，十五年于宋，昭九年于陳是也。特會吴者一，哀六年于相是也。内大夫會諸侯者一，襄八年于邢丘是也。内大夫特會外大夫者五，文十一年于承匡，宣十五年于無婁，成五年于穀，襄十九年于柯，昭三十一年于適歷是也。會外大夫者八，成十五年于鍾離，襄元年秋于戚，冬于戚，十四年于向、于戚，昭元年于虢，十一年于厥慭〔一〕，二十五年于黄父是也。鍾離及向皆殊會吴。内外大夫會吴者一，襄五年于善道是也。王臣會諸侯者一，莊十四年于鄄是也。外諸侯相會者七，莊十三年于北杏，十五年于鄄，僖三年于陽穀，二十一年于盂，文十七年于扈，諸侯不序。宣九年于扈，昭四年于申是也。特相會者二，桓二年于鄧，定十四年于洮是也。外諸侯大夫參相會者一，定十年于安甫是也。外諸侯會狄者一，宣十一年于欑函是也。外大夫相會者二，襄三十年于澶淵，昭二十七年于扈是也。

〔一〕「厥慭」，原作「厥慭」，據光緒本改。

隱公二年春，公會戎于潛。杜注：戎而書會者，順其俗以爲禮。何注：凡書「會」者，惡其虛內務恃外好也。古者，諸侯非朝時不得踰竟，所傳聞之世，外離會不書，書內離會者，春秋王魯，明當先自持正，躬自厚而薄責于人，故略外也。朝聘會盟，例書時。穀梁傳：會者，外爲主焉爾。知者慮，義者行，仁者守。有此三者，然後可以出會。會戎，危公也。左氏傳：公會戎于潛，修惠公之好也。戎請盟，公辭。

秋八月庚辰，公及戎盟于唐。左氏傳：戎請盟。秋，盟于唐，復修戎好也。

六年夏五月辛酉，公會齊侯，盟于艾。左氏傳：盟于艾，始平于齊也。

桓公十一年秋九月，柔會宋公、陳侯、蔡叔，盟于折。公羊傳：柔者何？吾大夫之未命者也。穀梁傳：柔者何？吾大夫之未命者也。

十二年夏六月壬寅，公會紀侯、莒子，盟于曲池。曲池，公羊作「歐蛇」。左氏傳：平紀、莒也。

秋七月丁亥，公會宋公、燕人，盟于穀丘。

十有二年十有一月丙戌，公會鄭伯，盟于武父。

十七年春正月丙辰，公會齊侯、紀侯，盟于黃。左氏傳：平齊、紀，且謀衛故也。

莊公十有三年冬，公會齊侯，盟于柯。左氏傳：始及齊平也。公羊傳：何以不日？易也。其易柰何？桓之盟不日，其會不致，信之也。其不日何以始乎此？莊公將會乎桓。曹子進曰：「君之意何如？」莊公曰：「寡人之生，則不若死矣。」曹子曰：「然則君請當其君，臣請當其臣。」莊公曰：「諾。」於是會乎桓。莊公升壇，注：土基三尺、土高三等曰壇。會必有壇者，爲升降揖讓，稱先君以相接，所以長其敬。曹子手劍而從之。管子進曰：「君何求乎？」曹子曰：「城壞壓境，君不圖與？」管子曰：「然則君將何求？」曹子曰：「願請汶陽之田。」管子顧曰：「君許諾。」桓公曰：「諾。」曹子請盟，桓公下與之盟。注：下壇與曹子定約。必下壇者，爲殺牲不潔，又盟，本非禮，故不于壇上也。已盟，曹子摽劍而去之。要盟可犯，而桓公不欺；曹子可讎，而桓公不怨〔一〕。桓公之信著乎天下，自柯之盟始焉。穀梁傳：曹劌之盟也，信齊侯也。桓盟，雖内與，不日，信也。

十有六年冬十有二月，會齊侯、宋公、陳侯、衛侯、鄭伯、許男、曹伯、滑伯、滕子，

〔一〕「怨」，諸本作「怒」，據春秋公羊傳注疏卷七改。

同盟于幽。左氏傳：鄭成也〔一〕。公羊傳：同盟者何？同欲也。穀梁傳：同者，有同也，同尊周也。不言公，外内寮一，疑之也。

二十有三年十有二月甲寅，公會齊侯，盟于扈。公羊傳：桓之盟不日，此何以日？危之也。何危爾？我貳也。魯子曰：「我貳者，非彼然，我然也。」

二十有七年夏六月，公會齊侯、宋公、陳侯、鄭伯，同盟于幽。左氏傳：陳、鄭服也。穀梁傳：同者，有同也，同尊周也。於是而後授之諸侯也。其授之諸侯何也？齊侯得衆也。桓會不致〔二〕，安之也。桓盟不日，信之也。信其信，仁其仁。衣裳之會十有一，未嘗有歃血之盟也，信厚也。兵車之會四，未嘗有大戰也，愛民也。

僖公五年夏，公及齊侯、宋公、陳侯、衛侯、鄭伯、許男、曹伯會王世子于首止。首止，公、穀作「首戴」。左氏傳：會王太子鄭，謀寧周也。公羊傳：曷爲殊會王世子？世子貴也。世子，猶世世子也。穀梁傳：及以會，尊之也。何尊焉？「王世子」云

〔一〕「成」，諸本作「服」，據春秋左傳正義卷九改。
〔二〕「會」，諸本作「公」，據春秋穀梁傳注疏卷六改。

者，唯王之貳也，云可以重之存焉〔一〕，尊之也。何重焉？天子世子，世天下也。

秋八月，諸侯盟于首止。公羊傳：諸侯何以不序？一事而再見者，前目而後凡也。

穀梁傳：無中事而復舉諸侯何也？尊王世子，而不敢與盟也。尊則其不敢與盟何也？盟者，不相信也，故謹信也，不敢以所不信而加之尊者。桓，諸侯也，不能朝天子，是不臣也。王世子，子也，塊然受諸侯之尊己，而立乎其位，是不子也。桓不臣，王世子不子，則其所善焉何也？是則變之正也。天子微，諸侯不享覲，桓控大國，扶小國，統諸侯，不能以朝天子，亦不敢致天王。尊王世子於首戴，乃所以尊天王之命也。世子含王命會齊桓，亦所以尊天王之命也。世子受之可乎？是亦變之正也。天子微，諸侯不享覲，世子受諸侯之尊己，而天王尊矣，世子受之可也。

七年秋七月，公會齊侯、宋公、陳世子款、鄭世子華，盟于甯母。左氏傳：謀鄭故也。

八年春，王正月，公會王人、齊侯、宋公、衛侯、許男、曹伯、陳世子款，盟于洮。

穀梁傳：衣裳之會也。

〔一〕「存」，原作「右」，據光緒本、春秋穀梁傳注疏卷七改。

左氏傳：謀王室也。公羊傳：王人者何？微者也。曷爲序乎諸侯之上？先王命也。穀梁傳：王人之先諸侯何也？貴王命也。朝服雖敝，必加于上；弁冕雖舊，必加于首。周室雖衰，必先諸侯。兵車之會也。

九年夏，公會宰周公、齊侯、宋子、衛侯、鄭伯、許男、曹伯于葵丘。左氏傳：尋盟且修好，禮也。公羊傳：宰周公者何？天子之爲政者也。穀梁傳：天子之宰，通于四海。宋其稱子，何也？未葬之辭也。

九月戊辰，諸侯盟于葵丘。左氏傳：齊侯盟諸侯于葵丘，曰：「凡我同盟之人，既盟之後，言歸于好〔一〕。」公羊傳：桓之盟不日，此何以日？危之也。何危爾？貫澤之會，桓公有憂中國之心，不召而至者，江人、黄人也。葵丘之會，桓公震而矜之，叛者九國。震之者何〔二〕？猶曰振振然。矜之者何？猶曰莫若我也。穀梁傳：桓盟不日，此何以日？美之也。爲見天子之禁，故美之也。葵丘之盟，陳牲而不殺，讀書加

〔一〕「言」，諸本作「咸」，據春秋左傳正義卷一三改。
〔二〕「何」，原脱，據光緒本、春秋公羊傳注疏卷一一補。

于牲上，壹明天子之禁，曰：「毋雍泉，毋訖糴，毋易樹子，毋以妾爲妻，毋使婦人與國事。」

十有五年三月，公會齊侯、宋公、陳侯、衛侯、鄭伯、許男、曹伯，盟于牡丘。左氏傳：尋葵丘之盟，且救徐也。穀梁傳：兵車之會也。

十有九年冬，會陳人、蔡人、楚人、鄭人，盟于齊。何注：因宋征齊有隙，爲此盟也。其後，楚遂得中國。霍之會，執宋公。

二十有一年十有二月癸丑，公會諸侯，盟于薄，釋宋公。穀梁傳：會者，外爲主焉爾。

二十有五年冬十有二月癸亥，公會衛子、莒慶，盟于洮。左氏傳：修衛文公之好，且及莒平也。穀梁傳：莒無大夫，其曰莒慶何也？以公之會目之也。

二十有六年春，王正月己未，公會莒子、衛甯速，盟于向。左氏傳：尋洮之盟也。穀梁傳：公不會大夫，其曰甯速何也？以其隨莒子，可以言會也。

二十有七年十有二月甲戌，公會諸侯，盟于宋。杜注：諸侯伐宋，公與楚有好而往會之，非後期。宋方見圍，無嫌于與盟，故直以宋地。何注：地以宋者，起公解宋圍，爲此盟也。宋得與盟，則宋解可知也。而公釋之見矣。范注：地以宋者，則宋得與盟，宋圍解可知。

蕙田案：左氏以宋方見圍，公往會諸侯，不與宋會。二傳則以公會諸侯，而宋圍釋，宋亦與會。以左傳「宋人如晉告急」之文校之，則宋圍蓋未釋也。左氏義長。

二十有八年五月癸丑，公會晉侯、齊侯、宋公、蔡侯、鄭伯、衛子、莒子，盟于踐土。

穀梁傳：諱會天王也。

二十有九年夏六月，會王人、晉人、宋人、齊人、陳人、蔡人、秦人，盟于翟泉。

左氏傳：公會王子虎、晉狐偃、宋公孫固、齊國歸父、陳轅濤塗、秦小子憖〔一〕，盟于翟泉，尋踐土之盟，且謀伐鄭也。卿不書，罪之也。在禮，卿不會公侯，會伯、子、男可也。

文公二年夏六月，公孫敖會宋公、陳侯、鄭伯、晉士縠，盟于垂隴。左氏傳：公未至。六月，穆伯會諸侯及晉司空士縠，盟于垂隴，晉討衛故也。書「士縠」，堪其事也。注：晉司空，非卿也，以士縠能堪卿事，故書。穀梁傳：內大夫可以會外諸侯。

〔一〕「憖」，原作「慭」，據光緒本、春秋左傳正義卷一七改。

七年秋八月，公會諸侯、晉大夫，盟于扈。左氏傳：晉侯立故也。公後至，故不書所會。凡會諸侯，不書所會，後也。注：不書所會，謂不具列公侯及卿大夫。後至，不書其國，辟不敏也。公羊傳：諸侯何以不序？大夫何以不名？公失序也。公失序奈何？諸侯不可使與公盟，眣晉大夫使與公盟也。穀梁傳：其曰諸侯，略之也。

八年冬十月壬午，公子遂會晉趙盾，盟于衡雍。左氏傳：報扈之盟也。乙酉，公子遂會雒戎，盟于暴。左氏傳：書曰「公子遂」，珍之也。注：大夫出竟，有可以安社稷、利國家者，專之可也。

十有四年六月，公會宋公、陳侯、衛侯、鄭伯、許男、曹伯、晉趙盾。癸酉，同盟于新城。左氏傳：同盟于新城，從于楚者服，且謀邾也。穀梁傳：同者，有同也，同外楚也。

十有六年春，季孫行父會齊侯于陽穀，齊侯弗及盟。左氏傳：公有疾，使季文子會齊侯于陽穀。請盟，齊侯不肯，曰：「請俟君間。」公羊傳：其言弗及盟何？不見與盟也。穀梁傳：弗及者，内辭也。行父失命矣，齊得内辭也。

宣公十有七年六月己未，公會晉侯、衛侯、曹伯、邾子，同盟于斷道。左氏傳：

討貳也。　穀梁傳：同者，有同也，同外楚也。

成公二年十有一月，公會楚公子嬰齊于蜀。　穀梁傳：楚無大夫，其曰公子何也？嬰齊亢也。

丙申，公及楚人、秦人、宋人、陳人、衛人、鄭人、齊人、曹人、邾人、薛人、鄫人盟于蜀。　公羊傳：此楚公子嬰齊也，其稱人何？得壹貶焉爾。　穀梁傳：楚其稱人何也？於是而後，公得其所也。會與盟同月，則地會，不地盟；不同月，則地會地盟。此其地會地盟何也？以公得其所，申其事也，今之屈，向之驕也。

五年十有二月己丑，公會晉侯、齊侯、宋公、衛侯、鄭伯、曹伯、邾子、杞伯，同盟于蟲牢。　左氏傳：同盟于蟲牢，鄭服也。

七年秋，公會晉侯、齊侯、宋公、衛侯、曹伯、莒子、邾子、杞伯救鄭。　八月戊辰，同盟于馬陵。　左氏傳：同盟于馬陵，尋蟲牢之盟，且莒服故也。

九年春，王正月，公會晉侯、齊侯、宋公、衛侯、鄭伯、曹伯、莒子、杞伯，同盟于蒲。　左氏傳：會于蒲，以尋馬陵之盟。

十有五年三月癸丑，公會晉侯、衛侯、鄭伯、曹伯、宋世子成、齊國佐、邾人，同盟于戚。　左氏傳：討曹成公也。

十有七年夏，公會尹子、單子、晉侯、齊侯、宋公、衛侯、曹伯、邾人伐鄭。六月乙酉，同盟于柯陵。　左氏傳：同盟于柯陵，尋戚之盟也。　穀梁傳：柯陵之盟，謀復伐鄭也。

十有八年十有二月，仲孫蔑會晉侯、宋公、衛侯、邾子、齊崔杼，同盟于虚朾。左氏傳：謀救宋也。

襄公三年六月，公會單子、晉侯、宋公、衛侯、鄭伯、莒子、邾子、齊世子光。己未，同盟于雞澤。　穀梁傳：同者，有同也，同外楚也。

陳侯使袁僑如會。　公羊傳：其言如會何？後會也。　穀梁傳：如會，外乎會也，於會受命也。

戊寅，叔孫豹及諸侯之大夫及陳袁僑盟。　左氏傳：陳請服也。　公羊傳：曷爲殊及陳袁僑？爲其與袁僑盟也。　穀梁傳：及，以及，與之也。諸侯以爲可與則與之，不可與則釋之。諸侯盟，又大夫相與私盟，是大夫張也。故雞澤之會，諸侯始失正矣。大夫執國權，曰袁僑，異之也。注：再言「及」，明獨與袁僑，不與諸侯之大夫。

九年冬，公會晉侯、宋公、衛侯、曹伯、莒子、邾子、滕子、薛伯、杞伯、小邾子、齊世子光伐鄭〔一〕。十有二月己亥，同盟于戲。左氏傳：同盟于戲，鄭服也。穀梁傳：不異言鄭，善得鄭也。不致，恥不能據鄭也。

十有一年夏四月，公會晉侯、宋公、衛侯、曹伯、齊世子光、莒子、邾子、滕子、薛伯、杞伯、小邾子伐鄭。秋七月己未，同盟于亳城北。左氏傳：同盟于亳。載書曰：「凡我同盟，無蘊年，無壅利，無保姦，無留慝，救災患，恤禍亂，同好惡，奬王室。或間茲命，司慎司盟，注：二司，天神。名山名川，群神群祀，注：群祀，在祀典者。先王先公，注：先王諸侯之大祖，宋祖帝乙、鄭祖厲王之比也。先公，始封君。七姓十二國之祖，注：七姓，晉、魯、衛、鄭、曹、滕，姬姓。邾、小邾，曹姓。宋，子姓。齊，姜姓。莒，己姓。杞，姒姓。薛，任姓。實十三國，言十二，誤也。明神殛之，俾失其民，隊命亡氏，踣其國家。」

趙氏汸曰：襄公會晉悼者三，同盟者四。悼公既得國，即圍宋彭城，再會于戚，遂城虎牢，皆使大夫主之。雞澤之役，始命諸侯同盟，而以大夫別盟。陳袁僑爲大夫專盟之始，戚之會，戍陳而會吳人，

〔一〕「杞伯」，諸本脱，據春秋左傳正義卷三〇補。

爲諸侯盟吴之始。會于鄬以救陳，而陳侯逃歸，盟于戲以服鄭，而鄭有異志，於是會吴子于柤，伐鄭戍虎牢矣。再駕而盟亳城北，三駕而會蕭魚，鄭始服從。於是會吴、伐秦，復以大夫主之。戚之會，遂孫林父廢立之謀，而衛人君臣之禍成于晉矣。此悼公復伯之事，其於文、襄之業，果何如乎？

十有六年三月，公會晉侯、宋公、衛侯、鄭伯、曹伯、莒子、邾子、薛伯、杞伯、小邾子于溴梁。戊寅，大夫盟。公羊傳：諸侯皆在是，其言大夫盟何？信在大夫也。何言乎信在大夫？徧刺天下之大夫也。曷爲徧刺天下之大夫？君若贅旒然。穀梁傳：溴梁之會，諸侯失正矣。諸侯會而曰「大夫盟」，正在大夫也。諸侯在而不曰諸侯之大夫，大夫不臣也。

十有八年冬十月，公會晉侯、宋公、衛侯、鄭伯、曹伯、莒子、邾子、滕子、薛伯、杞伯、小邾子，同圍齊。

十有九年春，王正月，諸侯盟于祝阿。杜注：前年圍齊之諸侯也。

二十年春，王正月辛亥，仲孫速會莒人，盟于向。左氏傳：督揚之盟故也。

夏六月庚申，公會晉侯、齊侯、宋公、衛侯、鄭伯、曹伯、莒子、邾子、滕子、薛伯、杞伯、小邾子，盟于澶淵。左氏傳：齊成故也。

二十有五年夏五月，公會晉侯、宋公、衛侯、鄭伯、曹伯、莒子、邾子、滕子、薛伯、杞伯、小邾子于夷儀。

左氏傳：會于夷儀，伐齊，以報朝歌之役。

秋八月己巳，諸侯同盟于重丘。

左氏傳：同盟于重丘，齊成故也。

二十有七年夏，叔孫豹會晉趙武、楚屈建、蔡公孫歸生、衛石惡、陳孔奂、鄭良霄、許人、曹人于宋。

秋七月辛巳，豹及諸侯之大夫盟于宋。左氏傳：盟于宋西門之外。季武子使謂叔孫以公命曰：「視邾、滕。」既而齊人請邾，宋人請滕，皆不與盟。叔孫曰：「邾、滕，人之私也。我，列國也，何故視之？宋、衛，吾匹也。」乃盟。故不書其族，言違命也。公羊傳：曷爲再言豹？殆諸侯也。曷爲殆諸侯？爲衛石惡在是也，曰：惡人之徒在是矣。穀梁傳：湨梁之會，諸侯在而不曰諸侯之大夫，大夫不臣也。晉趙武恥之。豹云者，恭也。諸侯不在而曰諸侯之大夫，大夫臣也。其臣恭也。晉趙武爲之會也。

趙氏汸曰：襄公會晉平者四，會而盟者二，大夫盟者一。湨梁，諸侯會而大夫盟，視雞澤益專，同圍齊，盟祝阿，而齊靈卒，乃得齊莊盟于澶淵、商任、沙隨。勤諸侯以錮叛臣，而齊始伐盟主矣。再會夷儀，伐齊不果，重丘之盟，適以成崔杼之亂而已。蓋晉至平公，益不競于楚，於是趙武、屈建盟于宋。公子圍尋宋之盟于虢，晉不復主。夏盟而襄、昭皆如楚矣。

昭公十有一年五月，仲孫貜會邾子，盟于祲祥。　左氏傳：孟僖子會邾莊公，盟于祲祥，修好禮也。

十有三年秋，公會劉子、晉侯、齊侯、宋公、衛侯、鄭伯、曹伯、莒子、邾子、滕子、薛伯、杞伯、小邾子于平丘。八月甲戌，同盟于平丘，公不與盟。　左氏傳：同盟于平丘，齊服也。　公羊傳：公不與盟者何？公不見與盟也。公不見與盟，大夫執，何以致會？不恥也。曷爲不恥？諸侯遂亂，反陳、蔡，君子不恥不與焉。　穀梁傳：同者，有同也，同外楚也。公不與盟者，可以與而不與，譏在公也。其日，善是盟也。

二十有六年秋，公會齊侯、莒子、邾子、杞伯，盟于鄟陵。　左氏傳：謀納公也。　穀梁傳：公在外也。

定公四年三月，公會劉子、晉侯、宋公、蔡侯、衛侯、陳子、鄭伯、許男、曹伯、莒子、邾子、頓子、胡子、滕子、薛伯、杞伯、小邾子、齊國夏于召陵。　左氏傳：劉文公合諸侯于召陵，謀伐楚也。

五月，公及諸侯盟于臯鼬。　穀梁傳：後而再盟，公志於後會也。後，志疑也。

十有二年冬十月癸亥，公會齊侯，盟于黄。

蕙田案：以上先書會，後書盟。

又案：春秋書公特與諸侯會盟者五，隱六年于艾，桓十二年于武父，莊十三年于柯，二十三年于扈，定十二年于黄是也。會盟參以上者八，桓十二年于曲池、于穀丘，十七年于黄，僖二十一年于薄，諸侯不序。二十五年于洮，二十六年于向，二十七年于宋，諸侯不序。昭二十六年于鄟陵是也。與伯主會盟者二十二，莊二十七年于幽，僖五年于首止，殊會王世子。七年于寧母，八年于洮，九年于葵丘，十五年于牡丘，二十八年于踐土，文七年于扈，諸侯不序。十四年于新城，宣十七年于斷道，成五年于蟲牢，七年于馬陵，九年于蒲，十五年于戚，十七年于柯陵，襄三年于雞澤，九年于戲，十一年于亳城北，十八年于祝柯，二十年于澶淵，二十五年于重丘，會盟異地。定四年于皋鼬會盟異地。是也。與會而不與盟者一，昭十三年于平丘也。公會而大夫盟者一，襄十六年于溴梁是也。書會不稱公者一，莊十六年于幽是也。内不書公、外稱人者二，僖十九年于齊，二十九年于翟泉是也。公與大夫會盟者一，成二年于蜀是也。與戎會盟者一，隱二年于唐會盟異地。

是也。內大夫特與諸侯會盟者一，昭十一年于祲祥是也。會而弗及盟者一，文十六年于陽穀是也。會盟參以上者三，桓十一年于折，文二年于垂隴，成十八年于虛朾是也。內大夫特與外臣會盟者二，文八年于衡雍，襄二十年于向是也。與外臣會盟者一，襄二十七年于宋是也。與戎會盟者一，文八年于暴是也。

桓公三年夏，齊侯、衛侯胥命于蒲。左氏傳：不盟也。公羊傳：胥命者何？相命也。注：時盟不歃血，但以命相誓。何言乎相命？近正也。此其爲近正奈何？古者不盟，結言而退。穀梁傳：胥之爲言猶相也。相命而信諭，謹言而退，以是爲近古也。是必一人先，其以相言之何也？不以齊侯命衛侯也。

趙氏汸曰：春秋之初，齊、鄭一黨也，宋、衛一黨也。齊、衛之合於是始，故特書之，義與石門之盟同。若莊二十一年，鄭、虢胥命于弭則不書。或有謂齊、衛相命以伯者，雖陳氏亦引齊僖小伯及黎之臣子責衛，以方伯連率之事證成其説，則失其實矣。蓋所謂伯者，爲諸侯盟主也。齊自胥命後，不能一日主諸侯之政，而況於衛乎？

蕙田案：以上書胥命者一。

右會盟

遇

隱公四年夏，公及宋公遇于清。杜注：遇者，草次之期，二國各簡其禮，若道路相逢遇也。疏：曲禮下云：「諸侯未及期相見曰遇，相見于郤地曰會。」然則，會者，豫謀閒地，克期聚集，訓上下之則，制財用之節，示威于衆，各重其禮，雖特會一國，若二國以上，皆稱會也。遇者，或未及會期，或暫須相見，各簡其禮，若道路相逢遇然。周禮「冬見曰遇」，則與此別。劉、賈以遇者用冬遇之禮，故杜難之。釋例曰：「遇者，倉卒簡儀，若道路相逢遇者耳。」周禮「諸侯冬見天子曰遇」，劉氏因此名以説春秋，自與傳違。案禮：春曰朝，夏曰宗，秋曰覲，冬曰遇。此四時之名，今者春秋不皆同之于禮。冬見天子，當是百官備物之時，而云遇禮簡易，經書「季姬及鄫子遇于防」，此婦呼夫共朝〔一〕，豈當復用見天子之禮？於禮皆違。是言春秋之遇，與周禮「冬遇」異也。公羊傳：遇者何？不期也。一君出，一君要之也。注：古者有遇禮，爲朝天子，若朝罷時，卒相遇于塗。近者爲主，遠者爲賓。稱先君以相接，所以崇禮讓，絶慢易也。當春秋時，出入無度，禍亂姦宄，多在不虞，無故卒然相要，小人將以生心，故重而書之，所以防禍原也。穀梁傳：及者，内爲志焉爾。遇者，志相得也。

八年春，宋公、衛侯遇于垂。左氏傳：齊侯將平宋、衛，有會期。宋公以幣請于

〔一〕「呼」，原作「于」，據光緒本、春秋左傳正義卷三改。

衛，請先相見。衛侯許之〔一〕，故遇于犬丘。注：犬丘，垂也。地有兩名。 穀梁傳：不期而會曰遇。遇者，志相得也。

莊公四年夏，齊侯、陳侯、鄭伯遇于垂。

二十有三年夏，公及齊侯遇于穀。 穀梁傳：及者，内爲志焉爾。遇者，志相得也。

三十年冬，公及齊侯遇于魯濟。 左氏傳：謀山戎也。以其病燕故也。 穀梁傳：及者，内爲志焉爾。遇者，志相得也。

三十有二年夏，宋公、齊侯遇于梁丘。 左氏傳：齊侯爲楚伐鄭之故，請會于諸侯。宋公請先見于齊侯〔二〕。夏，遇于梁丘。 穀梁傳：遇者，志相得也。梁丘在曹、邾之間，去齊八百里，非不能從諸侯而往也。辭所遇，遇所不遇，大齊桓也。

趙氏汸曰：以禮相見爲會，不行會禮爲遇。特相遇，惟莊以前見之。齊僖欲平三國，宋公有疑，故請與衛侯先相見于垂，是故有明年鄭、宋連兵之禍。齊襄欲滅紀，故與陳、鄭遇垂，紀侯是以大去其

〔一〕「之」，原脱，據光緒本、春秋左傳正義卷三補。

〔二〕「齊侯」，諸本作「諸侯」，據春秋左傳正義卷一〇改。

國。齊爲楚伐鄭，故請會諸侯。宋公請先見齊侯，是以緩于伐楚，皆有關于天下之故者也。隱與宋公聞衛亂而相遇，齊桓圖伯，亦兩與莊公遇者，桓公欲身下諸侯以成伯業，故以簡便濟其勤勞也。

蕙田案：以上内相遇者三，外相遇者三。

右遇

五禮通考卷二百三十

賓禮十一

諸侯遣使交聘

儀禮聘禮

儀禮聘禮：鄭目録云：「大問曰聘，諸侯相於久無事，使卿相問之禮。小聘使大夫。周禮曰：『凡諸侯之邦交，歲相問也，殷相聘也，世相朝也。』於五禮屬賓禮。」疏：大行人云：「上公九介，侯、伯七介，子、男五介。諸侯之卿，各下其君二等。」上公七介，侯、伯五介，子、男三介。若小聘使大夫，又下其卿二等。此聘禮是侯、伯之卿大聘。以其經云「五介」，又「入竟張旜」〔一〕，孤卿建旜，據侯、伯之卿之聘也。

〔一〕「入」，諸本作「及」，據儀禮注疏卷一九改。

盛氏世佐曰：此篇所陳，主次國大聘之禮，然以是而差次之，則大國、小國之大聘，及凡諸侯之小聘，皆可得而覩其略矣。凡言「諸侯之邦交」，惟同方嶽者耳，非盡千八百國而相爲朝聘也。夫同在方嶽之內，而一往一來，以親仁善鄰，恤小事大，此情之所不能已，而禮之最鉅者也。

聘禮。君與卿圖事，注：圖，謀也。謀聘故及可使者。謀事者必因朝，其位，君南面，卿西面，大夫北面，士東面。疏：謀聘者，爲久無事，須聘〔一〕，故謂有事，故或因聘，或特行。記云：「若有故，則卒聘，束帛加書將命。」是因聘者也。晉侯使韓穿來言汶陽之田之類，是特行者也。可使者，謂於三卿之中選可使者也。儀禮之内見諸侯三朝：燕朝，燕禮是也；射朝，大射是也；不見路門外正朝，正朝當與二朝面位同。燕禮、大射皆云：「卿西面，大夫北面，士東面，公降階，南面揖之。」是以知正朝面位然也。**遂命使者。**注：遂，猶因也。既謀其人，因命之也。聘使卿。疏：人亦在謀事之中，故云因命。**使者再拜稽首，辭。**注：辭以不敏。**君不許，乃退。**注：退，反位也。受命者必進。

敖氏繼公曰：使者少進，北面乃拜。君親命之，故拜而後辭也。君不許其辭，故不答拜，使者亦當許而後退。

欽定義疏：使者許諾而退，不再拜稽首者，辭時已拜也，此所謂「一辭而許曰禮

〔一〕「須」，諸本作「則」，據儀禮注疏卷一九改。

辭」者，使於四方，不辱君命，人臣之素志也。

既圖事，戒上介，亦如之。注：既，已也。戒，猶命也。已謀事，乃命上介，難於使者易於介。

李氏如圭曰：介，副也。上介使大夫。

敖氏繼公曰：使者言「命」，上介言「戒」，異尊卑也。如，如其禮辭也。使者與介必辭者，不敢以專對才自許，謙敬也。凡聘使有故，則上介攝其事。

宰命司馬戒衆介。衆介皆逆命，不辭。注：宰，上卿。貳君事者也。諸侯謂司徒爲宰。衆介者，士也。士屬司馬。周禮：司馬之屬司士，「掌作士，適四方，使爲介」。逆，猶受也。疏：天子有六卿，天地四時之官。諸侯兼官有三卿：立地官司徒兼冢宰，立夏官司馬兼春官，立冬官司空兼秋官，故諸侯謂司徒爲宰也。不辭者，賤不敢辭。

敖氏繼公曰：衆介受命，亦當再拜稽首。

蕙田案：以上命使介。

宰書幣。注：書聘所用幣多少也。宰又掌制國之用。疏：謂聘鄰國享君及夫人、問卿之等幣。

敖氏繼公曰：周官冢宰以九式均節財用，六曰幣帛之式，故此主書幣也。

命宰夫官具。注：宰夫，宰之屬也。命之使衆官具幣及所宜齎。

張氏爾岐曰：命之者宰也。宰既書用幣之數，遂命宰夫使官具之。周禮宰夫「掌百官府之徵令」。

蕙田案：以上具幣齎。

及期，夕幣。注：及猶至也。夕幣，先行之日，夕陳幣而視之，重聘也。

敖氏繼公曰：此云及期，則上亦當有請期、告期之禮，文略耳。

楊氏復曰：夕幣之禮，夕陳幣以授使者，然授幣而未授圭，何也？圭，聘禮之重者也，不可以預授，俟使者釋幣於禰，釋幣於行，乃遂載旜，帥衆介以授命於朝，於是君朝服，南鄉，而授之以圭，所以謹之重之也。

使者朝服，帥衆介夕。注：視其事也。

盛氏世佐曰：此暮夕於君，而君臣皆朝服，重其事也。常時夕玄端。

管人布幕于寢門外。注：管猶館也。館人，謂掌次舍帷幕者也。布幕以承幣。寢門外，朝也。疏：「寢門外，朝」，謂路門外，即正朝處。

張氏爾岐曰：幕非在上之幕，乃布之地以爲藉者。

官陳幣：皮北首，西上，加其奉於左皮上；馬則北面，奠幣於其前。注：奉，所奉以致命，謂束帛及玄纁也。馬言「則」者，此享主用皮，或時用馬，馬入則在幕南，皮馬皆乘。疏：官陳幣，即上文「官具」者也。館人布幕於地，官陳幣於其上。所奉，謂後享時奉入以致命，束帛加璧以享君，玄纁加琮以享夫人。鄭不言璧、琮者，璧、琮不陳，厥明乃授之也。

敖氏繼公曰：北首，變於執也。西上，放設時之位也。左皮尊，故加幣於其上。馬入則亦右牽之，前謂左馬之前，幕之上也。此皮若馬之位，其享主君者在西，享夫人者在東。

使者北面，衆介立于其左，東上。注：既受行，同位也。位在幕南。疏：未受命行已前〔一〕，卿、大夫、士面位各異。

卿大夫在幕東，西面，北上。注：大夫西面，辟使者。疏：此謂處者，大夫常北面，今與卿同西面，故云「辟使者」。**宰入，告具于君。君朝服出門左，南鄉。**注：入告，入路門而告。

李氏如圭曰：出門而左，君在東也。

史讀書展幣。注：展猶校録也。史幕東西面讀書。賈人坐撫其幣。每者曰在。必西面者，欲君與使者俱見之也。疏：賈人當在幕西，東面撫之。

敖氏繼公曰：書，謂享幣之數書於方者也。

宰執書，告備具于君，授使者。使者受書，授上介。注：史展幣畢，以書還授宰，宰既告

〔一〕「命」，諸本脱，據儀禮注疏卷一九補。

備，以授使者。其受授皆北面。　疏：「受授皆北面」者〔一〕，當宰以書授使者之時，宰來至使者之東，北面授使者，使者北面授介，三者皆北面，向君故也。**公揖入。**注：揖，禮群臣。　疏：以展幣授使者訖，禮畢，故入於寢也。**官載其幣，舍于朝。**注：待旦行也。　疏：官，謂官人從賓行者，與前「官陳幣」者異。

上介視載者，注：監其安處之，畢，乃出。　疏：注言上介出，不言餘人出，則上文「舍於朝」，以守幣也。**所受書以行。**注：爲當復展。

敖氏繼公曰：所受書，謂上介所受於使者也，別言以行，見其不與幣同處。

觀承案：上介所受二條，當作一氣讀。蓋「視」字雙綰，乃視其所載之物、所受之書，以驗其相符否也。義疏甚明，似宜遵之。

蕙田案：以上授使幣。

厥明，賓朝服，釋幣于禰。注：告爲君使也。賓，使者，謂之賓，尊之也。天子、諸侯將出，告群廟。大夫告禰而已。凡釋幣，設洗盥如祭。　疏：「朝服」者，卿、大夫朝服祭，故還服朝服告也。大夫三廟，降天子、諸侯，不得並告，故直告禰而已。若父在則告祖，釋幣於祖廟，告無牲，直用幣而已，執幣須

〔一〕「受授」，諸本誤倒，據儀禮注疏卷一九乙正。

潔，當有洗以盥手，其設洗如祭祀之時。**有司筵几於室中。祝先入，主人從入。主人在右，再拜，祝告，又再拜。**注：更云「主人」者，廟中之稱也。祝告，告以主人將行也。**釋幣，制玄纁束，奠於几下，出。**注：祝釋之也。凡物十曰束，玄纁之率，玄居三，纁居二。朝貢禮云：「純，四只。制，丈八尺。」疏：玄三纁二，率皆如此也。純謂幅之廣狹，制謂舒之長短。周禮趙商問：「只長八寸，四八三十二，幅廣三尺二寸，大廣，非其度。」鄭志答云〔一〕：「古積畫誤爲四，當爲三，三咫則二尺四寸矣。」雜記云：「納幣一束，束五兩，兩五尋。」然則每卷二丈，若作制幣者，每卷丈八尺爲制，合卷爲匹也。

張氏爾岐曰：制玄纁束者，丈八尺之玄纁，其數十卷也。

主人立於户東，祝立於牖西。注：少頃之間，示有俟於神。**又入，取幣，降，卷幣，實於笲，埋於西階東。**注：又入者，祝也，埋幣必盛以器，若藏之然。

敖氏繼公曰：幣必埋之者，神物不欲令人褻之。

又釋幣於行。注：告將行也。行者之先，其古人之名未聞。天子諸侯有常祀在冬，大夫三祀：曰門，曰行，曰厲。喪禮有「毁宗躐行，出于大門」，則行神之位，在廟門外西方，不言埋幣，可知也。今時民春秋祭祀有行神，古之遺禮乎？疏：天子諸侯常祀在冬，月令「祀行」是也。大夫雖三祀，有行無常

〔一〕「鄭志」，諸本作「鄭君」，據儀禮注疏卷一九改。

祀，因行使始出，有告禮而已。此謂平治道路之神。至于出城又有軷祭，祭山川之神，諭無險難也。祭山川之神有軷壇，此祭行神，亦當有軷壤，月令注云「行至廟門外之西，爲軷壇，厚二寸，廣五尺，輪四尺」是也。

敖氏繼公曰：此釋幣之儀，與室中者異，故不蒙「如之」也。

遂受命。注：賓須介來乃受命也。言遂者，明自是出，不復入。疏：自釋幣於門，不復更入。

上介釋幣，亦如之。注：如其於禰與行。若然，則待介於門矣。

欽定義疏：衆介不釋幣，職輕，且辟大夫禮也。

蕙田案：以上將行告禰及行。

上介及衆介俟於使者之門外。注：俟，待也。待於門外，東面，北上。疏：依賓客門外之位。

使者載旜，帥以受命於朝。注：旜，旌旗屬也。載之者，所以表識其事也。周禮曰：「通帛爲旜。」又曰：「孤卿建旜。」至於朝門，使者北面，東上。疏：諸侯三門，臯、應、路，路門外有常朝位。下文君臣皆朝列位，乃使卿進使者，使者乃入至朝，即此朝門者，臯門外矣。

敖氏繼公曰：使者俟命於雉門外。

蕙田案：諸侯三門，庫、雉、路，無臯、應。使者所俟，蓋庫門外也。賈疏誤，敖氏以爲雉門外，亦非。

君朝服，南鄉。卿大夫西面，北上。君使卿進使者。注：進之者，使者謙，不敢必君之終使己。**使者入，及衆介隨入，北面，東上。君揖使者進之。上介立於其左，接聞命。**注：進之者，有命宜相近也。接，猶續也。

敖氏繼公曰：入，入雉門而右也。接聞命，釋所以「立於其左」之意。其實此時君不發命也，上介必接聞命者，爲使者或有故，則上介攝使事，宜與聞之。

賈人西面坐，啓櫝，取圭，垂繅，不起而授宰。注：賈人，在官知物賈者。繅，所以藉圭也。其或拜，則奠於其上。今文「繅」作「璪」。疏：繅有二種，一者以木爲中幹，以韋衣之。天子五采，公、侯、伯三采，子、男二采，采爲再行，下記及典瑞皆有其文，此爲繅也。下記云「絇組尺」，鄭亦謂之繅。若韋版爲之者，奠玉於上，此則無垂繅、屈繅之事。若絇組爲之者，所以繫玉於韋版，使不失墜，此乃有屈垂之法。則此經所云是也。鄭以承玉、繫玉二者，所據雖異，所用相將，是以和合解之。

朱子曰：今案「在官」上疑有「庶人」二字。

敖氏繼公曰：繅以帛爲之，表玄裏纁，所以藉玉而又揜其上者也。垂纁，謂開之也。開而不揜，則其繅垂。授玉不起，賤者宜自別也。宰於其右，亦坐受之。

高氏愈曰：垂繅以示文，屈繅以示敬。

宰執圭，屈繅，自公左授使者。注：屈繅者，斂之。禮以相變爲敬也。自公左，贊幣之義。

疏：少儀云：「詔辭自右，贊幣自左。」

敖氏繼公曰：屈繅，以繅揜玉之上也。揜之，則其繅屈。

欽定義疏：此時宰、使者皆裼，不襲，執玉當襲而不襲者，以非正行聘，故第率其常服也。

使者受圭，同面，垂繅以受命。注：同面者，宰就使者北面並授之。既授之，而君出命矣。凡授受者，授由其右，受由其左。既述命，同面授上介。注：述命者，循君之言，重失誤。

敖氏繼公曰：此授受皆同面，別於聘時賓主之儀也。

上介受圭，屈繅，出授賈人。衆介不從。注：賈人，將行者，在門外，北面。疏：上介送圭，向外與賈人，反來，故衆介不從以待之。云「賈人，將行者」，對上「賈人出玉」，是留者也。受享束帛加璧，受夫人之聘璋，享玄纁束帛加琮，皆如初。注：享，獻也。既聘又獻，所以厚恩惠也。帛，今之璧色繒也。夫人亦有聘享者，以其與己同體，爲國小君也。其聘用璋，取其半圭也。君享用璧，夫人用琮，天地配合之象也。圭璋特達，瑞也；璧琮有加，往德也。周禮曰：「瑑圭、璋、璧、琮以覜聘。」疏：此經中三事，上經已受聘君圭，此經受享君束帛加璧，又受聘夫人璋，又受享夫人琮。上文官陳幣，不陳璧、琮，是以此經受璧連言束帛玄纁者，以相配之物，故兼言之也。

蕙田案：享君之束帛，經無明文。鄭以爲與璧色同，亦未詳何色。盛世佐以爲色素，亦恐未然，故闕之。

遂行，舍於郊。注：於此脱舍衣服，乃即道也。曲禮曰：「凡爲君使，已受命，君言不宿於家。」

疏：脱舍朝服，服深衣而行。

欽定義疏：舍，謂止宿於館也。舍郊，猶云宿於郊耳。注謂「脱舍衣服」，謬也。

蕙田案：賈疏謂在道脱朝服，服深衣，可補經文之闕。然以解經文「舍」字，則太鑿矣。

斂旜。注：此行道耳。未有事也。斂，藏也。

蕙田案：以上受命遂行。

若過邦，至於竟，使次介假道。束帛將命於朝曰：「請帥。」奠幣。注：至竟而假道，諸侯以國爲家，不敢直徑也。將，猶奉也。帥，猶道也。請道已道路所當由。

敖氏繼公曰：假道禮輕，故使次介。奠幣者，賤不敢授也。

下大夫取以入告，出，許，遂受幣。注：言遂者，明受其幣，非爲許故也，容其辭讓不得命也。

餼之以其禮：上賓大牢，積唯芻禾，介皆有餼。注：凡賜人以牲，生曰餼，餼，猶稟也，給也。以其禮者，尊卑有常差也。常差者，上賓、上介牲用大牢，群介用少牢，米皆百筥。牲陳於門内之西，北面。

米設於中庭。上賓、上介致之以束帛，群介則牽羊焉。上賓有禾十車，芻二十車，禾以秣馬。

李氏心傳曰：賓大牢，則介不得用大牢。積唯芻禾，則無米可見矣。

張氏爾岐曰：積唯芻禾，謂所致之積唯芻與禾，無米車也。介但有餼無積。

蕙田案：李氏、張氏之説極是。

觀承案：下文致館授飧，衆介皆少牢，則上介與上賓俱大牢可知，故此注謂上賓、上介皆大牢也。然經文但云「上賓大牢」，而無上介之文；下但云「介皆有餼」而已，則李氏駁之良是，況下經上介雖亦大牢，止飪一牢，而鼎已減二，又無腥一牢，則禮數豈得與上賓同哉？

士帥，没其竟。注：没，盡。

郝氏敬曰：遣士引導，盡彼國界也。

欽定義疏：夏官候人以士爲之，周語「候人爲導」，即此士也。

誓於其竟，賓南面，上介西面，衆介北面，東上。史讀書，司馬執筴立於其後。注：此使次介假道，止而誓也。賓南面，專威信也。史於衆介之前，北面讀書，以勑告士衆，爲其犯禮暴掠也。禮，君行師從，卿行旅從。司馬，主軍法者，執策示罰。疏：此誓當在使次介假道之時，止而誓言。因上説彼國禮法訖，乃更却本而言之，不謂此士帥没竟後。

蕙田案：以上過他邦假道。

未入竟，壹肄。注：謂於所聘之國竟也。肄，習也，習聘之威儀，重失誤。爲壝壇，畫階，帷其北，無宮。注：壝土象壇也。帷其北，宜有所鄉依也。無宮，不壝土，畫外垣也。疏：案覲禮與司儀同爲壇三成，宮方三百步。此則無外宮，其壇壝土爲之，無成，又無尺數，象之而已。

敖氏繼公曰：必畫階者，習升降之儀也。

張氏爾岐曰：案廣韻：「壝，埒也，壇也。」蓋壇之形埒也，壇須築土，高厚有階級。壝則略除地聚上，令有形埒而已。此壝壇兼言壝，亦有壇名也。

朝服無主，無執也。注：不立主人，主人尊也。不執玉，不敢褻也。徒習其威儀而已。

蕙田案：道路常服深衣，至是易朝服者，以習儀，重之也。不皮弁，下於聘也。敖氏以爲常服朝服者，非。

介皆與，北面，西上。注：入門左之位也。疏：不習大門外內及廟門內之禮者，以其於外威儀少而易行，故略之。但習入廟聘享、揖讓、升降、布幣、受玉之禮，是以直云「北面，西上」之位也。習享，士執庭實。注：士，士介也。庭實必執之者，皮則有攝張之節。習夫人之聘享，亦如之。習公事，不習私事。注：公事，致命者也。疏：公事，謂君聘享、夫人聘享及問大夫，皆致君命者也。

私事，謂私覿於君，私面於卿、大夫。

蕙田案：以上習儀。

及竟，張旜，誓。注：及，至也。張旜，明事在此國也。張旜，謂使人維之。

敖氏繼公曰：誓之儀，亦如初。

乃謁關人。注：謁，告也。古者竟上爲關，以譏異服，識異言。疏：周禮司關職云：「凡四方之賓客叩關，則爲之告。」關人問從者幾人。注：欲知聘問，且爲有司當共委積之具。疏：不問使人而問從者，關人卑，不敢輕問尊者，故問從者，即知使者是大聘、是小聘。卿行旅從，大夫小聘，當百人從也。以介對。注：以所與受命者對，謙也。聘禮：上公之使者七介，侯、伯之使者五介，子、男之使者三介。以其代君交於列國，是以貴之。周禮曰：「凡諸侯之卿，其禮各下其君二等。」

敖氏繼公曰：以介數對，則人數亦在其中。若侯、伯之國，介者五人，則知使者之爲卿，而從者五百人矣。

君使士請事，遂以入竟。注：請，猶問也，問所爲來之故也。遂以入，因道之。疏：君得關人告，即知爲聘來，而云「使士請事」，君子不必人，故知而猶問也。向來賓之問，猶停關外。君使士請訖，乃道以入竟。

蕙田案：以上入竟。

入竟，斂旜，乃展。注：復校録幣，重其事。斂旜，變於始入。疏：重其事者，亦恐有脱漏失錯。布幕，賓朝服立於幕東，西面。介皆北面，東上。賈人北面坐，拭圭。注：拭，清也。側幕而坐，乃開櫝。疏：賓西面者，雖不對君，由是臣道，異於前誓時，示威信也。

敖氏繼公曰：拭圭者，就櫝拭之，故下乃云「執」。

盛氏世佐曰：經云「介皆北面，東上」，則上介與衆並立也。及視圭之時，上介少進。

遂執展之。注：持之而立，告在。上介北面視之，退復位。注：言退復位，則視圭進違位。退圭。注：圭璋尊，不陳之。

敖氏繼公曰：退之者，其展事畢也，退則藏之於櫝與？

陳皮，北首，西上。又拭璧，展之，會諸其幣，加於左皮上。上介視之，退。注：會，合也。諸，於也。古文曰：「陳幣北首。」疏：璧言合諸幣者，享時當合，故今亦合而陳之。

盛氏世佐曰：上介既復位，賈人亦退璧而藏之，有司退皮幣。

馬則幕南，北面，奠幣於其前。注：當前幕上。

敖氏繼公曰：亦以璧會於幣，乃奠之。

展夫人之聘享，亦如之。賈人告於上介，上介告於賓。注：展夫人之聘享，上介不視，貶於君也。賈人既拭璋琮，南面告於上介，上介於是乃東面以告賓，亦所謂「放而文」之類。

欽定義疏：鄭以夫人聘享上介不視，非也。君與夫人聘享，前受命與下致命，禮儀並與君同，入竟而展，無不視之理。經明言「亦如之」，何獨異乎？

蕙田案：告者，告展幣畢也，兼君與夫人之聘享而言。注以此文專指夫人言者，非。

有司展群幣，以告。注：群幣私覿及大夫者。有司，載幣者，自展自告。

敖氏繼公曰：有司自展既，則告上介，上介以告於賓。此皮幣蓋不陳於幕，辟君禮也。

及郊，又展，如初。注：郊，遠郊也。周制，天子畿内千里，遠郊百里。以此差之，遠郊上公五十里，侯伯三十里，子男十里也。近郊各半之。及館，展幣於賈人之館，如初。注：館，舍也。遠郊之内有候館，可以小休止沐浴。展幣不於賓館者，爲主國之人有勞問己者就焉，便疾也。疏：諸侯遣臣相聘，無過一勞，下文使卿近郊勞，此乃遠郊之内得有勞問者，謂同姓舅甥之國，加恩厚者，别有遠郊之内問勞也。

蕙田案：以上入竟展幣。

賓至於近郊，張旜。君使下大夫請行，反。君使卿朝服，用束帛勞。注：請行，問所之也。雖知之，謙不必也。士請事，大夫請行，卿勞，彌尊賓也。其服皆朝服。

敖氏繼公曰：勞使卿，以其爵同也。主君於朝君，則親郊勞，故此禮放之，而以同班，蓋行禮欲其稱也。下凡使卿者，其義皆然。

上介出請，入告。賓禮辭，迎於舍門之外，再拜。注：出請，出門西面，請所以來事也。入告，入北面告賓也。每所及至，皆有舍。其有來者與，皆出請入告。於此言之者，賓彌尊，事彌録。疏：此時賓當在賓館，阼階西面，故上介北面告賓也。

朱子曰：注中「與」字，陸氏音餘，監本作「者」，此非疑辭，不當音餘。複出「者」字，亦無義理，竊疑本「介」字也。

勞者不答拜。注：凡爲人使，不當其禮。賓揖，先入，受於舍門内。注：不受於堂，此主於侯、伯之臣也。公之臣，受勞於堂。疏：知「公之臣，受勞於堂」者，案司儀云：「諸公之臣相爲國客，及大夫郊勞，三辭拜辱，三讓，登聽命。」是公之臣受勞於堂之事。勞者奉幣入，東面致命。注：東面，鄉賓。疏：賓在館，如主人當入門西面，故勞者東面向之也。賓北面聽命，還，少退，再拜稽首，受幣。勞者出。注：北面聽命，若君南面然，少退，象降拜。

敖氏繼公曰：賓入門即北面，至是而言之者，亦因事而見之耳。受幣蓋在庭中西。

蕙田案：賓初入門，西面，以在館如主人也。及聽命，乃北面，從臣禮也。敖氏云「入門即北面」，非。

授老幣。注：老，賓之臣。　疏：大夫家臣稱老。**出迎勞者。**注：欲償之。　疏：司儀注云：「上於下曰禮，敵者曰儐。」

敖氏繼公曰：勞者出，俟於門外，上介出，請勞者。告事畢，上介入告，賓乃出迎之，而告以欲儐之之辭。

勞者禮辭。賓揖，先入，勞者從之。乘皮設。注：設於門内也。物四曰乘。皮，麋鹿皮也。　疏：庭實，當三分庭，一在南，設之。今以儐勞者在庭，故設於門内。

敖氏繼公曰：乘皮設，亦宜在門内之西，其於勞者之南與？

賓用束錦儐勞者。注：言儐者，賓在公館，如家之義，亦以來者爲賓。**勞者再拜稽首受。**注：稽首，尊國賓也。　疏：稽首，首至地，臣拜君法。今勞者與賓同類，不頓首而稽首，故云「尊國賓」也。下賓亦「稽首送」者，以是爲君使，故亦稽首以報之也。**賓再拜稽首，送幣。**注：受、送、拜皆北面，象階上。　疏：按歸饔餼賓儐大夫時，賓楹間北面授幣，大夫西面受，此賓宜與彼同。北面授，還北面拜送，當云「授、送、拜皆北面」，蓋據賓而言，「受」字誤也。

朱子曰：今案「西面」當作「南面」。

欽定義疏：授、受，則一南面，一北面，乃爲訝受也。拜則無南面拜之理，故皆北面。賈氏讀注未審耳。

勞者揖皮，出，乃退。賓送再拜。注：揖皮出，東面揖執皮者而出。疏：執皮者是賓之使者，執皮者得揖從出勞者，從人當訝受之。夫人使下大夫勞以二竹簋方〔一〕，玄被纁裏，有蓋。注：竹簋方者，器名也。以竹爲之，狀如簋而方，如今寒具筥。筥者圓，此方耳。疏：夫人勞使下大夫者，降於君，故不使卿。其實棗蒸栗擇，兼執之以進。注：兼，猶兩也。右手執棗，左手執栗。

敖氏繼公曰：蒸，熟之也。擇，治之，謂去其皮也。

賓受棗。大夫二手授栗。注：受授不游手，慎之也。疏：初，兩手俱用，既授棗，而不兩手共授栗，則是游暇一手，不慎也。賓之受，如初禮。注：如卿勞之儀。儐之如初。下大夫勞者遂以賓入。注：出以束錦授從者，因東面釋辭，請導之以入，然則賓送不拜。

蕙田案：以上郊勞。

至於朝。主人曰：「不腆先君之祧，既拚以俟矣。」注：賓至外門，下大夫入告，出釋此辭。主人者，公也。不言公而言主人，主人，接賓之辭，明至欲受之，不敢稽賓也。腆，猶善也。遷主所在曰祧。周禮，天子七廟，文、武爲祧。諸侯五廟，則祧，始祖也，是亦廟也。言祧者，祧尊而廟親，待賓客

〔一〕「竹簋」，儀禮注疏卷二〇作「竹簠」，下注文「竹簋」同。

者，上尊者。疏：於太祖廟受聘享，以尊之。若饗食則於禰廟，燕又在寢，彌相親也。

孔氏穎達曰：對言之，遷主所藏曰祧；若散而通論，則凡廟曰祧。故昭元年傳云「其敢愛豐氏之祧」，襄九年傳云「公冠，必以先君之祧處之」是也。

蕙田案：祧者，廟之通稱。春官「守祧八人」，鄭氏以爲每廟一人，周七廟并姜嫄廟而八，則不論祖廟、四親廟皆得云祧也。敖氏以祧爲廟堂以北之稱，盛世佐駁之，謂廟堂以北非行禮之所，其説良然。

賓曰：「俟間。」注：賓之意不欲奄卒主人也。且以道路悠遠，欲沐浴齊戒，俟間，未敢聞命。

蕙田案：以上至朝。

大夫帥至於館。卿致館。注：致，至也。賓至此館，主人以上卿禮致之，所以安之也。疏：云以上卿禮〔一〕，明有束帛可知。賓迎，再拜。卿致命，賓再拜稽首。卿退，賓送，再拜。注：卿不俟設飧之畢，以不用束帛致故也。不用束帛致之者，明爲新至，非大禮也。疏：卿不言答拜，答拜可知。雖不言入，言迎，則入門可知。下直云「宰夫朝服設飧」，不言致，則此卿致館，兼致飧矣。致館有束帛，致飧空以辭。致君命無束帛，下記云「飧不致」是也。然此侯、伯之卿禮，其公之臣，亦以幣帛致。

〔一〕「禮」，諸本作「致」，據儀禮注疏卷二〇改。

朱子曰：案此致，止謂致館耳。章首目其事，而下詳其節也。上無「飧」字，而但云「致命」，注疏何以見其爲致飧耶？詳又見下章。

敖氏繼公曰：致命者，致其君致館之命也。致命於門外者，以無幣也。

蕙田案：注疏以致命爲致飧，與上致館爲兩節，經無明文，朱子辨之是也。秋官司儀云：「諸公之臣相爲國客，致館，如初之儀。」鄭氏以爲如郊勞也。然則致館之禮，與郊勞略同。郊勞有幣，則此亦當有幣。賈疏謂「致館有束帛」者得之。其卿致命，亦當在舍門内東面，經不具者，互見於郊勞也。敖氏以爲在門外，誤。

又案：以上致館。

宰夫朝服設飧。注：食不備禮曰飧。疏：對饔餼也。生與腥飪俱有，餘物又多，此飧惟有腥飪而無生，餘物又少，故曰不備禮也。

欽定義疏：飧，夕食也，故字從夕。古者自大夫以上，日食必有牲鼎，朝食殺牲則祭肺，夕食不殺牲，但餕朝食之餘，則祭牢肉而已。是饔則豐，而飧則殺也。此所設，視饔禮爲殺，故謂之飧，若曰「僅可共夕食」云爾。

飪一牢，在西，鼎九，羞鼎三。腥一牢，在東，鼎七。注：中庭之饌也。飪，熟也。熟在西，腥在東，象春秋也。鼎西九東七。凡其鼎實與其陳，如陳饔餼。羞鼎，則陪鼎也。以其實言之，則曰羞；以其陳言之，則曰陪。疏：云「中庭之饌」者，對下文是堂上及門外之饌也，鼎西九，謂正鼎九，牛、羊、豕、魚、腊、腸胃、膚、鮮魚、鮮腊。東七者，腥鼎無鮮魚、鮮腊，故七。陪鼎三，則下云膷、臐、膮是也。

敖氏繼公曰：牢，太牢也。太牢者，牛、羊、豕各一也。飪鼎九，腥鼎七，乃皆云牢者，主於牛、羊、豕也。飪在西，腥在東，以西爲尊也，腥減二鼎，亦明其輕於飪也。

堂上之饌八，西夾六。注：八、六者，豆數也。凡饌以豆爲本。堂上八豆、八簋、六鉶、兩簠、八壺，西夾六豆、六簋、四鉶、兩簠、六壺，其實與其陳，亦如饔餼。疏：凡設饌，皆先設豆，乃設餘饌。**門外米禾皆二十車。**注：禾，稾實并刈者也。諸侯之禮，車米視生牢，禾視死牢，牢十車。大夫之禮，皆視死牢而已。雖有生牢，不取數焉。米陳門東，禾陳門西。**薪芻倍禾。**注：各四十車，凡此之陳，亦如饔餼。**上介飪一牢，在西，鼎七，羞鼎三。堂上之饌六。門外米禾皆十車，薪芻倍禾。**注：西鼎七，無鮮魚、鮮腊。

盛氏世佐曰：上介之牢，西鼎減二，無東鼎。堂上之饌亦減二，無西夾之饌，米禾、薪芻皆半於賓，此其殺也。

衆介皆少牢。注：亦飪在西，鼎五，羊、豕、腸胃、魚、腊。新至尚熟。堂上之饌，四豆、四簋、兩鉶、四壺，無簠。　疏：少牢五鼎，有膚，此無者，生人食與祭異，故玉藻「朔月少牢，五俎」，亦云羊、豕、魚、腊、腸胃，不數膚也。

敖氏繼公曰：少牢五鼎，羊、豕、魚、腊、膚，與饋食之鼎同也。此少牢，故無堂上之饌。

欽定義疏：五鼎，當以少牢爲準，有膚而無腸胃。賈氏援玉藻注以疏此，恐玉藻注本無據也。歸饔餼，士介無堂上之饌，則設飧無之可知。

蕙田案：以上設飧。

厥明，訝賓於館。注：此訝下大夫也。以君命迎賓，謂之訝。訝，迎也，亦皮弁。賓皮弁聘，至於朝，賓入於次。注：服皮弁者，朝聘主相尊敬也。諸侯視朔，皮弁服。入於次者，俟辦也。次在大門外之西，以帷爲之。乃陳幣。注：有司入於主國廟門外，以布幕陳幣，如展幣焉。圭璋，賈人執櫝而俟。

蕙田案：以上賓至朝。

卿爲上擯，大夫爲承擯，士爲紹擯。擯者出請事。注：擯，謂主國之君所使出接賓者也。紹，繼也，其位相承繼而出也。主君，公也，則擯者五人；侯、伯也，則擯者四人。子、男也，則擯者三人。聘義曰：「介紹而傳命，君子於其所尊不敢質，敬之至也。」既知其所爲來之事，復請之者，賓來當與主君爲禮，爲其謙，不敢斥尊者，啓發以進之。於是時，賓出次，直闑西，北面。上擯在闑東閾外，西面。其相去也，公之使者七十步，侯、伯之使者五十步，子、男之使者三十步。此旅擯耳，不傳命。上介在賓西北，東面。承擯在上擯東南，西面。各自次序而下。末介、末擯，旁相去三丈六尺。上擯之請事，進南面，揖賓俱前，賓至末介，上擯至末擯，亦相去三丈六尺。止揖而請事，還入告於公，此三丈六尺者，門容二徹參个，旁加各一步也。今文無「擯」。疏：此擯陳在主國大門外，主君之擯與賓之介東西相對，南北陳之。上擯入，向公前北面受命，出門南面，遥揖賓使前。擯者漸南行，賓至末介北，東面，上擯至末擯南，西面。止揖者，俱立定，乃揖，而請所爲來之事。賓對訖，上擯入告公，公乃有命納賓也。

敖氏繼公曰：聘，賓臣也。故親對而不交擯。云「出請事」，而不云「入告」，省文也。

蕙田案：敖氏以擯止三人，又以賓位西方東面，介東南，北面西上，擯者西面請事，皆與注異，當從注説。

公皮弁，迎賓於大門内。大夫納賓。注：公不出大門，降於待其君也。大夫，上擯也。謂之大夫者，上序可知，從大夫總，無所别也。於是賓、主人皆裼。疏：春秋之義，卿稱大夫。王制云「上大夫卿」，是總無别也。此時未執玉，正是文飾之時，明賓主人皆裼也。

敖氏繼公曰：大門内者，其在門東西面與？納賓辭曰：「寡君須矣，吾子其入也。」既則道之以入。

賓入門左，注：内賓位也。衆介隨入，北面，西上，少退。擯者亦入門而右，北面，東上。上擯進相君。公再拜，注：南面拜迎。賓辟，不答拜。注：辟位逡遁，不敢當其禮。

公揖入。每門、每曲揖。注：每門輒揖者，以相人偶爲敬也。凡君與賓入門，賓必後君，介及擯者隨之，並而鴈行。既入，則或左或右，相去如初。玉藻曰：「君入門，介拂闑，大夫中棖與闑之間，士介拂棖。賓入，不中門，不履閾。」此賓，謂聘卿大夫也。門，中門之正也。不敢與君並由之，敬也。介與擯者鴈行，卑不踰尊者之迹，亦敬也。賓之介，猶主人之擯。疏：諸侯三門，皋、應、路。則應門爲中門，左宗廟，右社稷。入大門東，行即至廟門。其間得有每門者，諸侯有五廟，太祖之廟居中，二昭居東，二穆居西。廟皆別門，門外兩邊皆有南北隔牆，隔牆中夾通門。若然，祖廟已西，隔墻有三，則閤門亦有三。東行經三門，乃至太祖廟，門中則相逼，入門則相遠，是以每門皆有曲，即相揖，故每曲揖也。

蕙田案：以上迎賓。

蕙田案：諸侯三門，庫、雉、路，無皋、應，疏非是。

朱子曰：案江都集禮廟制，諸侯立廟，宜在中門外之左。古者宗廟之制，外爲都宮，内各有寢廟，别有門垣。太祖在北，左昭右穆以次而南。與此疏之説不同，未知孰是。

欽定義疏：古者廟必分昭穆，故喪服小記曰「祔必以其昭穆」，士虞記亦曰「以其班祔」。敖氏乃謂太祖之廟最東，高祖而下以次而西，則是置昭、穆於不問，而直以東爲上也。一有升祔，則四親廟俱當動移，此豈祔以其班之意乎？賈氏「昭東、穆西，而太祖居中」，近之矣。然諸廟平列，而無南北上下之殊，揆之禮意，亦未爲得。七廟、五廟之説，惟朱子用孫毓之説爲可從。其有每門每曲者何也？入大門，北行，折而東入廟，又有西鄉之門，爲廟與朝之限，此即謂之閤門也。既入閤門，則當有南鄉都宮之門，又一門也。都宮内左昭右穆，其廟門之外，或亦各有閤門東西相鄉與？

蕙田案：廟朝之限，應作闈門。

及廟門，公揖入，立於中庭。注：公揖先入，省内事也。既則立於中庭以俟賓，不復出。如此，得君行一，臣行二，於禮可矣。公迎賓于大門内〔一〕，卿大夫以下入廟門即位而俟之。

敖氏繼公曰：公揖賓而入，禮之也。凡主人與賓揖而入門，有二義，俱入則爲道之，自入則爲禮之。

賓立接西塾。注：接猶近也。門側之堂謂之塾，立近塾者，已與主君交禮，將有出命，俟之於此。介在幣南，北面，西上。上擯亦隨公入門東，東上，少進於士。

〔一〕「于」，諸本脱，據儀禮注疏卷二〇補。

蕙田案：以上揖賓入及廟門。

几筵既設，擯者出請命。注：有几筵者，以其廟受，宜依神也。賓至廟門，司宫乃於依前設之。神尊，不預事也。席西上，上擯待而出請，受賓所以來之命，重停賓也。至此言命，事彌至，言彌信也。周禮：「諸侯祭祀，席蒲筵，繢純，右彫几。」賈人東面坐，啓櫝，取圭，垂繅，不起而授上介。注：賈人鄉入陳幣，東面俟，於此言之，就有事也。授圭不起，賤不與爲禮也。不言裼襲者，賤不裼也。繅有組繫也。

敖氏繼公曰：玉尊，不與幣同陳，故事至乃取之。

上介不襲，執圭，屈繅，授賓。注：上介北面受圭，進，西面授賓。不襲者，以盛禮不在於己也。屈繅，并持之也。曲禮曰：「執玉，其有藉者則裼，無藉者則襲。」賓襲，執圭。注：執圭盛禮，而又盡飾，爲其相蔽，敬也。玉藻曰「服之襲也，充美也」。是故尸襲，執玉龜襲」也。疏：臣於君所，合裼以盡飾。今既執圭〔一〕，以瑞爲敬，若又盡飾而裼，則掩蔽執玉之敬，故不得裼也。充，猶覆也。

敖氏繼公曰：襲，謂襲上衣，不見裼衣也。聘以圭爲尊，吉服以襲爲異，不言垂繅可知也。

擯者入告，出辭玉。注：擯者，上擯也。入告公以賓執圭，將致其聘命。圭，贄之重者，辭之，亦

〔一〕「圭」，諸本作「玉」，據儀禮注疏卷二〇改。

所以致尊讓也。**納賓。賓入門左。**注：公事自闑西。**介皆入門左，北面，西上。**注：隨賓入也。介無事，止於此。今文無「門」。**三揖，**注：君與賓也。入門將曲，揖；既曲，北面又揖；當碑揖。疏：公先在庭南面，賓入門，將曲揖，既曲，賓又揖，二者主君皆向賓揖之。再揖訖，主君亦東面向堂塗北行，當碑，賓主又相向揖，是君行一，臣行二，非謂賓入門時，主君更向內霤，相近而揖也。**至於階，三讓。**注：讓，升。**公升二等。**注：先賓升二等，亦欲君行一，臣行二。**賓升，西楹西，東面。**注：與主君相鄉。

敖氏繼公曰：此時，公升堂西鄉。西楹西，言其東西節也，當在楹西少北。

擯者退中庭。注：鄉公所立處。退者，以公宜親受賓命，不用擯相也。

敖氏繼公曰：擯者至是而退，則鄉者從公立於階下矣。凡公與賓爲禮，擯者皆贊之。

賓致命，注：致其君之命也。**公左還，北鄉。**注：當拜。**擯者進。**注：進阼階西，釋辭於賓，相公拜也。

欽定義疏：擯者進，爲公相禮或釋辭，但在堂下而不升堂，所謂「卿擯由下」也。

公當楣再拜。注：拜貺也。貺，惠賜也。楣，謂之梁。**賓三退，負序。**注：三退，三逡遁也。不言辟者，以執圭將進授之。

方氏苞曰：此經「三退」，即司儀所謂「三辟」也。同有事於楹間，退之外，別無辟法。注疏强爲分別，似未當。

公側襲，受玉於中堂與東楹之間。注：側猶獨也。言獨，見其尊賓也。佗日公有事，必有贊爲之者。凡襲於隱者，公序坫之間可知也。中堂，南北之中也。入堂深，尊賓事也。東楹之間，亦以君行一，臣行二。疏：凡廟堂皆五架，棟南北皆有兩架，棟北一架，下有壁，開户，棟南一架謂之楣。則楣北有二架，楣南有一架。今於當楣北面拜訖，乃更前北侵半架，於南北之中乃受玉，故云入堂深也。

敖氏繼公曰：受玉之儀，公西面，賓東面授也。東楹之間，四分楹間，一在東也。凡堂上授受贄幣之禮，敵者則在兩楹之間，主人尊則於東，賓尊則於西，又皆以遠近爲差。

方氏苞曰：中堂言南北之度，東楹之間言東西之度，故曰與。

蕙田案：經文云側者，皆訓獨，不獨聘禮爲然。盛世佐以側爲堂東偏，非。

擯者退，負東塾而立。注：反其等位，無事。賓降，介逆出。注：逆出，由便。

李氏如圭曰：逆出，後入者先出。

賓出，注：聘事畢。公側授宰玉，注：使藏之，授於序端。

敖氏繼公曰：公受玉時，亦垂繅。宰既受之，則屈繅矣。

裼降立。注：裼者，免上衣，見裼衣。凡當盛禮者，以充美爲敬。非盛禮者，以見美爲敬。禮尚相變也。玉藻曰：「裘之裼也，見美也。」又曰：「麛裘青豻褎，絞衣以裼之[一]。」論語曰：「素衣，麛裘。」皮弁時，或素衣，其裘同可知也。裘者爲温，表之，爲其褻也。寒暑之服，冬則裘，夏則葛。凡襢裼者，左降立，俟享也。亦於中庭。古文「裼」皆作「賜」。

蕙田案：以上聘。

擯者出請。注：不必賓事之有無。賓裼，奉束帛加璧享。擯者入告，出許。注：許，受之。庭實，皮則攝之，毛在內，內攝之，入設也。注：皮，虎豹之皮。攝之者，右手并執前足，左手并執後足。毛在內，不欲文之預見也。內攝之者，兩手相鄉也。入設，亦參分庭一在南。言「則」者，或以馬。凡君於臣，臣於君，麋鹿皮可也。疏：君於臣，謂使者歸，君使卿贈如覿幣，及食饗以侑幣、酬幣，庭實皆有皮。臣於君，謂私覿，庭實設四皮，及介用儷皮。賓入門左，揖讓如初，升，致命，張皮。注：張者，釋外足，見文也。

張氏爾岐曰：當賓於堂上致命之時，庭實，即張之見文，相應爲節也。

公再拜受幣。士受皮者自後右客。注：自，由也。從東方來，由客後西，居其左受皮也，執皮者既授，亦自前西而出。

[一]「裼」，原作「錫」，據光緒本、儀禮注疏卷二〇改。

張氏爾岐曰：當公於堂上受幣，士亦於堂下受皮。

賓出，當之坐攝之。注：象受於賓。

張氏爾岐曰：士初受皮，仍如前張之皮。賓出，降至庭，乃對賓坐，而攝之當對也。

公側授宰幣，皮如入，右首而東。注：如入，左在前。皮右首者，變於生也。

張氏爾岐曰：執皮者初入時，行在前者立在左。此受皮者東行，亦立在左者，行在前，故云如入也。曲禮云：「執禽者左首。」此右首，是變於生。

蔡氏德晉曰：凡獻者左首，受者右首，禮相變也。

蕙田案：敖君善據士昏禮改「右首」爲「左首」，但士禮與諸侯不同，獻與受禮亦有別，必執彼以例此則拘矣。今依經文爲定。

又案：以上享。

聘於夫人用璋，享用琮，如初禮。注：如公立於中庭以下。

敖氏繼公曰：夫人不可以親受，故君代受之，夫妻一體也。不言「束帛加琮」，省文也。

蕙田案：以上聘享夫人。

若有言，則以束帛，如享禮。注：有言，有所告請，若有所問也。記曰：「有故，則束帛加書以將命。」春秋臧孫辰告糴於齊，公子遂如楚乞師，晉侯使韓穿來言汶陽之田，皆是也，無庭實也。

敖氏繼公曰：如秦伯使西乞術來聘，且言將伐晉之類。

蕙田案：以上因聘有言。

擯者出請事，賓告事畢。注：公事畢。**賓奉束錦以請覿。**注：覿，見也。鄉將公事，是欲交其歡敬也。不用羔，因使而見，非特來。疏：自此盡「訝受馬」，論賓將私覿，主人不許而行禮賓之事。**擯者入告，出辭。**注：客有大禮，未有以待之。**請禮賓。賓禮辭，聽命。擯者入告。**注：告賓許也。

蕙田案：主人請禮賓，賓聽命，擯者入告爲禮賓第一節。

宰夫徹几，改筵。注：宰夫，又主酒食者也。將禮賓，徹神几，改神席，更布也。賓席東上。公食大夫禮曰：「蒲筵常，緇布純，加萑席尋，玄帛純。」此筵上下大夫也。周禮曰「筵國賓於牖前，莞筵紛純，加繅席畫純，左彤几」者，則是筵孤也。孤彤几，卿大夫其漆几與？

楊氏復曰：神席當室前之中，故以扆前爲據；賓席在西北，故以牖前爲據。地道尚右，故牖前西北之位，家、鄉、國皆以爲重。士冠禮「子筵於户西」，士昏禮「婦席於户牖間」，鄉飲「席於牖前」，鄉射「賓席於户牖之間」，周禮「筵國賓於牖前」，其名不同，皆不越乎此位也。

公出，迎賓以入，揖讓如初。注：公出迎者，己之禮更端也。疏：前聘享俱是公禮，故不出迎。此禮賓私禮，故出迎。

欽定義疏：聘享賓，所以致其君命，禮之正也。初已迎之於大門内矣，至執圭時，公先入，不出迎賓，致君命未全乎賓也。此禮賓則已所以自盡賓，可全乎賓矣，故迎之。

蕙田案：公迎賓入爲第二節。

公升，側受几於序端。注：漆几也。今文無「升」。

楊氏復曰：禮賓之初有三節：受几也，受醴也，受幣也。三者公親受於序端，而後授賓，恭之至也。設几，主爲啐醴，故受几、受醴皆於筵前。禮莫重於幣，故受幣當東楹前。行聘享時，賓東面，主君西面，訝授受，以賓奉君命，不北面。此以主君禮賓。賓，臣也，故受幣北面。

敖氏繼公曰：公與賓升，皆北面，當楣而立。不拜至者，其辟朝君之儐禮與？

宰夫内拂几三，奉兩端以進。注：内拂几，不欲塵坋尊者。以進，自東箱來授君。

敖氏繼公曰：凡執几，皆横執之。惟設時，乃縮也。

公東南鄉，外拂几三，卒，振袂，中攝之，進，西鄉。注：進，就賓也。疏：宰夫奉几兩端，故公中攝之，復擬賓用兩手在公手外取之故也。擯者告，注：告賓以公授几。賓進，訝受几於筵前，東面俟。注：未設也。今文「訝」爲「梧」。公壹拜送。注：公，尊也。古文「壹」作「一」。賓以几辟，注：辟位逡遁。北面設几，不降，階上答再拜稽首。注：不降，以主人禮未成也。凡賓左几。　疏：設几，主爲啐酒，今未啐醴，故云禮未成也。凡賓左几者，對神右几也。

蕙田案：賓受几、設几爲第三節。公先一拜，賓後再拜不降者，禮未成也。

宰夫實觶以醴，加柶於觶，面枋。注：酌以授君也。君不自酌，尊也。宰夫亦洗升實觶，以醴自東箱來，不面擸，不訝授也。　疏：公西面向賓，宰夫自東箱來，在公旁側，並授與公，是以下文「公側受醴」，不訝受，故不面擸也。

李氏如圭曰：柶之大端爲葉，小端爲枋。面，前也。凡主人受賓醴者，皆面枋；賓迎受之，皆面葉。冠禮「贊者酌醴，授主人，主人迎受」，故贊者面葉，主人受之，得面枋。此宰夫實醴，公不迎受，故宰夫面枋，公受之亦面枋也。

公側受醴。注：將以飲賓。賓不降，壹拜，進筵前受醴，復位。公拜送醴。注：賓壹拜者，醴質，以少爲貴。

欽定義疏：凡授醴之禮，皆受者先拜。

宰夫薦籩豆、脯醢，賓升筵，擯者退，負東塾。注：事未畢，擯者不退中庭，以有宰夫也。

敖氏繼公曰：凡擯者之退，近則中庭，遠則負塾，皆視後事之久速以爲節。

賓祭脯醢，以柶祭醴三。庭實設。注：庭實，乘馬。

盛氏世佐曰：庭實，或皮或馬，惟所有耳。經於享禮言皮，於禮賓言馬，互見也。

降筵，北面，以柶兼諸觶，尚擸，坐，啐醴。注：降筵，就階上。疏：左手執觶，右手以柶，祭醴訖，降筵北面，以柶兼并於觶，兩手奉之。此降筵、啐醴，亦在西階之上。

李氏如圭曰：擸即葉也。

盛氏世佐曰：尚擸者，倒執之，變於建也。凡執柶者，持其枋。

蕙田案：賓受醴、啐醴爲第四節。賓先一拜而公拜，禮之變也。啐醴不拜禮，未成也。

公用束帛。注：致幣也。言用，尊於下也。亦受之於序端。**建柶，北面奠於薦東。擯者進，相幣。**注：贊以辭。**賓降，辭幣。**注：不敢當公禮也。**公降一等辭。**注：辭賓降也。**栗階升，聽命。**注：栗階，趨君命，尚疾，不連步。**降拜。**注：拜受。**公辭。**注：不降一等，殺也。**升，再拜稽首，受幣，當東楹，北面。**注：亦訝受而北面者，禮主於己〔一〕。己，臣也。疏：前行聘享時，賓東面，主君西面，訝授受，但以奉君命，故賓不北面〔二〕。此以主君禮己，己，臣也，故北面受，異於聘

〔一〕「於」，諸本脱，據儀禮注疏卷二一補。
〔二〕「賓」，諸本脱，據儀禮注疏卷二一補。

享時也。退，東面俟。注：俟君拜也。不北面者，謙若不敢當階然。公壹拜。賓降也，公再拜。注：不俟公再拜者，不敢當公之盛也。公再拜者，事畢成禮。賓執左馬以出。注：受尊者，禮宜親之也。效馬者，并左右靮授之。餘三馬，主人牽者從出也。上介受賓幣，從者訝受馬。注：從者，士介。

欽定義疏：下記云：「主人之庭實，則主人遂以出，賓之士訝受之。」故注以從者爲士，而即以介當之也。然經言士者非一，大抵皆公私執勞役之賤臣，非是貴者。上經享禮「士受皮」，公家之臣也；士昏納徵「士受皮」，士家之私臣也。其他舉鼎、舉尸，亦士爲之，推類可見矣。然則此受馬者，當與公食之受皮者同，未必介爲之也。

蕙田案：賓受幣爲第五節。賓聽命降拜，又升再拜，執臣禮也。公壹拜，賓降，又再拜，尊賓也。

又案：以上禮賓。

賓覿，奉束錦，總乘馬，二人贊。入門右，北面奠幣，再拜稽首。注：不請不辭，鄉時已請也。覿用束錦，辟享幣也。總者，總八轡牽之。贊者，居馬間扣馬也。入門而右，私事自闑右。奠幣再拜，以臣禮見也。贊者，賈人之屬。介特覿也。　疏：賓總八轡，在前牽之。二人贊者，各居兩馬間，各用左右手，手扣一匹。

欽定義疏：贊者，蓋即受皮、受馬之有司，皆使者之家臣，非必賈人之屬。賈人專掌圭玉，聘享後無事矣。

擯者辭。注：辭其臣。賓出。注：事畢。

蕙田案：賓入門右，奠幣，以臣禮見，爲私覿第一節。

擯者坐取幣，出，有司二人牽馬以從，出門，西面，於東塾南。注：將還之也。贊者有司受馬乃出。凡取幣於庭，北面。　疏：贊者待有司受馬乃出，以幣可奠之於地，馬不可散放也。

敖氏繼公曰：有司牽馬亦二人者，不可多於賓之贊者也。「西面，於東塾南」，鄉賓也。然則賓之外位常接西塾矣。牽馬者蓋在擯者之南，少退。

欽定義疏：牽馬用有司二人而不以二擯，可見訝受馬之從者亦非士介矣。

擯者請受。注：請以客禮受之。賓禮辭，聽命。注：賓受其幣，贊者受馬。

蕙田案：擯者取幣還賓，賓聽命，爲第二節。

牽馬，右之。入設。注：庭實先設，客禮也。右之，欲人居馬左，任右手，便也。於是牽馬者四人，事得申也。曲禮曰：「效馬效羊者，右牽之。」疏：前入門右時，賓奉束錦，總乘馬，一時入，無先後之別，是臣禮。今此入設，下乃云「賓奉幣」，是庭實先設，客禮也。**賓奉幣，入門左，介皆入門左，西上。**注：以客禮入，可從介。疏：對入門右行，臣禮，不得從介也。**公揖讓如初，升。公北面再拜。**注：公再拜者，以其初以臣禮見，新之也。**賓三退，反還，負序。**注：反還者，不敢與授圭同。**振幣，進授，當東楹北面。**注：不言君受，略之也。

敖氏繼公曰：振幣去塵乃授君，以示敬。

士受馬者，自前還牽者後，適其右，受。注：自，由也。適牽者之右而受之也。此亦並授者，不自前左。由便也。便其已授而去也。受馬自前，變於受皮。疏：牽馬者四人，各在馬西，右手執馬而立。士受馬者〔一〕，從東方來，由馬前各適牽馬者之前，還遶其後，適牽馬者之東，馬西而受之，牽馬者自前行而出之。

張氏爾岐曰：此受馬亦視堂上受幣以爲節也。

牽馬者自前西，乃出。注：自，由也。疏：士既受馬，其最西頭者，便即出門，不須由馬之前。其次東三匹者，皆由西，於馬前而出也。**賓降階東拜送，君辭。**注：拜送幣於階東，以君在堂，鄉之。

〔一〕「者」，諸本脱，據儀禮注疏卷二一補。

疏：賓拜送幣，私覿己物故也。前享幣不拜送者〔一〕，致君命，非己物故也〔二〕。拜也，君降一等辭。注：君乃辭之，而賓由拜，敬也。擯者曰：「寡君從子，雖將拜，起也。」注：此禮固多有辭矣，未有著之者，是其志而煥乎？未敢明說。

盛氏世佐曰：此即公降一等之時擯者所釋之辭也。凡公之辭，賓皆擯者贊之。

蕙田案：聘禮所載主賓之辭甚多，於此著之者，舉一以見例也。敖繼公謂「君降一等辭，而賓又將拜，故擯者云然」，則多一層周折矣。當依盛氏之說爲是。

栗階升。公西鄉。賓階上再拜稽首。注：成拜。公少退，注：爲敬。賓降，出。公側授宰幣。馬出。注：廟中宜清。公降立。

蔡氏德晉曰：側授宰幣，自以所受束錦授太宰，不用贊也。降立，俟介覿也。

蕙田案：「賓奉幣入」至「公授宰幣」，以賓禮見，爲第三節。

擯者出請。上介奉束錦，士介四人皆奉玉錦束，請覿。注：玉錦，錦之文纖縟者也。禮

〔一〕「者」，諸本脱，據儀禮注疏卷二一補。
〔二〕「故」，諸本脱，據儀禮注疏卷二一補。

有以少文爲貴者。後言「束」，辭之便也。**擯者入告，出許。上介奉幣、儷皮，二人贊。**注：儷，猶兩也。上介用皮，變於賓也。皮，麋鹿皮。

盛氏世佐曰：皮以兩，殺於賓也。二人贊，人執一皮也。

皆入門右，東上，奠幣，皆再拜稽首。注：皆者，皆衆介也。贊者奠皮，出。**擯者辭。**注：亦辭其臣。**介逆出。**注：亦事畢也。

蕙田案：上介及士介入門右，奠幣，用臣禮，爲第四節。

擯者執上幣，士執衆幣，有司二人舉皮，從其幣，出，請受。注：此請受，請於上介也。

擯者先即西面位請之。釋辭之時，衆執幣者隨立門中而俟。

郝氏敬曰：君使擯執上介束錦，使士執衆介玉錦，使有司舉上介儷皮，隨幣出，還之，不敢當臣禮也。

委皮南面。注：擯者既釋辭，執衆幣者進即位，有司乃得委之。南面，便其復入也。委皮當門。

執幣者西面，北上。擯者請受。注：請於上介也。上言其次，此言其位，互約文也。疏：上當言擯者執幣，士四人，北面，東上，坐取幣，從有司二人，坐舉皮，從其幣出，隨立於門中，擯者出門西面，於東塾南請受。士執幣者進，立擯南，西面，北上。執皮者南面，委皮於門中，北上，乃爲文備也。

蕙田案：上云「請受」，標其目；此云「請受」，實其事，本無二節。賈疏補經

文次第極明。

介禮辭，聽命。皆進，訝受其幣。注：此言皆訝受者，嫌擯者一一授之。

蕙田案：擯者執幣還介，介聽命，爲第五節。

上介奉幣，皮先，入門左，奠皮。注：皮先者，介隨執皮者而入也。入門左，介至揖位而立。執皮者奠皮，以有不敢授之義。疏：享時庭實使人執之，不奠於地，以得親授主人，有司此奠之，不敢授，故下「二人坐舉皮」也。公再拜。注：拜中庭也。不受於堂，介賤也。介振幣，自皮西進，北面授幣，退復位，再拜稽首送幣。注：進者，北行，參分庭一而東行，當君乃復北行也。介出，宰自公左受幣。注：不側受，介禮輕。有司二人坐，舉皮以東。

張氏爾岐曰：上介覿禮竟。

蕙田案：上介覿，爲第六節。

擯者又納士介。注：納者，出，導入也。士介入門右，奠幣，再拜稽首。注：終不敢以客禮見。擯者辭。介逆出。擯者執上幣以出，禮請受。賓固辭。注：禮請受者，一請受而聽之也。賓爲之辭，士介賤，不敢以言通於主君。「固」，衍字。當如面大夫也。疏：案下士介面大夫時，「擯者執上幣出，禮請受，賓辭」，無「固」字，故知此「固」衍字。公答再拜。擯者出，立於門中以相拜。注：擯者以賓辭入告，還立門中閾外，西面。公乃遥答拜也。相者贊告之。

敖氏繼公曰：公鄉欲親受幣，故不受其奠幣之拜。士介終不敢授公，乃答之。公是時拜於東方之中庭，而介位在門外之西，則擯者相拜宜西，北面也。

士介皆辟。注：辟，於其東面位逡遁也。士三人，東上，坐取幣，立。注：俟擯者執上幣來也。

欽定義疏：士三人，主國之有司，受士介之幣者。擯者已執上幣，故只須三人而已。取幣北面東上者，以公在東也。

擯者進。注：就公所也。　疏：以公在庭，故擯者自門外來，進向公左，授幣與宰也。宰夫受幣於中庭以東。注：使宰夫受於士，士介幣輕也，受之於公左。賓幣，公側授宰；上介幣，宰受於公左；士介幣，宰夫受於士：敬之差。執幣者序從之。注：序從者，以宰夫當一一受之。

張氏爾岐曰：以上衆介覿。

蕙田案：士介覿，爲第六節。賓上介尊，故始以臣禮，終以客禮。士介卑，故始終不敢當客禮也。

又案：以上賓介私覿。

擯者出請，賓告事畢。注：賓既告事畢，衆介逆道賓而出也。擯者入告，公出送賓。注：公出，衆擯亦逆道。紹擯及賓並行，間亦六步。及大門内，公問君。注：鄉以公禮將事，無由問也。賓至始入門之位，北面，將揖而出。衆介亦在其右，少退，西上。於此可以問君居處何如，序殷勤也。時承擯、紹擯亦於門東，北面，東上。上擯往來傳君命，南面。蘧伯玉使人於孔子，孔子問曰：「夫子何爲？」此公問君之類也。

朱子曰：案所引論語非聘事，意略相類耳。

賓對，公再拜。注：拜其無恙。公拜，賓亦辟。公問大夫，賓對。公勞賓，賓再拜稽首，公答拜。注：勞以道路之勤。公勞介，介皆再拜稽首，公答拜。賓出，公再拜送，賓不顧。注：公既拜，客趨辟，君命上擯送賓出，反告賓不顧，於此君可以反路寢矣。論語説孔子之行曰：「君召使擯，色勃如也，足躩如也。」賓退，必復命曰：「賓不顧矣。」疏：此送賓是上擯，孔子爲下大夫，得爲上擯者，以孔子有德，君命使攝上擯，若定十年夾谷之會，令孔子爲相也。

李氏如圭曰：凡去者不答拜。

蕙田案：以上公送賓、問君、問大夫、勞賓介。

賓請有事於大夫。注：請問，問卿也。不言問聘，聘亦問也，嫌近君也。上擯送賓出，賓東面而請之。擯者反命，因告之。

郝氏敬曰：必請於主君，臣無私交也。

公禮辭，許。注：禮辭，一辭。**賓即館。**注：少休息也。即，就也。疏：此一日之間，其事多矣，明旦行問卿，暫時止息。**卿大夫勞賓，賓不見。**注：以己公事未行，上介以賓辭辭之。疏：仍有問大夫之等公事未行，故不敢見也。**大夫奠雁再拜，上介受。**注：不言卿，卿與大夫同執雁，下見於國君。周禮，凡諸侯之卿見朝君，皆執羔。

張氏爾岐曰：注「見朝君」，見來朝之君也。卿見來朝之君執羔。此見來聘之賓執雁，是下於見朝君也。

勞上介，亦如之。

敖氏繼公曰：勞之於其館，上介亦不見，士介爲受雁也。

蕙田案：以上卿大夫勞賓介。

君使卿韋弁，歸饔餼五牢。注：變皮弁，服韋弁，敬也。韋弁，韎韋之弁，兵服也。而服之者，皮韋同類，取相近耳。其服蓋韎布以爲衣而素裳。牲，殺曰饔。生曰餼。疏：韋弁尊於皮弁，今行聘享皆皮弁，歸饔餼則韋弁，故云敬也。

陳氏祥道曰：周禮有韋弁無爵弁，書「二人雀弁」，儀禮、禮記有爵弁無韋弁，士之服止於爵弁。而荀卿曰：「士韋弁。」孔安國曰：「爵韋弁也。」則爵弁即韋弁耳。韋其質也，爵其色也。士冠禮再加皮弁，三加爵弁，而以韋弁爲敬。韎，色赤，爵色亦赤，即一物耳。

上介請事。賓朝服，禮辭。注：朝服，示不受也。受之當以尊服。**有司入陳。**注：入賓所館之廟，陳其積。**饔。**注：謂飪與腥。**飪一牢，鼎九，設於西階前，陪鼎當内廉，東面，北上，上當碑，南陳；牛、羊、豕、魚、腊、腸胃同鼎，膚、鮮魚、鮮腊。設扃鼏。膷、臐、膮，蓋陪牛、羊、豕。**注：陪鼎三牲，臛、膷、臐、膮陪之，庶羞加也。當内廉，辟堂塗也。腸胃次腊，以其出牛羊也。膚，豕肉也，唯燖者有膚。此饌先陳其位，後言其次，重大禮，詳其事也。宫必有碑，所以識日景，引陰陽也。凡碑，引物者，宗廟則麗牲焉，以取毛血。其材，宫廟以石，窆用木。疏：君子不食圂腴。犬豕曰圂。若然，牛羊有腸胃而無膚，豕則有膚而無腸胃也。宫必有碑者，按諸經云「三揖」者，鄭注皆云「入門，將曲揖，既曲，北面揖，當碑揖」。若然，士昏及此聘禮是大夫士廟内皆有碑矣。鄉飲酒、鄉射言三揖，則庠序之内亦有碑矣。祭義云「君牽牲，麗於碑」，則諸侯廟内有碑明矣。天子廟及庠序有碑可知。但生人寢内不見有碑，雖無文，兩君相朝，燕在寢，豈不三揖乎？明亦當有碑矣。言所以識日景者，觀碑景邪正以知日之早晚也。引陰陽者，又觀碑景南北長短，十一月，日南至，景南北最長，陰盛也；五月，日北至，景南北最短，陽盛也。二至之間，景之盈縮，陰陽進退可知。其材以石，窆用木，雖無正文，然葬碑取縣繩繂暫時之間，往來運載，當用木而已；其宫廟之碑，取其妙好，又須久長，用石爲之。

朱子曰：按注内「引」字，疑當作「別」。又今禹墓窆石尚存，高五六尺，廣二尺，

厚一尺許，其中有竅以受紼引棺者也，然則窆亦用石矣。檀弓云：「公室視豐碑，三家視桓楹。」豈天子諸侯以石，故謂之碑；大夫以下用木，故謂之楹歟？廟中同謂之碑，則固皆謂石也。

楊氏復曰：腸胃同鼎，謂牛羊腸胃同一鼎，不異其牛羊，腴賤也。

敖氏繼公曰：飪鼎以牛爲上，陪鼎以膷爲上。古者宫庭有碑，蓋居其庭東西南北之中，所以識深淺也。蓋，發語辭。云陪牛羊豕，明其鼎相當也。

盛氏世佐曰：正鼎曰鼏，陪鼎曰蓋，皆所以覆物也。異其名者，鼏大而蓋小也。鼏以他物爲之，故云設。蓋與鼎同物，故不云設。言蓋而不言扃，陪鼎小，其手舉之與？先儒以「蓋」爲語辭，非。

蕙田案：注疏不解「蓋」字，當以盛説爲長。

腥二牢，鼎二七，無鮮魚、鮮腊，設於阼階前，西面，南陳，如飪鼎，二列。注：有腥者，所以優賓也。堂上八豆，設於户西，西陳，皆二以並，東上。韭菹，其南醓醢，屈。注：户，室户也。東上，變於親食賓也。醓醢，汁也。屈，猶錯也。疏：醓醢西昌本，昌本西麋臡，麋臡西菁菹，菁菹北鹿臡，鹿臡東葵菹，葵菹東蝸醢，蝸醢東韭菹。案公食大夫公親食賓云：「宰夫自東房薦豆六，設於醬東，西上。」此云「東上」，是變於親食賓也。此經菹醢不自相當，皆交錯陳之，故云錯也。

敖氏繼公曰：屈者，醓醢西昌本，昌北麋臡，臡西菁菹，菹南鹿臡，臡西茆菹，菹北麋臡，曲折而下，所謂屈也。

蕙田案：天官醢人職：「朝事之豆八，韭菹、醓醢、昌本、麋臡、菁菹、鹿臡、茆菹、麇臡。饋食之豆二：葵菹、蠃醢。」此經八豆，惟言「韭菹、醓醢」，其餘無明文。賈疏、敖氏各據周禮以言，但賈疏有葵菹、蝸醢，無茆菹、麇臡；敖氏有茆菹、麇臡，無葵菹、蝸醢，二說不同。按公食大夫六豆，「韭菹、醓醢、昌本、麋臡、菁菹、鹿臡」，此六豆之見於經者也。又云「上大夫八豆」，注云「加葵菹、蝸醢」。聘禮之賓即上大夫也，其禮宜與之同矣。又按少牢禮有韭菹、醓醢、葵菹、蝸醢，朝事、饋食之豆兼用之，此大夫禮也。此主君所賜之饔，賓受之以祭祖禰。記云「如饋食之禮」，但饋食止少牢，而此用太牢，饋食止四豆，而此八豆，則祭品有加於常祭，而常祭所有之葵菹、蝸醢，此亦必有之明矣。敖氏說屈陳之次，亦與賈疏不同，未詳孰是。

八簋繼之，黍，其南稷，錯。注：黍在北。疏：繼者，繼八豆以西陳之。八豆言屈，八簋言錯者，以八豆之實各別，直次第屈陳之，則得相變。八簋惟有黍、稷二種，屈陳之則間雜，故錯陳之，使當行黍稷間錯，不得並陳設，亦相變也。六鉶繼之，牛以西羊、豕，豕南牛，以東羊、豕。注：鉶，羹器也。兩簠繼之，粱在北。注：簠不次簋者，粱稻加也。凡饌屈錯要相變。八壺設於西序，北上，二以並，南陳。注：壺，酒尊也。酒蓋稻酒、粱酒。不錯者，酒不以雜錯爲味。

西夾六豆，設於西墉下，北上。韭菹，其東醓醢，屈。六簋繼之。黍，其東稷，錯。四鉶繼之，牛以南羊，羊東豕，豕以北牛。兩簠繼之，粱在西。皆二以並，南陳。六壺，西上，二以並，東陳。注：東陳在北墉下，統於豆。疏：六豆者，先設韭菹，其東醓醢，又其東昌本，南麋臡，麋臡西菁菹，又西鹿臡。饌於東方，亦如之，注：東方，東夾室。西北上。注：亦韭菹，其東醓醢也。疏：西北上者，於東壁下南陳，西北有韭菹，東有醓醢，次昌本，次南麋臡，次西有菁菹，次北有鹿臡，亦屈錯也。上西夾饌六豆，直言「北上」，不云「西北上」。此獨云「西北上」者，見雖東夾，其陳亦與西夾同。

蕙田案：疏「次北有鹿臡」，「北」當作「西」。

壺東上，西陳。注：亦在北墉下，統於豆。

朱子曰：今按：凡言北上者，皆南陳；西上者，皆東陳。此經「西夾六豆，設於西墉下，北上」，至「兩簠」下結云「皆二以並，南陳」，又云「六壺，西上，東陳。饌於東方，亦如之，西北上」，「壺東上，西陳」，則是東西之饌，自簠以上皆南陳，唯壺東西陳之。疏於東夾之豆亦云「於東壁下南陳」，其布置之次序，亦是南陳。下又云「雖東夾，其陳亦與西夾同」，凡此皆與經文合。而布置西夾之豆，乃東陳之，又以簋、鉶、簠，皆與壺東陳，不唯與經文不合，而亦自相牴牾，殊不可曉，覽者詳之。

蕙田案：以朱子之説推之，則東西二夾所陳六豆最北，六簋在豆南，四鉶在簋南，兩簠在鉶南，所謂南陳也。東西夾布置兩兩相等，故云「亦如之」。若如楊信齋儀禮圖，則豆簋、鉶簠在西夾者東陳，在東夾者西陳，不特與經文不合，并失疏家之旨矣。其六豆次序，當云「韭菹東醓醢，醓醢南昌本，又南麋臡，麋臡西菁菹，菁菹北鹿臡，又北韭菹」，乃爲南陳。疏家布置東西夾之豆，皆與經不合，今依朱子正之。

敖氏繼公曰：腥鼎皆西面，北上，故東西夾室之饌皆西北上。飪鼎東面，北上，故堂上之饌東北上，各順之也。屬飪者於堂上，屬腥者於夾室，亦異尊卑也。夾室之饌，先西後東，是腥牢亦以西者爲尊矣。凡鼎俎恒奇，豆簋之屬恒偶。而鼎自三以上，則豆簋之數，率降於鼎者一，鉶之數，率降於豆簋者兩，故此飪鼎九，則堂上之饌八而鉶六；腥鼎七，則東西夾之饌六而鉶四也。一牢則兩簠，故堂上兩夾之數同。

醓醢百罋，夾碑，十以爲列，醓在東。注：夾碑在鼎之中央也。醓在東。醓、穀，陽也；醢、肉，陰也。　疏：罋，瓦器，其容亦蓋一觳。瓬人云：「簋實一觳。」又云：「豆實三而成觳。」四升曰豆，則罋與簋同受斗二升也。

郝氏敬曰：十以爲列，謂左右直列，醓五行在碑東，穀味居左；醢五行在碑西，肉味居右也。自「飪一牢」以下至此，皆所謂饔也。

餼二牢，陳於門西，北面，東上。牛以西羊、豕，豕西牛、羊、豕。注：餼，生也。牛羊，右手牽之。豕，束之。寢右，亦居其左。米百筥，筥半斛，設於中庭，十以爲列，北上。黍、粱、稻皆二行，稷四行。注：庭實固當庭中，言當中庭者，南北之中也。東西爲列，列當醓醢南，亦相變也。此言「中庭」，則設碑近如堂深也。　疏：享時，庭實入設，在東西之中，其南北三分庭一在南，此更言「中庭」，欲明南北之中也。東西爲行者[一]，横陳，黍兩行在北，次粱兩行，次稻兩行，次南稷四行。稻、粱是加，黍、稷是正，故黍爲上端，稷爲下端，而稻粱居其間也。門外米三十車，車秉有五籔，設於門東，爲三列，東陳。注：大夫之禮，米禾皆視死牢。秉、籔，數名也。秉有五籔，二十四斛也。籔，讀若「不數」之數，今文「籔」或爲「逾」。　疏：上文飪一牢，腥二牢，是三牢死，故米禾皆三十車。　禾三十

[一]「行」，諸本作「列」，據儀禮注疏卷二二改。

車，車三秅，設於門西，西陳。注：秅，數名也。三秅，千二百秉。薪芻倍禾。注：倍禾者，以其用多也。薪從米，芻從禾，四者之車皆陳，北輈。凡此所以厚重禮也。聘義曰：「古之用財不能均如此，然而用財如此其厚者，言盡之於禮也。盡之於禮，則内君臣不相陵，而外不相侵，故天子制之而諸侯務焉耳。」疏：薪可以炊爨，故從米陳之；芻可以食馬，故從禾陳。「四者之車皆陳，北輈」者，以其向内爲正故也〔一〕。

蕙田案：米禾皆以十車爲一列，米先西後東，故云「東陳」；禾先東後西，故云「西陳」。其輈則皆北鄉。敖氏以東陳爲西轅者，非。

又案：有司入陳，爲歸饔餼第一節。

賓皮弁，迎大夫於外門外，再拜。大夫不答拜。注：大夫，使者，卿也。疏：即上卿韋弁者也。揖入，及廟門，賓揖入。注：賓與使者揖而入，使者止執幣，賓俟之於門内，謙也。古者天子適諸侯，必舍於太祖廟。諸侯行，舍於諸公廟。大夫行，舍於大夫廟。疏：聘時主君揖入，立於庭，尊卑法。此賓與使者弊，故賓在門内，謙也。

朱子曰：按疏内「者」下「幣」字疑當作「敝」。

〔一〕「向内」，諸本誤倒，據儀禮注疏卷二一乙正。

大夫奉束帛，注：執其所以將命。入，三揖，皆行，注：皆猶並也。使者尊，不後主人。疏：賓所在，若主人也。至於階，讓，大夫先升一等。注：讓，不言三，不成三也。凡升者，主人讓於客三。敵者則客三辭，主人乃許，升，亦道賓之義也。使者尊，主人三讓，則許升矣。今使者三讓，則是主人四讓也。公雖尊，亦三讓乃許升，不可以不下主人也。古文曰「三讓」。

張氏爾岐曰：注意謂凡升者必三讓，敵者則客三辭，主人先升以道之，是成三讓也。客尊則主人三讓，而客即升，如此經「大夫先升」是也。主人三讓，客不三辭，故云「不成三也」。假使客三辭而猶先升，則是主人四讓矣。禮固無四讓法也，故即經文「大夫先升」，知大夫未嘗三辭，是謂「不成三也」。公雖尊，當其爲主人，亦必三讓乃先升，此主人自下之義也。

賓從，升堂，北面聽命。注：北面於階上也。大夫東面致命，賓降，階西再拜稽首。拜饔亦如之。注：大夫以束帛同致饔餼也，賓殊拜之，敬也。重君之禮也。

張氏爾岐曰：「大夫東面致命」，在西階上也。「賓降，階西再拜」，東階之西也。殊拜者，分別兩次拜之，成拜訖，又降拜也。

大夫辭，升成拜，注：尊賓。受幣堂中西，北面。注：趨主君命也。堂中西，中央之西。大夫降，出。賓降，授老幣。

蕙田案：大夫致命，賓受幣，爲第二節。

出迎大夫。注：老，家臣也。賓出迎，欲儐之。大夫禮辭，許。入，揖讓如初。賓升一等，大夫從，升堂。注：賓先升，敵也，皆北面。庭實設馬乘。注：乘，四馬也。賓降堂，受老束錦。大夫止。注：止，不降，使之餘尊。

盛氏世佐曰：大夫不從降者，儐禮輕也。注説似曲。

賓奉幣西面。大夫東面。賓致幣。注：不言致命，非君命也。大夫對，北面當楣，再拜稽首，注：稽首，尊君客也。致對，有辭也。受幣於楹間，南面，退，東面俟。注：賓北面授，尊君之使。賓再拜稽首送幣。大夫降，執左馬以出。注：出廟門，從者亦訝受之。賓送於外門外，再拜。

蕙田案：賓儐大夫，爲第三節。

明日，賓拜於朝，拜饔與餼，皆再拜稽首。注：拜謝主君之恩惠於大門外。周禮曰：「凡賓客之治令，訝聽之。」此拜亦皮弁服。

蕙田案：賓至朝拜謝，爲第四節。

又案：以上歸賓饔餼。

上介，饔餼三牢。

敖氏繼公曰：三牢，亦降以兩也。

飪一牢在西，鼎七，羞鼎三。注：飪鼎七，無鮮魚、鮮腊也。賓、介皆異館。腥一牢在東，鼎七。堂上之饌六。注：六者，賓西夾之數。西夾亦如之。筥及罋如上賓。注：凡所不貶者，尊介也。言如上賓者，明此賓客介也。餼一牢。門外米禾視死牢，牢十車，薪芻倍禾。

敖氏繼公曰：死牢，飪與腥也。牢十車，明二十車也。

凡其實與陳，如上賓。注：凡，凡飪以下。下大夫韋弁，用束帛致之。上介韋弁以受，如賓禮。注：介不皮弁者，以其受大禮似賓，不敢純如賓也。儐之，兩馬束錦。注：此下大夫使者受上介之儐禮，如卿使者受賓儐禮，當庭同。

蕙田案：以上歸上介饔餼。

士介四人，皆餼大牢，米百筥，設於門外。注：牢米不入門，略之也。米設當門，亦十爲列，北上，牢在其南，西上。

欽定義疏：士介四人亦各館。「餼大牢」以下爲一人言之，其餘從同，故云「皆」也。

宰夫朝服，牽牛以致之。注：執紖牽之，東面致命，朝服，無束帛，亦略之。士介西面拜迎。

疏：下記云「士館於工商」，則此致者在工商之館。宰夫從外來，宜在門西，東面。**士介朝服，北面再拜稽首受，**注：受，於牢東拜，自牢後適宰夫右受，由前東面授從者。**無儐。**注：既受，拜送之矣。明日，衆介亦各如其受之服，從賓拜於朝。疏：上賓與上介皆有儐，士介賤，故略之。

蕙田案：儐，石經及宋、元本皆作「擯」，故楊復、李如圭皆云當作「儐」。監本已改正，今從之。下「無儐」同。

又案：以上餼士介。

賓朝服問卿。注：不皮弁，别於主君。卿，每國三人。**卿受於祖廟，**注：重賓禮也。祖，王父也。**下大夫擯。**注：無士擯者，既接於君所，急見之。**擯者出請事。大夫朝服迎於外門外，再拜。賓不答拜。揖，大夫先入，每門、每曲揖。及廟門，大夫揖入。**注：入者，省内事也。既而俟於宁也。疏：宁，門屋宁也。下云「賓入，三揖，皆行」，以卿俟於宁，故得並行。與卿三揖，不俟於庭者，下君也。**擯者請命。**注：亦從入而出請，不几筵，辟君也。

敖氏繼公曰：不几筵之義有二：禮太重者不設，此類是也。禮差輕者亦不設，小聘之禮是也。

庭實設四皮。注：麋鹿皮也。**賓奉束帛入，三揖，皆行，至於階，讓，**注：皆猶並也。古文曰「三讓」。**賓升一等。大夫從，升堂，北面聽命。**注：賓先升，使者尊。**賓東面致命。**注：

致其君命。大夫降，階西再拜稽首。賓辭。升，成拜。受幣堂中西，北面。注：於堂中央之西受幣，趨聘君之命。賓降，出。大夫降，授老幣，無擯。注：不擯賓，辟君也。

蕙田案：以上問卿。

擯者出請事。賓面，如覿幣。注：面亦見也。其謂之面，威儀質也。賓奉幣，庭實從，注：庭實，四馬。入門右。大夫辭。注：大夫於賓入，自階下辭迎之。賓遂左。注：見，私事也。雖敵，賓猶謙。入門右，爲若降等然。曲禮曰：「客若降等，則就主人之階，主人固辭於客，然後客復就西階。」庭實設，揖讓如初。注：大夫至庭中，旋並行。疏：賓初入門右，大夫階下辭賓，賓遂門左，大夫至庭中迎賓，大夫迴旋，與賓揖而並行，北面。言如初者，大夫不出門，唯有庭中一揖，至碑又揖，再揖而已。大夫升一等，賓從之。注：大夫先升，道賓。大夫西面，賓稱面。注：稱，舉也。舉相見之詞以相接。大夫對，北面當楣再拜，受幣於楹間，南面，退，西面立。注：受幣楹間，敵也。賓亦振幣進，北面授。疏：凡授受之義，在於兩楹之間，皆是體敵，禮敵者並授。此大夫南面，賓北面，授雖是敵禮，是尊大夫，故訝受。賓當楣再拜送幣，降，出。大夫降，授老幣。

蕙田案：以上賓私面於卿。

擯者出請事。上介特面，幣如覿。介奉幣。注：特面者，異於主君，士介不從而入也。君尊，衆介始覿，不自別也，上賓則衆介皆從之。

欽定義疏：問者，君禮也。面者，私禮也。賓於卿先問而後面，公私兩有之。上介以下，則致其私情而已，故賓問，則上介及士介皆從之。問面相因，面亦不改也。上介有面無問曰特。

皮，二人贊，注：亦儷皮也。入門右，奠幣，再拜。注：降等也。大夫辭。注：於辭上介則出。擯者反幣。注：出還於上介也。疏：不言反皮，文不具。庭實設，介奉幣入，大夫揖讓如初。注：大夫亦先升一等。今文曰「入設」。介升，大夫再拜受。注：亦於楹間南面而受。介降拜，大夫降辭。介升，再拜送幣。注：介既送幣，降出也。大夫亦授老幣。擯者出請。衆介面，如覿幣，入門右，奠幣，皆再拜。大夫辭，介逆出。擯者執上幣出，禮請受，賓辭。注：賓亦爲士介辭。大夫答再拜。擯者執上幣，立於門中以相拜，士介皆辟。老受擯者幣於中庭。士三人坐取群幣以從之。

方氏苞曰：士介面卿，一與覿君之禮同，何也？擯者，下大夫也。使下大夫相拜，而士介與國卿覿面，而相爲禮，則彼此皆不能安，故禮以有所窮而同。

蕙田案：以上介面卿。

擯者出請事。賓出，大夫送於外門外，再拜。賓不顧。注：不顧，言去。擯者退。大夫拜辱。注：拜送也。

方氏苞曰：擯者，下大夫也。以同僚而共己之私事，故拜其辱。擯必以下大夫者，介乃下大夫也，將聘君之命以問卿。若使公士或私屬爲擯，則禮不稱。

蕙田案：以上介私面於卿。

下大夫嘗使至者，幣及之。注：嘗使至己國，則以幣問之也。君子不忘舊。上介朝服，三介，問下大夫。下大夫如卿受幣之禮。注：上介三介，下大夫使之禮也。疏：問下大夫使上介，是各於其爵易，以相尊敬者也。其面，如賓面於卿之禮。

蕙田案：以上問嘗使者。

大夫若不見，注：有故也。君使大夫各以其爵爲之受，如主人受幣禮，不拜。注：各以其爵，主人，卿也，則使卿；大夫也，則使大夫。不拜，代受之耳，不當主人禮也。疏：拜是致敬之事，不可代人之拜〔一〕。

〔一〕「代人」，諸本誤倒，據儀禮注疏卷二二乙正。

蕙田案：以上主國大夫有故。

夕，夫人使下大夫韋弁歸禮。注：夕，問卿之夕也。使下大夫，下君也。君使之。云「夫人」者，以致詞當稱「寡小君」。疏：按春秋公羊傳何休注云「禮，婦人無外事」，故知此使下大夫歸禮者，是君使之可知。堂上籩豆六，設於户東，西上，二以並，東陳。注：籩豆六者，下君禮也。設於户東，又辟饌位也。其設脯，其南醢，屈，六籩六豆。

敖氏繼公曰：凡設籩豆，自二以上，皆先豆而後籩。乃言籩豆者，文順耳。此六豆六籩，宜用朝事者，而各去其末之二。其設之之序，則豆皆在西，籩繼之而東。韭菹，其南醓醢，屈以終；麷其南蕡，亦屈以終。不用簋、簠、鉶者，以無牢故也。此禮主於飲，君之禮主於食也。

欽定義疏：凡一豆一籩者，則一脯一醢。此籩、豆各六，注乃直以脯醢當之，何也？豈其六脯而六醢邪？當以敖氏之説爲正。

壺設於東序，北上，二以並，南陳。醙、黍、清，皆兩壺。注：醙，白酒也。凡酒，稻爲上，黍次之，粱次之，皆有清白，以黍間清白者，互相備，明三酒六壺也。先言醙，白酒尊，先設之。疏：上言白，明黍、粱皆有白；下言清，明稻、黍亦有清故也。於清白中言黍，明醙即是稻，清即是粱也，故言互相備也。三酒既有清白二色，故言六壺。必先言醙者，以白酒尊重，故先設之也。

蕙田案：六壺盛三酒，爲三行，稻最北，黍在南，次之，粱在南，又次之。每行白酒在西，清酒在東，並陳。

大夫以束帛致之。注：致夫人命也。此禮無牢，下朝君也。疏：周禮掌客云：上公之禮，「夫人致禮，八籩，膳太牢」。侯伯以下，亦皆有牢，是朝君來時有牢。此卿來聘無牢，故云「下朝君也」。賓如受饔之禮。儐之乘馬、束錦。上介四豆、四籩、四壺，受之如賓禮。儐之兩馬、束錦。注：四壺，無稻酒也。不致牢，下於君也。

敖氏繼公曰：四豆者，去菁菹、鹿臡；四籩者，去形鹽、膴；四壺者，去粱酒。不言其位，如賓可知。

蕙田案：四壺，鄭以去稻酒，敖以去粱酒，經俱無明文，敖義較長。

明日，賓拜禮於朝。注：於是乃言賓拜，明介從拜也。

蕙田案：以上夫人歸禮於賓。

大夫餼賓太牢，米八筐。注：其陳於門外，黍、粱各二筐，稷四筐，二以並，南陳，無稻。牲陳於後，東上，不饌於堂庭，辟君也。疏：按掌客鄰國之君來朝，卿皆見以羔，膳太牢，侯、伯、子、男膳特牛，彼又無筐米。此侯伯之臣得用太牢，有筐米者，彼爲君禮，此是臣禮，各自爲差降，不得以彼難此。賓迎，再拜。老牽牛以致之。賓再拜稽首受。老退，賓再拜送。注：老，室老，大夫之貴臣。上介亦如之。衆介皆少牢，米六筐，皆士牽羊以致之。注：米六筐者，又無粱也。士亦大夫之貴臣。

敖氏繼公曰：米六筐，黍、粱、稷各二筐也。

盛氏世佐曰：下記云：「凡餼，大夫黍、粱、稷。」然則大夫所歸之米皆有粱也。注誤。

蕙田案：以上大夫餼賓介。

公於賓，壹食，再饗。注：饗，謂亨太牢以飲賓也。公食大夫禮曰：「設洗如饗。」則饗與食互相先後也。疏：饗禮與食禮同，食禮既亨太牢，明饗禮亨太牢可知。但以食禮無酒，饗禮有酒，故以飲賓言之。此經先言食，後言饗，則食在饗前。公食言「設洗如饗」，則饗在食前，先後出於主君之意，故不定也。燕與羞，俶獻，無常數。注：羞，謂禽羞鴈鶩之屬，成熟煎和也。俶，始也。始獻四時新物。聘義所謂「時賜無常數」，由恩意也。賓介皆明日拜於朝。上介壹食，壹饗。注：饗食賓，介爲介，從饗獻矣，復特饗之，客之也。

欽定義疏：賓於發去之日，乃三拜乘禽於朝，則此之拜賜，自拜饗食燕耳。羞與俶獻，未必僕僕亟拜也。因饗食而及燕，因又及羞獻之無常數，以類連舉之耳。

若不親食，使大夫各以其爵，朝服致之以侑幣。如致饔〔一〕，無儐。注：君不親食，謂

〔一〕「饔」，諸本作「饗」，據儀禮注疏卷二三改。

有疾及他故也。必致之，不廢其禮也。致之必使同班，敵者易以相親敬也。致禮於卿，使卿；致禮於大夫，使大夫，非必命數也。無儐，以己本宜往。古文「侑」皆作「宥」。致饗以酬幣，亦如之。注：酬幣，饗禮酬賓勸酒之幣也，所用未聞也。禮幣束帛，乘馬，亦不是過也。禮器曰：「琥璜，爵。」蓋天子酬諸侯。

蕙田案：以上食、饗、燕、羞、獻。

大夫於賓壹饗，壹食。上介若食若饗。若不親饗，則公作大夫致之以酬幣，致食以侑幣。注：作，使也。大夫有故，君必使其同爵者爲之致之。列國之賓來，榮辱之事，君臣同之。疏：此直言饗食不言燕，其實亦有。昭二年左傳云「韓宣子來聘，宴於季氏」，傳無譏文，明鄰國大夫有相燕之法。

蕙田案：以上大夫饗食賓介。

君使卿皮弁，還玉於館。注：玉，圭也。君子於玉比德焉。以之聘，重禮也。還之者，德不可取於人，相切厲之義也。皮弁者，始以此服受之〔一〕，不敢不終也。賓皮弁，襲，迎於外門外，不拜，帥大夫以入。注：迎之不拜，示將去，不純爲主也。帥，道也。今文曰「迎於門外」。古文「帥」爲「率」。

〔一〕「受」，諸本脱，據儀禮注疏卷二三補。

敖氏繼公曰：不言出請入告，文省也。禮不主於己，故不拜。大夫亦襲，至廟門，乃執玉。

大夫升自西階，鉤楹。注：鉤楹，由楹內，將南面致命。致命不東面，以賓在下也。必言鉤楹者，賓在下，嫌楹外也。

敖氏繼公曰：大夫南面，立於中堂，少西而致命。

賓自碑内聽命，升自西階，自左，南面受圭，退，負右房而立。注：聽命於下，敬也。自左南面，右大夫且並受也。必並受命者，若鄉君前耳。退，爲大夫降逡遁。今文或曰「由自西階」，無「南面」。

朱子曰：今按：或舍於大夫廟中，則當退於堂之西北，負室牖而立。

方氏苞曰：大夫南面致圭，如主君親臨之也。賓不北面受而並受，如聘君親受之也。

盛氏世佐曰：升不由阼，不敢以主人自居也。左，大夫之東也。

大夫降中庭。賓降自碑内，東面，授上介於阼階東。注：大夫降出，言中庭者，爲賓降節也。授於阼階東者，欲親見賈人藏之也。賓還阼階下，西面立。

盛氏世佐曰：兩言「自碑内」，一言「中庭」，見其升降皆不由堂塗也。蓋分庭而行者，賓主之禮也。此賓與大夫皆代君行禮，不敢以賓主自居，故皆中庭而行，異於常法與？

上介出請，賓迎。大夫還璋，如初入。注：出請，請事於外以入告也。賓雖將去，出入猶東，唯升堂由西階。凡介之位，未有改也。**賓裼，迎。大夫賄用束紡。**注：賄，予人財之言也。紡，紡絲爲之，今之縳也，所以遺聘君，可以爲衣服，相厚之至也。疏：此未知何用之財，若是報享之物，不應在禮玉之上。今言「束紡」者，以其上圭璋是彼國之物，下云「禮玉束帛」，報聘君之享物，彼君厚禮於此，此亦當厚禮於彼，故特加此束紡，是以鄭云「相厚之至也」。鄭注周禮云：「布帛曰賄。」是賄爲財物，與人財物謂之賄。又注周禮内司服云：「素紗者，今之白縳也。」則此束紡者，素紗也。故據漢法況之。

盛氏世佐曰：於是言裼，則還璋之時，賓與大夫尚襲矣，所謂「圭璋特而襲」也。賄，主君所以報聘也。既以圭璋還之，而又加之以束紡，厚往而薄來也。聘之禮重於享，而報聘之物乃輕於報享者，其輕財重禮之義乎？且享禮受之，而於聘則無所受，故分别報之，亦取相稱而已。

禮玉、束帛、乘皮，皆如還玉禮。注：禮，禮聘君也，所以報享也。亦言玉璧，可知也。疏：聘賓行享之時，束帛加璧，束錦加琮，今報享物，亦有璧琮致之，故云「亦言玉璧可知」。此玉則琮也，以經言玉，故以玉言之。若然，經言束帛，兼有束錦矣。**大夫出。賓送，不拜。**

蕙田案：以上還玉報享。

公館賓。注：爲賓將去，親存送之，厚殷勤，且謝聘君之意也。公朝服。**賓辟，**注：不敢受主國君見己於此館也〔一〕。此亦不見，言「辟」者，君在廟門，敬也。凡君有事於諸臣之家，車造廟門乃下。**上**

〔一〕「主」，諸本脱，據儀禮注疏卷二三補。

介聽命。注：聽命於廟門中，西面，如相拜然也。擯者每贊君辭，則曰：「敢不承命，告於寡君之老。」聘享，夫人之聘享，問大夫，送賓，公皆再拜。注：拜此四事，公東面拜，擯者北面。

敖氏繼公曰：拜聘享與問，謝聘君也，所謂拜貺也。拜送賓，以賓將去也。

公退，賓從，請命於朝。注：賓從者，實爲拜主君之館己也。言請命者，以己不見，不敢斥尊者之意。公辭，賓退。注：辭其拜也。退，還館裝駕，爲且將發也。周禮曰：「賓從，拜辱於朝，明日，客拜禮賜，遂行。」

方氏苞曰：賓不拜而退，所以示主君之拜，乃答其君之禮而已。不敢尸，即致辭不曰「拜辱」而曰「請命」之義也。

盛氏世佐曰：辭，辭其請也。賓不拜，不敢與敵者，拜辱之禮同也。凡拜辱之禮，所拜者不見，拜於門外，乃退。

蕙田案：以上主君就賓館。

賓三拜乘禽於朝，訝聽之。注：發去乃拜乘禽，明已受賜，大小無不識。遂行，舍於郊。注：始發，且宿近郊，自展軨。

蕙田案：以上賓拜賜，遂行。

公使卿贈，如覿幣。注：贈，送也。所以好送之也。言如覿幣，見爲反報也。今文「公」爲「君」。

受於舍門外，如受勞禮，無儐。注：不入，無儐，明去而宜有己也。如受勞禮，以贈勞同節。疏：言「不入，無儐」，對歸饔餼入設而有儐。大夫親贈，如其面幣，無儐。贈上介，亦如之。使下大夫贈上介，亦如之。使士贈衆介，如其覿幣。使人贈衆介，如其面幣。士送至於竟。

蕙田案：以上贈送。

使者歸，及郊，請反命。注：郊，近郊也。告郊人，使請反命於君也〔一〕。必請之者，以己久在外，嫌有罪惡，不可以入。

敖氏繼公曰：不敢徑入，恭也。請反命，其亦使次介與？

朝服，載旜，注：行時税舍於此郊，今還至此，正其故行服，以俟君命，敬也。禳，乃入。注：禳，祭名也。爲行道累歷不祥，禳之以除災凶。乃入，陳幣於朝，西上。上賓之公幣、私幣皆陳。上介公幣陳。他介皆否。注：皆否者，公幣、私幣皆不陳。此幣，使者及介所得於彼國君、卿大夫之贈賜也。其或陳或不陳，詳尊而略卑也。其陳之，及卿大夫處者待之，如夕幣。其禮於君者不陳。上賓，使者。公幣，君之賜也。私幣，卿大夫之幣也。他介，士介也。言他，容衆從者。疏：賓之公幣有八：

〔一〕「請」，原作「言」，據味經窩本、儀禮注疏卷二三改。

郊勞幣，一也；禮賓幣，二也；致饔餼，三也；夫人歸禮幣，四也；侑食幣，五也；再饗幣，六也；夕幣，七也；贈賄幣，八也。皆主君禮賜使者，皆用束錦，故曰公幣。賓之私幣略有十九：主國三卿五大夫皆一，食有侑幣，饗有酬幣，皆用束錦，則是十六；有三卿郊贈，則十九也。其上介公幣則有五：致饔餼，一也；夫人致禮幣，二也；侑食幣，三也；饗酬幣，四也；郊贈幣，五也。降於賓者，以其上介無郊贈幣，又無禮賓幣，又闕一饗幣，故賓八，上介五也。上介私幣有十一：主國三卿五大夫，或饗或食不備，要有其一，則其幣八也。又三卿皆有郊贈，如其面幣，通前則十一也。主國下大夫嘗使己國者，聘亦有幣及之，則亦有報幣之事，其數不定。士介四人直有郊贈報私幣，主國卿大夫報士介私面，士介私幣，數不甚明。禮於君者，謂賄用束紡〔二〕，禮用束帛、乘皮。以禮於君者是其正，故不陳之。禮於己者，以其榮，故陳之。聘君以幣問卿，而其卿不報聘君之幣者，以其尊卑不敵，若報之，嫌其敵體故也。

朱子曰：案經文，主國禮賜，無有夕幣。疏於上介公幣云「無郊贈，及無禮賓幣，又闕一饗幣，故賓八，大夫五」，則前公幣中「夕」字當是「饗」字之誤，而其次亦當在再饗之前。

張氏爾岐曰：禮於君者不陳，以使者將親執以告。

〔二〕「賄」，諸本作「侑」，據儀禮注疏卷二三改。

束帛各加其庭實，皮左，注：不加於其皮上，榮其多也。公南鄉。注：亦宰告於君，君乃朝服出門。左，南鄉。卿進使者。使者執圭，垂繅，北面。上介執璋，屈繅，立於其左。注：此主於反命，士介亦隨入，並立，東上。反命，曰：「以君命聘於某君，某君受幣於某宮，某君再拜。以享某君，某君再拜。」注：君亦揖使者進之，乃進反命也。某君，某國君也〔一〕。某宮，若言桓宮、僖宮也。某君再拜，謂再拜受也。必言此者，明彼君敬君，已不辱命。宰自公左受玉。注：亦于使者之東，同面並受也。不右使者，由便也。受上介璋，致命，亦如之。注：變「反」言「致」者，若云非君命也。致命曰：「以君命聘於某君夫人，某君再拜；以享於某君夫人，某君再拜。」不言受幣於某宮，可知，略之。

張氏爾岐曰：受上介璋，賓受之也。賓受璋，當亦垂繅而致命。本以君夫人聘君夫人，但婦人無外事，亦君命之命。言致命，若非君命然也。

執賄幣以告，曰：「某君使某子賄。」授宰。注：某子，若言高子、國子。凡使者所當以告君者，上介取以授之，賄幣在外也。禮玉亦如之。注：亦執束帛加璧也。告曰：「某君使某子禮。」宰受

〔一〕「君」，諸本作「名」，據儀禮注疏卷二三校勘記改。

之，士隨，自後左士介，受乘皮如初。上介出取玉束帛，士介從取皮也〔一〕。士即自士介後，居其右而受皮，向東藏之。

張氏爾岐曰：賓將告君之時，上介出取玉帛，士介取皮，賓執玉帛，以告宰受玉帛。

執禮幣，以盡言賜禮。注：禮幣，主國君初禮賓之幣也。以盡言賜禮，謂自此至於贈。

張氏爾岐曰：自郊勞至贈行，八度禮賓，皆有幣。執郊勞之幣，而歷舉其全以告也。

公曰：「然！而不善乎。」注：善其能使於四方。而猶女也。授上介幣，再拜稽首。公答再拜。注：授上介幣，當拜公言也。不授宰者，當復陳之。私幣不告。注：亦略卑也。君勞之，再拜稽首。君答再拜。注：勞之以道路勤苦。若有獻，則曰：「某君之賜也，注：言此物某君之所賜予爲惠者也。其所獻雖珍異，不言某爲彼君服御物，謙也。其大夫出，反必獻，忠孝也。君其以賜乎？」注：不必其當君也。獻不拜者，爲君之答己也。

蕙田案：有獻，謂彼國之君於常幣外別有賜予，故獻之於君。云以爲君賚賜之用，謙，未必當君用也。敖氏以爲賄禮中之物，則是彼國所遺於主君者，非賓之私物，詎可謂之獻乎？其説非是。

〔一〕「從」，諸本作「後」，據儀禮注疏卷二三改。

上介徒以公賜告，如上賓之禮。注：徒謂空手，不執其幣。**君勞之。再拜稽首。君答拜。勞士介亦如之。**注：士介四人，旅答一拜，又賤也。**君使宰賜使者幣，使者再拜稽首。**注：以所陳幣賜之也。禮，臣子，人賜之而必獻之君父，不敢自私服也。君父因以予之，則拜受之，如更受賜也。既拜，宰以上幣授之。

方氏苞曰：昭公四年左傳杜洩曰：「夫子受命於朝而聘於王，王賜之路，復命而致之君。君不敢逆王命而復賜之。」王賜且然，則鄰國之賜，必待君之復賜，宜也。

賜介，介皆再拜稽首。注：士介之幣，皆載以造朝，不陳之耳。與上介同受賜命，俱拜。既拜，宰亦以上幣授上介。**乃退。**注：君揖入，皆出去。**乃退，揖。**注：揖，別也。**介皆送至於使者之門，**注：將行，俟於門，反又送於門，與尊長出入之禮也。**使者拜其辱。**注：隨謝之也。再拜上介，三拜士介。

蕙田案：以上歸反命。

釋幣於門。注：門，大門也。主於闑，布席於闑西閾外，東面，設洗於門外東方，其餘如初於禰時。出於行，入於門，不兩告，告所先見也。疏：出時自廟出，先見行，入時先見門。

敖氏繼公曰：行爲道路之始，出則禮之；門爲出入之限，入則禮之。

乃至於禰，筵几於室，薦脯醢，注：告反也。薦，進也。疏：似特牲、少牢司宮設席於奥，東面，右几，但無牲牢，進脯醢而已。**觴酒陳。**注：主人酌進奠，一獻也。言陳者，將復有次也。先薦後酌，祭禮也。行釋幣，反釋奠，略出謹入也。疏：不言奠而言陳，以其下仍有室老及士獻，以備三獻，故言陳。陳有次第之言也。**席於阼，**注：爲酢主人也。酢主人者，祝取爵酌，不酢於室，異於祭。疏：特牲、少牢皆於室内，尸東西面受酢，此乃於外行來告反，故在阼不在室，與正祭異也。又正祭有尸，尸飲卒爵，以尸爵酢主人。此吉祭無尸〔一〕，爵皆奠，故別取爵以酢主人，亦異也。**薦脯醢，**注：成酢禮也。疏：特牲、少牢主人受酢時，皆席於户内，有薦俎，此雖無俎，亦薦脯醢於主人之前，以成酢禮也。

三獻。注：室老亞獻，士三獻也。每獻奠，輒取爵酌，主人自酢也。疏：此通三獻皆獻奠訖，別取爵自酢，故云「輒取爵酌」也。正祭有尸，三獻皆獻尸訖，尸酢主人、主婦、賓長。今此無尸，皆自酢，獨云「主人」者，主人爲首正，故舉前以包後。

盛氏世佐曰：正祭以主人、主婦、賓長爲三獻。今主婦不與而取士者，以其皆從行之貴臣，故助主人釋奠也。

一人舉爵，注：三獻禮成，更起酒也。主人奠之，未舉也。疏：此欲獻酬，從者不得酌神之尊，故知別取酒也。云「主人奠之，未舉」者，以其下文「獻從者」乃行酬，似鄉飲酒、鄉射一人舉觶，待獻介衆

〔一〕「吉」，諸本作「告」，據儀禮注疏卷二三改。

賓後乃行酬，亦然也。獻從者，注：從者，家臣從行者也。主人獻之，勞之也。皆升飲酒於西階上，不使人獻之，辟國君也。行酬，乃出。注：主人舉奠酬從者，下辨室老亦與焉也。上介至，亦如之。

蕙田案：以上禮門及禰。

聘遭喪，入竟，則遂也。注：遭喪，主國君薨也。入竟則遂，國君以國爲體，士既請事，已入竟矣。關人未告，則反。不郊勞。注：子未君也。不筵几。注：致命不於廟，就尸柩於殯宮，又不神之。疏：聘爲兩君相好，今君薨，當就尸柩，故不就祖廟也。鬼神所在曰廟，則殯宮亦得爲廟，設几筵亦可矣。但始死，不忍異於生，不神之，故於殯傍無几筵也。

蕙田案：筵几所以依神也，於殯宮則不設，臣子之心不忍遽神之也。必受於殯宮者有二義：一則大夫方爲君持服，不可以入廟攝行禮；一則以所聘者故君也，雖薨而聘君之命不可以不達，故就殯宮致命。在使者爲不廢命，在主國爲不死其君也，與使者以尸將命，其義互相發。敖氏以爲受於廟者，非。

觀承案：下文特著夫人、世子之喪，君使大夫受於廟之文。則此國君之喪，可知不受於廟也。蓋聘，主國君雖薨，而聘君之命不可不達，自當就殯宮致命耳。敖氏之説誠未當，注義爲長也。

不禮賓，注：喪降事也。**主人畢歸禮。**注：賓所飲食不可廢也。禮，謂饔餼饗食。**賓唯饔餼之受。**注：受正，不受加也。**不賄，不禮玉，不贈。**注：喪，殺禮，爲之不備。**遭夫人、世子之喪，君不受，使大夫受於廟，其他如遭君喪。**注：夫人、世子死，君爲喪主，使大夫受聘禮，不以凶接吉也。其他，謂禮所降。**遭喪，將命於大夫，主人長衣、練冠以受。**注：遭喪，謂主國君薨，夫人、世子死也。此三者，皆大夫攝主人。長衣，素純布衣也。去衰易冠，不以純凶接純吉也。吉時在裏爲中衣，中衣、長衣，繼皆掩尺，表之曰深衣，純袂寸半耳。君喪不言使大夫受，子未君，無使臣義也。疏：向來所釋，皆是君主始薨。假令君薨踰年，嗣子即位，鄰國朝聘，以吉禮受之於廟。雖踰年而未葬，則亦使人受之。

李氏如圭曰：更言「遭喪」，不蒙上「夫人、世子之喪」，知主國君薨，亦使大夫受也。雜記：「大夫筮宅，史練冠、長衣以筮。」則練冠、長衣者，以凶接吉之服也。

蕙田案：以上遭主國喪。

聘，君若薨於後，入竟則遂。注：既接於主國君也。**赴者未至，則哭於巷，衰於館。**注：未至，謂赴告主國君者也。哭於巷者，哭於巷門，未可爲位也。衰於館，未可以凶服出見人。其聘享之事，自若吉也。今文「赴」作「訃」。**受禮，**注：受饔餼也。**不受饗食。**注：亦不受加。**赴者至，則衰而出，**注：禮爲鄰國闕，於是可以凶服將事也。疏：主人所歸禮，則賓可以凶服受之，其正行聘享，則著吉服，故雜記云「執玉不麻」是也。

盛氏世佐曰：使者出竟，在君未薨之前，則赴者之至，自宜後於聘。且聘者，君生時所命也，既將命而後發，其凶問，亦事之次也。然則聘時，吉服之義明矣。

唯稍受之。注：稍，稟食也。疏：禮，君行師從，卿行旅從。從者既多，不可闕於稍食。案周禮每云「稍事」，皆謂米稟，以其稍稍給之，故謂米稟爲稍。歸，執圭復命於殯，升自西階，不升堂。注：復命於殯者，臣子之于君父，存亡同。疏：按禮記奔父母之喪，「升自西階」。此復命於殯，亦升自西階法。生時出必告，反必面，故云「臣子於君父，存亡同」也。

欽定義疏：雜記「執玉不麻」，謂平常時也。至有君喪，既聘而受還玉，及歸而復命，則麻可也。禮窮則不得不同也。

子即位，不哭。注：將有告請之事，宜清靜也。不言世子者，君薨也。諸臣待之，亦皆如朝夕哭位。疏：按公羊傳：「君存稱世子，君薨稱子某，既葬稱子，踰年稱君。」奔喪云奔父之喪在家者待之，皆如朝夕哭位。辯復命，如聘。注：自陳幣至於上介，以公賜告，無勞。子臣皆哭。注：使者既復命，子與群臣皆哭。與介入，北鄉哭，注：北鄉哭，新至，別於朝夕。疏：使者升階復命訖，不見出文，而言「與介入」者，以其復命之時，介在幣南，北面，去殯遠，復命訖，除去幣，賓更與介前入近殯，北鄉哭。鄉內爲入，新至，別於朝夕者，朝夕哭位在阼階下，西面。今於殯前北鄉。出，袒括髮，注：悲哀變於外，臣也。　疏：案奔喪云「至於家，入門左，升自西階」，東面哭，括髮袒於殯東，是於内者，子故也。此使者出門，袒括髮，變於外者，臣故也。**入門右，即位，踊。**注：從臣位，自哭至踊，如奔喪禮。　疏：按奔喪云：「袒括髮於西階東，即位踊，襲絰於序東。」此門外袒括髮，入門右，即位踊，亦當襲絰於序東，故鄭云「自哭至踊，如奔喪禮也」。

蕙田案：以上聘君薨。

若有私喪，則哭於館，衰而居，不饗食。注：私喪，謂其父母。哭於館，衰而居，不敢以私喪自聞於主國，凶服於君之吉使。春秋傳曰：「大夫以君命出，聞喪，徐行而不反。」　疏：衰而居，謂服衰居館，行聘享則皮弁吉服。公羊傳何氏注：「聞大喪而不反，重君命也。徐行者，爲君當使人追代之。」以此言之，使雖未出國境，聞父母之喪，遂行，不敢以私廢王事，君使人代之可也。明至彼所使之國，雖聞父母之喪，不反可知。**歸，使衆介先，衰而從之。**注：已有衰斬之服，不忍顯然趨於往來。其在道路，使介居前，歸又請反命，己猶徐行隨之。君納之，乃朝服，既反命，出公門，釋服，哭而歸。其他如奔喪之禮，吉時道路深衣。　疏：朝服反命，出門去朝服，還服吉時深衣，三日成服，乃去之。

盛氏世佐曰：案奔喪之禮有二：一是平時聞赴遂歸，在道不及成服，則服深衣，素委貌，至家三哭之，明日，乃喪服，杖於序東，所謂「三日成服」也；一是以君命出使，不得遽歸，則成服於外，至家固已喪服，不俟三日，所謂「若不得行，則成服而後行」也。此經所陳，即成服而後行之事。然則，出公門即反喪服矣。疏乃引未成服而奔喪者之禮以釋之，非。

蕙田案：上文云「衰而居」，此云「衰而從之」，則已成服矣，何用至家轉服深衣，三日而成服乎？盛氏駁疏義極當。

又案：以上賓有私喪。

賓入竟而死，遂也。主人爲之具而殯。注：具，謂始死至殯所當用。疏：不殯於館，取其至殯爲節，以其大斂訖即殯，故連言殯。下文「歸，介復命」之時，柩止門外，明斂於棺而已。

朱子曰：今案周禮注疏云：「權殯於館。」此疏非是。

介攝其命。注：爲致聘享之禮也。初時，上介接聞命。君弔，介爲主人。注：雖有臣子親姻，猶不爲主人，以介與賓並命於君，尊也。疏：古者賓聘，家臣適子皆從行，是以延陵季子聘於齊，其子死葬於嬴、博之間。

敖氏繼公曰：凡諸侯弔於異國之臣，君爲之主。此時其君不在，故介爲主人，受主君之弔。君弔，蓋皮弁服。禮，諸侯弔於異國之臣，皮弁錫衰。主人未喪服，則君亦不錫衰，不錫衰，則惟皮弁服矣。介爲主則袒免。喪服記曰：「朋友皆在他邦，袒免。」謂此類也。凡諸侯弔，主人必免。

主人歸禮幣，必以用。注：當中奠贈諸喪具之用，不必如賓禮。疏：主人所歸禮與幣，必以當喪者之用，不必如致飧饔之禮，束紡、皮帛之類，不堪喪者之用故也。介受賓禮，無辭也，注：介受主國賓己之禮，無所辭也，以其當陳之以反命也。有賓喪，嫌其辭之。**不饗食。歸，介復命，柩止於門外。**注：門外，大門外也。必以柩造朝，達其忠心。　疏：國君有三門，皋、應、路；又有三朝，内朝在路寢庭，正朝在路門外，應門外無朝，外朝當在皋門外。經直云「止於門外」，無入門之言，明知止於大門外，外朝之上。

蕙田案：此「皋門」當作「庫門」，疏誤也。

介卒復命，出，奉柩送之。君弔，卒殯。注：卒殯，成節乃去。　疏：卒復命，謂復命訖，出君大門，奉賓之柩，送至賓之家。入殯於兩楹之間，君往就弔。殯訖，君與大夫盡去。**若大夫介卒，亦如之。**注：不言上介者，小聘，上介，士也。　疏：按此據大聘上介是大夫而言。經不言上介，則大夫介卒中，兼有聘使大夫，其卒亦如之。故鄭云不言上介，小聘，上介，士也。欲兼見小聘之法也。若小聘，上介、末介皆士，則入下文「士介死」中，以其下文更不見小聘賓介死法，故此兼言之也。**士介死，爲之棺斂之，**注：不具他衣物也。自以時服也。

欽定義疏：君於士有致襚之禮，豈於他國士介而不具衣物者？是非哀死恤喪之誼也。敖氏云「棺」「具」互文，亦未盡經義，蓋「具」兼殯斂，備其用者周，士介則僅及其棺斂之需而已。

君不弔焉。注：主國君使人弔，不親往。若賓死，未將命，則既斂於棺，造於朝，介將命。注：未將命，請俟間之後也。以柩造朝，以己至朝，志在達君命。若介死，歸復命，唯上介造於朝。若介死，雖士介，賓既復命，往，卒殯，乃歸。注：往，謂送柩。

蕙田案：以上賓介卒。

小聘曰問。不享，有獻，不及夫人。主人不筵几，不禮，面不升，不郊勞。注：記貶於聘，所以爲小也。獻，私獻也。面，猶覿也。疏：不享者，謂不以束帛加璧，獻國所有。不禮者，聘訖，不以齊酒禮賓。面不升者，謂私覿，庭中受之，不升堂。其禮，如爲介。三介。注：如爲介，如爲大聘上介。疏：禮，即飧、饔、餼、食、燕之等。三介者，大夫降於卿二等故也。

蕙田案：以上小聘。

記：久無事，則聘焉。注：事，謂盟會之屬。若有故，則卒聘。束帛加書將命，百名以上書於策，不及百名書於方。注：故，謂災患及時事相告請也。將，猶致也。名，書文也，今謂之字。策，簡也。方，版也。疏：簡據一片而言，策是編連之稱，方若今之祝板，不假連編之策。一板書盡，故言「方，板也」。主人使人與客讀諸門外。注：受其意，既聘享，賓出而讀之。不於內者，人稠處嚴，不得審悉。主人，主國君也。人，内史也。書必璽之。客將歸，使大夫以其束帛反命於館。

注：爲書報也。明日，君館之。注：既報，館之，書問尚疾也。

欽定義疏：還玉之明日，館賓。館賓之明日，賓行。經之次第本如此，惟有故加書，則於還玉日多反命一事耳。記此者，嫌加書或當有遷延，未得明日館賓也。

蕙田案：以上記有故卒聘加書。

既受行，出，遂見宰，問幾月之資。注：資，行用也。古者君臣謀密草創，未知所之遠近，問行用，當知多少而已。古文「資」作「齎」。

朱子曰：案上言與卿圖事，則固已知所之矣。此但言與宰計度資費之多寡而已，注言「未知所之」，非是。

使者既受行日，朝同位。注：謂前夕幣之間。同位者，使者北面，介立於左，少退，别於其處臣也。疏：謂己受命日，夕幣之前，使者及介朝君之時，皆同位，北面，東上。

蕙田案：敖繼公以「日朝」爲「每日常朝」，其説甚鑿。

出祖釋軷，祭酒脯，乃飲酒於其側。注：祖，始也。既受聘享之禮，行出國門，止陳車騎，釋酒脯之奠於軷，爲行始也。詩傳曰：「軷，道祭也。」謂祭道路之神。春秋傳曰：「軷涉山川。」然則軷，山行之名也。道路以險阻爲難，是以委土爲山，伏牲其上，使者爲軷，祭酒脯祈告也。卿大夫處者，於是餞之，飲酒於其側。禮畢，乘車轢之而遂行，舍於近郊矣。其牲，犬羊可也。古文「軷」作「祓」。疏：道路之神有二：在國内釋幣於行者，謂平適道路之神；出國門釋奠於軷者，謂山行道路之神。周禮犬人職云：「伏、瘞亦如之。」是用犬也。詩云：「取羝以軷。」是用羊也。是犬羊各用其一，未必並用之。言「可」者，人君有牲，大夫無牲，直用酒脯。此見出行時祭軷，聘使還亦宜有祖，但文不具。

蕙田案：以上記使者受命將行之禮。

所以朝天子，圭與繅皆九寸，剡上寸半，厚半寸，博三寸。繅三采六等，朱、白、蒼。注：圭，所執以爲瑞節也。剡上，象天圓地方也。雜采曰繅。以韋衣木版，飾以三色。再就，所以薦玉，重慎也。九寸，上公之圭也。古文「繅」或作「藻」，今文作「璪」。疏：下不剡，象地方；上剡，象天圓。凡圭，天子鎮圭，公桓圭，侯信圭，皆博三寸，厚半寸，剡上左右各寸半，唯長短依命數不同。凡言繅者，皆象水草之文〔一〕，天子五采，公侯伯三采，子男二采，皆是雜采也。木版大小，一如玉制，然後以韋衣包之，大小各如其板。三色再就者，一采爲再就，三采即六等也。一帀爲一就，三采據公侯伯，子男則二采。

朱子曰：案記只有「朱白蒼」三字，而雜記疏所引，乃重有之，不知何時傳寫之

〔一〕「象」，原作「蒙」，據味經窩本、儀禮注疏卷二四改。

誤，失此三字。

問諸侯，朱緑繅，八寸。注：二采再就，降於天子也。於天子曰朝，於諸侯曰問，記之於聘，文互相備。疏：上云「三采六等」，此二采不云四就者，臣禮與君禮異。此二采雖與子男同，但一采爲一帀，二采爲再帀，爲四等。今臣一采爲一就，二采爲再就，是二采當君一采之處。典瑞云：「瑑圭璋璧琮，繅皆二采一就，以覜聘。」亦是臣二采，共當君一采一帀之處。降於天子，降於朝天子也。諸侯自相朝亦同，圭與繅九寸，侯伯以下依命數。諸侯遣臣自相問，若遣臣問天子，圭與繅亦八寸，此言八寸，據上公之臣。侯伯之臣則六寸，子男之臣則四寸，各降其君二等。皆玄纁繫，長尺，絢組。注：采成文曰絢。繫，無事則以繫玉，因以爲飾，皆用五采組，上以玄、下以絳爲地。今文「絢」作「約」。

張氏爾岐曰：繅以藉玉，繫以聯玉與？繅組即所以飾繫者，其質上玄下纁，而又加五采之組也。

問大夫之幣俟於郊，爲肆，又齎皮馬。注：肆猶陳列也。齎猶付也。使者既受命，宰夫載問大夫之禮待於郊，陳之爲行列，至則以付之也。使者初行，舍於近郊。幣云肆，馬云齎，因其宜，亦互文也。不於朝付之者，辟君禮也。必陳列之者，不夕也。

蕙田案：以上記朝聘玉帛。

辭無常，孫而説。注：孫，順也。大夫使，受命不受辭，辭必順且説。辭多則史，少則不達。注：史，謂策祝。辭苟足以達，義之至也。注：至，極也。辭曰：「非禮也，敢。」對曰：「非禮也，敢。」注：辭，辭不受也。對，答問也。二者皆卒曰敢，言不敢。

蕙田案：以上記辭。

卿館於大夫，大夫館於士，士館於工商。注：館者必於廟，不館於敵者之廟，爲大尊也。自官師以上，有廟有寢，工商則寢而已。管人爲客，三日具沐，五日具浴。注：管人，掌客館者也。客，謂使者下及士介也。

蕙田案：以上記館。

飧不致，注：不以束帛致命，草次饌，飧具輕。賓不拜，注：以不致命。沐浴而食之。注：自潔清，尊主國君賜也。記此，重者沐浴可知。

蕙田案：以上記設飧。

卿，大夫訝。大夫，士訝。士，皆有訝。注：卿，使者。大夫，上介也。士，衆介也。訝，主國君所使迎待賓者。

盛氏世佐曰：訝，即經所謂「訝賓於館」者。周禮云：「凡賓客諸侯有卿訝，卿有大夫訝，大夫有士訝，士皆有訝。」注云「此謂朝覲聘問之日，王所使迎賓客於館之訝」是也。蓋訝有二：一是待事於客之訝，秋官掌訝是也，以中士爲之；一是迎賓於館之訝，此記所陳是也，以降於賓一等者爲之。天子二訝俱有，諸侯無掌訝，即以大夫士迎賓於館者兼之。故下文賓就館，訝以公使已待事之命告賓也。

賓即館，訝將公命。注：使己迎待之命。

蕙田案：賓即館，謂聘享既畢，就館之時。敖氏以此節宜在卿致館之後，非。

又見之以其摯。注：又，復也。復以私禮見者，訝將舍於賓館之外，宜相親也。大夫訝者執鴈，士訝者執雉。賓既將公事，復見之以其摯〔一〕。注：既，已也。公事，聘享問大夫。復，報也。使者及上介執鴈，群介執雉，各以見其訝。

蕙田案：以上記訝者。

凡四器者，唯其所寶，以聘可也。注：言國獨以此爲寶也。四器，謂圭、璋、璧、琮。疏：此據公侯伯之使者，若子男使者，聘用璧、琮，享用琥、璜。

蕙田案：以上記聘玉。

宗人授次，次以帷，少退於君之次。注：主國之門外，諸侯及卿大夫之所使者，次位皆有常處。疏：朝聘、陳賓介，上公九十步，侯伯七十步，子男五十步。使其臣聘，又各降二等。其次皆依其步數，就西方而置之。未行禮之時，止於次中，至將行禮，賓乃出次。凡爲次，君次在前，臣次在後，故云

〔一〕「之」，諸本作「訝」，據儀禮注疏卷二四改。

「少退於君之次」。

蕙田案：以上記賓次。

上介執圭，如重，授賓。注：慎之也。曲禮曰：「凡執主器，執輕如不克。」疏：此謂將聘於主君廟門外，上介屈繅以授賓〔一〕，賓襲受之節。賓入門，皇；升堂，讓；將授，志趨。注：皇，自莊盛也。讓，謂舉手平衡也。志，猶念也。念趨，謂審行步也。孔子之執圭，鞠躬如也，如不勝。上如揖，下如授，勃如戰色，足蹜蹜如有循。疏：「賓入門皇」，謂未至堂時。「升堂讓」，謂升堂，東面，向主君之時。「將授，志趨」，謂賓執玉向楹，將授玉之時。念鄉入門在庭時，執玉徐趨，今當亦然。

敖氏繼公曰：讓，謂必後主君也，經云「公升二等，賓升」是也。行而張足曰趨。曲禮曰：「堂上不趨，執玉不趨。」特志於趨耳，言其急於授君而行速也。

授如爭承，下如送。君還而后退。注：爭，爭鬬之爭。重失隊也。而后猶然後也。疏：授，謂就東楹授玉於主君時，如與人爭接取物，恐失墜。下如送者，謂聘享每訖，君實不送，而賓之敬如君送然。君迴還，賓則退出廟門，更行後事，非謂賓出大門也。

欽定義疏：賈氏以「下」爲下堂，「退」爲賓出廟門者，朱子於論語已質其非，而

〔一〕「以」，諸本脱，據儀禮注疏卷二四補。

敖氏以「爭」字爲句，謂尚疾者，恐亦非「執輕如不克」之意。蓋執玉以授君，當執其下，君則從其上受之。故授之時，如爭承物者，然玉已授而手在下，猶若有所送也。

蕙田案：敖繼公以「授如爭」爲句，「承下如送」爲句，郝敬則以「將授志」爲句，「趨授如爭」爲句，皆非。

下階，發氣怡焉，再三舉足，又趨。注：發氣，舍息也。再三舉足，自安定，乃復趨也。至此云舉足，則志趨卷豚而行也。孔子之升堂，鞠躬如也，屏氣似不息者。出，降一等，逞顏色，怡怡如也。没階，趨進，翼如也。

朱子曰：案「趨進」，「進」字衍。「卷豚」，義見曲禮。卷，轉也；豚之言若有循。

及門，正焉。注：容色復故，此皆心變見於威儀。執圭，入門，鞠躬焉，如恐失之。注：記異説也。疏：亦謂將聘執圭入廟門時〔一〕。及享，發氣焉，盈容。注：發氣，舍氣也。孔子之於享禮，有容色。衆介北面，蹌焉。注：容貌舒揚。疏：此謂賓行聘，衆介從，入門左，北面。私覿，愉愉焉，注：容貌和敬。疏：舒於盈容也。出，如舒雁。注：威儀自然而有行列。舒雁，鵝也。

〔一〕「將」，諸本作「方」，據儀禮注疏卷二四改。

疏：此出廟門之外，又舒緩於愉愉也。**皇，且行，入門主敬，升堂主慎。**注：復記執玉異説。

蕙田案：以上三記賓介聘享之容。

凡庭實，隨入，左先。皮馬相間可也。注：隨入，不並行也。間猶代也。土物有宜，君子不以所無爲禮，畜獸同類，可以相代。**賓之幣，唯馬出，其餘皆東。**注：馬出，當從厩也。餘物皆東，藏之内府。

蕙田案：以上記庭實入出。

多貨則傷於德，注：貨，天地所化生，謂玉也。君子於玉比德焉。朝聘之禮，以爲瑞節，重禮也。多之則是主於貨，傷敗其爲德。**幣美則没禮。**注：幣，人所造成，以自覆幣，謂束帛也。愛之斯欲衣食之，君子之情也。是以享用幣，所以副忠信，美之，則是主於幣，而禮之本意不見也。**賄，在聘于賄。**注：賄，財也。于，讀曰爲。言主國禮賓，當視賓之聘禮而爲之財也。賓客者，主人所欲豐也。若苟豐之，是又傷財也。周禮曰：「凡諸侯之交，各稱其邦而爲之幣，以其幣爲之禮。」

蕙田案：以上記貨幣之度。

凡執玉，無藉者襲。注：藉，謂繅也。繅，所以緼藉玉。

陸氏佃曰：無藉，若「圭璋特」是也。經言繅，又别言藉，則藉非繅矣。藉若「璧以帛，琮以錦」之類。「公側襲，受玉於中堂與東楹之間」，此無藉者之玉也，束帛加璧則裼矣。

蕙田案：圭璋特而襲，璧琮加束帛而裼，見於鄭注曲禮，其說不可易。而又以繅爲藉，殊爲牽合，辨見別卷。

又案：以上記執玉襲。

禮，不拜至。注：以賓不於是始至。今文「禮」爲「醴」。

張氏爾岐曰：禮，爲聘享畢，公禮賓也。疏以爲聘時，似非經意。

醴尊於東箱，瓦大一，有豐。注：瓦大，瓦尊。豐，承尊器，如豆而卑。薦脯五膱，祭半膱，横之。注：膱，脯如版然者，或謂之脡，皆取直貌焉。祭醴，再扱，始扱一祭，卒再祭。注：卒，謂後扱。主人之庭實，則主人遂以出，賓之士訝受之。注：此謂餘三馬也。左馬賓執以出矣。士，士介從者。疏：主人牽者，從賓以出於門外，賓之士介迎受之。

蕙田案：以上記禮賓之事。

既覿，賓若私獻，奉獻，將命。注：時有珍異之物，或賓奉之，所以自序尊敬也。猶以君命致之。擯者入告，出，禮辭。注：辭其獻也。賓東面坐，奠獻，再拜稽首。注：送獻不入者，奉物禮輕。擯者東面坐取獻，舉以入告；出，禮請受。注：東面坐取獻者，以宜並受也。其取之，由賓南而自後右客也。賓固辭。公答再拜。注：拜受於賓也。「固」亦衍字。擯者立於閾外以相拜。賓辟。注：相，贊也。擯者授宰夫於中庭。注：東藏之，既乃介覿。若兄弟之國，則問夫人。注：兄弟，謂同姓，若昏姻、甥舅有親者。問，猶遺也，謂獻也。不言獻者，變於君也，非兄弟獻不及夫人。

蕙田案：以上記私獻。

若君不見，注：君有疾，若他故，不見使者。使大夫受。注：受聘享也。大夫，上卿也。自下聽命，自西階升受，負右房而立。賓降，亦降。注：此儀如還圭然，而賓、大夫易處耳。今文無「而」。疏：還玉時，賓自大夫左受之，此大夫於賓左受之，故云易處也。不禮。注：辟正主也。

蕙田案：以上記君不親受。

幣之所及，皆勞，不釋服。注：以與賓接於君所，賓又請有事於己，不可以不速也。所不及者，下大夫未嘗使者也。不勞者，以先是賓請有事於己同類，既聞彼爲禮所及，則己往有嫌也。所以知及不及者，賓請有事，固曰「某子某子」。

蕙田案：以上記大夫勞賓。

賜饔，唯羹飪。筮一尸，若昭若穆。注：羹飪，謂飪一牢也。肉謂之羹。唯是祭其先，大禮之盛者也。筮尸若昭若穆，容父在，父在則祭祖，父卒則祭禰。腥饇不祭，則士介不祭也。士之初行，不釋幣於禰，不祭可也。僕爲祝。祝曰：「孝孫某，孝子某，薦嘉禮於皇祖某甫，皇考某子。」注：僕爲祝者，大夫之臣，攝官也。疏：若然，諸侯不攝官，使祝祝策矣。案定四年祝佗又云：「嘉好之事，君行師從，卿行旅從，則臣無事。」若君到主國祭饗之時，得不攝官乎？但大夫使僕攝祝，則是本無祝官，與諸侯異耳。

敖氏繼公曰：并祭祖禰，盛之也。一牢而并祭，并祭而一尸，皆異於常禮。

欽定義疏：孝孫對皇祖爲稱，孝子對皇考爲稱，亦科用其一，非兩稱之也。並舉之者，以若昭若穆不定，惟人所指耳。若并祭祖禰，則祝辭但稱孝孫，不當并稱孝子，卑統於尊也。周公并告太王、王季、文王，而册祝之辭但云「玄孫某」，可以見其例矣。在國則祝者，公有司也。祝不從行，而僕攝之。事神之職，祝爲尊。大夫之貴臣，老與士而已。此僕爲祝者，其亦公家之臣與？佐食，宗人，賓則同行者皆可爲之。宗人薦豆設敦，且亞獻，以其無主婦，宗人宜攝之也。司馬、司士，則皆其臣爲之。

如饋食之禮。注：如少牢饋食之禮。不言少牢，今以太牢也。疏：少牢禮有尊俎、籩豆、鼎敦之數，陳設之儀，陰厭、陽厭之禮，九飯三獻之法，此皆宜有之。至於致爵、加爵及獻兄弟弟子等，固當略之矣。**假器於大夫。**注：不敢以君之器爲祭器。**朌肉及廋車。**注：朌猶賦也。廋，廋人也。車，巾車也。二人掌視車馬之官也。賦及之，明辯也。

張氏爾岐曰：祭訖，頒胙無不徧也。夏官廋人職掌養馬。

蕙田案：以上記賓受饔以祭。

聘日致饔。明日，問大夫。注：不以殘日問人，崇敬也。**夕，夫人歸禮。**注：與君異日，下之也。今文「歸」作「饋」。**既致饔，旬而稍。宰夫始歸乘禽，日如其饔餼之數。**注：稍，稟食也。乘，謂乘行之禽也，謂雁鶩之屬。其歸之，以雙爲數。其，賓與上介也。古文「既」爲「餼」。

張氏爾岐曰：十日之後，賓不得時反，則致稍廩與乘禽。雁鶩之屬，行有行列，故曰乘禽。如饔餼之數者，一牢當一雙，故聘義云「乘禽日伍雙」，是饔餼五牢者也。上介則日三雙，士介日一雙。

士中日則二雙。注：中猶間也。不一日一雙，大寡，不敬也。**凡獻，執一雙，委其餘於面。**注：執一雙以將命也。面，前也。其受之，則上介受以入告之，士舉其餘從之，賓不辭，拜受於庭。上介執之，以相拜於門中，乃入授人。上介受，亦如之，士介拜受於門外。**禽羞、俶獻比。**注：比，放也。其致之，禮如乘禽也。禽羞，謂成熟有齊和者。俶獻，四時珍美新物也。俶，始也。言其始可獻也。聘義謂之時賜。

蕙田案：以上記禮賓之節及羞獻。

歸大禮之日，既受饔餼，請觀。注：聘於是國，欲見其宗廟之好、百官之富，若尤尊大之焉。

李氏如圭曰：吳季札聘魯，請觀周樂；晉韓起聘魯，觀書於太史氏，是其類。

訝帥之，自下門入。注：帥，猶道也。從下門外入，游觀非正也。

蕙田案：以上記賓請觀。

各以其爵朝服。注：此句宜在「凡致禮」下。

蕙田案：此記致禮者之爵服。

士無饔。無饔者無儐。注：謂歸饔也。

蕙田案：此記士介之殺禮。

大夫不敢辭，君初爲之辭矣。注：此句宜在「明日，問大夫」之下。

蕙田案：此記賓問大夫。

凡致禮，皆用其饗之加籩豆。注：凡致禮，謂君不親饗賓及上介，以酬幣致其禮也。其，其賓與上介也。加籩豆，謂其實也，亦實於罋筐。饗禮今亡。

蕙田案：此記致饗禮。

無饔者無饗禮。注：士介無饗禮。

蕙田案：此記士無饗。

凡餼，大夫黍、粱、稷，筐五斛。注：謂大夫餼賓、上介也。器寡而大，略。

蕙田案：此記大夫餼賓介。

既將公事，賓請歸。注：謂己問大夫，事畢請歸，不敢自專，謙也。主國留之，饗食燕獻無日數，盡殷勤也。凡賓拜於朝，訝聽之。注：拜，拜賜也。唯稍不拜。

蕙田案：此記賓請歸及拜賜。

燕則上介爲賓，賓爲苟敬。注：饗食，君親爲主，尊賓也。燕，私樂之禮，崇恩殺敬也。賓不欲主君復舉禮事禮己，於是辭爲賓，君聽之。從諸公之席，命爲苟敬。苟敬者，主人所以小敬也。更降迎其介以爲賓。介，大夫也，雖爲賓，猶卑於君，君則不與亢禮也。主人所以致敬者，自敵以上。宰夫獻。注：爲主人代公獻。

蕙田案：此記燕。

無行，則重賄反幣。注：無行，謂獨來，復無所之也。必重其賄與反幣者，使者歸，以得禮多爲榮，所以盈聘君之意也。反幣，謂禮玉、束帛、乘皮，所以報聘君之享禮也。昔秦康公使西乞術聘於魯，辭孫而說。襄仲曰：「不有君子，其能國乎？厚賄之。」此謂重賄反幣者也。　疏：此特來，非歷聘，歷聘則吴公子札聘於上國是也。

蕙田案：此記特聘。

曰：「子以君命在寡君，寡君拜君命之辱。」注：此贊君拜聘享辭也。在，存也。　疏：此及下三經，即上經「公館賓，賓辟，上介聽命，聘享，夫人之聘享，問大夫，送賓，公皆再拜」，注云：「拜此四事。」彼見其拜，此見其贊辭也。「君以社稷故，在寡小君，拜。」注：此贊拜夫人聘享辭也。言君以社稷故者，夫人與君敵體，不敢當其惠也。其卒亦曰：「寡君拜命之辱。」「君貺寡君，延及二三老，拜。」注：此贊拜問大夫之辭。貺，賜也。大夫曰老。　又拜送。注：拜送賓也。其辭蓋云：「子將有行，寡君敢拜送。」此宜承上「君館」之下。

蕙田案：「又拜送」三字，監本及敖本皆在「君貺寡君」之上。唐石經及謝子祥、郝敬、張爾岐、盛世佐諸本，並在「延及二三老，拜」之下，於文義爲順。

又案：此四節記公館賓贊拜所釋之辭，賈疏最明。注云此宜承上「君館」之下，謂自「曰子以君命在寡君」以下至此，並當承上記「明日君館之」下也。朱子儀禮經傳通解、楊氏儀禮圖僅以「又拜送」句入「公館賓」章，而以「子以君命在寡君，寡君拜君命之辱」入「受玉」章，「君以社稷故，在寡小君，拜」入「聘享夫人」章，「君貺寡君，延及二三老，拜」入「賓問卿」章，似失注意。

又案：此記公館賓之辭。

賓於館堂楹間，釋四皮、束帛。賓不致，主人不拜。注：賓將去是館，留禮以禮主人，所以謝之也。不致，不拜，不以將別崇新敬也。疏：若鄉飲酒送賓，賓不答，禮有終，相類也。

蕙田案：此記賓釋皮帛於館。

大夫來使，無罪，饗之。過則餼之。注：樂與嘉賓爲禮。餼之，生致其牢禮也。其致之辭，不云君之有故耳。聘義曰：「使者聘而誤，主君不親饗食，所以愧厲之也。」不言罪者，罪將執之。

張氏爾岐曰：君有故，亦不親饗，此以使者有過不饗，故致辭異也。

其介爲介。注：饗賓有介者，尊賓，行敵禮也。疏：饗賓於廟之時，還以聘之上介爲介。上經上介、主人別行饗，則是從賓爲介之外，復別饗也。

有大客後至，則先客不饗食，致之。注：卑不與尊齊禮。

蕙田案：此記饗、不饗之宜。

唯大聘有几筵。注：謂受聘享時也。小聘輕，雖受於廟，不爲神位。

蕙田案：此記几筵。

十斗曰斛，十六斗曰籔，十籔曰秉，注：秉，十六斛。今江、淮之間，量名有爲籔者，今八籔爲逾。二百四十斗。注：謂一車之米，秉有五籔。

張氏爾岐曰：致饔時每車米數。

四秉曰筥，注：此秉謂刈禾盈手之秉也。筥，穧名也。若今萊陽之間，刈稻聚把，有名爲筥者。詩云：「彼有遺秉。」又云：「此有不斂穧。」疏：對上文，秉爲量名。十筥曰稯，十稯曰秅，四百秉爲一秅。注：一車之禾三秅，爲千二百秉。三百筥，三十稯也。

張氏爾岐曰：致饔時，禾三十車，車三秅，此其秉數。

蕙田案：此記米禾之數。

薛氏禮圖：諸侯相聘之法，卿既受命，將行之旦，釋幣于禰，告爲君使。乃受命于朝，介及衆介皆從之。受聘圭，受享束帛加璧，受夫人聘璋、享琮，遂行。始至所聘之境，張旜，主君使士請事，遂入，斂旜。至近郊，張旜，君使下大夫請行，反，君使卿朝服，用束帛勞，夫人使下大夫用棗栗勞。及國，主人請受，示不敢留賓，賓請問，示不敢迫主人。卿致館，使若上卿，則館于大夫之廟，大夫館于士之廟，宰夫朝服致飧。明日，賓皮弁服至于大門外西次，主君迎賓大門內。其擯數主君依己之爵位，上擯在闑東門外，西面，北上，承擯次南，紹擯又次南，皆西面。賓出次當闑西，北面。上介次北，衆介亦繼而北。使介及陳位相去之數，各依聘君之爵位。君朝則使傳命，聘使陳而已，不傳命。其上擯之請事，揖賓，俱進，至末擯間，賓亦進，至末介間，相對言也。時公在大門內，亦皮弁服。請事訖，賓入大門內，公再拜，公揖入，遂入。賓既入，上介不襲，執圭屈繅以授賓。賓襲而執圭，遂與主君揖讓，升，授玉，主君襲受。受玉訖，裼而立。受時介皆入，在門內。賓裼，奉束帛加璧享。享皆裼，受庭中，所陳或皮馬，隨國所有。次行夫人聘享，亦如之。皆君爲之受。既受享，然後主君禮賓以醴酒，荐脯醢，禮以束帛乘馬。賓既行私覿，奉束錦乘馬以覿。既覿而出，君送至大門內。問君，問夫人，賓對，遂還館。賓既還館，主國卿皆就館勞，皆用雁。主君使卿韋弁服歸饔，賓亦以皮弁服受之。使大夫奉束帛以致，賓亦以束帛、乘馬儐使者。夕，夫人使下大夫韋弁歸禮，大夫以束帛致之。賓受，如受君饔餼禮。儐之以乘馬、束錦。于賓一食再饗，燕或有或無。上介一食一饗，賓皆再拜于朝。若不親饗食，則大夫各以爵朝服，致之以侑幣，如致饔。無儐，致饗以酬幣，亦如之。君使卿皮弁還圭璋，賓亦皮弁，襲而受于公館。賓遂行，舍于近郊，公使卿贈，如受牢禮，無擯。還境而請反命，乃先入，至朝反命，然後還家，薦于廟。

右儀禮聘禮

五禮通考卷二百三十一

賓禮十二

諸侯遣使交聘

蕙田案：天子之與諸侯，諸侯之與鄰國，皆有聘禮。大行人「歲徧存，三歲徧頫，五歲徧省」，此天子所以撫諸侯也。大宗伯「時聘曰問，殷頫曰視」，大行人「時聘以結諸侯之好，殷頫以除邦國之慝」，此諸侯所以事天子也。大行人「歲相問，殷相聘」，禮記「諸侯使大夫問于諸侯曰聘」，則諸侯之邦交也。先王制，諸侯同方岳者，小聘則使大夫，大聘則使卿，定爲比年、三年之期，俾相厲以禮，相接以敬讓，而潛消其侵陵兼并之萌，故其儀雖委折而不爲繁，其燕賜雖豐厚而不爲費，用意固深且遠也。後儒如郝京山輩，疑儀禮之文，以爲衰世之禮，非盡先王舊典者，不明于講信修讓、睦鄰柔遠之道者也。儀禮聘禮一篇，述交聘之儀節，最爲詳備，然止是次國大聘之禮。其五等諸侯交聘，散見於經傳者，今並採集，别爲一卷，以存其略。

聘問名義

周禮秋官大行人：凡諸侯之邦交，歲相問也，殷相聘也。注：小聘曰問。殷，中也。久無事，又于殷朝者及而相聘也。鄭司農云：「春秋傳孟僖子如齊殷聘。」疏：云「小聘曰問」者，聘禮文。故彼云「小聘曰問，不享」是也。大聘使卿，小聘使大夫也。聘義、王制皆云「三年一大聘」，此不言三年而云「殷」者，欲見中間久無事，及殷朝者來及亦相聘，故云「殷」，不云「三年」也。若然，聘義與王制皆云「比年一小聘」，此云「歲相問」，不云「比年」者，取歲歲之義也。父死子立曰世，是繼世之義也。左氏昭公九年傳：「孟僖子如齊殷聘。」彼注云：「殷，中也。自襄二十年叔老聘于齊，至今積二十一年，故中復盛聘。」與此數不相當，然其禮則同也。

朱子曰：案春官：「殷見曰同。」鄭注云：「殷，猶衆也。十二歲，王如不巡守，則六服盡朝，大行人所謂殷同、殷國是也。」此亦鄭注，乃訓「殷」爲「中」，與衆義異。其云「於殷朝者及而相聘」，則又與衆義仝。蓋以爲一二年而一大聘也。疏既以爲「中」，又云「盛聘」，則與衆義略同。蓋如喪禮殷奠之類，今未詳其孰是也。

觀承案：殷有衆義，亦有中義。「殷見曰同」，及「巡守殷國」，自當主衆義。此「歲相問，世相朝」，而以殷相聘間於其中，則當主中義。然小聘禮輕而人數少，大聘禮盛而人數多，則衆義亦可兼之。彼殷見、殷國，本非朝聘常期，則亦兼有中義，固無不可通也。

禮記曲禮：諸侯使大夫問于諸侯曰聘。

聘義：聘禮，上公七介，侯、伯五介，子、男三介，所以明貴賤也。注：此皆使卿出聘之介數也。大行人職曰：「凡諸侯之卿，其禮各下其君二等。」疏：上公親行則九介。其卿降二等，故七介。侯、伯、子、男以次差之。介紹而傳命，君子于其所尊弗敢質，敬之至也。注：質，謂正自相當。

蕙田案：此二節釋介紹之義。

三讓而后傳命，三讓而后入廟門，三揖而後至階，三讓而後升，所以致尊讓也。

注：此揖讓，主謂賓也。「三讓而后傳命」，賓至廟門，主人請事時也。賓見主人，陳擯以大客禮當已，則三讓之，不得命，乃傳其君之聘命也。「三讓而后入廟門」，讓主人廟受也。小行人職曰：「凡四方之使者，大客則擯，小客則受其幣，聽其辭。」疏：知「此揖讓，主謂賓」者，以三讓而後傳命，及三讓而後入廟門，皆賓先讓也。三揖至階，三讓而後升，雖主人爲首，皆賓讓而後至于主人。若賓不讓，則不至于三。是揖讓之事，皆賓爲主，故云「此揖讓，主謂賓也」。云「三讓而後傳命，賓至廟門，主人請事時也」者，鄭解三讓而後傳命之節，正當賓至主人大門，主人請事之時。案聘禮賓至大門，主人陳介而請事。此云廟門者，有「廟」字者，誤也。云「三讓而後入廟門」者，案聘禮，入廟門之時，無三讓之文，不備也。

蕙田案：此一節釋賓致尊，讓于主君。

君使士迎于竟，大夫郊勞，君親拜迎于大門之内而廟受，北面拜貺，拜君命之辱，所以致敬也。注：貺，賜也。賓致命公，當楣再拜，拜聘君之恩惠，辱命來聘者也。疏：君使士逆于竟，聘禮「賓及竟，君使士請事，遂以入」是也。大夫郊勞，聘禮「賓至于近郊，君使卿朝服，用束帛勞」，此大夫即卿也。君親拜迎于大門之内而廟受，案聘禮「賓入門左，公再拜」，是迎于大門之内；又云「及廟門，公揖入，納賓，賓入門左，賓升，西楹西〔一〕，東面」，是廟受也。「北面拜貺」者，君于阼階上北面再拜，拜

〔一〕「楹」，諸本作「檻」，據禮記正義卷六三改。

聘君之貺，聘禮云「公當楣再拜」是也。

蕙田案：此一節釋主君致敬于聘客。

敬讓也者，君子之所以相接也。故諸侯相接以敬讓，則不相侵陵。注：君子之相接，賓讓而主人敬也。

蕙田案：此節結上兩節。

卿爲上擯，大夫爲承擯，士爲紹擯。君親禮賓。賓私面，私覿，致饔餼，還圭璋，賄、贈、饗、食、燕：所以明賓客君臣之義也。注：設大禮，則賓客之也，或不親而使臣，則爲君臣也。疏：「君親禮賓」者，謂行聘訖，君親執醴以禮賓也。私面，謂私以己禮面見主國之卿、大夫也。「私覿」者，私以己禮覿主國之君，以其非公聘正禮，故謂之私。案聘禮私面在後，此先云「私面」者，記者便文，無義例也。「致饔餼」者，謂行聘之日，主君使卿致饔餼之禮于賓館。「還圭璋」者，賓將去時，君使卿就賓館還其所聘之圭璋。「賄、贈」者，還玉既畢，以賄贈之。「饗、食、燕」者，主君設大禮以饗賓，設食禮以食賓，皆在朝也。又設燕以燕之，燕在寢也。

蕙田案：以主君敬賓言之，則曰賓客。以聘客尊主君言之，則曰君臣。注以饗食之親、不親分屬二者，似拘。

故天子制諸侯：比年小聘，三年大聘，相厲以禮。使者聘而誤，主君弗親饗、食也，所以愧厲之也。諸侯相厲以禮，則外不相侵，內不相陵，此天子之所以養諸侯，兵不用，而諸侯自爲正之具也。注：比年小聘，所謂歲相問也。三年大聘，所謂殷相聘也。疏：王制云：「諸侯之于天子，比年一小聘，三年一大聘，五年一朝。」與此不同者，此經諸侯相聘，是周公制禮之正法；王制所云，謂文、襄之法，故不同也。

以圭璋聘，重禮也。已聘而還圭璋，此輕財而重禮之義也。諸侯相厲，以輕財重禮，則民作讓矣。注：圭，瑞也，尊圭璋之類也。用之還之，皆爲重禮。禮必親之，不可以己之有，遥復之也。財，謂璧、琮、享幣也。受之爲輕財者，財可遥復。重賄，反幣是也。

蕙田案：此三節釋禮賓致饔餼、還圭璋，賄、贈、饗、食、燕之義。

主國待客，出入三積；餼客于舍，五牢之具陳于內；米三十車，禾三十車，芻薪倍禾，皆陳于外；乘禽日五雙，群介皆有餼牢，壹食，再饗，燕與時賜無數，所以厚重禮也。注：厚重禮，厚此聘禮也。古之用財者，不能均如此，然而用財如此其厚者，言盡之于禮也。盡之于禮，則內君臣不相陵，而外不相侵，故天子制之，而諸侯務焉爾。注：不能均如此，無則從其實也。言盡之于禮，欲令富者不得過也。

蕙田案：此二節釋聘禮用財之厚。

聘、射之禮，至大禮也。質明而始行事，日幾中而後禮成，非强有力者，弗能行也。故强有力者，將以行禮也。注：禮成，禮畢也。酒清，人渴而不敢飲也；肉乾，人饑而不敢食也。日莫人倦，齊莊正齊，而不敢解惰，以成禮節，以正君臣，以親父子，以和長幼，此衆人之所難，而君子行之，故謂之有行。有行之謂有義，有義之謂勇敢。故所貴于勇敢者，貴其能以立義也；所貴于立義者，貴其有行也；所貴于有行者，貴其行禮也。故所貴于勇敢者，貴其敢行禮義也。故勇敢强有力者，天下無事，則用之于禮義；天下有事，則用之于戰勝。用之于戰勝則無敵，用之于禮義則順治。外無敵，内順治，此之謂盛德。故聖王之貴勇敢、强有力如此也。勇敢、强有力而不用之于禮義、戰勝，而用之于爭鬭，則謂之亂人。刑罰行于國，所誅者亂人也。如此則民順治而國安也。注：勝，克敵也。或爲陳。

朱子曰：今案疏云「此雖終結聘、射」，然自「酒清、肴乾，日莫成禮，父子長幼」之語，似據射鄉而言，恐射鄉之義，失次在此。或相因而言歟？

蕙田案：此二節通釋聘、射之大義。

大戴禮：聘禮，上公七介，侯、伯五介，子、男三介，所以明貴賤也。介紹而傳命，君子於其所尊不敢質，敬之至也。一讓而後傳命，三讓而後入廟門〔一〕，三揖而後至階，三讓而後升，所以致尊讓也。君使士迎於境，大夫郊勞，君親拜迎大門之内而廟受，北面拜貺，拜君命之辱〔二〕，所以致敬讓也〔三〕。致敬讓者，君子之所以相接也。故諸侯相接以敬讓〔四〕，則不相侵陵也。卿爲上擯，大夫爲承擯，君親醴賓，賓私面、私覿〔五〕，致饔餼，既還圭璋，賄、贈、饗、食、燕，所以明賓主、君臣之義也。故天子之制，諸侯交歲相問，殷相聘，相厲以禮。使者聘而誤，主君不親饗、食，所以耻厲之也。諸侯相厲以禮，則外不相侵，内不相陵，此天子所以養諸侯，兵不用，而諸侯自爲正之具也。以圭璋聘，重禮也。已聘而還圭璋，輕財重禮之義也。諸侯相厲以輕財重禮，則民作讓矣〔六〕。主國待客，出入三積；既客於舍，五牢之具陳於内；米三十車，禾三十

〔一〕「廟」，諸本脱，據大戴禮記匯校集解卷一二補。
〔二〕「命」，諸本脱，據大戴禮記匯校集解卷一二補。
〔三〕「所」，諸本作「致」，據大戴禮記匯校集解卷一二改。
〔四〕「敬」，諸本作「禮」，據大戴禮記匯校集解卷一二改。
〔五〕「賓私面」三字，諸本脱，據大戴禮記匯校集解卷一二補。
〔六〕「民」，諸本脱，據大戴禮記匯校集解卷一二補。

車，芻薪倍禾，皆陳於外；乘禽日五雙，群介皆餼牢，壹食，再饗，宴與時賜無數，所以厚重禮也。古之用財不能均如此，然而用財如此其厚者，言盡之於禮也。盡之於禮，則内君臣不相陵，而外不相侵，故天子制之，而諸侯務焉。

右聘問名義

行禮之節

周禮秋官司儀：諸公之臣相爲國客，注：謂相聘也。則三積，皆三辭拜受。注：受者，受之于庭也。侯、伯之臣不致積。疏：此在道之禮，于路館致之，亦有束帛。若諸公云登，謂登堂；此不云登，故知受於庭也。案聘禮五介，張旝，是侯伯之卿，經不云積，明不致積可知。但不以束帛行禮致之，豈于道全無積乎？明有也。

王氏昭禹曰：臣下其君二等，故三積。

王氏應電曰：大國之卿，當小國之君，故積與子男同，皆有束帛致之。三辭而後受，無問禮，殺于諸侯也。

及大夫郊勞，旅擯，三辭，拜辱，三讓，登聽命，下拜，登受。賓使者如初之儀。及退，拜送。注：登聽命，賓登堂也。「賓」當爲「儐」，勞用束帛，儐用束錦。侯、伯之臣，受勞于庭。

疏：此亦近郊勞也。旅擯不傳辭，賓使各陳七介而已。三辭拜辱者，賓從館内出于大門，拜使者辱命來于外。三讓者，讓升堂。登聽命者，賓登堂聽使者傳主君之命也。下拜登受者，賓聽命訖，下堂拜命訖，登堂受幣也。賓使者如初儀者，謂使傳命訖，禮畢出門，賓以束帛儐使者〔一〕，如初行勞時之儀。前賓受幣，今使者受幣，受幣雖異，威儀則同，敬主君使者也〔二〕。

王氏詳説：案聘禮賓揖至門内，勞者致命，是不受勞于堂也。侯、伯之臣如此，子、男可知。

黄氏度曰：諸公相爲賓，敵則交擯，不敵則旅擯。大夫雖敵亦旅，擯不敢擬于君也。

蕙田案：聘禮「君使卿朝服，用束帛勞」，此云大夫者，大夫即卿也。

致館如初之儀，注：如郊勞也，不儐耳。侯、伯之臣致館于庭。不言致飧者，君于聘大夫不致飧也。聘禮曰：「飧不致，賓不拜。」疏：案聘禮，賓至，使大夫帥至館，卿致館。此公之臣亦當然。聘禮致館無束帛，賓亦無儐，知此亦然也。侯、伯之臣致館于庭，亦案聘禮知之。聘禮致館之下，即云「宰夫設飧」。此致館下，不云致飧，是五等之臣，皆無致飧也。

〔一〕「帛」，諸本作「錦」，據周禮注疏卷三八改。
〔二〕「者」，諸本脱，據周禮注疏卷三八補。

朱子曰：案注云「無儐」，未知其何以知之。若謂上經致館不言束帛，亦不言賓儐之事，此亦當然，則當併與無束帛言之，不當只言無儐也。且郊勞有幣，此禮既如郊勞，則亦有幣。而鄭注司儀「諸公致館」亦云：「凡云致者，皆有幣以致之。」此亦言致，不得獨無幣也。疏於聘禮亦云「以上卿禮，明有束帛致」，而於此乃遷就其說，自相牴牾，覽者詳之。

及將幣，旅擯，三辭；拜逆，客辟；三揖，每門止一相，及廟，惟君相入。三讓，客登；拜，客三辟；授幣，下，出。每事如初之儀。注：客辟，逡巡不答拜也。惟君相入。客，臣也。相不入矣。拜主君，拜客至也。客三辟，三退負序也。每事，享及有言。疏：將幣，亦謂圭、璋也。「旅擯，三辭」者，于主君大門外，主君陳五擯，客陳七介，不傳辭也。前郊勞三辭，辭其以禮來于外。此三辭，辭其主君以大客禮當己。「拜逆」者，三辭訖，主君遣上擯納賓，賓入大門，主君在大門内，南面拜，拜賓奉君命屈辱來見己。「客辟」者，奉君命來，不敢當拜，故辟也。「三揖」者，亦揖之使前。「三讓，客登」者，案聘義：「三讓而後入廟門，三揖而後至階。」此不言者，文不具。主君與客俱登，據客而言，故云「客登」也。主君與客俱登訖，主君于阼階上北面拜，拜賓喜至此堂，并拜受幣。客三退負序，不敢當君拜也。授幣者，授玉與主君也。

王氏詳說曰：案聘義「君拜逆于大門之内而廟受，北面拜貺，拜君命之辱」，是拜聘君也，非拜使者也，故辟而不答拜〔一〕。

欽定義疏：聘禮：「公迎賓于大門内，賓入門左，公再拜，賓辟，不答拜。」即此「拜逆，客辟」也。「公揖入，每門、每曲揖」，此以「三揖」約之也。「及廟門，公揖入，立于中庭。賓執圭，入門左，三揖至于階，三讓」，即此「三讓」也。「公升二等，賓升西階西，東面致命，公當楣再拜。賓三退負序」，即此「客登，拜，客三辟」也。「公受玉于中堂與東楹之間，賓降出」，即此「授幣，下，出」也。不敢拜送幣者，奉君命以將事，不敢當君也，故私面、私獻，皆再拜稽首。

及禮，私面、私獻，皆再拜稽首，君答拜。注：禮，以醴禮客。私面，私覿也。既覿，則或有私獻者。鄭司農説「私面」以春秋傳曰：「楚公子棄疾見鄭伯，以其乘馬私面。」疏：此三者，皆於聘日行之，故并言之。聘禮禮客用醴齊，異于君鬱鬯也。案聘禮不見有私獻，又於君謂之覿，于卿謂之面，覿、面别。此云私面、私覿爲一者，以彼文兩見，則私覿據君，私面據卿。此文不見有私覿，直言私面，豈不見君直見臣也？明此私面主于君，故以私面爲私覿也。彼無私獻，非常，故彼記云「既覿，賓若私獻，奉獻將命」也。

〔一〕「王氏」至「答拜」四十四字，原脱，據味經窩本、乾隆本、光緒本補。

呂氏曰：聘禮「賓奉束錦乘馬，請覿」，所謂私覿也。「賓朝服問卿，既致命，出，賓面如覿幣」，所謂私面也。蓋列而言之，則見君曰覿，見卿曰面；離而言之，則面即覿，亦可爲見君，如春秋傳「楚公子棄疾私面于君」是也。

出，及中門之外，問君，客再拜對，君拜，客辟而對。君問大夫，客對。君勞客，客再拜稽首。君答拜，客趨辟。注：中門之外，即大門之內也。問君曰：「君不恙乎？」對曰：「使臣之來，寡君命臣于庭。」問大夫曰：「二三子不恙乎？」對曰：「寡君命使臣于庭，二三子皆在。」勞客，曰：「道路悠遠，客甚勞。」勞介，則曰：「二三子甚勞。」「問君，客再拜對」者，爲敬慎也。疏：賓來，主爲以君命行聘享，是以先行聘享訖，乃始行私相慰問之事。「問君曰」已下，未知所出何文，或云是孔子聘問之辭，亦未得其實也。

王氏應電曰：「客辟而對」，「而對」二字衍文。

蕙田案：聘禮「公問君，賓對，公再拜」，注云：「公拜，賓亦辟。」經無「君拜而客再對」之文。王氏以「而對」二字爲衍文者，得之。

致饔餼，如勞之禮。饔、食、還圭，如將幣之儀。注：饔、食，亦謂君不親，而使大夫以幣致之。疏：饔食與還圭共文，故知君不親，使大夫致之也。如將幣者，旅擯，主人皮弁，賓皮弁，襲與將幣同，自餘則別。

欽定義疏：饗、食、還圭，蓋有親、不親兩法。公食大夫禮「公迎賓，拜至」，此與將幣同也，饗禮亦然。可知意還圭，亦有公親之者，但聘禮未備載耳。君親還圭，客亦當三辭，拜辱，揖讓而升堂，與使卿還圭者不同矣。然則司儀與聘禮，一親一不親，固可互備也。卿還圭，客主兩不拜。若大夫致饗食，恐無竟不拜之禮。其間儀節，要不盡同。此經云「如將幣之儀」，亦大概之辭，而所如者，當不止於疏所云也。

君館客，客辟，介受命，遂送，客從，拜辱于朝。注：君館客者，客將去，就省之，盡殷勤也。

蔡氏德晉曰：客不敢當君，故辟而使介受命。遂送，君拜以送客。

明日，客拜禮賜，遂行。如入之積。注：禮賜，謂乘禽，君之加惠也。如入之積，則三積從來至去。

疏：聘禮「賓三拜乘禽于朝」，知禮賜是乘禽也。入與出各三積，故得以後如前。

欽定義疏：乘禽日日受賜，故于將去總拜之。諸公相爲賓，拜饔、饗、食之大禮，而不拜其小禮。卿則饔、饗、食皆旋拜之，已勤矣，而又拜其小，此尊卑疏密之差也。

凡侯、伯、子、男之臣，以其國之爵相爲客而相禮，其儀亦如之。注：爵，卿也，大夫也，士也。

李氏嘉會曰：以爵相爲客，足矣。子、男之卿，僅可當公國之士，故必以國之爵言也。

鄭氏鍔曰：禮之各以其爵命，其儀與辭，則與公之臣同。

右行禮之節

圭幣

周禮春官典瑞：瑑圭、璋、璧、琮，繅皆二采一就，以覜聘。

考工記玉人：瑑圭、璋八寸，璧、琮八寸以覜聘。

蕙田案：注疏詳見「諸侯聘于天子」門。

秋官司儀：凡諸侯之交，各稱其邦而爲之幣，以其幣爲之禮。注：幣，享幣也。于大國則豐，小國則殺。主國禮之，如其豐殺，謂賄用束紡，禮用玉帛、乘皮及贈之屬。

右圭幣

聘使稱謂

禮記曲禮：諸侯使人使于諸侯，使者自稱曰寡君之老。注：繫于君以爲尊也。此謂諸侯之卿、上大夫。疏：玉藻云：「上大夫曰下臣，擯者曰寡君之老。下大夫自名，擯者曰寡大夫。」此云「自稱曰寡君之老」，則上大夫擯者傳辭。及自稱于他國，亦曰「寡君之老」。稱于己君，則玉藻云「下臣某」。

玉藻：上大夫曰「下臣」，擯者曰「寡君之老」。下大夫自名，擯者曰「寡大夫」。世子自名，擯者曰「寡君之適」。注：擯者之辭，主謂見于他國君。下大夫自名，于他國君曰「外臣某」。疏：謂上大夫出使他國，在于賓館，主國致禮，上大夫設擯禮待之，此擯者稱大夫爲「寡君之老」，雖以擯爲文，其實謂介接主君之時，辭亦當然。擯、介通也。

大夫私事使，私人擯則稱名。注：私事使，謂以君命私行，非聘也。若魯成公時，晉侯使韓穿來言汶陽之田，歸之于齊之類。疏：私人擯，謂以己之屬臣爲擯相，雖是上大夫及下大夫，擯者則皆稱名，以非公事正聘，故降而稱名。

公士擯則曰「寡大夫」、「寡君之老」。大夫有所往，必與公士爲賓也。注：謂聘也。大聘使上大夫，小聘使下大夫。公士爲賓，謂作介也。往，之也。疏：正聘之時，用公家之士爲擯，不用私人也。小聘使下大夫，擯者則稱曰「寡大夫」。大聘使上大夫，擯者則稱曰「寡君之老」。

右聘使稱謂

主國待賓

國語周語：周之秩官有之曰：「敵國賓至，關尹以告。注：敵，位敵也。關尹，司關，掌四方賓客，叩關則爲之告。聘禮曰：「及境，謁關人，關人問從者幾人，遂以入境。」**行理以節逆之。**注：理，吏也。逆，迎也。執瑞節爲信而迎之也。行理，小行人。**候人爲導。**注：導賓至于朝，出送之境。**卿出郊勞。**注：聘禮曰：「賓至于近郊，君使卿朝服，用束帛勞。」**門尹除門。**注：門尹，司門也。除門，掃除門庭也。**宗、祝執祀。**注：宗，宗伯。祝，太祝也。執祀，賓將有事于廟，則宗、祝執祭祀之禮。**司里授館。**注：司里授客所當館，次于卿也。聘禮：「卿授館。」**司徒具徒。**注：具徒役，修道路之委積。**司空視塗。**注：視險易也。**司寇詰姦。**注：禁詰姦盜。**虞人入材。**注：虞人，掌山澤之官。祭祀、賓客，各供其材。**甸人積薪。**注：甸人，掌薪蒸之官也。**火師監燎。**注：火師，司火。燎，庭燎也。**水師監濯。**注：水師，掌水，監滌濯之事者〔一〕。**膳宰致饔。**注：孰食曰饔。**廩人獻餼。**注：生曰餼，禾米也。**司馬陳芻。**注：司馬，掌師圉人養馬，故陳芻。圉人，職屬司馬。**工人展車。**注：展省客車，補傷敗也。**百官各以物至，賓入如歸。是故小大莫不懷愛。**注：小大，謂

〔一〕「掌水監」，諸本作「監水掌」，據國語周語中改。

賓介也。其貴國之賓至，則以班加一等，益虔。注：貴國，大國也。班，次也。至于王使，則皆官正莅事。注：正，長也。上卿監之。」

右主國待賓

聘使之容

禮記曲禮：凡執主器，執輕如不克。注：重慎之也。主，君也。克，勝也。執主器，操幣、圭、璧，則尚左手，行不舉足，車輪曳踵。注：重慎也。尚左手，尊左也。車輪，謂行不絶也。疏：尚，上也。右手在下，左手在上，左尊，故云「尚左手」。曳，拽也。踵，脚後也。行時不得舉足，但起前拽後，使踵如車輪曳地而行。

立則磬折垂佩。主佩倚，則臣佩垂；主佩垂，則臣佩委。注：君臣俛仰之節。倚謂附于身，小俛則垂，大俛則委于地。疏：此明授受時禮也。

呂氏曰：凡授受者，尊卑皆磬折，故垂佩。然臣當加恭于君，故有佩倚、佩垂、佩委之差也。

論語：執圭，鞠躬如也，如不勝。注：包曰：爲君使，聘問鄰國，執持君之圭。鞠躬者，敬慎之至。上如揖，下如授，勃如戰色，足蹜蹜如有循。注：鄭曰：上如揖，授玉宜敬。下如授，不敢忘禮。戰色，敬也。足蹜蹜如有循，舉前曳踵行。享禮有容色。注：鄭曰：享，獻也。聘禮：既聘而享，用圭璧，有庭實。私覿，愉愉如也。注：鄭曰：覿，見也。既享乃以私禮見。愉愉，顔色和。疏：此一節記爲君使聘問鄰國之禮容也。上謂授玉時宜敬，故如揖也。下謂既授玉而降，雖不執玉，猶如授時，不敢忘禮也。執圭者，聘禮云「賓襲，執圭致命。公側襲，受玉于中堂與東楹之間」是也。大宗伯云：「公執桓圭，侯執信圭，伯執躬圭，子執穀璧，男執蒲璧。」此謂諸侯所執圭璧，皆朝于王及相朝所用也。其公、侯、伯朝后皆用璋，以聘禮聘君用圭，聘夫人用璋，知于天子及后亦然也。其子男既朝王用璧，朝后宜用琮，以璧琮相對故也。其諸侯之臣聘天子及聘諸侯，其聘玉及享玉，降其君瑞一等，故玉人云「瑑圭璋八寸，璧琮八寸，以覜聘」是也。

朱子集注：圭，諸侯命圭。聘問鄰國，則使大夫執以通信。如不勝，執主器，執輕如不克，敬謹之至也。上如揖，下如授，謂執圭平衡，手與心齊，高不過揖，卑不過授也。戰色，戰而色懼也。蹜蹜，舉足促狹也。如有循，記所謂「舉前曳踵」，言行不離地，如緣物也。有容色，和也。愉愉，則又和矣。此一節記孔子爲君聘于鄰國之禮也。晁氏曰：「孔子，定公九年仕魯，至十三年適齊，其間絶無朝聘往來之事。疑『使擯』、『執圭』兩條，但孔子嘗言其禮當如此爾。」

蕙田案：周禮玉人所稱命圭，即桓、信、躬之等，惟諸侯朝王及自相朝執之。

若大夫聘問，執瑑圭、璋、璧、琮，降于命圭一等，非命圭也。邢叔明疏極分明，朱子以執圭之圭爲命圭，偶不檢爾。

右聘使之容

賓出入公門

禮記玉藻：賓入，不中門，不履閾。注：辟尊者所從也。此謂聘客也。閾，門限。公事自闑西。注：聘享也。私事自闑東。注：覿面也。疏：闑，謂門之中央所豎短木，又謂之門橛。棖，謂門兩旁長木，所謂門楔也。

朱子曰：案此云門只有一闑，唯上經賈疏獨云門有二闑，故中門之處及君與賓介行之次第，皆有不同，未知孰是，當更考之。

蕙田案：古人門制，兩旁有棖，中間有闑。棖、闑之間爲中門。棖者，門之兩旁長木。闑則兩扉相合處有一木，常設而不動者。門以向堂爲正，故闑東爲右，闑西爲左。東爲主位，西爲賓位。闑東，主所出入。闑西，賓所出入。曲禮「主人入門而右，就東堦；賓入門而左，就西堦」是也。臣子在本國，則出入皆由闑東，曲禮謂「士大夫出入君門，由闑右」，燕禮「卿大夫皆入門右」是也。若聘於他國，則玉藻謂「公事自闑西，私事自闑東，公事聘、享用賓禮，私事覿、面從臣禮」也。東西兩扉各有中，君出入由東扉之中。玉藻「閏月則闔門左扉，立於其中」，臣子不敢當尊。鄉黨「立不中門」，曲禮「爲人子者，立不中門」，此東扉之中也。兩君相見，則賓由西扉之中，臣爲賓則否。玉藻「賓入不中門」，此西扉之中也。饒雙峰謂君出入則皆由左，出則以東扉爲左，入則以西扉爲左。士大夫出入君門，則皆由右，出以闑西爲右，入以闑東爲右。郝仲輿謂闑東西自定左右，隨身出入，君自内南面，東出，由闑左，入由右，亦闑左也；臣自外北面，東入爲闑右，出自西，亦闑右也，入自闑西，則疑於爲賓，出由闑東，則疑於爲主，故不敢也。今案：二説皆誤。曲禮言闑右，燕禮言門右，據門闑爲左右，則左右皆有定所，未聞隨身出入爲左右也。賓主有闑東、闑西之分，君臣但有中門、不中門之分，未聞君左臣右之説也。君臣常時出入皆在闑東，未聞爲君者東出西入，爲臣者東入西出也。曰「入由闑西，則疑於爲賓」是矣，曰「出由闑東，則疑於爲主」，夫不敢疑於主，反儼然疑於賓矣。入不敢爲賓，而出乃敢爲賓，有是理乎？總由不知東西，但別賓主，而不別君臣，左右有定所，而不隨身之出入，故爲此交互紛錯之説耳。至人臣出入由闑右，既不敢當中，即當稍近闑而行。陸稼書謂「由闑右即拂闑」之義，甚允。玉藻「大夫中棖與闑之間，士介拂棖」，蓋大夫士與上介，雁行於後，不敢相沿，乃兩君相見之儀，非常時出入之儀也。

右賓出入公門

賓介見主君

禮記曲禮：大夫、士見于國君，君若勞之，則還辟，再拜稽首。注：謂見君既拜矣，而後見勞也。聘禮曰：「君勞使者及介，君皆答拜。」疏：聘禮聘享及私覿訖，「公勞賓，賓再拜稽首，公答拜。公勞介，介再拜稽首，公答拜」是也。聘禮無「還辟」之文，文不備也。君若迎拜，則還辟，不敢答拜。注：嫌與君抗賓主之禮。迎拜，謂君迎而先拜之。聘禮曰：「大夫入門再拜，君拜其辱。」疏：謂聘賓初至主國大門外，主君迎而拜之。賓辟，不答拜是也。

大夫見於國君，國君拜其辱。注：自外來而拜，拜見也。自内來而拜，拜辱也。君于士不答拜也，非其臣則答拜之。注：不臣人之臣。疏：君于己士，以其賤，故不答拜。然士介聘還，亦旅答拜者，敬其奉使而還。士相見禮答拜者，以其初爲士，敬之故也。他國之士，非己尊所加，故答之。

右賓介見主君

禮賓及牢禮之等

禮器：大夫聘，禮以脯醢。疏：大夫出使行聘禮畢，主國禮之，酌以酒而又有脯醢，味稍多也。

周禮秋官掌客：凡諸侯之卿、大夫、士爲國客，則如其介之禮以待之。注：言其特來聘問，待之禮，如其爲介時也。然則聘禮凡所以禮賓，是亦禮介。

蕙田案：掌客掌牢禮、餼獻、飲食之等，此云「如其介之禮」者，即上諸公相爲賓之禮所云「凡介皆有飧、饔、餼，以其爵等爲之牢禮之陳數，惟上介有禽獻」。鄭氏謂「爵卿則飧二牢，饔餼五牢；大夫則飧太牢，饔餼三牢；士則飧少牢，饔餼太牢」是也。

右禮賓及牢禮之等

聘變禮

掌客：凡禮賓客，國新殺禮，凶荒殺禮，札喪殺禮，禍烖殺禮，在野、在外殺禮。注：皆爲國省用愛費也。國新，新建國也。凶荒，無年也。禍烖，新有兵、寇、水、火也。疏：在野在外殺禮者，以其野外忽遽，禮物不可卒備，故亦殺之。

凡賓客死，致禮以喪用。注：死則主人爲之具而殯矣。喪用者，饋奠之物。疏：若諸侯出行，則以三年之戒以椑從，死時除棺之外，主人皆備之。若從者死，棺物皆共之。殯者，在館權殯，還日以柩行，饋奠之物者，小斂特豚一鼎、大斂時特豚三鼎之類是也。賓客有喪，唯芻稍之受。注：不受饗食，饗食加也。喪，謂父母死也。客則又有君焉。芻，給牛馬。稍，人稟也。其正禮殯饔餼，主人致之則受。疏：「喪，謂父母死也」者，據正賓而言。若諸侯正應母死而有父者，或始封之君，舊爲卿大夫，容有父，或父有廢疾不立，已受位于祖，亦云有父也。云「客則又有君焉」者，謂介已下，非直有父母，又有君喪，以其俱三年。遭主國之喪，不受饗、食，受牲禮。注：「牲」亦當爲「腥」，聲之誤也。有喪，不忍煎亨。正禮殯饔當孰者，腥致之也。

禮記曾子問：曾子問曰：「爲君使而卒于舍，禮曰：『公館復，私館不復。』凡所使之國，有司所授舍，則公館已，何謂『私館不復』也？」注：復，始死招魂。孔子曰：「善乎，問之也。自卿、大夫、士之家曰私館。公館，與公所爲曰公館。『公館復』，此之謂也。」注：公館，若今縣官舍也。公所爲君所命使舍己者。

雜記：上大夫、士死于道，則升其乘車之左轂，以其綏復。如于館死，則其復如于家。注：綏亦緌也。大夫復于家以玄冕，士以爵弁服。

爲君使而死，公館復，私館不復。公館者，公宮與公所爲也。私館者，自卿大夫以下之家也〔一〕。注：公所爲君所作離宮別館也。

春秋哀公十五年左氏傳：楚子西、子期伐吴，及桐汭，陳侯使公孫貞子弔焉，及良而卒，將以尸入。注：宣城廣德縣西南有桐水，出白石山西北，入丹陽湖。弔爲楚所伐。良，吴地。聘禮：「若賓死，未將命，則既斂于棺，造于朝，介將命。」疏：尸者，未葬之通稱。案：聘禮：「賓入竟而死，遂也。主人爲之具而殯，介攝其事。」此謂入竟，未至國都賓死，其禮如此。又云：「若賓死，未將命，則既斂于棺，造于朝，介將命。」此謂賓已至朝，主人將欲行禮，賓請問之後賓死，以柩造朝，以尸將事。今貞子卒于竟内，依禮惟可以尸而入，殯于賓館，不合以柩造朝，以尸將事。今上介芋尹云「以尸將事」者，以吴人不納，故引禮深以辨之。杜以傳有「以尸將事」，故引聘禮「斂于棺，造于朝，介將命」以釋之。其實貞子當殯于館，不得以尸將事也。吴子使太宰嚭勞，且辭曰：「以水潦之不時，無乃廩然隕

〔一〕「以下」，諸本脱，據禮記正義卷四一補。

大夫之尸，以重寡君之憂，寡君敢辭。」上介芋尹蓋對曰：「寡君聞楚爲不道，荐伐吴國。」注：廪然，傾動貌。蓋，陳大夫。貞子，上介。荐，重也。

朱子曰：案「上介」二字屬下句，釋文云「屬上句」，誤也。

「滅厥民人〔一〕，寡君使蓋備使，弔君之下吏。無禄，使人逢天之慼，大命隕隊，絶世于良。廢日共積，一日遷次。注：備，猶副也。絶世，猶言棄世。廢行道之日，以共具殯斂所積聚之用。一日遷次，言不敢留君命。今君命逆使人曰『無以尸造于門』，是我寡君之命委于草莽也。且臣聞之曰：『事死如事生，禮也。』于是乎有朝聘而終，以尸將事之禮，注：朝聘道死，以尸將事。又有朝聘而遭喪之禮。注：遭所聘之喪。若不以尸將命，是遭喪而還也，無乃不可乎！以禮防民，猶或踰之。今大夫曰『死而棄之』，是棄禮也，其何以爲諸侯主？注：謂主盟也。先民有言曰：『無穢虐士。』備使奉尸將命，苟我寡君之命達于君所，雖隕于深淵，則天命也，非君與涉人之過也。」吴人内之。注：虐士，死者。傳言芋尹蓋知禮。

〔一〕「民人」，諸本誤倒，據春秋左傳正義卷五九乙正。

朱子曰：今案疏曰：「案禮，賓入竟而死，則以尸入，殯于館，而介攝其命。賓至已朝，主人將欲行禮，賓請間之後而賓死，則以柩造朝，以尸將事。今公孫貞子卒于竟内，依禮，唯可以尸，而入殯于賓館，芋尹乃欲以柩造朝，以尸將事，而吴人納之。」杜注又以爲知禮，皆失之矣。

邵寶曰格子：案禮也，吴人未之知也，陳人亦未之知也。禮，賓終有于入竟者，有于未將命者。于入竟者，主人爲之殯，介攝其命；于未將命者，以尸將事。

蕙田案：公孫貞子卒于吴竟，於禮當以尸入國，殯於賓館，而後介攝其事。傳所謂「將以尸入」者，入國而殯于公館，非入朝而以尸將事也。吴人辭之，蓋欲其殯于竟上，不令其尸入國，故芋尹蓋有「君命委于草莽」之對，而引「朝聘以尸將事」及「遭喪之禮」以辨之。以尸將事，聘賓之變禮也。遭喪之禮，主國之變禮也。二者對舉，其非欲以尸將事明矣。杜氏誤會文義，乃有「朝聘以尸將事」之説，孔疏辨之極明。朱子疑芋尹欲以柩造朝而吴人納之，然傳云「納之」者，納之使入國也。吴人尚不欲其尸入國，況肯令其造于朝乎？蓋亦承杜氏之誤而不察也。

右聘變禮

春秋交聘

春秋隱公七年夏，齊侯使其弟年來聘。范注：聘例時，凡聘皆使卿，執玉帛以相存問。左氏傳：齊侯使夷仲年來聘，結艾之盟也。公羊傳：其稱弟何？母弟稱弟，母兄稱兄。穀梁傳：諸侯之尊，兄弟不得以屬通。其弟云者，以其來接於我，舉其貴者也。

桓公三年冬，齊侯使其弟年來聘。左氏傳：致夫人也。

莊公二十有三年春，祭叔來聘。范注：祭叔，天子寰内諸侯。叔，名。穀梁傳：其不言使，何也？天子之内臣也。不正其外交，故不與使也。

鄭氏康成曰：諸稱使者，是奉王命，其人無自來之意。今祭叔不一心于王，而欲外交，不得王命來，故去使以見之。

夏，荆人來聘。杜注：不書「荆子使某來聘」者，蓋楚之始通，未成其禮。公羊傳：荆何以稱人？始能聘也。穀梁傳：善累而後進之。其曰人，何也？舉道不待再。注：明聘問之禮，朝宗之道，非夷狄之所能，故一舉而進之。

二十有五年春，陳侯使女叔來聘。杜注：女叔，陳卿。女，氏；叔，字。左氏傳：始結陳好也。嘉之，故不名。穀梁傳：其不名，何也？天子之命大夫也。

僖公三十有三年春，齊侯使國歸父來聘。左氏傳：齊國莊子來聘，自郊勞至于贈賄，禮成而加之以敏。注：迎來曰郊勞，送去曰贈賄。

文公四年秋，衛侯使甯俞來聘。左氏傳：衛甯武子來聘，公與之宴，爲賦湛露及彤弓。不辭，又不答賦，使行人私焉。對曰：「臣以爲肄業及之也。昔諸侯朝正于王，王宴樂之，於是乎賦湛露，則天子當陽，諸侯用命也。諸侯敵王所愾而獻其功，王於是乎賜之彤弓一、彤矢百、玈弓矢千，以覺報宴。今陪臣來繼舊好，君辱貺之。其敢干大禮以自取戾？」

九年冬，楚子使椒來聘。椒，穀梁作「萩」。左氏傳：楚子越椒來聘，執幣傲。叔仲惠伯曰：「是必滅若敖氏之宗。傲其先君，神弗福也。」公羊傳：椒者何？楚大夫也。楚無大夫，此何以書？始有大夫也。始有大夫，則何以不氏？許夷狄者，不一而足。穀梁傳：楚無大夫，其曰萩何也？以其來我，褒之也。

十有二年秋，秦伯使術來聘。術，公羊作「遂」。左氏傳：秦伯使西乞術來聘，且言將伐晉。襄仲辭玉，曰：「君不忘先君之好，照臨魯國，鎮撫其社稷，重之以大器，寡君敢辭玉。」注：大器，圭璋也。不欲與秦爲好，故辭玉。對曰：「不腆敝器，不足辭也。」主人三辭。賓曰：「寡君願徼福于周公、魯公以事君，不腆先君之敝器，使下臣致諸執事，以爲瑞節，注：節，信也。出聘必告廟，故稱先君之器。要結好命，所以藉寡君之命，結二國之好，是以敢致之。」襄仲曰：「不有君子，其能國乎？國無陋矣。」厚賄之。注：賄，贈送也。

公羊傳：遂者何？秦大夫也。

宣公十年冬〔一〕，齊侯使國佐來聘。　左氏傳：國武子來報聘。

成公三年冬十有一月，晉侯使荀庚來聘，衛侯使孫良夫來聘。

四年春，宋公使華元來聘。　左氏傳：通嗣君也。注：宋共公即位。

八年春，宋公使華元來聘。　左氏傳：聘共姬也。

冬十月，晉侯使士燮來聘。　左氏傳：言伐郯也。

十有一年春，王三月，晉侯使郤犨來聘。　左氏傳：郤犨來聘，且莅盟。

十有八年，晉侯使士匄來聘。　左氏傳：晉范宣子來聘，且拜朝也。注：拜謝公朝。

君子謂晉於是乎有禮。

〔一〕「十年」，原作「八年」，據光緒本、春秋左傳正義卷二二改。

襄公元年冬，衛侯使公孫剽來聘。晉侯使荀罃來聘。左氏傳：衛子叔、晉知武子來聘，禮也。凡諸侯即位，小國朝之，大國聘焉，以繼好、結信、謀事、補闕，禮之大者也。

五年夏，鄭伯使公子發來聘。左氏傳：鄭子國來聘，通嗣君也。注：鄭僖公初即位。

七年冬十月，衛侯使孫林父來聘。左氏傳：衛孫文子來聘，且拜武子之言，而尋孫桓子之盟。

八年冬，晉侯使士匄來聘。左氏傳：晉范宣子來聘，且拜公之辱，告將用師于鄭。公享之。

十有二年夏，晉侯使士魴來聘。左氏傳：晉士魴來聘，且拜師。注：謝前年伐鄭師。

十有五年春，宋公使向戌來聘。左氏傳：宋向戌來聘，且尋盟。

二十有六年夏，晉侯使荀吳來聘。左氏傳：中行穆子來聘，召公也。注：召公爲澶淵會。

二十有七年春，齊侯使慶封來聘。杜注：景公即位，通嗣君也。

二十有九年夏，晉侯使士鞅來聘。左氏傳：范獻子來聘，拜城杞也。

吴子使札來聘。左氏傳：吴公子札來聘，通嗣君也。公羊傳：吴無君，無大夫，此何以有君有大夫？賢季子也。穀梁傳：吴其稱子，何也？善使延陵季子，故進之也。身賢，賢也；使賢，亦賢也。延陵季子之賢，尊君也。其名，成尊于上也。

三十年春，王正月，楚子使薳罷來聘。左氏傳：通嗣君也。

昭公二年春，晉侯使韓起來聘。左氏傳：晉侯使韓宣子來聘。注：公即位故。且告爲政，而來見，禮也。

十有二年夏，宋公使華定來聘。左氏傳：通嗣君也。

二十有一年夏，晉侯使士鞅來聘。杜注：晉頃公即位，通嗣君。

蕙田案：以上諸侯聘魯。

又案：春秋列國聘魯者九國，齊來聘五，晉來聘十一，宋來聘四，衛來聘四，楚來聘三，稱人者一。陳、鄭、秦、吴來聘各四，王畿諸侯來聘者一，祭叔是也。

莊公二十有五年冬，公子友如陳。杜注：報女叔之聘。諸魯出朝聘皆書如，不果彼國必成其禮，故不稱朝聘。　何注：如陳者，聘也。內朝聘言如者，尊內也。

三十有二年冬，公子慶父如齊。杜注：慶父既殺子般，季友出奔，國人不與，故懼而適齊，欲以求援，時無君，假赴告之禮而行。　穀梁傳：此奔也，其曰「如」，何也？諱莫如深，深則隱。苟有所見，莫如深也。

蕙田案：諸家皆以爲出奔，以經無明文，姑存于此。

僖公五年夏，公孫茲如牟。　左氏傳：公孫茲如牟，娶焉。

七年秋，公子友如齊。杜注：罷盟而聘，謝不敏也。

十有三年冬，公子友如齊。

二十有八年秋，公子遂如齊。杜注：聘也。

三十年冬，公子遂如京師，遂如晉。　左氏傳：東門襄仲將聘于周，遂初聘于晉。

三十有一年春，公子遂如晉。　左氏傳：拜曹田也。

文公元年冬，公孫敖如齊。　左氏傳：穆伯如齊，始聘焉，禮也。凡君即位，卿出並聘，踐修舊好，要結外援，好事鄰國，以衛社稷，忠、信、卑讓之道也。

五年夏，公孫敖如晉。

六年夏，季孫行父如陳。左氏傳：季文子聘于陳，且娶焉。

秋，季孫行父如晉。左氏傳：季文子將聘于晉，使求遭喪之禮以行。注：聞晉侯疾故。

十有一年秋，公子遂如宋。左氏傳：襄仲聘于宋。

十有五年春，季孫行父如晉。左氏傳：爲單伯與子叔姬故也。

秋，季孫行父如晉。

十有七年冬，公子遂如齊。左氏傳：襄仲如齊，拜穀之盟。

十有八年秋，公子遂、叔孫得臣如齊。杜注：書二卿，以兩事行，非相爲介〔一〕。左氏傳：襄仲、莊叔如齊，惠公立故，且拜葬也。注：襄仲賀惠公立，莊叔謝齊來會葬。穀梁傳：使舉上客，而不稱介，不正其同倫而相介，故列而數之也。注：上客，聘主也。禮大夫爲卿，介遂與得臣俱爲卿，是以同倫爲副使，故兩言之，明無差降。

冬，季孫行父如齊。

〔一〕「爲」，諸本脱，據春秋左傳正義卷二〇補。

宣公元年夏，季孫行父如齊。左氏傳：季文子如齊，納賂以請會。

公子遂如齊。左氏傳：東門襄仲如齊，拜成。

八年夏六月，公子遂如齊，至黄乃復。公羊傳：其言至黄乃復何？有疾也。何言乎有疾乃復？譏。何譏爾？大夫以君命出，聞喪徐行而不反。

十年秋〔一〕，季孫行父如齊。左氏傳：季文子初聘于齊。注：齊侯初即位。

冬，公孫歸父如齊。左氏傳：子家如齊，伐邾故也。

十有八年秋七月，公孫歸父如晉。

成公五年春，王正月，仲孫蔑如宋。左氏傳：報華元也。注：前年宋華元來聘。

六年夏六月，公孫嬰齊如晉。

冬，季孫行父如晉。左氏傳：賀遷也。

八年春，公孫嬰齊如莒。左氏傳：聲伯如莒，逆也。注：自爲逆婦而書者，因聘而逆。

十有一年夏，季孫行父如晉。左氏傳：季文子如晉，報聘且莅盟也。

〔一〕「十年」，原脱，據光緒本、春秋左傳正義卷二二補。

秋，叔孫僑如如齊。　左氏傳：宣伯聘于齊，以修前好。

襄公二年秋七月，叔孫豹如宋。　左氏傳：穆叔聘于宋，通嗣君也。

四年夏，叔孫豹如晉。　左氏傳：穆叔如晉，報知武子之聘也。晉侯享之，金奏肆夏之三，不拜。工歌文王之三，又不拜。歌鹿鳴之三，三拜。韓獻子使行人子員問之，曰：「子以君命辱於敝邑，先君之禮，藉之以樂，以辱吾子。吾子舍其大而重拜其細，敢問何禮也？」對曰：「三夏，天子所以享元侯也，使臣弗敢與聞。文王，兩君相見之樂也，臣不敢及。鹿鳴，君所以嘉寡君也，敢不拜嘉？四牡，君所以勞使臣也，敢不重拜？皇皇者華，君教使臣曰：『必諮于周。』臣聞之：『訪問于善爲咨，咨親爲詢，咨禮爲度，咨事爲諏，咨難爲謀。』臣獲五善，敢不重拜。」

六年冬，叔孫豹如邾。　左氏傳：穆叔如邾，聘且修平。

季孫宿如晉。　左氏傳：晉人以鄫故來討，曰：「何故亡鄫？」季武子如晉見，且聽命。

七年秋，季孫宿如衛。　左氏傳：季武子如衛，報子叔之聘，且辭緩報，非貳也。

九年夏，季孫宿如晉。　左氏傳：季武子如晉，報宣子之聘也。

十有六年冬，叔孫豹如晉。　左氏傳：穆叔如晉聘，且言齊故。

十有九年春，季孫宿如晉。　左氏傳：季武子如晉拜師。

二十年秋，叔老如齊。　左氏傳：齊子初聘于齊，禮也。

冬十月，季孫宿如宋。　左氏傳：季武子如宋，報向戌之聘也。

二十有四年春，叔孫豹如晉。

二十有八年秋八月，仲孫羯如晉。　左氏傳：孟孝伯如晉，告將爲宋之盟，故如楚也。

二十有九年冬，仲孫羯如晉。　左氏傳：孟孝伯如晉，報范叔也。

昭公二年夏，叔弓如晉。　左氏傳：叔弓聘于晉，報宣子也。晉侯使郊勞。注：聘禮，賓至近郊，君使卿勞之。　辭曰：「寡君使弓來繼舊好，固曰『女無敢爲賓』，徹命于執事，敝邑弘矣，敢辱郊使？請辭。」致館，辭曰：「寡君命下臣來繼舊好，好合使成，臣之禄也。敢辱大館！」叔向曰：「子叔子知禮哉！」

冬，季孫宿如晉。　左氏傳：季孫宿遂致服焉。注：致少姜之襚服。　穀梁傳：公如晉而不得入，季孫宿如晉而得入，惡季孫宿也。

六年夏，季孫宿如晉。左氏傳：季孫宿如晉，拜莒田也。晉侯享之，有加籩。注：籩豆之數多于常禮。武子退，使行人告曰：「小國之事大國也，苟免于討，不敢求貺。得貺不過三獻。注：周禮，大夫三獻。今豆有加，下臣弗堪，無乃戾也？」韓宣子曰：「寡君以爲驩也。」對曰：「寡君猶未敢，況下臣，君之隸也，敢聞加貺？」固請徹加，而後卒事。晉人以爲知禮，重其好貨。注：宴好之貨。

冬，叔弓如楚。左氏傳：叔弓如楚聘，且弔敗也。

八年夏四月，叔弓如晉。左氏傳：賀虒祁也。

九年夏，仲孫貜如齊。左氏傳：孟僖子如齊殷聘，禮也。注：自叔老聘齊，至今二十年，禮意久曠，今修盛聘，以無忘舊好，故曰禮。

二十有三年春，王正月，叔孫婼如晉。

二十有五年春，叔孫婼如宋。左氏傳：叔孫婼聘于宋。

定公六年夏，季孫斯、仲孫何忌如晉。左氏傳：季桓子如晉，獻鄭俘也。陽虎强使孟懿子往報夫人之幣，晉人兼享之。

十年冬，叔孫州仇如齊。左氏傳：武叔聘于齊。

蕙田案：以上魯聘列國。

又案：春秋魯所聘九國，如齊者十七，如晉者二十四，如宋者五，如陳者三，如衛、如邾、如莒、如牟、如楚者各一。他如莅盟、納幣、逆女、致女、會葬，諸使非因聘而出，皆不載。襄五年，叔孫豹、鄫世子巫如晉。亦非爲聘，故亦不載。

右春秋交聘

五禮通考卷二百三十二

賓禮十三

相見禮

蕙田案：王制述司徒之六禮，相見居其一焉。蓋先王重交際之禮，必介紹以通其誠，贄幣以厚其禮，揖讓以致其敬，以故上交不諂，下交不瀆，有交孚之德而無苟合之咎。古人列朋友于五倫，而相見之禮與冠、昏、喪、祭並舉，誠重之也。儀禮士相見一篇，雖主于士禮，而大夫相見及士大夫見君，侍食見先生、君子諸儀，皆連類及之。兹復採曲禮、少儀、玉藻諸文，裨其不備，以存古相見之略云。

儀禮士相見禮

儀禮士相見禮：鄭目録云：士以職位相親，始承摯相見之禮。士相見，于五禮屬賓禮。

張氏爾岐曰：據經，初言士相見禮，次言士見于大夫，又次言大夫相見，又次言士大夫見于君，未及見尊長諸儀，皆自士相見推之，故以「士相見」名篇。

士相見之禮。贄，冬用雉，夏用腒，左頭奉之。曰：「某也願見，無由達，某子以命命某見。」注：贄所執以至者，君子見于所尊敬，必執贄以將其厚意也。士贄用雉者，取其耿介，交有時，别有倫也。雉必用死者，爲其不可生服也。夏用腒，備腐臭也。左頭，頭陽也。無由達，言久無因緣以自達也。某子，今所因緣之姓名也。以命者，稱述主人之意。疏：周禮庖人「夏行腒鱐」，鄭云：「腒，乾雉。鱐，乾魚。冬時雖死，形體不異，故存本名稱曰雉。夏爲乾腒，形體異，故變本名稱曰腒也。」某子，謂紹介之姓名。以命者，言紹介之人稱述主人之辭意傳來賓也。舊未相見，今始來見主人，故須某子傳通。孺悲欲見孔子，不由紹介，故孔子辭以疾。

張氏爾岐曰：士與士相見之禮，再請返，再辭贄而後見賓。初以贄見，次請賓反見，次主人復還贄，見賓而禮成。

主人對曰：「某子命某見，吾子有辱，請吾子之就家也，某將走見。」注：有，又也。某子命某往見，今吾子又自辱來，序其意也。走，猶往也。疏：走，取急往之意，非走驟也。**賓對曰：**

「某不足以辱命，請終賜見。」注：命，謂請吾子之就家。主人對曰：「某不敢爲儀，固請吾子之就家也，某將走見。」注：不敢爲儀，言不敢外貌爲威儀，忠誠欲往也。固，如故也。疏：固爲堅固，堅固則如故。賓對曰：「某不敢爲儀，固以請。」注：言如固請，終賜見也。主人對曰：「某也固辭，不得命，將走見。聞吾子稱贄，敢辭贄。」注：不得命者，不得見許之命也。走，猶出也。稱，舉也。辭其贄爲其太崇也。疏：凡賓主相見，唯此新升爲士有贄，又初不相識〔一〕，故有贄爲重，對重相見，則無贄爲輕，是以辭之也。賓對曰：「某不以贄不敢見。」注：見于所尊敬而無贄，嫌太簡。疏：此士相見，唯是平敵相抗，不問爵之大小，惟以尊敬爲先後。故雖兩士，亦須以贄相見，若無贄相見，是則太簡略也。主人對曰：「某不足以習禮，敢固辭。」注：言不足習禮者，不敢當其崇禮來見己。賓對曰：「某也不依於贄不敢見，固以請。」注：言依于贄，謙自卑也。主人對曰：「某也固辭，不得命，敢不敬從！」

張氏爾岐曰：以上皆賓在門外，擯者傳言以相往復。

欽定義疏：此士見于士之禮，少儀所謂敵者也。若以卑見尊，則少儀云「始見

〔一〕「初」，諸本作「本」，據儀禮注疏卷七改。

君子者，辭曰『某願聞名于將命者』，不得階主」是也。不曰願見而曰聞名，不斥主人而言將命者，皆視敵禮爲加謙也。然惟致辭異耳，餘儀悉當與此同。

出迎于門外，再拜，賓答再拜。主人揖，入門右。賓奉贄，入門左。主人再拜受，賓再拜送贄，出。注：右，就右也。左，就左也。受贄于庭，既拜受，送則出矣。不受贄于堂，下人君也。疏：凡門，出則以西爲右，以東爲左；入則以東爲右，以西爲左。

蕙田案：賓奉贄見主人，爲士相見第一節。賓送贄訖而出，其禮主於敬。

主人請見，賓反見。退，主人送于門外，再拜。注：請見者，爲賓崇禮來，相接以矜莊，歡心未交也。賓反見，則燕矣。下云「凡燕見于君」至「凡侍坐于君子」，博記反見之燕義。臣初見于君，再拜，奠贄而出。疏：士冠禮賓、士昏納采之等，皆有禮賓、享賓之事。明此行禮，主人留必不虛，宜有歡燕，故云「則燕矣」。

欽定義疏：注意蓋以「燕」爲「安和」之義，謂其主賓款洽從容笑語耳，不謂燕飲之燕也。賓不答拜者，禮有終也。凡拜送，皆無答拜之法。

蕙田案：賓反見主人，爲士相見第二節。主人請見，賓反見而退，其禮主於和。

主人復見之以其贄，曰：「嚮者吾子辱，使某見。請還贄于將命者。」注：復見之者，禮尚往來也。以其贄，謂嚮時所執來者也。嚮，曩也。將，猶傳也。傳命者，謂擯相也。主人對曰：「某也既得見矣，敢辭。」注：讓其來答己也。疏：上言主人，此亦言主人者。上言主人者，據前爲主人而言；此云主人者，謂前賓今在己家而説也。

張氏爾岐曰：此下凡稱主人者，即前賓。稱賓者，即前主人也。

賓對曰：「某也非敢求見，請還贄於將命者。」注：言不敢求見，嫌褻主人，不敢當也。主人對曰：「某也既得見矣，敢固辭。」注：固，如故也。賓對曰：「某不敢以聞，固以請於將命者。」注：言不敢以聞，又益不敢當。

張氏爾岐曰：不敢以聞，謂不敢以還贄之事聞之主人，但固請于將命者而已，益自謙之辭。

主人對曰：「某也固辭不得命，敢不從！」注：許受之也。異日則出迎，同日則否。賓奉贄入。主人再拜受，賓再拜送贄。出，主人送于門外，再拜。

蕙田案：主人復見賓還贄，爲士相見第三節。禮無不答，取其稱也。

又案：以上士相見之禮。

士見於大夫，終辭其贄。於其入也，一拜其辱也。賓退，送，再拜。注：終辭其贄，以將不親答也。凡不答而受其贄，惟君于臣耳。大夫于士不出迎，入一拜，正禮也。送再拜，尊賓。

敖氏繼公曰：士于大夫，降等者也。受贄而不答，則疑于君；答之則疑于敵；使人還之，則又疑于舊臣，是以終辭之也。一拜其辱，亦于大門内之東爲之。

蕙田案：以上士見大夫。

若嘗爲臣者〔一〕，則禮辭其贄，曰：「某也辭不得命，不敢固辭。」注：禮辭，一辭其贄而許也。將不答而聽其以贄入，有臣道也。賓入奠贄，再拜。主人答壹拜。注：奠贄，尊卑異，不親授也。賓出，使擯者還其贄於門外，曰：「某也使某還贄。」注：還其贄者，辟正君也。賓對曰：「某也既得見矣，敢辭。」注：辭君還其贄也。擯者對曰：「某也命某，某非敢爲儀也，敢以請。」注：還贄者，請使受之也。

朱子曰：今案「某也」，蓋主人之名。

賓對曰：「某也夫子之賤私，不足以踐禮，敢固辭。」注：家臣稱私。踐，行也。言某臣也，不足以行賓客禮，賓客所不答者，不受贄。擯者對曰：「某也使某，不敢爲儀也，固以請。」

〔一〕「嘗」，原作「常」，據光緒本、儀禮注疏卷七改。

注：言使某，尊君也。或言命某傳言耳。賓對曰：「某固辭不得命，敢不從！」再拜受。注：受其贄而去之。

欽定義疏：嘗爲臣而新升爲公士，如隨武子所舉筦庫之士是也。舊嘗爲臣，則非始見也，亦必以贄者，以始爲公臣而見也。禮辭其贄，則不辭其見矣。若公叔文子之於僎，則僎直爲大夫矣。其見于文子，亦當與大夫之見于大夫者少異。

蕙田案：以上士嘗爲臣者見于大夫。

下大夫相見以雁，飾之以布，維之以索，如執雉。注：雁取知時，飛翔有行列也。飾之以布，謂裁縫衣其身也。維，謂繫聯其足。疏：言下大夫者，國皆有三卿五大夫。言上大夫，據三卿，則此下是五大夫也。二十七士與五大夫，轉相副貳，則三卿宜有六大夫，而五者，何休云：「司馬事省，缺一大夫。」曲禮云「飾羔雁者以繢」，彼天子卿大夫，非直以布，上又畫之。此諸侯卿大夫執贄，直用布爲飾，無繢。

上大夫相見以羔，飾之以布，四維之結於面，左頭，如麛執之，注：上大夫，卿也。羔取其從帥群而不黨也。面，前也。繫聯四足，交出背上，于胸前結之也。如麛執之者，秋獻麛，有成禮如之。或曰麛，孤之贄也。其禮蓋謂左執前足，右執後足。疏：卿也者，即三卿也。庖人云「秋行犢麛」，則獻當秋時也。如士相見之禮。注：大夫雖贄異，其儀猶如士。

蕙田案：以上大夫相見。

始見于君，執摯至下，容彌蹙。注：下，謂君所也。蹙，猶促也。促，恭慤貌也。其爲恭，士、大夫一也。

敖氏繼公曰：至下，謂當帶也。曲禮曰：「凡奉者當心，提者當帶。」執摯當帶，見至尊之禮也。

盛氏世佐曰：敖氏以當帶爲執摯之法。考曲禮之文，謂物有宜奉持者，有宜提挈者，各因其宜而爲高下之節，不聞其以提者爲恭于奉也。執摯之法，雖無明文，以義推之，當爲奉，不當爲提，何則？羔雁等物于奉爲便，上文云「左頭奉之」是也。敖說非是，當從注說。

庶人見于君，不爲容，進退走。注：容，謂趨翔。

張氏爾岐曰：庶人，謂在官者，府史胥徒是也。其見于君，不爲趨翔之容，進退惟疾走而已。即曲禮云：「庶人僬僬。」

士、大夫則奠摯，再拜稽首。君答壹拜。注：言君答士大夫一拜，則於庶人不答之，庶人之摯鶩。　疏：君答一拜，當作空首，九拜中奇拜是也。曲禮「君于士不答拜」，此得與大夫同答一拜者，新升爲士，故答拜。或新使反也。

蕙田案：以上士、大夫、庶人見于君。

若他邦之人，則使擯者還其摯，曰：「寡君使某還摯。」賓對曰：「君不有其外臣，臣不敢辭。」再拜稽首受。疏：賓不辭即受摯，以君所不臣，禮無受他臣摯法。賓知此法，不敢亢禮于他君，故不辭即受之也。臣無境外之交，今得以摯見他邦君者，謂他國之君來朝，此國之臣因見之，非特行也。

蕙田案：以上他邦之人見于君。

凡燕見于君，必辯君之南面。若不得，則正方不疑君。注：辯，猶正也。君南面，則臣見正北面。君或時不然，當正東面，若正西面，不得疑君所處邪嚮之。此謂特見圖事，非立賓主之燕也。疑，度之。

張氏爾岐曰：經本言士與士相見，遞推至見大夫，大夫與大夫相見，士大夫見君，見禮已備。此下博言圖事，進言侍坐、侍食、退辭稱謂諸儀法，殆類記文體例矣。注知此燕見是圖事，非立賓主之燕者，以燕禮君在阼階，以西面爲正也。

君在堂，升見無方階，辯君所在。注：升見，升堂見于君也。君近東則升東階，君近西則升西階。疏：此謂反燕及圖事之法。若立賓主之燕，則君升自阼階，賓及主人升自西階，燕禮所云是也。

蕙田案：以上燕見于君。

凡言，非對也，妥而後傳言。注：凡言，謂己爲君言事也。妥，安坐也。傳言，猶出言也。若君問，可對則對，不待安坐也。

張氏爾岐曰：此下言進言之法。凡進言，惟承尊者之問而對，則不待安坐。苟非對也，則必安坐而後出言。注專指爲君言，似泥。疏以妥爲君安坐，亦不可從。

蕙田案：張氏之説較勝，敖君善亦與張同，而以「妥」爲「安和其志氣」乃言，不若仍用爾雅釋詁文之的也。

與君言，言使臣；與大人言，言事君；與老者言，言使弟子；與幼者言，言孝弟於父兄；與衆言，言忠信慈祥；與居官者言，言忠信。注：博陳燕見言語之儀也。言使臣者，使臣之禮也。大人，卿大夫也。言事君者，臣事君以忠也。祥，善也。居官，謂士以下。

凡與大人言，始視面，中視抱，卒視面。毋改，衆皆若是。注：始視面，謂觀其顔色，可傳言未也。中視抱，容其思之，且爲敬也。卒視面，察其納己言否也。毋改，謂傳言見答應之間，當正容體以待之，毋自變動，爲嫌解惰不虚心也。衆，謂諸卿大夫同在此者。皆若是，其視之儀無異也。若父則遊目，毋上於面，毋下於帶。注：子于父，主孝不主敬，所視廣也，因觀安否何如也。若不言，立則視足，坐則視膝。注：不言，則伺其行起而已。疏：已上皆據臣子與君父言語之時，此據不言之時。

蕙田案：以上言、視之法。

凡侍坐於君子，君子欠伸，問日之早晏，以食具告。改居，則請退可也。注：君子，謂卿大夫及國中賢者也。志倦則欠，體倦則伸。問日晏，近于久也。具猶辯也。改居，謂自變動也。夜侍坐，問夜、膳葷，請退可也。注：問夜，問其時數也。膳葷，謂食之。葷，辛物，葱薤之屬，食之以止卧。

蕙田案：以上侍坐於君子。

若君賜之食，則君祭先飯，徧嘗膳，飲而俟。君命之食，然後食。注：君祭先飯，食其祭食。臣先飯，示爲君嘗食也，此謂君與之禮食。膳，謂進庶羞，既嘗庶羞則飲，俟君之徧嘗也。疏：凡君將食，必有膳宰進食，嘗君前之食，備火齊不得，下文是也。此文謂膳宰不在，則侍食者自嘗自己前食，既不嘗君前食，則不正嘗食，故云示也。此君與臣小小禮食法，非正禮食。正禮食，則公食大夫是也。彼君前無食，此君臣俱有食。

蕙田案：注「食其祭食」，敖氏集説引作「謂君祭食」，當從之。

欽定義疏：此經蓋爲得賜食，而非君所客者而言，故不得祭。若君所客，則少儀曰「若賜之食而君客之，則命之祭，然後祭；先飯，辯嘗羞，飲而俟」是也。

若有將食者，則俟君之食，然後食。注：將食，猶進食，謂膳宰也。膳宰進食，則臣不嘗食。

周禮膳夫：「授祭，品嘗食，王乃食。」

若君賜之爵，則下席再拜稽首，受爵，升席，祭，卒爵而俟。君卒爵，然後授虛爵。注：受爵者于尊所。至于授爵，坐授人耳。必俟君卒爵，若欲其釂然。疏：此燕而君客之賜爵法。若大燕飲禮，則君卒爵而後飲。案燕禮，當無算爵後，得君賜爵，待君卒爵乃飲是也。退，坐取屨，隱辟而后屨。君爲之興，則曰：「君無爲興，臣不敢，辭。」君若降送之，則不敢顧辭，遂出。注：謂君若食之飲之而退也。隱辟，俛而逡巡。興，起也。辭君興而不敢辭其降，于己太崇，不敢當也。大夫則辭，退，下，比及門，三辭。注：下亦降也。疏：對上不敢辭，是士。士卑，不敢辭降。大夫，臣中尊者，故得辭降也。

敖氏繼公曰：大夫起而退，則君興；下階，則君降；及門，則君送。於此三節皆辭之，故曰三辭。

蕙田案：以上士、大夫侍飲食于君。

若先生、異爵者請見之，則辭。辭不得命，則曰：「某無以見，辭不得命，將走見，先見之。」注：先生，致仕者也。異爵，謂卿大夫也。辭，辭其自降而來。走，猶出也。先見之者，出先拜也。曲禮曰：「主人敬賓，則先拜賓。」

張氏爾岐曰：某無以見，言無故不敢輕見也。

蕙田案：以上先生、異爵者見于士。

非以君命使，則不稱「寡大夫」。士，則曰「寡君之老」。注：謂擯贊者辭也。不稱寡者〔一〕，不言寡君之某，言姓名而已。大夫、卿、士，其使則皆曰寡君之某。檀弓曰：「仕而未有禄者，君有饋焉曰獻，使焉曰寡君之老。」

張氏爾岐曰：此經當有脱文。注引檀弓亦多「之老」二字。玉藻云：「大夫私事使，私人擯則稱名，公士擯則曰寡大夫、寡君之老。」與此經相發明。謂非以君命而有事他國，則擯辭不得稱曰「寡君之某」，稱名而已。若以君命出聘，公士爲擯，下大夫則曰「寡大夫」，上大夫則曰「寡君之老」。

欽定義疏：此經據玉藻釋之，文義自明。「非以君命使」句，所謂「大夫私事使」也；「則不稱寡大夫」句，所謂「私人擯則稱名」也；「士」一字爲句，所謂「大夫有所往，必與公士爲擯」也；「則曰寡君之老」，所謂「公士擯，則曰寡大夫、寡君之老」也。

蕙田案：以上自稱于他邦。

凡執幣者不趨，容彌蹙，以爲儀。注：不趨，主慎也。以進而益恭，爲威儀耳。疏：案小行人「合六幣」，玉、馬、皮、圭、璧、帛皆稱幣。下文別云「執玉」，則此幣謂皮馬享幣及禽摯皆是。不趨者，不爲疾趨。執玉者則唯舒武，舉前曳踵。注：惟舒者，重玉器，尤慎也。武，迹也。舉前曳踵，備躓跲

〔一〕「者」，諸本作「君」，據儀禮注疏卷七改。

也。疏：因執摯相見，故兼言朝聘執玉之禮也。

朱子曰：案注疏以「舒」字絶句。陸佃曰「容彌蹙同，惟武則舒然，則讀『武』字絶句」，其説近是。

蕙田案：以上執幣玉之容。

凡自稱於君，士、大夫則曰下臣，宅者在邦則曰市井之臣，在野則曰草茅之臣，庶人則曰刺草之臣，他國之人則曰外臣。注：宅者，謂致仕者。去官而居宅，或在國中，或在野。周禮載師之職，「以宅田任近郊之地」。今文「宅」或爲「託」。刺，猶剗除也。

敖氏繼公曰：士、大夫，謂見爲臣者也。宅者，未仕而家居者也。他國之人，亦謂士大夫。

盛氏世佐曰：宅，當從今文爲「託」，託，寄也，謂他國士大夫寄居其地而未仕者。不曰外臣者，既居其地，不可復同于他國也。不曰刺草之臣者，以非土著之民，且嘗爲士大夫故也。孟子云：「在國曰市井之臣，在野曰草莽之臣。」皆謂庶人，正與此相發明。孟子之時，士好遊，故據託者之禮言之。謂之庶人者，以其于所寓之國實未仕也。鄭本從古文作「宅」，誤。

蕙田案：以上自稱于君。

劉氏敞士相見禮：自天子至於庶人皆有摯。摯者，致也，所以致其志也。天子之摯鬯，諸侯玉，卿羔，大夫雁，士雉。鬯也者，言德之遠聞也。玉也者，言一度不易也。羔也者，言柔而有禮也。雁也者，言進退知時也。雉也者，言死其節也。故天子以遠德爲志，諸侯以一度爲志，卿以有禮爲志，大夫以進退爲志，士以死節爲志。明乎志之義，而天下治矣。故執斯摯者，致志者也。君之摯以事神，臣之摯以養人。唯君受摯者，唯君受養也。非其君則辭摯，不敢當養也。古者非其君不仕，非其師不學，非其人不友，非其大夫不見。士相見之禮，必依于介紹，以言其不苟合者也；必依於摯，以言其道可親也。苟而合，惟小人無恥者能之。君子可見也，不可屈也；可親也，不可狎也；可遠也，不可疏也。賓至而主人三辭見，賓稱摯，主人三辭摯，所以致尊嚴也。大夫以禮相接，士以禮相諭，庶人以禮相同，然而爭奪興於末者，未之有也。人苟悦而相若者未必爭，苟簡而相親者未必怨，是故士相見禮者，人道之大也。所以使人重其身而毋邇於辱也，所以使人慎其交而毋邇於禍也。唯仕於君者，召而往，未仕而見於君者，冠而奠摯。在邦曰市井之臣，在野曰草莽之臣，君雖召不往也。是故雖有南面之貴，千乘之富，士之所以結者，禮義而已矣，利不足稱焉。刑罰行於國，所誅者好利之人，未有好利而其俗不亂者也。無介而相見，君以爲諂。故諸侯大國九介，次國七介，小國五介。

陳氏師道曰：宗周之制，士見于大夫、卿、公，介以厚其別，詞以正其名，摯以效其情，儀以致其敬，四者備矣，謂之禮成。士之相見，如女之從人，有願見之心，而無自行之義，必有紹介爲之前焉，所以別嫌而慎微也，故曰介以厚其別。名以舉事，詞以導名。名者，先王所以定名分也，名正則詞不悖，分定則名不犯，故曰詞以正其名。言不足以盡意，名不可以過情，又爲之摯，以成其終，故授受焉。介以通名，儐以將命，勤亦至矣，然因人而後達也。禮莫重於自盡，故祭主於重，婚主於迎，賓主於摯，故曰摯以效其情。誠發于心，而諭于身，達于容色，故又有儀焉。詞以三請，摯以三獻，三揖而升，三拜而出。禮煩則泰，簡則野，三者，禮之中也，故曰儀以致其敬。是以貴不陵賤，下不援上，謹其分守，順于時命，志不屈而身不辱，以成其善。當是之世，豈特士之自賢，而亦有禮爲之節也。夫周之制禮，其所爲防至矣。及其晚世，禮存而俗變，猶自是而失身，況於禮之亡乎？自周之禮亡，士知免者寡矣。世無君子，明禮以正之，既相循以爲常，而史官又載其事，故其弊習而不自知也。又曰：先王之制，士不傳摯，爲臣則不見于王公。夫相見所以成禮，而其弊必至于自鬻，故先王謹其始以爲防，而爲士者世守焉。

盛氏世佐曰：交際之道，情也，有分焉。情不洽則暌，分不嚴則褻，褻之害甚于暌，其端兆于士林，而其禍延于公卿大夫之際。傾險者，啓釁于睚眦。卑鄙者，失身于闒茸。先王防其微，必自士相見始。是故將之以摯，先之以介紹，五請而後許，一見而即退，所以難其合也。合之也難，則其交必不濫；合之也難，則其交亦不易離。然猶慮其尊嚴，而未足以達賓主之情也，故爲之燕，以伸其款曲焉。燕不于始入而于反見者，謂不可以干盛禮也云爾。斯禮也，降及戰國，而廢不講矣。唯孟子爲能守之，以重其道，故七篇之中，三致意焉。觀其荅公孫丑不見諸侯之問，而引曾子、子路之言爲證，則士之能抗節公卿者，未有不於尋常交契中慎之也。易曰：「君子上交不諂，下交不瀆，其知幾乎？」微哉斯言！非豫之六二有安静堅確之德，其孰能與于斯？

右儀禮士相見禮

經傳相見禮

禮記王制：六禮：冠、昏、喪、祭、鄉、相見。

蕙田案：交際之禮，古人所重，司徒脩六禮以節民性，相見與冠、昏、喪、祭並列。今所存者，特士相見一篇而已。

少儀：聞始見君子者，辭曰：「某固願聞名于將命者。」不得階主。敵者曰：「某固願見。」注：君子，卿大夫，若有異德者。固，如故也。將，猶奉也。即君子之門，而云願以名聞于奉命者，謙遠之也。重則云「固」。將命，傳辭出入。階，上進者，言賓之辭不得指斥主人。敵，當也。願見，願見于將命者，謙也。疏：此論見君子之法。記者謙退，不敢自專制其儀，而傳聞舊説，故曰「聞」也。辭，客之辭也。某，客名也。再辭曰固。聞名，謂名得通達也。將命，謂傳辭出入，通主客之言語也。客實願見君子，而云「願聞名于傳命者」，不敢必斥見君子，但願將命者聞之而已。不云初辭，而云「固」者，欲明主人不即見己，己乃再辭也。若初辭則不云「固」，惟云「某願聞名于將命者」耳〔一〕。階，進也。人升階必上進。主，謂主人也。客宜卑退，不得進斥主人也。敵者不謙，故云願見，亦應云「願見于將命者」，因上已有，故此略之。「固」義亦同上。

劉氏彝曰：願聞名于將命者，謂至于門外，擯者請事，答以辭。不得階主，述其崇德之意，不敢由階升堂，直見主人之謂也。

〔一〕「名」，諸本脱，據禮記正義卷三五補。

方氏慤曰：聞言所記之事，非由于己見，乃聞之于人爾。君子者，有位有德者之通稱也。辭則表記所謂「無辭不相見」是矣。將命者，蓋將奉主人之命而傳之者也，亦擯紹之類與？論語言「將命者出户」是矣。願見君子，而曰「願聞名于將命者」，以其尊而不可以遽見，故先欲聞其名，以其不可指斥而與之亢禮，故止言將命者而已。不得階主，蓋言不可指斥主人升進而與之階也。與之相敵，故不必先聞其名，直曰願見而已。此隆殺之辨也。

罕見曰「聞名」，亟見曰「朝夕」，瞽曰「聞名」。注：罕，希也。希相見，雖于敵者，猶爲尊主之辭，如于君子也。亟，數也。于君子，則曰「某願朝夕聞名于將命者」；于敵者，則曰「某願朝夕見于將命者」。瞽，無目也。以無目，辭不稱見。疏：前明始相見，此明已相見而疏者。尊者、敵者，皆云「願聞名于將命者」，然敵者始來曰願見，重來而疏翻曰聞名者，亦獎之使不疏也。或云「始來禮隆，故尊卑宜異。重來禮殺，故宜同也」。亟見，謂數相見者。瞽者其來，不問見貴賤，則並通云「願聞名于將命者」[一]。

陳氏澔曰：罕見，謂久不相見也，亦曰「願聞名于將命者」，蓋疑疏濶之久，未必主人肯見也。

適有喪者曰「比」，童子曰「聽事」。注：適，之也。曰「某願比于將命者」。比猶比方，俱給事。童子曰「某願聽事于將命者」，童子未成人，不敢當相見之禮。

[一]「名」，諸本脱，據禮記正義卷三五補。

適公卿之喪，則曰「聽役於司徒」。注：喪，憂戚，無賓主之禮，皆爲執事來也。陳氏曰：「孟獻子之喪，司徒旅歸四布」，則公卿之喪，司徒掌其事也，故云「某願聽役于司徒」。

請見不請退。注：去止不敢自由。疏：謂卑者于尊所，有請見之禮，既見，去必由于尊者，故不敢請退。**朝廷曰退。**注：近君爲進。**燕遊曰歸。**注：禮褻，主于家也。

蕙田案：以上請見。

曲禮：凡與客入者，每門讓於客。注：下賓也。敵者迎于大門外。聘禮曰：「君迎賓于大門内。」疏：凡者，通貴賤也。謂天子五門，諸侯三門，大夫二門。每門讓于客，自謙下，敬于賓也。**客至於寢門，則主人請入爲席。**注：爲猶敷也，雖君亦然。疏：寢門，最内門也。主人嚮已應正席，今客至門，方請先入敷席者，一則自謙，不敢逆設席以招賢；一則重愼，宜更視之。**然後出迎客，客固辭，**注：又讓先入。疏：鋪席竟，然後出迎客。禮有三辭，一曰禮辭，再曰固辭，三曰終辭。固辭者，客再辭，不先入也。**主人肅客而入。**注：肅，進也。進客，謂道之。疏：客以再辭，故主人進導客也。公食大夫禮曰「公揖入，賓從」是也。**主人入門而右，客入門而左。**注：右，就其右；左，就其左。**主人就東階，客就西階。客若降等，則就主人之階。**注：降，下也。謂大夫于君，士于大夫也，不敢輒由其階，卑統于尊，不敢自專。疏：降等，則不敢亢禮，故就主人階，是繼屬于主人。案聘禮云：

「公迎賓，賓不就主人階。」以己奉君命，不可苟下主人也。若見主國大夫，則入門右。鄭注云「見私事，雖敵，猶謙，爲若降等然」也。

主人固辭，然後客復就西階。 注：復其正。

方氏愨曰：主人於賓，迎之無不拜，每門每曲無不揖，此言迎而不言拜，則拜可知。言每門讓而不言每曲揖，則揖可知。客與主共階，則以卑從尊，而於禮爲殺。與主異階，則以此敵彼，而于禮爲亢。客降等則殺，故就主人之階。

主人與客讓登，主人先登，客從之，拾級聚足。 注：拾，當爲「涉」，聲之誤也。級，等也。涉等聚足，謂前足躡一等，後足從之併。疏：賓主至階各讓，不先登也。讓必以三，三竟而客不從，故主人先登。客從之者，言主人先升至第二級，客乃升，中較一級，故云從之，公食禮云「公升二等，賓升」是也。**連步以上。** 注：重蹉跌也。連步，謂足相隨不相過也。疏：拾級聚足，連步以上，此上階法也。謂每階先舉一足，而後足併之，不得後過前也。上，上堂也。在級未在堂，後足不相過，故云「連步而上」也。**上於東階，則先右足。上於西階，則先左足。** 注：近于相鄉，敬。

呂氏大臨曰：禮之于賓，主無不答也。及門遜入，及階遜登，乃主人答客也，主遜而客辭也。客若降等，則就主人之階，主人固辭，然後客復就西階，乃客答主人也，客遜而主人辭也。一入門，一登階，賓主更爲辭遜，而不以爲煩，此禮之所以養人深也。

少儀：始入而辭，曰「辭矣」。即席，曰「可矣」。注：可猶止也。謂擯者爲賓主之節也。始入則告之辭，至就席，則止其辭。　疏：此一節明賓主之入，擯者告之辭讓之節。始入門，主人辭謝于賓，擯者告主人曰「辭謝賓矣」，謂辭讓賓，令賓先入。至階之時，擯者亦應告主人曰「辭讓，賓先登矣」。此不言者，始入之文，包入門、登階也。至賓主升堂，各就席而立，擯者恐賓主辭讓即席，故告之曰「可矣」，言止，不須辭也。

蕙田案：以上入門登階。

曲禮：大夫士相見，雖貴賤不敵，主人敬客，則先拜客；客敬主人，則先拜主人。

疏〔一〕：此謂使臣行禮，受勞已竟，次見彼國卿大夫，而德劣亦先拜有德之士也。謂異國則爾，同國則否。

朱子曰：今案此未有以見同國、異國之辨，更詳之。下放此。

凡非弔喪，非見國君，無不答拜者。注：禮尚往來。喪，賓不答拜，不自賓客也。國君見士，不答其拜，士賤。　疏：弔，所以賓不答拜者，己本來爲助執于喪事，非行賓主之禮，故主人雖拜己，己不答也，故士喪禮「有賓則拜之，賓不答拜」是也。君不答士者，謂士見己君，君尊，不答也。大夫見於國

〔一〕「疏」，諸本作「注」，據禮記正義卷四改。

君，國君拜其辱。注：自外來而拜，拜見也。自内來而拜，拜辱也。　疏：辱〔一〕，謂見他國君也。故聘禮云「公在門左，拜」，是拜其辱也。熊氏曰：「同國大夫見己君，拜其辱者，以其初爲大夫，敬之也。」士見於大夫，大夫拜其辱。疏：謂平常相答拜，非加敬也。故聘禮賓問卿，卿迎，再拜；士相見禮「士見大夫，於其入也，主人一拜，賓退，送，又再拜」。同國始相見，主人拜其辱。疏：主人必先拜辱，不論有德也。君於士，不答拜也，非其臣，則答拜之。注：不臣人之臣。大夫於其臣，雖賤，必答拜之。注：辟正君。疏：大夫爲君，宜辟正君，故不辨己臣貴賤，皆答拜也。男女相答拜也。注：嫌遠別不相答拜，以明之。

玉藻：士於大夫，不敢拜迎而拜送，注：禮不敵，始來拜，則士辟也。疏：此謂大夫詣士，禮既不敵，故士不敢迎而先拜，大夫雖拜，士則辟之，而拜送者，案儀禮鄉射、鄉飲酒、公食、聘禮，但是主人送賓者，皆主人再拜，賓不答拜。鄭注云：「不答拜者，禮有終故也。」士於尊者先拜，進面，答之拜則走。注：士往見卿大夫，卿大夫出迎，答拜亦辟也。疏：謂士往詣卿大夫，即先于門外拜之，拜竟乃進面，親相見。若大夫出迎而答其門外之拜，則士走辟之也。

〔一〕「辱」，諸本作「君」，據禮記正義卷四改。

蕙田案：以上拜。

曲禮：席南鄉北鄉，以西方爲上；東鄉西鄉，以南方爲上。注：布席無常，此其順之也。上，謂席端也。坐在陽則上左，坐在陰則上右。疏：東西設席，南鄉北鄉，則以西方爲上頭也。南北設席，東鄉西鄉，則以南方爲上頭也。蓋坐在陽則貴左，坐在陰則貴右。南坐是陽，其左在西。北坐是陰，其右亦在西。東坐是陽，其左在南。西坐是陰，其右亦在南也。然此乃據平常布席如此，若禮席，則或不然也。若非飲食之客，則布席，席間函丈。注：謂講問之客也。函猶容也。講問宜相對。容丈，足以指畫也。飲食之客，布席于牖前。丈，或爲「杖」。疏：函，容也。既來講説，則所布兩席中間，相去使容一丈之地，足以指畫也。記云：「侍坐于大司成，遠近間三席。」席之制，三尺三寸三分寸之一，則三席是一丈，故鄭云「容丈」也。「丈或爲『杖』」者，王肅以爲古人講説，用杖指畫，故使容杖也。主人跪正席，注：雖來講問，猶以客禮待之，異于弟子。客跪撫席而辭。注：撫之者，荅主人之親正席。疏：撫，謂以手按止也。辭，不聽主人之正席也。客徹重席，主人固辭。注：徹，去也。去重席，謙也。再辭曰固。疏：禮器云：「席，諸侯三重，大夫再重。」又鄉飲酒之禮：「公三重，大夫再重。」是尊者多，卑者少，故主人爲客設多重席，客謙而自徹也。尊卑有數，而客必徹之者，既言講説，本以德義相接，不以尊卑爲用也。客踐席，乃坐。注：客安，主人乃敢安也，講問宜坐。疏：客起徹重席，主人止之，故客還履席將坐，主人乃坐也。主人不問，客不先舉。注：客自外來，宜問其安否無恙及所爲來故。

玉藻：登席不由前，爲躐席。注：升必由下也。徒坐不盡席尺，注：示無所求于前，不忘謙也。　疏：徒坐，空坐也。謂非飲食及講問時也。讀書、食，則齊。豆去席尺。注：讀書，聲當聞尊者。食，爲汙席也。　疏：讀書、食，則坐近前，與席畔齊。豆去席尺者，又解食所以近前之意。以設豆去席一尺，不得不前坐就豆。

蕙田案：以上登席。

曲禮：將上堂，聲必揚。注：警内人也。户外有二屨，言聞則入，言不聞則不入。注：不干掩人之私也〔一〕。　疏：謂室有兩人，故户外有二屨，兩人體敵，故二屨在外。若尊卑不同，則長者一人脱屨于户内，有二人，或請問密事，若内人語聞于户外，則外人乃可入也。將入户，視必下。入户奉扃，視瞻毋回。注：奉扃，敬也。　疏：關户之木稱扃。凡奉扃之時，必兩手向心。今入户，雖不奉扃木，其手若奉扃然。視瞻毋回者，見初將入時視必下，而竟不得回轉，廣有瞻視也。户開亦開，户闔亦闔。注：不以後來變先。有後入者，闔而勿遂。注：示不拒人。毋踐屨，毋踖席，

〔一〕「掩」，諸本作「謁」，據禮記正義卷二九改。

摳衣趨隅，必慎唯諾。注：趨隅，升席必由下也。慎唯諾者，不先舉，見問乃應。

陳氏澔曰：毋踐屨，謂後來者不可躡先入者所脱之屨也。踖猶躐也。玉藻曰：「登席不由前，爲躐席。」是登席當由前也。摳，提也。摳衣，與論語「攝齊」同，欲便于坐，故當摳之。趨隅，由席角而升坐也。唯、諾，皆應辭。既坐定，又當謹于應對也。

蕙田案：以上上堂入户。

客若降等，執食興，辭。注：辭者，辭主人之臨己食，若欲食于堂下然。疏：降等，謂若大夫爲卿之客也。食，飯也。興，起也。客既卑，故未食必執飯以辭謝，飯爲食主故也。若欲往堂下食者，公食禮云：「賓左擁簠粱，右執湇以降。」鄭云「辭主人臨己食，若欲食于堂下然」是也。此降等，謂大夫于卿，故欲降而不降。若臣于君，則降也。若敵者，則公食禮云：「大夫相食，賓執粱與湇，之西序端。」無降法也。**主人興，辭於客，然後客坐。**注：復坐。疏：主人起，辭止之，則客從辭而止。**主人延客祭。**注：延，道也。祭，祭先也。君子有事，不忘本也。客若降等，則先祭。疏：祭者，種種出少許，置在豆間之地，以報先代造食之人也。若敵，客則得自祭，不須主人之延道。今此卑客，聽主人先祭道之，己乃從之也。**祭食，祭所先進。**注：主人所先進先祭之，所後進後祭之，如其次。**殽之序，徧祭之。**注：謂胾、炙、膾也。以其本出于牲體也。公食禮：「魚、腊、湇、醬不祭也。」疏：序，次序也，謂炙、胾之屬。雖同出於牲，今祭之，故種種次第，徧匝祭之也。**三飯，主人延客食胾，然後辯殽。**

注：先食胾，後食殽，殽尊也。凡食殽，辯于肩，食肩則飽也。疏：三飯，謂三飧而告飽，須勸乃更食。故三飯竟，主人乃道客食胾也。三飧後乃食胾者，案公食禮亦以胾爲加，故客三飧前未食之也。特牲、少牢云初食殽，次食脊，次食骼，後食肩，是「辯于肩」也。主人未辯，客不虛口。注：俟主人也。虛口，謂酳也。客自敵以上，其酳不待主人飽，主人不先飽也。疏：酳，謂食竟蕩口也。用漿曰漱，用酒曰酳。主人常讓客，故客待主人辯，乃得酳也。共食不飽，注：謙也〔一〕，謂共羹飯之大器也。共飯不澤手。注：謂汗手不潔也。澤，謂挼莎也。禮，飯以手。毋摶飯，注：爲欲致飽，不謙。毋放飯，注：去手餘飯于器中，人所穢。毋流歠，注：大歠嫌欲疾。毋咤食，注：嫌薄之。毋齧骨，注：爲有聲響，不敬。毋反魚肉，注：謂已歷口，人所穢。毋投與狗骨，注：爲其賤飲食之物。毋固獲，注：爲其不廉也。欲專之曰固，爭取曰獲。毋揚飯，疏：飯熱當待冷，若揚去熱氣，則爲貪快傷廉也。飯黍毋以箸，疏：飯黍當用匕。毋嚃羹，注：亦嫌欲疾也。嚃爲不嚼菜。毋絮羹，注：爲其詳于味也。絮猶調也。毋刺齒，注：爲其弄口也。口容止。毋歠醢。注：亦嫌詳于味也。歠者，爲其淡故。客絮羹，主人辭不能亨。客歠醢，主人辭以寠。注：優賓。疏：若客失禮而絮羹，則主人謝

〔一〕「謙」，諸本作「讓」，據禮記正義卷二改。

之，云己家不能亨煮，故羹味不調也。若歠醢，則主人亦致謝，云主人作醢淡而無鹽，故可歠也。**濡肉齒決，**注：決猶斷也。**乾肉不齒決，**注：堅宜用手。**毋嘬炙。**注：爲其貪食甚也。嘬，謂一舉盡臠。**卒食，客自前跪，徹飯齊，以授相者。**注：謙也。自，從也。齊，醬屬也。相者，主人贊饌者，公食禮「賓卒食，北面取粱與醬以降」也。疏：食坐在前，南鄉，客食竟，加于俎。起，從坐前北面，當已坐而跪，自徹已所食飯與齊。飯齊食主，故答主人初所親饋者也。此是卑者侍食之客耳，若敵者則否。相者，謂佐助進食者。**主人興，辭於客，然後客坐。**注：不聽親徹。疏：主人起，辭不聽自徹，則客亦止而坐也。

玉藻：客祭，主人辭曰：不足祭也。客飱，主人辭以「疏」。注：祭者〔一〕，盛主人之饌也。飱者〔二〕，美主人之食也。疏之言粗也。**主人自置其醬，則客自徹之。**注：敬主人也。**一室之人，非賓客，一人徹。**注：同事合居者也。賓客，則各徹其饌。**一食之人，一人徹。**注：一食之人，一猶聚也，謂赴事聚食。**凡燕食，婦人不徹。**注：質，不備禮。

孔子食于季氏，不辭，不食肉而飱。注：以其待己以及饌非禮也。

〔一〕「祭者」，諸本作「客祭」，據禮記正義卷三〇改。
〔二〕「飱」上，諸本衍「客」字，據禮記正義卷三〇刪。

雜記：孔子曰：吾食于少施氏而飽，少施氏食我以禮。吾祭，作而辭曰：「疏食不足祭也。」吾飧，作而辭曰：「疏食也，不敢以傷吾子。」

蕙田案：以上賓主飲食。

曲禮：侍坐于先生，先生問焉，終則對。注：不敢錯亂尊者之言。請業則起，請益則起。注：尊師重道也。

侍坐于所尊敬，無餘席，注：必盡其所近尊者之端，爲有後來者。疏：所以然者，欲得親近先生，似若扶持然，備擬先生顧問，不可過遠，且擬後人之來，故闕其在下空處以待之。見同等不起。注：不爲私敬。燭至起，注：異晝夜。食至起，注：爲饌變。上客起。注：敬尊者。疏：謂尊者之上客也。尊者見之則起，故侍者宜從之而起。食與燭至起，則尊者不起。

侍坐于君子，君子欠伸，撰杖屨，視日蚤暮，侍坐者請出矣。注：以君子有倦意也。撰猶持也。

陳氏澔曰：氣乏則欠，體疲則伸，此四者，皆厭倦之容，恐妨君子就安，故請退。

侍坐于君子，君子問更端，則起而對。注：離席對，敬異事也，君子必令復坐。

吕氏大臨曰：問更端則起而對者，因事有所變而起，敬也。

侍坐于君子，若有告者曰：「少間，願有復也。」則左右屏而待。注：復，白也。言欲須少空閒，有所白也。屏，猶退也，隱也。

呂氏大臨曰：屏而待，不敢干其私也。

侍坐于長者，屨不上于堂，注：屨賤，不陳于尊者之側。解屨不敢當階。注：爲妨後升者。就屨，跪而舉之，屏于側。注：謂獨退也。就猶著也。屏亦不當階。鄉長者而屨，跪而遷屨，俯而納屨。注：謂長者送之也，不得屏遷之而已。俯，俛也。納，内也。疏：此一節明解屨、著屨之法。

侍于君子，不顧望而對，非禮也。注：禮尚謙也。不顧望，若子路率爾而對。

少儀：侍坐，弗使，不執琴瑟，不畫地，手無容，不翣也。注：端愨，所以爲敬也。尊長或使彈琴，則爲之可。疏：不畫地者，盧云：「不敢無故畫地也。」手無容者，盧云：「不弄手也。」不翣者，盧云：「翣，扇也，雖熱亦不敢摇扇也。」

侍坐于君子，君子欠伸，運笏，澤劍首，還屨，問日之蚤莫，雖請退可也。注：以此皆解倦之狀。伸，頻伸也。運、澤，皆玩弄也。金器弄之，易以汗澤。疏：還，轉也，謂君子自轉屨也。尊者脱屨于户内，是屨恒在側，故得自還轉之也。

蕙田案：士相見禮、曲禮俱有此條而文小異。

又案：以上侍坐于君子。

曲禮：侍食于長者，主人親饋，則拜而食。注：勸長者食耳。雖賤，不得執食興辭，拜而已，示敬也。疏：此明侍從尊長爲客禮也。饋，謂進饌也。己雖侍尊長，而主人若自親饋與己，己則拜謝之而後食也。主人不親饋，則不拜而食。注：以其禮于己不隆。

侍飲于長者，酒進則起，拜受于尊所。注：降席拜受，敬也。燕飲之禮鄉尊。疏：謂長者賜侍者酒，進至侍者前，侍者不敢即飲，故起也。尊所者，陳尊之處也。長者辭，少者反席而飲。長者舉未釂，少者不敢飲。注：不敢先尊者。盡爵曰釂。

御同于長者，雖貳不辭。注：謂侍食于長者，饌宜與之同也。貳，謂重殽膳也。辭之，爲長者嫌。偶坐不辭。注：盛饌不爲己。疏：或彼爲客設饌而召己往，媿偶于客共食。此饌本不爲己設，故不辭。

玉藻：侍食于先生、異爵者後祭先飯〔一〕。注：謙也。

凡食果實者後君子，火孰者先君子。注：果實，陰陽所成，非人事，故後君子。火孰，備火齊

〔一〕「祭」，諸本作「食」，據禮記正義卷三〇改。

不得，故先君子。

少儀：燕侍食于君子，則先飯而後已。注：所以勸也。疏：先飯，先君子之飯，若嘗食然。君子食罷而後已，若勸食然。毋放飯。毋流歠。小飯而亟之。注：亟，疾也。備噦噎，若見問也。疏：小飯，謂小口而飯。亟，謂疾速而咽小飯，備噦噎也，速咽之，備見問也。數噍，毋爲口容。注：口容，弄口。疏：數噍，謂數數嚼之。客自徹，辭焉，則止。注：主人辭其徹。

蕙田案：以上侍食飲于君子。

玉藻：凡侍于君，紳垂，足如履齊，頤霤垂拱，視下而聽上，視帶以及袷，聽鄉任左。注：紳垂，則磬折也。齊，裳下緝也。袷，交領也。疏：凡者，臣無貴賤皆然。紳，大帶也，身直則帶倚，磬折則帶垂，身折則裳前下緝委地，故行則足恒如踐履裳下也。霤，屋簷也。身俯故頸臨前，垂頤如屋霤。拱，沓手也。身俯則宜手沓而下垂也。視下者，視高則傲，故下矚也。聽上，謂聽尊者語宜諦聽，故仰頭而面鄉上以聽之也。視帶以及袷，視尊者之處也。視君之法，下不過帶，高不過袷，聽上及聽鄉任左，皆備君教使也。侍君坐時，侍者在左，右耳近君，是以聽鄉皆以左爲任也。

侍坐，則必退席，不退，則必引而去君之黨。注：引，卻也。黨，鄉之細者，謂旁側也。引而去者，辟君之親黨也。疏：引卻而去，坐君親黨之下也。

蕙田案：以上臣侍君。

君若賜之爵，則越席再拜稽首受，登席祭之，飲，卒爵而俟。君卒爵，然後授虚爵。疏：先飲，示賤者先即事。后授虚爵與相者，示不敢先君盡爵。此謂朝夕侍君得爵者。若大禮，則君先飲而後臣飲，燕禮「公卒爵而后飲」是也。此云再拜稽首而後受，燕禮則先受而後再拜。又云至三爵而退，明非大饗之飲。若燕禮，非惟三爵而已。

君子之飲酒也，受一爵而色洒如也，二爵而言言斯，禮已三爵，而油油以退，注：洒如，肅敬貌。言言，和敬貌。斯，猶爾也。油油，説敬貌。以退，禮飲過三爵則敬殺，可以去矣。疏：言臣侍君小燕，惟止三爵。退則坐取屨，隱辟而后屨，坐左納右，坐右納左。疏：坐，跪也。初跪〔一〕，説屨堂下，故退而跪取屨，起而逡巡，隱辟以著之。納猶著也。若坐左膝則著右足之屨，坐右膝則著左足之屨。

若賜之食，而君客之，則命之祭然後祭；先飯辨嘗羞，飲而俟。注：侍食則不祭，雖見賓客，猶不敢備禮也。君將食，臣先嘗羞，忠孝也，俟君食而後食。疏：禮敵者，共食則先祭，降等之客則後祭。臣侍君而賜之食，則不祭。若君以客禮待之，則雖得祭，又須君命之祭，乃敢祭也。君未食而臣先食，偏嘗羞膳，示行臣禮，爲嘗食也。嘗羞畢，歠飲以俟，君飧臣乃敢飧也。若有嘗羞者，則俟君

〔一〕「跪」，原脱，據禮記正義卷二九補。

之食，然後食，飯飲而俟。注：嘗羞者，膳宰也。飯飲，利將食也。疏：此謂臣侍食得賜食，而非君所客者也，故不得祭。君使膳宰自嘗羞，故不得嘗羞。既不祭不嘗，則俟君食後己乃食也。君命之羞，羞近者，注：辟貪味也。命之品嘗之，然後唯所欲。凡嘗遠食，必順近食。注：從近始也。疏：雖君已食，己乃後食，而猶未敢食羞，故又須君命。雖得君命，猶先食近其前者一種而止，若越次前食遠者，則爲貪好味也。品，徧也，既未敢越次多食，故君又命徧嘗，己乃徧嘗之，隨所欲，不復次第也。君未覆手，不敢飧；君既食，又飯飧。飯飧者，三飯也。注：覆手，以循口已食也。飧，勸食也。君既食，又飯飧，不敢先君飽也。三飯，臣勸君食，如是可也。疏：覆手，謂食飽必覆手以循口邊，恐有殺粒汙著之也。飧，謂用飲澆飯于器中也。禮，食竟更作三飧以勸助令飽，實不虛也。君既食又飯飧者，君食畢竟而又飧，則臣乃敢飧，明不先君而飽也。三飧，謂三度飧也。君既徹，執飯與醬，乃出授從者。注：食于尊者之前當親徹也。疏：飯醬是食之主，故自執之。

論語：侍食于君，君祭，先飯。注：鄭曰：「于君祭，則先飯矣。」若爲君嘗食然。

蕙田案：此即士相見禮所云「君賜之食，則君祭先飯，徧嘗膳，飲而俟。君命之食，然後食」者也。君不以客待之，故君祭而臣不祭。君側無嘗羞者，故先飯，辯嘗膳，代膳宰之職。

又案：以上臣賜食于君。

曲禮：謀于長者，必操几杖以從之。注：從，猶就也。長者問，不辭讓而對，非禮也。注：當謝不敏。

見父之執，不謂之進不敢進，不謂之退不敢退，不問不敢對。注：敬父同志。疏：父之執，謂執友與父同志者也。或故往見，或路中相見也。

年長以倍，則父事之。注：謂年二十于四十者。十年以長，則兄事之。五年以長，則肩隨之。注：肩隨者，與之並行差退。群居五人，則長者必異席。注：席以四人爲節，因宜有所尊。

從于先生，不越路而與人言。注：尊不二也。先生，老人教學者。遭先生于道，趨而進，正立拱手。注：爲有教使。先生與之言則對，不與之言則趨而退。注：爲其不欲與己並行。

從長者而上丘陵，則必鄉長者所視。注：謂遠視不察，有所問。

凡爲長者糞之禮，必加帚於箕上，以袂拘而退，其塵不及長者，以箕自鄉而扱之。奉席如橋衡。注：横奉之，令左昂右低，如有首尾然。請席何鄉，請衽何趾。注：順尊者所安也。衽，卧席也。坐問鄉，卧問趾，因于陰陽。

先生書策琴瑟在前，坐而遷之，戒勿越。注：廣敬也。虚坐盡後，注：謙也。食坐盡前。注：爲汙席。坐必安，執爾顔。注：執，猶守也。長者不及，毋儳言。注：儳猶暫也，非類雜。

少儀：排闔〔一〕，説屨于户内者，一人而已矣。注：雖衆敵，猶有所尊也。有尊長在則否。注：在，在内也。後來之衆，皆説屨于户外。疏：賓主登席，其衆須入户内者，雖尊卑相敵〔二〕，猶推一人爲尊。排闔，謂排推門扇。説屨于户内者，一人而已，言止許一人，不得並皆如此也。有尊長在則否者，謂先有尊長已在于堂或室，衆人後入，不得一人説屨于户内也。

尊長於已踰等，不敢問其年。注：踰等，父兄黨也。問年，則已恭敬之心不全。燕見，不將命。注：自不用賓主之正，來則若子弟然。遇於道，見則面，注：可以隱則隱，不敢煩動也。不請所之。注：尊長所之，或卑褻。喪俟事，不犆弔。注：亦不敢故煩動也。事，謂朝夕哭時。寢，則坐而將命。注：命有所傳辭也，坐者不敢臨之。

蕙田案：以上卑幼見長者雜儀。

右經傳相見禮

〔一〕「闔」，諸本作「闓」，據禮記正義卷三五改。下同改。
〔二〕「雖」，諸本作「如」，據禮記正義卷三五改。

列代相見禮

宋史禮志：百官相見儀制：乾德二年，詔曰：「國家職位肇分，軌儀有序，冀等威之斯辨，在品式之唯明。矧著位之庶官及内司之諸使，以至軒墀引籍，州縣命官，凡進見於宰相，或參候於長吏，既爲總攝，合異禮容，稽於舊儀，具無定法。或傳晉天福、周顯德中，以廷臣、内職、賓從、將校，比其品數，著爲綱條，載於刑統，未爲詳悉。宜令尚書省集臺省官、翰林、秘書、國子司業、太常博士等詳定内外群臣相見之儀。」

○翰林學士承旨陶穀等奏：「兩省官除授、假使出入，並參宰相，起居郎以下參同舍人。五品以上官，遇於途，斂馬側立，須其過。常侍以下遇三公、三師、尚書令，引避；其值僕射，斂馬側立。御史大夫、中丞皆分路行。起居郎以下避僕射，遇大夫，斂馬側立；中丞，分路。尚書丞郎、郎中、員外並參三師、三公、令、僕，郎中、員外兼參左右丞、本行尚書、侍郎及本轄左右司郎中、員外。御史大夫以下參三師、三公、尚書令，中丞兼參大夫，知雜事參中丞，三院御史兼參知雜及本院之長〔一〕。大夫避尚書令

〔一〕「參」，諸本脱，據宋史禮志二十一補。

以上，遇僕射，斂馬側立而避〔一〕。大夫遇尚書丞郎、兩省官諸司三品以上、金吾大將軍、統軍上將軍，皆分路。餘官遇中丞，悉引避。知襍兼避中丞，遇左右丞斂馬側立，餘皆分路。郎中及少卿監、大將軍以下，皆避知雜。三院同行，如知雜之例。少卿監並參本司長官，丞參少卿監〔二〕。諸司三品遇僕射於途，皆引避。諸衛大將軍參本衛上將軍〔三〕。東宫官參隔品。凡參者若遇于途，皆避。公參之禮，列拜堂上，位高受參者答焉。四赤縣令初見尹，趨庭，受拜後升廳如客禮。内官省使謁宰相、樞密使以客禮，閤門使以上列拜，皆答，客省副使至通事舍人、諸司使、樞密承旨不答焉。自樞密使副、宣徽使皆差降其禮，供奉官、殿直、教坊使副、辭令官、伎術官並趨庭，倨受。諸司副使參大使，通事舍人參閤門使，防禦、團練、刺史謁本道節帥，節度、防禦、團練副使謁本使，並具軍容趨庭，延以客禮。少尹、幕府於本院長官悉拜〔四〕。防禦、團練判

〔一〕「而」，諸本脱，據宋史禮志二十一補。
〔二〕「監」，諸本脱，據宋史禮志二十一校勘記補。
〔三〕「上」，諸本作「大」，據宋史禮志二十一改。
〔四〕「本」，諸本脱，據宋史禮志二十一補。

官謁本道節帥，並趨庭。上佐、州縣官見宰相、樞密使及本屬長官，並拜於庭；天長、雄武等軍使見宰相、樞密亦如之。參本府賓幕官及曹掾，縣簿、尉參令，皆拜。王府官見親王如賓職見使長，府縣官兼三館職者見大尹同。赤縣令、六品以下未嘗參官，見宰相、樞密及本司長官，並拜階上。流外見流内品官，並趨庭。諸司非相統攝，皆稱移牒。分路者不得籠街及占中道，依秩序以分左右。遇於驛舍，非相統攝及名位縣隔，先至者居之。臺省官當通官呵止者，如舊式。文武官不得假借呼稱，以紊朝制。當避路者，若被宣召及有所捕逐，許横度焉。」

○又令：「諸司使、副使、通事舍人見宰相、樞密使，升階、連姓通名展拜，不答拜。其見樞密副使、參知政事、宣徽使，以客禮展拜。」

○太平興國以後，又制京朝官知令録者，見本州長吏以客禮，三司判官、推官、主判官見本使〔一〕，如郎中、員外見尚書丞郎之儀。

○咸平中，又詔：「開封府左右軍巡使、京官知司録及諸曹參軍到畿縣見京尹，並

〔一〕「本」，原脱，據光緒本、宋史禮志二十一補。

趨庭設拜。六年，命翰林學士梁顥等詳定閤門儀制，成六卷，因上言：「三司副使序班、朝服比品素無定列，至道中，筵會在知制誥後、郎中前。今請同諸司、少卿監，班位在上。如官至給諫、卿監者，自如本品，朝會大宴隨判使赴長春殿起居引駕。其朝會引駕至前殿，與諸司使同退。」

○大中祥符五年，復命翰林學士李宗諤等詳定儀制：文武百官遇宰相、樞密使、參知政事，並避。起居郎以下遇給舍以上，斂馬。御史大夫遇東宫三師、尚書丞郎、兩省侍郎，分路而行。中丞遇三師、三少、太常卿、金吾上將軍，並分路而行。知雜御史遇尚書侍郎、諸司三品、金吾大將軍、統軍、諸衛上將軍[一]，分路而行。三院同行如知雜例，不同行，遇左右丞，則避。尚書丞郎、郎中、員外遇三師、三公、尚書令，則避。郎中、員外遇丞郎，則避。太常博士以下朝官遇本司長官、三師、三公、僕射、尚書丞郎、大夫、中丞、知雜御史，並避，權知判者不避，遇兩省給舍以上，斂馬。京官遇丞郎、給舍、大卿監、祭酒以上及本寺少監卿、司業，並避。諸軍衛大將軍以下遇上將

〔一〕「衛」，諸本作「位」，據宋史禮志二十一校勘記改。

軍、統軍，亦避。詹事遇上臺官，如卿監之例。庶子、少詹事至太子僕遇東宮三師、三少，並避；遇上臺官，如少卿監例。中允以下遇東宮三師、三少，並避；遇賓客、詹事，斂馬；遇上臺官，如太常博士例。應合避尚書者，並避三司使。其權知開封府如本官品避。其臺省官雖不合避，而職在統臨者，並避。武班、内職並依此品。

○大觀二年，定王、嘉王府侍講沈錫等奏：「二王出就外學，其初見及侍王禮儀、講説疏數之節，請如故事。」手詔：「案祥符故事，記室、翊善見諸王，皆下拜。真宗特以張士遜爲王友，命王答拜，以示賓禮。今講讀輔翊之官，職在訓道，亦王友傅也，可如例，令王答拜。」群臣赴臺參、謝、辭者，新授、加恩、出使者。尚書侍郎則三院御史各一員、中丞、大夫皆對拜。三院仍班迎，不坐班即不赴。節度使、賓客、太常宗正卿則御史一員、中丞、大夫皆對拜。兩使留後至刺史、秘書監至五官正、上將軍至郎將、四廂都指揮使及内職軍校遥郡以上、樞密都承旨及内職帶正員官者、四赤縣令、三京司録、節度行軍至團練副使、幕職官任憲銜者〔一〕，皆御史一員對拜，中丞、大夫對揖。亦令揖訖

〔一〕「銜」，諸本作「御」，據宋史禮志二十一改。

進言，得參風憲，再揖而退。若曾任中書、門下及左右丞皆不赴。加階勳、食邑、章服，館閣三司、開封府職事及内職轉使額、軍額，亦不赴臺謝。僕射過正衙日，臺官大夫以下與百官，並詣幕次致賀。文官一品、二品曾任中書、樞密院者，不赴。大夫、中丞則郎中、少卿監、大將軍以下亦然。本官約止則不赴，僕射赴上都省者，罷此儀。

明史禮志：品官相見禮：凡官員揖拜，洪武二十年定，公、侯、駙馬相見，各行兩拜禮。一品官見公、侯、駙馬，一品官居右，行兩拜禮，公、侯、駙馬居左，答禮。二品見一品，亦如之。三品以下倣此。若三品見一品，四品見二品，行兩拜禮。一品二品答受從宜，餘品倣此。如有親戚尊卑之分，從行私禮。三十年令，凡百官以品秩高下分尊卑。品近者行禮，則東西對立，卑者西，高者東。其品越二、三等者，卑者下，尊者上。其越四等者，則卑者拜下，尊者坐受，有事則跪白。

○凡文武官公聚，各依品級序坐。若資品同者，照衙門次第。若王府官與朝官坐立，各照品級，俱在朝官之次。成化十四年定，在外總兵、巡撫官位次，左右都督與左右都御史並，都督同知與副都御史並，都督僉事與僉都御史並，俱文東武西。伯以上則坐于左。十五年重定，都御史係總督及提督軍務者，不分左右副僉，俱坐于左。

總兵官雖伯，亦坐於右。

〇凡官員相遇迴避，洪武三十年定，駙馬遇公侯，分路而行。一品、二品遇公、侯、駙馬，引馬側立，須其過。二品見一品，趨右讓道而行。三品遇公、侯、駙馬，引馬迴避，遇一品引馬側立，遇二品趨右讓道而行。四品遇一品以上官，引馬迴避，遇二品引馬側立，遇三品趨右讓道而行。五品至九品，皆視此遞差。其後不盡遵行。文職雖一命以上，不避公、侯、勛戚大臣；而其相迴避者，亦論官不論品秩矣。

〇凡屬官見上司，洪武二十年定，屬官序立于堂階之上，總行一揖，上司拱手，首領官答揖。其公幹節序見上司官，皆行兩拜禮，長官拱手，首領官答禮。

〇凡官員公座，洪武二十年定，大小衙門官員，每日公座行肅揖禮。佐貳官揖長官，長官答禮。首領官揖長官、佐貳官〔一〕，長官、佐貳官拱手。

庶人相見禮：洪武五年令，凡鄉黨序齒，民間士農工商人等平居相見及歲時宴會謁拜之禮，幼者先施。坐次之列，長者居上。十二年令，內外官致仕居鄉，惟於宗族

〔一〕「佐貳官」，原脱「官」字，據光緒本、明史禮志十補。

及外祖妻家序尊卑，如家人禮。若筵宴，則設别席，不許坐於無官者之下。與同致仕官會，則序爵；爵同，序齒。其與異姓無官者相見，不須答禮。庶民則以官禮謁見。凌侮者論如律。二十六年定，凡民間子孫弟姪甥壻見尊長，生徒見其師，奴婢見家長，久别行四拜禮，近别行揖禮。其餘親戚長幼悉依等第，久别行兩拜禮，近别行揖禮。平交同。

右列代相見禮

贄

書舜典：五玉、三帛、二生、一死，贄。如五器，卒乃復。傳：五玉，五等諸侯執其玉。三帛，諸侯世子執纁，公之孤執玄，附庸之君執黄。二生，卿執羔，大夫執雁。一死，士執雉。玉、帛、生、死，所以爲贄以見之。卒，終。復，還也。器謂圭璧。如五器，禮終則還之。三帛、生、死則否。疏：周禮典命云：「凡諸侯之適子誓于天子，攝其君，則下其君之禮一等；未誓則以皮帛，繼子男之下。公之孤四命，以皮帛眡小國之君。」是諸侯世子、公之孤執帛也。附庸雖無文，而爲南面之君，未有爵命，不得執玉，則亦繼小國之君，同執帛也。經言三帛必有三色，所云纁、玄、黄者，孔時或有所據，未知出何書也。

王肅云：「三帛，纁、玄、黄也。附庸與諸侯之適子、公之孤執皮帛，其執之色未詳聞〔一〕。或曰孤執玄，諸侯之適子執纁，附庸執黄。」王肅之注尚書，其言多同孔傳。周禮孤與世子皆執皮帛，鄭玄云：「皮帛者，束帛而表之以皮爲之飾。」此三帛不言皮，蓋于時未以皮爲飾。曲禮云：「飾羔雁者以繢。」爲衣之以布而又畫之。雉，執之無飾。士相見之禮「卿大夫飾贄以布」，不言繢。此諸侯之臣與天子之臣異也。鄭之此言，論周之禮耳。虞時每事猶質，羔雁不必有飾。贄之言至，所執以自至也。玉帛、生、死，皆所以爲贄，以見君與自相見其贄同也。五器，周禮大宗伯云「以玉作五器」，知器謂圭璧，即五玉是也。如，若也。言諸侯贄之内，若是五器，禮終乃還之；如三帛、生、死，則不還也。

朱子曰：「卒乃復」，是事畢而歸，非是以贄爲復也。

蕙田案：注疏以「五器」即「五玉」，「乃復」即復還其贄，朱子、蔡氏皆不從之。

周禮春官大宗伯：以禽作六摯，以等諸臣。注：摯之言至，所執以自致。疏：下文有「孤執皮帛」，而此云「以禽」者，以多爲主也。案莊公傳：「男贄，大者玉帛，小者禽鳥。」尚書「五玉」亦云「贄」，則玉亦是贄，此玉云瑞，禽云贄，以相對爲文。

鄭氏鍔曰：古之始見君者必有贄。贄之爲言至也，執物以表其至誠之心也。蓋君子于其所尊，

〔一〕「聞」，諸本脱，據尚書正義卷三補。

不敢質也，故用贄焉。非特見君爲然，下而婦人、童子，亦莫不有摯。記曰：「無辭不相接也，無禮不相見也，欲民之無瀆也。」

孤執皮帛，卿執羔，大夫執雁，士執雉，庶人執鶩，工商執雞。注：皮帛者，束帛而表以皮爲之飾。皮，虎、豹皮。帛，如今璧色繒也。羔，小羊，取其群而不失其類。雁，取其候時而行。雉，取其守介而死，不失節。鶩，取其不飛遷。雞，取其守時而動。曲禮曰「飾羔雁者以繢」，謂衣之以布而又畫之者。自雉以下，執之無飾。士相見之禮卿大夫飾摯以布，不言繢，此諸侯之臣與天子之臣異也。然則天子之孤飾贄以虎皮，公之孤飾摯以豹皮與？此孤卿大夫士之摯，皆以爵不以命數。凡贄，無庭實。疏：天子諸侯之臣，雖尊卑不同，命數有異，爵同則摯同，是以士相見卿大夫士所執，亦與此同，但飾有異耳。凡以皮配帛者，皆手執帛以致命，而皮設於地，謂若小行人「圭以馬，璋以皮」，皮馬設于庭，而圭璋特達以升堂致命也。此孤相見之時，以皮設于庭，手執束帛而授，但皮與帛爲飾耳。

鄭氏鍔曰：三孤，貳公宏化，寅亮天地，以弼一人，要當特立無朋，然後足以稱其位。有天子之孤，有諸侯之孤，非有衣被人之德，與夫炳蔚之文著見于外者，不可以當此選。故執以皮帛，羔群而不黨，跪乳而有禮。六卿分職，各率屬以佐王，輔弼之臣，不可從諛，故欲其群而不黨，循禮恭遜，則民不爭，故欲其致恭以有禮，此所以執羔也。雁，來往順時，行列有序。爲大夫者，循道以進退，視義而去就，欲如雁之知時，而行不失序，此所以執雁也。雉，耿介而守死，五色皆備而成章。爲元士者，欲其備文以相質，又欲其耿介守節而不屈，執雉宜矣。古之工商，亦有見君之理。如工執藝事以諫，鄭商人以乘韋先牛犒師，匠慶、伶州鳩之徒，皆工商之得以見君者也。工制器，商貿遷，皆欲其不違乎時，其摯以雞宜矣。

易氏祓曰：孤、卿、大夫、士，諸臣也，庶人、工商未爲臣，亦謂之諸臣，以「率土之濱，莫非王臣」，苟有以自致于天子之庭，皆得以執摯。

陳氏禮書：書之言贄有三帛，周禮言贄亦三帛。周禮之三帛，則王與公之孤、諸侯適子之未誓者。書之三帛，孔安國以爲諸侯世子執纁，公之孤執玄，附庸之君執黃。其言雖無經見，然天子巡狩，卿、大夫、士皆以贄見於方岳之下，附庸宜亦有贄矣。孔氏之説，蓋有所受之也。鄭氏以爲「高陽氏之後用赤繒，高辛氏之後用黑繒，其餘諸侯皆用白繒」，然二氏之與諸侯，贄以五玉而已，其謂用繒，誤矣。然則古者制幣，其長丈有八尺，其束十端，其色或素或玄纁。故婚禮納徵，玄纁束帛，聘禮釋幣與享大夫，亦玄纁束帛，享君束帛則素而已。周禮三帛之色，不可以考。觀天子之卿大夫飾羔雁以繢，諸侯之卿大夫飾羔雁以布，則天子之孤與公之孤，其贄帛之色宜不同矣。郊特牲曰：「虎豹之皮，示服猛也。」鄭氏謂「天子之孤，飾贄以虎皮；公之孤，飾以豹皮」，理或然也。士婚禮納徵，奉帛於堂，實皮於庭，攝之，内文，兼執足，左首；隨入西上，參分庭一在南；賓致命，釋外足見文，主人受幣，士受皮者自東出于後，自左受，遂坐攝皮，逆退，適東壁。聘禮致享，亦奉玉帛於堂，實皮於庭，攝之，毛在内；賓致命張皮。士受皮者，自後右客；賓出當之，坐攝之。公側授宰幣，皮如入，右首而東。孤之贄禮，蓋亦類此，以皮不可以上堂故也。帛有衣被之仁，皮有炳蔚之文，故孤執之。羔有跪乳之禮，有群而不黨之義，故卿執之。進必以時，行必以序，雁也，故大夫執之。交有時，別有倫，被文以相質，死分而不變者，雉也，故士執之。可畜而不散遷者，鶩也，故庶人執之。可畜而不違時者，雞也，故工商執之。士執雉，而昏禮用雁，以贄不用死，且攝盛故也。觀其所乘者墨車，所冠者爵弁，女衣必纁袡，領必熲黼，腊必用鮮，魚必用鮒，則其攝盛可知。鄭氏謂「雁順陰陽往來」，故昏禮用焉，誤也。詩曰：「雝雝鳴雁，旭日始旦。士如歸妻，迨冰未泮。」亦謂用雁，士禮也。賈公彦曰「昏禮無問尊卑，皆用雁」，蓋附會鄭氏而爲之説歟？士相見之禮，冬用雉，夏用腒，雉不飾以布，以士卑也，不維以索，以用死也。用死與「士死制」同意，用腒與「夏行腒鱐」同意。臣之於君，奠贄而不授，所以尊之也。自敵以下，授贄而不奠，所以交之也。壻之見舅，用臣見君之禮。鄭氏謂：「壻有子道，不敢授也。贄，雉也。」蓋壻之親迎稱賓，則贄以雁，三月然後稱壻，故贄以雉。士相見禮：「庶人見于君，不爲容，進退走。」孟子曰：「庶人不傳質爲臣。」則庶人見君無贄矣。鶩之爲贄，特施於下其君者也，工商亦然。

蕙田案：陳用之謂庶人、工商見君無贄，其説非是，經云「六摯以等諸臣」，庶人、工商亦稱臣，則宜有摯矣。易袚之説是也。

夏官射人：掌國之三公、孤、卿、大夫之位。其摯，三公執璧，孤執皮帛，卿執羔，大夫雁。

王氏昭禹曰：三公，王之所弗敢臣也。宗伯之摯，不序于其職。射人以主賓射爲先，則三公之摯言于此，亦以見賓而弗敢臣之意。

劉氏迎曰：群臣之見天子，莫不各有所摯。宗伯以六摯等諸臣，唯不及三公。三公執璧，乃見于射人之職。夫以三公下執子男之璧，非所以改容而禮之者，不知子男已出封，禮不嫌于亢。若三公未就封，則臣子也，見天子之摯，而執上公之圭，幾于太逼，是宜宗伯禮官之長，不列之諸臣，亦以「三公不必備，唯其人」，非若孤、卿、大夫有常員有常摯也。

陳氏禮書：呂氏春秋言得伍員者，位執珪，漢之曹參始封，執帛，後遷執珪，陳實父子同時旌命，羔雁成群，魏司空、征南將軍與卿校同執羔，明帝詔之以執璧。則先王贄禮，沿歷漢、魏，其大略尚存也。然周禮三公一命衮，其在朝則服鷩冕，服鷩冕則執信圭，及王服鷩冕以大射，然後公降服毳冕而執璧，魏以三公執璧爲常禮，誤矣。

天官膳夫：凡祭祀之致福者，受而膳之。以摯見者，亦如之。注：鄭司農云：「以羔雁雉爲摯見者，亦受以給王膳。」

夏官司士：掌擯士者，膳其摯。注：擯士，告見初爲士者于王也。鄭司農云：「膳其摯者，王食其所執羔雁之摯。」玄謂：膳者，入于王之膳人。

陳氏禮書：凡以摯見者，受而膳之。受之，所以納其德也；膳之，所以用其德也。然膳夫之所受膳者，特禽鳥而已。若玉帛，則非膳夫之所受也。

秋官大行人：九州之外謂之蕃國，各以其所貴寶爲摯。注：各以其所貴寶爲摯，則蕃國之君，無執玉瑞者。所貴寶見傳者，若犬戎獻白狼、白鹿是也。其餘則周書王會備焉。

司約：治摯之約次之。注：摯約，謂玉帛禽鳥相與往來也。

劉氏彝曰：治摯之約，謂若「五玉、三帛、二生、一死，贄」，先王所以叙諸侯，分貴賤，莫不依其爵禄高下以爲之贄也。

禮記曲禮：凡摯，天子鬯，諸侯圭，卿羔，大夫雁，士雉，庶人之摯匹。注：摯之言至也。天子無客禮，以鬯爲摯者，所以唯用告神爲至也。説者以匹爲鶩。疏：天子弔臨適諸侯，必舍其祖廟。既至，仍以鬯禮于廟神，以表天子之至也。公侯伯用圭，子男用璧，以朝王及相朝聘。此惟云圭，不言璧者，略可知也。

陳氏禮書：天子無客禮于天下，而有贄禮于鬼神。禮記「凡摯，天子鬯」，周禮鬯人「凡王弔臨，共介鬯」，則天子之鬯，以介致之而已。鄭氏引檀弓曰：「臨諸侯，畛於鬼神，曰『有天王某父』」，此王適四方，舍諸侯祖廟，祝告其神之辭，介於是進鬯。」其説是也。然以此爲檀弓之文，誤也。天子宗廟之灌以圭瓚，巡狩之灌以大璋、中璋、邊璋，則贄鬯之器，蓋圭璋也。天子之贄，不特鬯耳，其執鎮圭以朝日，猶諸侯執圭璧以朝君，皆摯瑞也。

蕙田案：周禮以玉作六瑞，以禽作六摯，此以邦國與諸臣相對而言，其實六瑞亦摯也。書舜典云：「班瑞於群后。」又云：「五玉、三帛、二生、一死，贄。」左傳云：「男贄，大者玉帛，小者禽鳥。」曲禮亦以鬯、圭與羔、雁、雉、匹同名爲摯。然則王之鎮圭執以禮曰，諸侯之圭璧執以朝聘，其爲摯何疑焉？

童子委摯而退。注：不與成人爲禮也。　疏：童子見先生，或尋朋友，既未成人，不敢與主人相授受拜伉之儀，但奠委其摯于地而自退避之，然童子之摯悉用束脩，故論語云「自行束脩以上，吾未嘗無誨焉」，謂童子也。

陳氏禮書：童子之禮，衣不裳，屨不絇，服不緦，聽事不麻，立則在北，坐則在隅，見先生則從之而不並，有事走而不趨，及冠，然後奠贄于君，遂以贄見於卿大夫、鄉先生，是未冠不預乎禮也。然或賢與多聞，不可不進以成人之事，故又有童子之贄焉。其制與成人同，所以優其德；其委與成人異，所以卑其年。

野外、軍中無摯，以纓、拾、矢可也。注：非爲禮之處，用時物相禮而已。纓，馬繁纓也。拾，謂射鞲。　疏：謂人在野外軍旅之中，或應相見而無物可持爲摯者，則不以舊禮，當隨時所用。纓，馬鞅也。拾，射鞲也。矢猶箭也。軍在野無物，故用此爲摯也。不云「軍中」而云「野外」者，若軍在都邑之中，則宜依舊禮，不可用軍物。若非軍中而在野外，亦用時物，或纓拾之徒，隨所有耳。

陳氏澔曰：或野外，或軍中，隨所有用之。

陳氏禮書：君子之爲禮，不以在野在軍而或廢，亦不以物不足而求備，故以纓、拾、矢，各適其宜而已。然不若備物之爲善，故曰「以纓、拾、矢可也」。

婦人之摯，椇、榛、脯、脩、棗、栗。注：婦人無外事，見以羞物也。椇，枳也，有實。榛，實似栗而小。疏：婦人無外事，唯初嫁用摯以見舅姑，用此六物。所以用此者，椇訓法也；榛訓至也；脯，始也；脩，治也；棗，早也；栗，肅也。婦人有法，始至，脩身早起，肅敬也。故后、夫人以下，皆以棗栗爲摯，取其早起戰栗自正也。昏禮婦見舅以棗栗，見姑以腶脩；其椇榛所用，無文。

陳氏禮書：昏禮：「婦見舅姑，執笲棗栗，自門入，升自西階，進拜，奠于席，舅坐撫之。婦降階，受笲腶脩，升拜，奠于席，姑坐舉以授人。」蓋棗取其赤心，榛、栗堅實，脯脩取其正治。士昏禮不言椇榛，特牲、少牢大夫、士之祭，亦棗栗而已。特籩人有棗栗，又有榛實。蓋具椇、榛、棗、栗者，盛禮也。棗栗，陽也，故贄於舅。脯脩，陰也，故贄於姑。聘禮：「夫人使下大夫勞以二竹簋方，其實棗蒸栗擇，兼執之以進，賓受栗，大夫二手授栗。」玉人：「案十有二寸，棗栗十有二列，諸侯純九，大夫純五，夫人以勞諸侯。」然則婦人之用棗栗，豈特爲贄而已哉？

執禽者左首。注：左首尊。疏：左，陽也。首亦陽也。左首，謂横捧之也。凡鳥皆然。若並授，則主人在左，故客以鳥首授之也。不牽，故執之。

飾羔雁者以繢。注：繢，畫也。諸侯大夫以布，天子大夫以畫。疏：飾，覆也。畫布爲雲氣，以覆羔雁爲飾，以相見也。士相見禮云「下大夫以雁，上大夫以羔，飾之以布」，並不言繢，此言繢者，彼是諸侯之卿大夫，卑，但用布；此天子之卿大夫，尊，故畫之也。

陳氏禮書：先儒謂飾以繢者，天子之卿大夫也；飾以布者，諸侯之卿大夫也。諸侯之卿大夫以布，則士以下無布矣。執禽者必左首，雉必左首而無飾，維雁有飾，維而亦左首。雁之飾與羔同，而維與羔異。羔四維而結于面，鄭氏謂「繫聯四足，交出背上，於胸前結之」是也。

檀弓：魯人有周豐也者，哀公執摯請見之，而曰「不可」。注：摯，禽摯。諸侯而用禽摯，降尊就卑之義，下賢也。不可者，辭君以尊見卑也。

春秋莊公二十四年：八月丁丑，夫人姜氏入。戊寅，大夫、宗婦覿，用幣。注：禮，小君至，大夫執贄以見，明臣子之道。莊公欲奢夸夫人，故使大夫、宗婦同贄俱見。左氏傳：秋，哀姜至，公使宗婦覿，用幣，非禮也。御孫曰：「男贄，大者玉帛，注：公侯伯子男執玉，諸侯世子、附庸、孤卿執帛。小者禽鳥，注：卿執羔，大夫執雁，士執雉。以章物也〔一〕。注：章所執之物，别

〔一〕「物」，諸本作「别」，據春秋左傳正義卷一〇改。

貴賤。女贄，不過榛、栗、棗、脩，以告虔也。注：榛，小栗。脩，脯。虔，敬也。皆取其名以示敬。疏：先儒以爲，栗取其戰栗也，棗取其早起也，脩取其自脩也。唯榛無説，蓋以榛聲近虔，取其虔于事也。今男女同贄，是無別也。男女之別，國之大節也，而由夫人亂之，無乃不可乎？」公羊傳：見用幣，非禮也。然則曷用？棗栗云乎？腶脩云乎？注：腶脩者，脯也。禮，婦人見舅姑以棗栗爲贄，見女姑以腶脩爲贄，見夫人，至尊，兼而用之。云乎，辭也。穀梁傳：男子之贄，羔雁雉腒。婦人之贄，棗栗腶脩。用幣，非禮也。用者，不宜用者也。

定公八年左氏傳：公會晉師于瓦，范獻子執羔，趙簡子、中行文子皆執雁。魯於是始尚羔。注：禮，卿執羔，大夫執雁，魯則同之，今始知執羔之尊也。疏：魯命卿與大夫俱執雁，今見士鞅執羔，始知執羔之尊，于是始尚羔，令卿執之。記禮廢之久也。賈逵云：「周禮公之孤四命，執皮帛，卿三命，執羔，大夫再命，執雁。魯廢其禮，三命之卿皆執皮帛，至是乃始復禮，用羔。」案周禮、禮記皆言「卿執羔，大夫執雁」，並以爵斷，不依命數，賈何以計命高下，妄稱禮乎？傳言「始尚羔」者，當謂舊賤羔，而今尊之耳。若本僭孤禮，皆執皮帛，當云「始復用羔」，不得云「尚」也。鄭衆云：「天子之卿執羔，大夫執雁，諸侯之卿當天子之大夫，當執雁而執羔，僭天子之卿也。魯人效之而始尚羔，記禮所從壞。」案禮傳及記，天子之臣與諸侯之臣所執，無異文。周禮掌客凡諸侯之禮〔一〕，上公及侯伯之下，皆云「卿相見以羔」，是諸侯之卿執羔，不執雁。又士相見者，諸侯之臣相見之禮也。經云「下大夫相見以雁，上大夫相見以羔」，是諸侯之卿必執羔矣，安在于諸侯之卿當天子之大夫乎？傳文之乖于禮者，爵是卿也，皆當執羔。趙鞅、荀寅不應執雁，此是當時之失，失于偪下。以晉卿失于偪下，魯卿不應僭上，益明賈言魯卿舊執皮帛，非其義矣。魯人于是始知執羔爲尊，或亦效晉，唯上卿一人獨執羔耳。未必即能如禮，諸卿皆執羔也。

蕙田案：孔疏駮賈、鄭二説是。

孟子：出疆必載質。注：質，臣所執以見君者。

庶人不傳質爲臣，不敢見于諸侯，禮也。注：傳，執也。見君之質，執雉之屬也。

蕙田案：周禮、禮記作「摯」，尚書、左傳作「贄」，孟子作「質」，古字通用。

荀子：周公謂伯禽曰：「吾所執贄而見者十人，還贄而見者五十人，貌贄之士百餘人。」

春秋繁露：凡執贄，天子用暢，公侯用玉，卿用羔，大夫用雁。雁乃有類于長

〔一〕「凡」，諸本作「見」，據春秋左傳正義卷五五改。

者，長者在民上，必施然有先後之隨，必俶然有行列之治，故大夫以爲贄。羔乃有類其天者，天之道任陽不任陰，王者之道任德不任刑，天也。羔有角而不任，設備而不用，類好仁者；執之不鳴，殺之不啼，類死義者；羔食於其母，必跪而受之，類知禮者。故羊之爲言猶祥與，故卿以爲贄。玉有似君子。子曰：「人而不曰如之何、如之何者，吾末如之何也矣。」故匿病者不得良醫，羞問者聖人去之，以爲遠功而近有災，是則不有。玉至親而不蔽其惡，内有瑕穢，必見之于外。故君子不隱其短，不知則問，不能則學，取之玉也。君子比之玉，玉潤而不污，是仁而至清潔也；廉而不殺，是義而不害也。堅而不磨，過而不濡。視之如庸，展之如石。狀如石，搔而不可從繞，潔白如素，而不受污。玉類備者，故公侯以爲贄。暘有似于聖人者，純仁淳粹，而有知之貴也。擇于身者盡爲德音，發于事者盡爲潤澤。積美揚芬香，以通之天。暘亦取百香之心獨末之，合之爲一，而達其臭氣暘天子。其淳粹無擇，與聖人一也。故天子以爲贄，而合以事上也。觀贄之意，可以見其事。

説苑：天子以鬯爲贄。鬯者，百草之本也，上暢于天，下暢于地，無所不暢，故天子以鬯爲贄。諸侯以圭爲贄。圭者，玉也，薄而不撓，廉而不劌，有瑕于中，必見于外，故諸侯以玉爲贄。卿以羔爲贄。羔者，羊也，羊群而不黨，故卿以爲贄。大夫以雁爲贄。雁者，行列有長幼之禮，故大夫以爲贄。士以雉爲贄。雉者，不可指食，籠狎而服之，故士以雉爲贄。庶人以鶩爲贄。鶩者，鶩鶩也，鶩鶩無他心，故庶人以鶩爲贄。贄者，所以質也。

白虎通：臣見君所以有贄何？贄者，質也，質己之誠，致己之悃愊也。王者緣臣子心以爲之制，差其尊卑以副其意。公侯以玉爲贄者，玉取其燥不輕，濕不重，公之德全。卿以羔者，取其群不黨，卿職在盡忠率下，不阿黨也。大夫以雁爲贄者，取其飛成行列，大夫職在以奉命之適四方，動作當能自正，以事君也。士以雉爲贄者，取其不可誘之以食，懾之以威，必死不可生畜。士行威，守節死義，不當移轉也。曲禮曰：「卿羔，大夫以雁，士以雉爲贄，庶人之贄匹，童子委贄而退。野外軍中無贄，以纓、拾、矢可也。」言必有贄也。匹，謂鶩也。卿、大夫贄，古以麑鹿，今以羔、雁何？以爲古者質，取其內，謂得美草鳴相呼。今文取其外，謂羔跪乳，雁有行列也。禮相見經曰「上大夫相見以羔，左顧右，贄執麑」，明古以麑鹿今以羔也。卿、大夫贄變，君與士贄不變何？人君至尊，極美之物以爲質。士賤，仗節死義，一介之道也，故不變。私相見亦有贄何？所以相尊敬，長和睦也。朋友之際，五常之道，有通財之義，賑窮告急之意。中心好之，欲飲食之。故財幣者，所以副至意也。禮士相見經曰：「下大夫相見以雁，士冬以雉，夏以腒也〔一〕。」婦人之贄以棗栗腶脩者，婦人無專制之義、御衆之任、交接辭讓之禮，職在供養饋食之間，其義一也。故后、夫人以棗栗腶脩者，凡内脩，陰也，又取其朝早起。栗，戰慄，自正也。腶脩者，脯也。故春秋傳曰：「宗婦覿用幣，非禮也。然則棗栗云乎？腶脩云乎？」子見父無贄何？至親也。見無時，故無贄。臣之事君，以義合也，得親供養，故質己之誠，副己之意，故有贄也。

蕙田案：士相見禮：「上大夫相見以羔，左頭，如麛執之。」注謂「秋獻麛，有成禮如之」也。白虎通據以爲古摯用麛鹿，恐未然。

通典：古者人君及臣，重于相見之禮，所以相尊敬，故將有所見，必執贄。贄者，至也，信也。君子于其所尊，必執贄以相見，明其厚心之至，以表忠信，不敢相

〔一〕「腒」，諸本作「脯」，據白虎通疏證卷八改。

褻也。然天子無客禮，亦有贄者，明有事神祇之道，故須贄以表心。故巡狩至于山川，有所告之，用鬯酒，盛以大璋、中璋。又典瑞云：「王搢大珪，執鎮珪，藻藉五采五就〔一〕，以朝日〔二〕。」明其所尊敬，象臣之朝君也。執鎮珪，視安四方，以表其功也。凡公、卿、大夫執贄者，皆謂始朝及初相見用之。諸侯德厚，故執玉以比德。卿大夫以下德薄，故用皮帛、羔雁之等。射人職云王將射之時，公卿朝見，「三公執璧，卿執羔」。天子之三公所以執璧，與子男同。佐王論道，理取圓足，故以璧爲贄，不必飾以蒲穀。諸侯賓射之時，卿大夫士亦皆執贄見其君〔三〕，如天子卿大夫之禮，君子所以執玉，以比德者也。

陳氏禮書：禮云：「無辭不相接也，無禮不相見也，欲民之無相瀆也。」又云：「君子於其所尊，不敢質也。」故貴至於邦君，賤至於庶人，以至婦人、童子相見不依贄，不足以爲禮；贄而不稱德，不足以爲義；此玉帛、禽鳥、榛栗、棗脩之用所以不

〔一〕「藉」，諸本脱，據通典卷七五補。
〔二〕「以」，諸本脱，據通典卷七五補。
〔三〕「士」，諸本作「時」，據通典卷七五改。

一也。儀禮士於士無辭贄，有還贄；大夫於士無還贄，終辭贄；君於其臣則受之，於外臣則使儐還之；大夫於常爲臣者，亦然。士贄授受於庭，貴者授於堂。大夫士於君、壻於舅則奠摯，士常臣於大夫亦奠摯，童子於所奠則委贄，此禮之殺也。聘禮賓見主君以圭璋，不以贄。訝者訝賓，亦不以贄。及賓即館，訝將公事，乃見之以其贄。賓既將公事，復見之以其贄。

通典：魏明帝青龍二年，詔下司空：「征南將軍帶金紫督使，位高任重。近者正朝，乃與卿校同執羔，非也。自今以後，從特進，應奉璧者，如故事。」博士高堂隆議曰：「案周禮『公執桓圭』，公謂上公九命，分陝而理及二王後也。今大司馬、大將軍實分征東西，可謂上公矣。山陽公、衛國公，則二王後也。『侯執信圭』，謂地方四百里；『伯執躬圭』，謂地方三百里，皆七命也。今郡王户數，多者可如侯，少者可如伯。『子執穀璧』，謂地方二百里；『男執蒲璧』，謂地方百里，皆五命也。今縣主户數，多者可如子，少者可如男。上公禮，其率諸侯以朝，則執桓珪。自非朝宗，則如八命之公。與王論道，有事而進，則執璧。今二王後諸王，若入朝覲，二公率以進退，執桓珪。正朝則與群公執璧。案周禮，王官惟公執璧。漢代大將軍、驃騎、車騎、衛將軍，開府辟召掾屬，與公同儀，則執璧可也。『孤皮帛，卿羔』，孤謂天子七命之孤及大國四命之孤，副公與王論道，尊于六卿，其執贄，以虎皮表束帛。今九卿之列，太常、光禄勳、衛尉尊于六卿，其執贄如孤可也。其朝正，執皮帛可也。三府長史，亦公之副，雖有于孤，實卑于卿，中大夫之禮可也。公之孤，覜聘于天子，及見于其君，其贄以豹皮表束帛。今未有其官，意謂山陽公之上卿，可以當之。卿謂六官六命之卿，及諸侯三命、再命之卿也。今六卿及永壽、永安、長秋、城門五校，皆執羔可也。諸侯之卿，自于其君亦如之。『天子卿大夫，飾羔雁以繢；諸侯卿大夫，飾羔雁以布』，州牧郡守，以功德賜勞，秩比中二千石者，其入朝覲，宜依卿執羔。金紫將軍，秩中二千石，與卿同。『大夫執雁』，謂天子中下大夫四命，及諸侯再命、一命之大夫也，其位卑于卿。今三府長史及五命，二千石之著者也。博士儒官，歷代禮服從大夫，如前執雁可也。州牧郡守未賜勞者，宜依大夫執雁，皆飾以繢。諸縣千石、六百石，即古大夫，若或會覲，宜執雁，飾以布。『士執雉』，謂天子三命之士，及諸侯一命、再命之士也。府史以下，至于庶人在官，亦謂之士。諸縣四百石、三百石者，從士禮執雉可也。」

隋書禮儀志：天監六年，詔：「元日受五等贄，珪璧並量付所司。」周捨案：「周禮冢宰，『大朝覲，贊玉幣』。尚書，古之冢宰。頃王者不親撫玉，則不復須冢宰贊助。尋尚書主客曹郎，既冢宰隸職，今元日五等奠玉既竟，請以主客郎受。鄭玄注覲禮云：『既受之後，出付玉人于外。』漢時少府，職主圭璧，請主客受玉，付少府掌。」帝從之。

右贄